刑事法学优秀博士论文文库

主编 ◎ 汪海燕

副主编 ◎ 郭金霞 赵天红 王志远

中立帮助行为研究

ZHONGLI BANGZHU XINGWEI YANJIU

陆旭 ◎ 著

中国政法大学出版社

2021·北京

图书在版编目（ＣＩＰ）数据

中立帮助行为研究/陆旭著. —北京：中国政法大学出版社，2021.7
ISBN 978-7-5764-0029-8

Ⅰ.①中… Ⅱ.①陆… Ⅲ.①刑法-研究-中国 Ⅳ.①D924.04

中国版本图书馆 CIP 数据核字 (2021) 第 178591 号

出 版 者　　中国政法大学出版社

地　　址　　北京市海淀区西土城路 25 号

邮寄地址　　北京 100088 信箱 8034 分箱　邮编 100088

网　　址　　http://www.cuplpress.com (网络实名：中国政法大学出版社)

电　　话　　010-58908285(总编室) 58908433 （编辑部） 58908334(邮购部)

承　　印　　北京九州迅驰传媒文化有限公司

开　　本　　720mm×960mm　1/16

印　　张　　20

字　　数　　316 千字

版　　次　　2021 年 7 月第 1 版

印　　次　　2021 年 7 月第 1 次印刷

定　　价　　89.00 元

"背法而治，此任重道远而无马、牛，济大川而无舡、楫也。"作为国家治理的一场深刻革命，全面依法治国方略既需要于法律实践中贯彻法治理念，亦需要于理论研究中充分把握、回应现实问题。刑事法治是我国社会主义法治的重要组成部分，刑事法学的发展有赖于一代又一代立场上能够立足中国现实语境、能够放眼国际前沿理论、能够融汇百家之长的优秀刑事法学人。在这之中，刑事法学博士研究生作为学术界的新生力量，亦用勤勤勉励，为我国的刑事法治理论研究事业贡献了大量优秀成果。

中国政法大学刑事司法学院前身为中国政法大学法律系。学院自 2002 年成立以来，传承了理论与实践紧密结合的学术品格，同时开创了独特的教学与研究风格，培养了大批刑事法律人才。刑事司法学院设有两个一级本科专业，即法学专业、侦查学专业，是我国高等院校中阵容强大、综合实力雄厚的刑事法学和刑事科学教学与研究基地。学院目前已形成了以刑事法学为主体的学科群，刑法学、刑事诉讼法学、犯罪学、侦查学和网络法学为学院的特色学科，刑法学、刑事诉讼法学属于国家重点学科，教学和科研以及师资队伍等具有较高水平，在国内有很大的影响。学院目前设有四个博士点，即刑法学专业、诉讼法学专业、网络法学专业和监察法学专业。

与教学科研相呼应，刑事司法学院的博士研究生培养坚持发扬学院自身特色。在学科发展战略方面，刑事司法学院着眼于刑事法学的实践品格，注重推动"刑事一体化"思想，融通学科联系，打破刑事法学学科壁垒。刑事一体化具有浓厚的原创色彩，是结合国情和社会现实而提出的犯罪治理思路，其本质在于以视域融合的方式看待理论与实践、实体法学与程序法学、刑事法学与刑事科学、规范分析与其他研究方法，进而使得刑事法学在多个层面上达到提升与精进。刑事司法学院结合自身学科构成较为多样化的特色，以及与法律实践紧密相连的政法院校传统，在教学、科研中既保持着宏观、全面的视角，亦在细微之处紧握现实脉搏，力求经世致用，以刑事法治的实际需要作为刑事法学理论的目的导向和"奥卡姆剃刀"。秉承这种学术理念，刑事司法学院的博士研究生在整体的学术品格上既非概念法学式的过度专注于理论本身，亦非以纯粹的实用主义立场片面看待刑事法学，而是于广泛的视域融合之中进行有的放矢的理论研究。在人才培养战略方面，刑事司法学院注重培养能够切实解决中国理论问题的优秀学者、优秀法律实践人员。

为进一步提升中国政法大学刑事法学科人才培养的水平，中国政法大学刑事司法学院决定设立中国政法大学"刑事法学优秀博士论文文库"项目，择优资助出版我校刑事法学博士毕业论文。此文库的面世，也是向学界乃至社会递交一张代表刑事司法学院科研、教学水平的答卷；希望能够藉此机会，增进交流，进一步提高刑事司法学院学生的培养质量，提升学院整体学术水平；同时，希望能够激励刑事法学专业研究生乃至全校学生，精进不休、自强不息，创作出更多优秀的学术成果。

刑事法治非一日之功，刑事法学的发展亦不可一蹴而就，其需要在长期的教学、科研之中摸索、探微，以求得更进一步。在这个意义上，"刑事法学优秀博士论文文库"是学子们心血铸就卷帙浩繁的一套文丛，是中国政法大学刑事司法学院发展历程的一章段落，也是中国刑事法学研究宏大叙述中的一个逗号。多年以来，刑事司法学院的博士研究生创造了且仍将创造出大批既有理论深度又有实践价值的学位论文。将这些优秀的学位论文付梓成书，不至使其落为沧海遗珠，既是不负学子们的蓟门苦读，也是积露为波——通过中国政法大学"刑事法学优秀博士论文文库"，我们希望能将这些宝贵的涓滴汇成江流，注入中国刑事法治事业的浩瀚沧海之中。

中国政法大学刑事司法学院

2019 年 8 月

目 录
Contents

序 言
Preface

　　法律需要反映社会现实，刑法也不例外，作为一门与社会生活息息相关的部门法，其"立改废"等每一个变化都与社会生活的不断发展密不可分，而刑法理论更要为刑事立法和刑事司法提供支撑。由于我国传统刑法理论对中立帮助行为的研究不够深入，导致刑事立法和司法实践对中立帮助行为表现出一种茫然与漠视的态度。同时，社会现实中却不断出现一些案件，让我们不得不去审视立法和司法在该问题上的滞后与不足。如2009年发生在温州的"冷漠的哥案"[1]，法官认为李某凯构成强奸罪，但是认定其构成强奸罪的犯罪行为到底是什么呢？是作为出租车司机对发生在自己车内的犯罪行为未予制止，从而属于不作为犯，构成强奸罪的不真正不作为犯？还是其明知他人实施强奸行为还按照正犯要求以不停车继续驾驶形式提供了辅助行为，使他人犯罪能够得逞，从而构成强奸罪的作为帮助犯呢？如果认为李某凯的行为是不作为，那么其作为义务的来源是什么呢？如何认定其对乘客具有保证人地位？是基于职业上的要求，还是不停车继续行驶的先行行为引发的，抑或是作为车辆所有人对封闭空间的管理者地位？李某凯作为出租车司机，驾驶车辆搭载乘客的行为属于正常的业务范围，在此过程中要求其对车内犯罪予以阻止是否具有期待可能性，若不予阻止是否违背社会（职业）相当性？李某凯到底有无参与犯罪的意思，其主观罪过能否评价为故意，是否处于一种相对"中立"的态度？这些问题都反映出从事旅客运输行为所具有的中立

---

　　[1]　本案的案情是：2009年12月31日凌晨，李某凯驾驶乘载同村人李某臣的出租车，在温州火车站附近招揽乘客。从外地到温州的少女小梅（化名）上车后，遭到李某臣强暴。在此期间，小梅曾向李某凯求救，要求他停车。李某凯见状出言劝阻，但受到李某臣威胁。在到达小梅的目的地的情况下，李某凯按照李某臣的要求继续行驶，从而使李某臣犯罪行为得逞。在本案中，李某凯因放任他人在自己运营的出租车内强奸少女被浙江省温州市鹿城区人民检察院以强奸罪起诉，最终被法院判处有期徒刑2年。该案引发社会广泛关注和热烈讨论。

帮助性质，在基于该行为对犯罪实行行为的促进作用而处罚时，是否有必要考虑其对社会的有益性，甚至说，要考虑由于科以出租车司机一定的对犯罪审查和防止义务，可能对整个出租车运输行业产生的消极影响？可见，我国刑法中还存在对帮助行为界定不清、亟须将其与实行行为等其他行为类型进行明确区分，以及缺乏对具有中立性质的帮助行为特殊考虑的意识等问题。

中立帮助行为是帮助行为的下级概念，正如对帮助行为的研究状况一样，我国传统刑法对其研究少之又少，同样是社会现实的不断演进而使人们对其日益关注起来，也正是社会发展的现实使我们不得不去研究中立帮助行为。如商店经营者明知他人要实施杀人行为仍然向他人出售菜刀的行为、饭店老板明知他人在实施犯罪行为还向其出售食物的行为等，按照我国传统的共同犯罪理论，商店经营者、饭店老板主观上明知他人实施犯罪还提供帮助，具有犯罪故意；出售菜刀或者食物的行为在客观上有助于犯罪行为的实施，与法益侵害结果之间又具有因果关系，作为帮助犯来处罚似乎没有问题。但是，上述行为具有针对不特定对象、可反复实施的日常生活性、经营性特征，如果作为犯罪处理，势必要求上述经营者在日后经营过程中一定在能够确保他人不是为了实施犯罪的情况下，才能出售商品或者提供服务，否则，在不确定的情况下，就只能不去做这单生意。如此一来，一是商品经营者、服务者等主体必将担负起对交易对象是否犯罪的判断审查义务，二是整个经济生产和日常生活也将陷入停滞不前的状态，显然这不是刑法应产生的社会效应。这样的问题如何解决，需要思考！

随着信息网络的快速发展，其对现实生活带来了全方位的影响与冲击，也带来各种各样潜在的法律风险，一些新型犯罪行为不断涌现，这也为进一步研究中立帮助行为提供了丰富的实践土壤。如在 2016 年的"快播案件"[1]中，

---

〔1〕 深圳市快播科技有限公司通过免费提供 QSI 软件（QVOD 资源服务器程序）和 QVODPlayer 软件（快播播放器程序）的方式，为网络用户提供网络视频服务。任何人（被快播公司称为"站长"）均可通过 QSI 发布自己所拥有的视频资源。为提高热点视频下载速度，快播公司搭建了以缓存调度服务器为核心的平台，在全国各地不同运营商处设置缓存服务器 1000 余台。在视频文件点播次数达到一定标准后，缓存调度服务器即指令处于适当位置的缓存服务器抓取、存储该视频文件。当用户再次点播该视频时，若下载速度慢，缓存调度服务器就会提供最佳路径，供用户建立链接，向缓存服务器调取该视频，提高用户下载速度。部分淫秽视频因用户的点播、下载次数较高而被缓存服务器自动存储。缓存服务器方便、加速了淫秽视频的下载、传播，导致大量淫秽视频在互联网上传播。2013 年

被告人王某就提出了"技术无罪"的辩护意见，将技术中立问题在刑法中研究的紧迫性和必要性全面突显出来，推动中立帮助行为罪与非罪的讨论并成为我国刑法研究的一大热门话题。类似的情况还有，电信诈骗犯罪中提供网络服务的行为、非法集资活动中提供 P2P 平台行为和广告宣传行为、传播淫秽录音录像的网络直播平台经营行为等，这些外表上看通常属于无害的、经营性的、与犯罪无关的行为，却在客观上对他人实施犯罪起到了积极的促进作用，有时甚至是关键作用，对其行为性质如何评价，不仅需要探寻这些行为在刑法理论上和社会现实中有无入罪的依据，还需要进一步研究在信息网络时代刑法理论的更新与转向。

社会生活中中立帮助行为的纷繁复杂，不仅反映到司法实践中，也同样映射到刑事立法[1]当中。《中华人民共和国刑法修正案（九）》（以下简称《刑法修正案（九）》）增设了拒不履行信息网络安全管理义务罪，对网络服务提供者不履行法律、行政法规规定的信息网络安全管理义务，经监管部门责令采取改正措施而拒不改正，造成严重后果的行为进行处罚。同时，还增设了帮助信息网络犯罪活动罪，将明知他人利用信息网络实施犯罪，为其犯罪提供互联网接入、服务器托管、网络存储、通讯传输等技术支持，或者提供广告推广、支付结算等帮助的行为独立入罪。这其中包含了大量具有业务性、日常性的中立帮助行为，立法在将其入罪化的同时并没有过多考虑其所具有的特性。同时，近年来，在最高人民法院、最高人民检察院先后出台的多个司法解释中，不乏对帮助行为处罚的规定，其中很多便涉及中立帮助行为，如 2016 年 12 月最高人民法院、最高人民检察院、公安部出台的《关于办理电信网络诈骗等刑事案件适用法律若干问题的意见》（法发〔2016〕32 号）第 4 条第 3 款中规定，明知他人实施电信网络诈骗犯罪，为其提供互联网接入、服务器托管、网络存储、通讯传输等技术支持，或者提供支付结算等帮助的，以共同犯罪论处。可见，无论在我国刑事立法还是司法解释中，几

（接上页）11 月 18 日，北京市海淀区文化委员会在行政执法检查时，查获快播公司托管的服务器 4 台，从中提取了近 3 万个缓存视频文件进行鉴定，认定其中 70%的文件属于淫秽视频。2016 年 9 月 13 日，北京市海淀区人民法院认定被告公司及个人构成传播淫秽物品牟利罪。

〔1〕 此处刑事立法为广义，既包括立法机关制定的法律，也包括最高司法机关制定的司法解释和解释性文件。

乎都没有充分关注中立帮助行为的严谨意识，往往是将中立帮助行为笼统地等同于一般的帮助行为来对待，这种做法是否妥当，值得深思！

上述立法、司法问题需要刑法理论有所担当，而无论从中立帮助行为的存在体系还是从刑法概念精细化发展的沿革来看，对中立帮助行为的探讨都离不开共同犯罪、帮助犯、帮助行为等核心术语，离不开如行为理论、犯罪本质理论、共犯的本质、犯罪参与体系等关键问题，更离不开刑事立法、现实社会和网络空间等研究背景。合理地认定和对待中立帮助行为，在罪与非罪问题上划定合理范围，并提供充分的理论和实践依据，这正是本书的主要内容和努力方向。

第一章 中立帮助行为的理论基础与现实困境

"概念乃是解决法律问题所必需和不可少的工具"[1]，任何研究都应始于研究对象的内涵及范畴本身。对研究对象进行概念的界定至关重要，教义刑法学往往采取"属加种差"的方式，即将某一待研究概念置于它的属概念之中，并通过与同一属概念下的其他种概念进行对比分析来揭示它的本质或特征。本书便是采取这种有效方法，将中立帮助行为作为帮助行为的下级概念，首先，从作为属概念的"帮助行为"出发，从其存在的理论架构及与正犯和其他共犯行为的区别上揭示其内涵和外延，以明确中立帮助行为存在的理论空间；其次，对帮助行为在法规范中的存在形式进行域外和本土的双向考察，以明确中立帮助行为存在的规范场域；最后，通过实践归纳总结出中立帮助行为的三个本质特征，实际上是在与帮助行为这一属概念下其他非中立的帮助行为进行比较的过程中来凸显中立帮助行为的本质特性，最终实现揭示中立帮助行为内涵的目的。

第一节　中立帮助行为的内涵界定

日常生活中存在的帮助行为不可能不作区分地全部纳入刑法评价范畴，大量的行为可能属于没有任何社会危害性的合法行为，在对这些行为进行层层过滤的过程中，必然涉及是犯罪行为还是合法行为、是正犯行为还是帮助行为、是否连帮助行为都不构成这样的判断。因此，作为讨论的前提，有必要对何为帮助行为进行明确，并进一步确定其与正犯行为等相关范畴的区别标准；同时，对帮助行为的界定也深刻地影响到后文对中立帮助行为的限制

---

[1]　[美] E. 博登海默：《法理学：法律哲学与法律方法》，邓正来译，中国政法大学出版社2004年版，第504页。

处罚依据和中立帮助行为中帮助行为的实质认定问题。

一、帮助行为的基本界定

一般认为，我国刑法条文以规定正犯行为为通常模式，并没有对每个罪名中的帮助行为进行单独规定，而在刑法总则中也未进行明确的、专门的规定，只是在《中华人民共和国刑法》（以下简称《刑法》）第 27 条第 1 款[1]关于从犯的规定中有所体现。学界有人就此认为，从犯中起辅助作用的人便是帮助犯。然而，现实生活中帮助犯是普遍存在的，对此也存在大量的司法实践，这就出现了总则与分则、刑法理论与司法实践相互脱节的现象。不仅如此，刑法中诸如帮助毁灭、伪造证据罪等帮助类型罪名的存在，特别是新近刑法修正案中增加了一些新的帮助型犯罪，如帮助信息网络犯罪活动罪等，让人们更加难以区分这些行为到底是正犯行为还是帮助行为，使得实行行为与帮助行为、正犯与共犯的区分更加复杂。因此，对刑法中帮助行为的研究是极其必要的，不仅涉及犯罪构成机能的发挥、罪刑法定原则的坚守，更涉及刑法处罚范围及共同犯罪中刑事责任的分担，而在这项研究中对帮助行为的准确界定显然是首要的任务。

（一）双重视角下帮助行为的存在界域

帮助行为是司法实践中一种广泛存在的社会现象，但在刑法理论中作为一种类型化行为，是以区分正犯和共犯为理论依托的，易言之，只有在坚持区分制犯罪参与体系中对帮助行为的研究才更加有意义。在世界各国的刑法立法中对犯罪参与体系存在单一制和区分制的不同规定。所谓单一制犯罪参与体系，也称单一正犯体系，是指只要行为人对犯罪构成要件的实现做出原因性贡献的，就是正犯，而无须考虑该行为人贡献的大小、程度。[2]采取单一制犯罪参与体系的典型国家包括意大利、巴西、澳大利亚、阿根廷、丹麦等，这种共犯参与体系的立法与理论的形成与因果关系判断上的条件说是密不可分的，其认为凡是与构成要件结果之间具有原因力的行为均是正犯行为，

---

[1] 我国《刑法》第 27 条第 1 款规定："在共同犯罪中起次要或者辅助作用的，是从犯。"
[2] 参见钱叶六："中国犯罪参与体系的性质及其特色——一个比较法的分析"，载《法律科学》（西北政法大学学报）2013 年第 6 期。

而原因力的大小只是在量刑时候需要考虑的问题，因而不会进行正犯与狭义共犯的区分，更不会在刑法典以及刑法理论中创设帮助行为的概念，即便这种行为是现实存在、值得处罚的，也通通作为正犯看待。

单一制犯罪参与体系内部可以分为形式的单一正犯体系、功能的单一正犯体系和限制的单一正犯体系等不同学说。形式的单一正犯体系是最原始的单一正犯体系，即"在构成要件层面完全不区分任何参与形态，所有参与者均为价值相同的正犯。不仅如此，从量刑方面上看，所有正犯的法定刑相同"[1]。该种学说存在诸多不周延之处，并且随着因果关系学说的不断演变而逐渐式微，目前采取这种立法例的国家已经非常少了。功能的单一正犯体系虽然也坚持认为各犯罪人的行为在不法价值上具有同等性，且法定刑应相同，但根据不同参与形式进一步将正犯划分为直接正犯、诱发正犯和援助正犯三种正犯类型，从而更有效地限制了处罚范围，与形式的单一正犯体系相比，解决了该说中存在的正犯处罚范围过大的问题。限制的单一正犯体系，是在功能单一正犯体系基础上对三种正犯类型进行进一步的完善，一是用从属性来限定诱发正犯和援助正犯，认为二者与直接正犯并非处于同一层次，对直接正犯具有限制的从属性；二是坚持采用犯罪事实支配理论来衡量三种正犯的实行行为人对犯罪事实的加功程度或分量，以进一步进行区分。[2]很显然，限制的单一正犯体系由于认为各正犯之间在不法和刑罚量上具有不等价性和从属性，已经非常接近于区分制犯罪参与体系，而不再是正宗的单一制犯罪参与体系理论，因此，刑法学界中很多学者认为单一正犯体系的类型中并不包括限制的单一正犯体系这一分类。

区分制犯罪参与体系也叫二元犯罪参与体系，是当今德、日等大陆法系国家和地区的通常立法模式，在构成要件层面区分正犯与共犯，并认为二者之间具有一定的依存关系，且针对不同的犯罪参与形态规定不同的法定刑，德国、瑞士、日本和韩国是采取这种犯罪参与体系的代表。区分制犯罪参与体系也并非是一个尽善尽美之物，学界对其批判主要体现在：一是"该说的

---

[1]　江溯："单一正犯体系的类型化考察"，载《内蒙古大学学报》（哲学社会科学版）2012年第1期。

[2]　参见钱叶六："中国犯罪参与体系的性质及其特色——一个比较法的分析"，载《法律科学》（西北政法大学学报）2013年第6期。

理论基础是限制正犯概念，但随着间接正犯和共同正犯的出现和不断发展，限制正犯如今已经被完全抛弃"[1]；二是截至目前，尚未有令人满意的严格区分正犯和共犯的标准；三是该说认为不同犯罪参与行为之间存在从属关系进而影响法定刑，有违个别责任原则。[2]

笔者认为，单一制和区分制两种犯罪参与体系均存在不同的缺陷，都不是无懈可击的，但相较而言，在解决刑法理论问题和处理司法案件上，区分制犯罪参与体系具有更大的优势。一是区分制更加客观地反映了社会现实特别是共同犯罪的客观司法实践，由于现实中存在各色各样异常复杂的共同犯罪，各犯罪行为人的参与方式和参与程度显然不具有一致性。二是区分制犯罪参与体系和限制正犯概念具有强调法治国的重要意义[3]，区分制通过严格界分正犯与共犯，合理限定了犯罪处罚范围，维护了犯罪构成要件的定型化机能，实现了罪刑法定主义，体现了法治国的现代法治理念。三是对区分制犯罪参与体系的批判多数为理解上的立场倾向，如认为目前尚无令人满意的区分正犯与共犯标准，但在司法实践的通常情况下认定何者为正犯、何者为共犯并不是多么疑难的问题，且仅因区分标准的不科学就否定分类的意义，是一种本末倒置的想法，是在逃避问题而不是积极解决问题。易言之，区分标准难以令人满意并不是不进行区分的借口。

至于我国犯罪参与体系属于单一制还是区分制，历来在我国刑法理论界争议激烈，存在"单一制说"[4]"区分制说"[5]"既非单一制也非区分

---

[1] 江溯：《犯罪参与体系研究——以单一正犯体系为视角》，中国人民公安大学出版社 2010 年版，第 113 页。

[2] 参见阎二鹏："扩张正犯概念体系的建构——兼评对限制正犯概念的反思性检讨"，载《中国法学》2009 年第 3 期。

[3] 参见张开骏："区分制犯罪参与体系与'规范的形式客观说'正犯标准"，载《法学家》2013 年第 4 期。

[4] 持"单一制说"的观点参见刘洪："我国刑法共犯参与体系性质探讨——从统一正犯视野"，载《政法学刊》2007 年第 4 期；江溯：《犯罪参与体系研究——以单一正犯体系为视角》，中国人民公安大学出版社 2010 年版，第 242 页；阮齐林：《刑法学》，中国政法大学出版社 2008 年版，第 197 页；刘明祥："论中国特色的犯罪参与体系"，载《中国法学》2013 年第 6 期；陈洪兵：《共犯论思考》，人民法院出版社 2009 年版，第 252 页。

[5] 持"区分制说"的观点参见陈兴良：《教义刑法学》，中国人民大学出版社 2010 年版，第 638~639 页；陈家林：《共同正犯研究》，武汉大学出版社 2004 年版，第 5 页；叶良芳：《实行犯研究》，浙江大学出版社 2008 年版，第 33~35 页。

制"[1]等三种观点。笔者认为，对此既要从我国刑事立法出发又要考虑我国司法实践的具体情况。在立法论上，要充分考虑和正确评价我国刑法规定的共同犯罪分类。正如有学者正确地指出，"犯罪参与体系的确定与共犯分类问题是密切联系的：对共犯分类的方法、功能及意义等方面进行研究需要在某一确定犯罪参与体系下进行；与此同时，探寻某一国家刑事立法上究竟采取了何种犯罪参与体系，某种程度上也可以从共犯分类上得以反映"[2]。我国刑法理论通说认为，我国共同犯罪人的分类是"以作用分类法为主，同时兼顾分工分类法"，分为主犯、从犯、胁从犯和教唆犯四种。但笔者认为，此种观点值得商榷，对同一事物确实可以根据不同的标准作不同的分类，但是不同的标准是在不同次区分上应用的，而不能在一次区分上同时应用，这在逻辑上是存在问题的，因此，笔者并不赞同"以作用分类法为主兼顾分工分类法"的观点。实际上，我国《刑法》除了以实行犯的基本犯罪构成在分则中规定具体个罪罪名外，还隐含着对共犯人的分工划分，《刑法》第26条[3]是对组织犯的规定，第29条[4]是对教唆犯的规定，且如前所述，第27条中也可以推出帮助犯的行为类型。当然，上述规定中也包含着量刑原则的规定，而量刑的依据就是犯罪参与程度，易言之，刑法又根据参与程度的不同进一步区分了主犯、从犯和胁从犯。因此，在共犯参与人分类上，我国刑法进行了双层次的划分，即根据分工类型进行第一次划分，解决参与行为性质问题，比较客观地反映了参与人在共同犯罪中从事了什么样的活动以及直接或者间接等侵害法益的不同方式[5]；根据作用程度进行第二次划分，解决量刑问题，比较客观地反映了参与人在共同犯罪中所起的作用和所处的地位。

---

〔1〕 持"既非单一制也非区分制"的观点参见任海涛：《共同犯罪立法模式比较研究》，吉林大学出版社2011年版，第62页；张伟："我国犯罪参与体系与双层次共犯评价理论"，载赵秉志主编：《刑法论丛》（第4卷），法律出版社2013年版，第10页。

〔2〕 张伟："我国犯罪参与体系与双层次共犯评价理论"，载赵秉志主编：《刑法论丛》（第4卷），法律出版社2013年版，第10页。

〔3〕 《刑法》第26条第3款规定："对组织、领导犯罪集团的首要分子，按照集团所犯的全部罪行处罚。"

〔4〕 《刑法》第29条第1款规定："教唆他人犯罪的，应当按照他在共同犯罪中所起的作用处罚。教唆不满18周岁的人犯罪的，应当从重处罚。"

〔5〕 参见钱叶六："中国犯罪参与体系的性质及其特色——一个比较法的分析"，载《法律科学》（西北政法大学学报）2013年第6期。

基于以上分析，可以得出我国犯罪参与体系是区分制的结论。原因在于：第一，单一正犯体系下，不会区分出帮助犯、组织犯、教唆犯等行为类型，而是均被视为正犯。第二，单一正犯体系在立法上也不会考虑刑罚问题，该体系由于采取扩张正犯的概念，共同犯罪中的各行为在法规范评价上是等值的，不会存在法定刑轻重之别。第三，我国共犯人的双层次分类直接表明在犯罪参与体系上采取的是区分制，即分工分类法和作用分类法分别对应着犯罪参与的类型和程度，其中，前者设置的功能在于确定刑法处罚的范围，后者设置的功能在于确定刑罚的轻重，[1]既区分不同的参与类型又考虑刑事责任的分担，显然是区分制犯罪参与体系的核心要义。至于认为我国犯罪参与体系"既非单一制又非区分制"的观点，实则未能把握犯罪参与体系的本质特征，单一制与区分制的本质不同在于是否承认正犯与共犯在不法上的等价性以及共犯是否具有独立可罚性，因此结论必然是非此即彼的，不可能存在认为二者既相等又不相等、既独立又不独立的结论。[2]

最后，需要说明的是，单一制和区分制这两种犯罪参与体系所对应的正犯概念具有本质不同，原因在于前者采取扩张的正犯概念并以其为逻辑起点，而后者却以限制的正犯概念为理论信条。因此，在单一制犯罪参与体系中，并不限定犯罪的参与方式，也就无所谓正犯与共犯的区分了，更没有严格意义上的帮助行为，也只能说存在被同样称为正犯的帮助行为，因此，主张单一制犯罪参与体系的学者往往对实质的犯罪行为概念较为认可。而在区分制犯罪参与体系中，只有直接、亲自实施分则构成要件的行为才被认为具有构成要件的该当性，间接、利用他人实施构成要件的行为，不具有构成要件该当性，而只能作为修正犯罪构成行为而存在，[3]因此，主张区分制犯罪参与体系的学者往往坚持形式的帮助行为概念。对帮助行为概念的具体界定，笔者将在后文详述。

---

〔1〕 参见阎二鹏："犯罪参与类型再思考——兼议分工分类与作用分类的反思"，载《环球法律评论》2011年第5期。

〔2〕 参见兰迪："犯罪参与体系：中国图景下的比较与选择"，载《西北大学学报》（哲学社会科学版）2015年第2期。

〔3〕 参见阎二鹏："犯罪参与类型再思考——兼议分工分类与作用分类的反思"，载《环球法律评价》2011年第5期。

（二）帮助行为与帮助犯

在很多刑法理论和实务场合下，帮助行为与帮助犯是被作为同一概念使用而不加以严格区分的，但作为研究对象必须对其作出概念上的界分。在我国刑法理论界，一般认为帮助犯属于犯罪人的一种类别，虽然我国刑法中没有明确规定帮助犯的概念，但是从犯概念中实际上包含了帮助犯的规定。笔者认为，对帮助犯的理解不能简单局限于犯罪人的一种类别，帮助犯也属于一种犯罪形态，在德日刑法中这种观点是被采纳的。在德日刑法理论中，"共犯"具有双重含义，一是就犯罪形态而言，二是就共同犯罪人而言。因此，作为狭义共犯类别的帮助犯理应同样具有双重含义。对此，张明楷教授指出："共同正犯、教唆犯和帮助犯等划分主要是针对共犯形态进行的分类，不仅仅是针对共犯人所做的分类"[1]。此外，如果仅将帮助犯理解为一种犯罪人的话，刑法学术界一直以来对其成立条件、构成类型和处罚依据等诸多与犯罪形态相关问题的研究便属于南辕北辙，难以理解了，同时，将其与帮助行为进行区分更无太大意义。

因此，所谓帮助犯是指在共同犯罪中，对决意实施不法正犯行为者提供援助或使正犯行为易于实施的一类犯罪形态。[2]进一步而言，"帮助行为是指符合基本构成要件的正犯行为以外且能够使正犯行为变得容易的行为"[3]。可见，帮助行为与帮助犯最直观的区别在于：前者是一种客观行为，后者是一种犯罪形态，帮助犯作为一种犯罪形态其构成条件要求必须得有客观的帮助行为。易言之，帮助行为概念的提出一般是为了阐释狭义共犯类型之一的帮助犯的客观成立条件。[4]这也是中外刑法理论中在探讨帮助行为时，多数是将其置于共同犯罪或者共犯理论之中的原因。例如，我国刑法理论均将帮助行为置于"共同犯罪"一章中"共同犯罪成立的客观要件"部分进行研究。

在此值得研究两个问题：第一，帮助犯除了需要具有帮助行为这一客观

---

〔1〕 张明楷编著：《外国刑法纲要》，清华大学出版社 2007 年版，第 297 页。

〔2〕 参见张伟：《帮助犯研究》，中国政法大学出版社 2012 年版，第 12 页。

〔3〕 ［日］大塚仁：《刑法概说（总论）》，冯军译，中国人民大学出版社 2003 年版，第 315~316 页。

〔4〕 参见江溯：《刑法中的帮助行为》，中国社会科学出版社 2013 年版，第 43 页。

要件外，是否还需要"故意"这一主观要件，以及是否必须构成犯罪才能成为帮助犯。第二，帮助行为只能存在于帮助犯之中或者共同犯罪之中吗？帮助行为是否具有独立的存在空间？对于第一个问题，笔者认为，帮助就是给予他人物质上、精神上援助的行为，从文理角度来理解帮助犯应是故意而为之。我国刑法通说认为，构成帮助犯需要主观上具有帮助故意、客观上实施了帮助行为。在英美刑法中，对于帮助犯是否需要具有帮助故意，虽然在刑法理论上存在一定分歧，但是在司法实践中却被确认。英国上诉法院在 Bryce 一案的判决中，被认为代表了现行的英国法律，即要求公诉人若要证明行为人是共犯则需要验证被告人是有意而为，要求证明被告人必须故意帮助正犯。[1]德国刑法理论持同样的观点，认为帮助必须故意提供，过失甚至轻率地提供帮助都不够，并且进一步认为，帮助人的故意具有两个联结点：它必须指向对实行人的故意行为提供帮助，以及必须指向通过实行人损害由行为人构成保护的法益（所谓帮助人的双重故意）。[2]基于此，笔者赞同将帮助故意作为成立帮助犯的主观必备要件，因此，应将过失帮助行为从帮助犯范畴中予以排除，这对后文讨论中立帮助行为的类型和处理具有重要意义。对于第二个问题，笔者认为既要考虑传统刑法理论，也要考虑一国的刑法规定，德日刑法理论主张以构成要件为核心来构筑犯罪成立体系，通过对行为类型化来限制刑罚适用，使其谦抑并符合罪刑法定主义。在德日刑法看来，帮助犯作为狭义共犯是刑罚扩张适用的结果，帮助行为同样属于超出构成要件之外的行为，为了恪守罪刑法定主义，德日刑法不遗余力地在构成要件之外为其寻找处罚的根据，但无论如何不愿将其纳入构成要件行为之内，鉴于此，在德日刑法理论构造中，帮助行为只能被置于共犯理论框架之下。但是，我国刑法虽然也在共同犯罪中去研究帮助行为，但理由不甚相同——主要是受到苏联刑法理论的影响，且在刑法规定中同时存在帮助型正犯的规定，比如帮助毁灭、伪造证据罪，洗钱罪，窝藏罪，包庇罪，协助组织卖淫罪等；还

---

〔1〕 参见［2004］EWCA Crim 1231. 转引自郭自力：《英美刑法》，北京大学出版社 2018 年版，第 263～264 页。

〔2〕 参见 Eser, StrafR Ⅱ 3, Nr. 46, Rn. A2；Jescheck/Weigend, AT5, § 64 Ⅲ 2d；Lackner/ühl24, § 27, Rn. 7. 转引自［德］克劳斯·罗克辛：《德国刑法学总论》（第 2 卷），王世洲等译，法律出版社 2013 年版，第 169 页。

要注意到，新近刑法修正过程中也明显存在帮助行为正犯化的趋势，如增设了帮助信息网络犯罪活动罪等，足以说明我国刑法理论中的帮助犯或者帮助行为并不完全在共同犯罪体系内进行研究，存在按照正犯处理的情形。明确该问题对后文探讨对中立帮助行为的入罪处理方式有所启发。综上，帮助行为与帮助犯并不属于同一范畴，前者的外延要大于后者，实施了帮助行为不一定成立帮助犯，也可能不构成犯罪；可能成立共同犯罪，也有可能构成单独的犯罪。

（三）帮助行为与实行行为

我国刑法中对帮助犯与实行犯的区分研究较多，通常体现在共同犯罪的本质和处罚根据问题领域。而对于帮助行为与实行行为的界分，一般仅在对实行行为的内涵进行界定时有所提及。但前文关于帮助犯与帮助行为的界分同样适用于实行犯与实行行为，鉴于此，笔者认为如何辨别帮助行为与实行行为，可以参照帮助犯与实行犯的区别或者共犯与正犯[1]的区分标准。目前，一般认为正犯是以正犯之意实施刑法构成要件行为之人（之形态），帮助犯则是实施构成要件行为之外的帮助行为而参与犯罪之人（之形态）。但具体而言，在德日刑法理论上逐步形成了主观说、客观说和折衷说等不同标准用以区分正犯和共犯。

主观说是以因果关系中的条件说为基础，认为对危害后果而言，无论是正犯还是帮助犯等共犯均是等价的，即所有的条件都是原因，从客观上不可能区分正犯与帮助犯，唯有从主观方面才能对二者进行有效区分，该学说内部还可以分为意思说和利益说。[2]该说一直以来饱受批评：一是该说构建的基础是因果关系条件说，该理论的支持者甚寡，学界普遍认为该理论是错误的。[3]二是主观说的标准过于模糊，比如基于"正犯的意思"还是"共犯的意思"，完全可能因判断者不同而得出不同结论，使该标准成为"空转模式"，进而导致实务中可以任意倒转"正犯"与"共犯"的概念。[4]三是，利益说

---

〔1〕　作为本书的一般叙述，笔者在此处不严格区分实行犯与正犯，而在涉及共犯分类等问题时将进行严格区分。

〔2〕　参见王光明：《共同实行犯研究》，法律出版社2012年版，第48页。

〔3〕　参见［日］大谷实：《刑法总论》，黎宏译，法律出版社2003年版，第298页。

〔4〕　参见柯耀程：《变动中的刑法思想》，中国政法大学出版社2003年版，第162页。

中所谓"为自己的利益"还是"为他人的利益"也并不是决然对立的，在实践中完全可以出现为了共同的利益、直接为他人利益间接为自己利益[1]、正犯乃为他人之利益而共犯乃为本人之利益的情形。因此，由于主观说的明显错误，目前学术界已鲜有采用。

客观说意图从客观方面探寻正犯与帮助犯等共犯的界限，该说内部又包括形式客观说与实质客观说两种不同观点。形式客观说认为据以区分正犯与帮助犯的标准是刑法分则规定的构成要件，即凡是实施了符合构成要件行为的就是正犯，实施构成要件之外行为的是共犯（教唆犯、帮助犯等）。形式客观说的优点在于比较明确，有利于实现刑法的人权保障机能，但是该说在解决现实实务问题时无法做到标准统一，比如认为间接正犯和共谋共同正犯都属于正犯，但显然间接正犯中"幕后的人"和共谋共同正犯中的"共谋者"均没有实施符合基本构成要件的行为，却被作为正犯处理，形式客观说对此难以"自圆其说"。实质客观说是为了克服形式客观说的弊端应运而生的，该说认为应从刑法因果关系中寻找区分正犯与共犯的依据，进而采用其中的"原因说"作为标准，认为对结果给予较强原因力者为正犯，非此则为共犯。[2]实质客观说意图从实质犯罪论角度提出见解的初衷是正确的，但是在大陆法系国家刑法理论与司法实践中，原因说也已经被淘汰，导致实质客观说的理论基础被动摇。同时，实质客观说中的"实质"到底是什么标准，也没有形成统一认识，从该说内部又分为必要性说、同时性说、优势说、危险性说等诸多分支学说便可见一斑。此外，虽然上述分支学说意图进一步明确"实质"的内涵，但是所提出的标准同样存在模糊问题，比如优势说以优势关系来区分共犯与正犯，但是何为优势，具体判断依据是什么，在未有效解决旧问题的同时又产生了新问题。

折衷说是指兼顾犯罪人主、客观方面来综合判断正犯抑或共犯，具体包括犯罪支配理论、以构成要件为基准的主客观结合说、规范的综合判断理论、重要作用说等观点。折衷说从实质上看是以实质的、客观的判断标准为主，兼顾主观方面为辅，因而部分学者径行将其纳入实质说的范畴。[3]在上述学

---

[1] 参见张明楷编著：《外国刑法纲要》，清华大学出版社 2007 年版，第 301 页。

[2] 参见张伟：《帮助犯研究》，中国政法大学出版社 2012 年版，第 112 页。

[3] 参见马聪："论正犯与共犯区分之中国选择"，载《山东社会科学》2018 年第 3 期。

说中，以构成要件为基础的主客观结合说实际上是形式客观说与主观说的结合，而规范的综合判断理论实际上是犯罪支配理论与主观说的结合，因此前文对主观说的批判均适用于此两种学说。而犯罪支配作用理论和重要作用说没有本质上的区别[1]，二者均是根据行为人对犯罪实现所起的作用为标准来区分正犯和共犯的，前者认为起到支配作用的就是正犯，持该观点的主要为德国刑法学者，以罗克辛教授为代表；后者认为起到重要作用的就是正犯，该说是日本的通说，支持者包括平野龙一、西原春夫、大谷实等学者。

　　笔者认为，在我国采取区分制共犯体系的前提下，共犯与正犯具有本质上的不同，在其界限上不能采取形式客观说，且从存在论角度分析，应是先有正犯、共犯等各种犯罪参与形态，而后才有立法规定，易言之，刑事立法对这些行为类型的犯罪化后果并不能改变其属于正犯抑或共犯的本质，[2]因此，我国刑法应采取实质的区分标准。同时，一如前述，正犯与共犯不仅是犯罪参与人的类别，也是不同的犯罪形态，区分的目的既包括行为类型化目的，也包括刑罚轻重等处罚标准问题，确定区分标准时势必应考虑犯罪参与人在共同犯罪中的地位和作用，因此，标准相对更加明确的犯罪支配理论更加合适。

　　众所周知，"无行为则无犯罪"，行为是任何一种犯罪形态的客观要件，是犯罪得以成立、犯罪参与人得以被追究刑事责任的客观前提，因此，对于实行行为与帮助行为的界分，应当在前文所述正犯与共犯区分理论下进一步展开，并保持标准的实质统一和协调。在我国刑法中，通过对实行行为涵义的考察，可以发现关于其与帮助行为的区分标准主要有两种观点，即从形式上定义实行行为的学说倾向于从形式标准来区分二者，而从实质上定义实行行为的学说倾向于采用实质标准来区分。形式说认为实行行为是刑法分则规定的具体犯罪构成要件的行为。[3]该说由日本刑法学者小野清一郎教授首先提出，木村龟二、大塚仁、西原春夫等学者均持相同观点。可见，在形式说看来，某一行为属于实行行为还是帮助行为关键要看其是否符合刑法分则构成要件的规定，凡被刑法分则构成要件所涵盖的行为就是实行行为，而仅仅

---

〔1〕　参见钱叶六："双层区分制下正犯与共犯的区分"，载《法学研究》2012年第1期。
〔2〕　参见江溯：《刑法中的帮助行为》，中国社会科学出版社2013年版，第59页。
〔3〕　参见陈兴良：《共同犯罪论》，中国人民大学出版社2017年版，第77页。

助力于实行行为但尚未被刑法确认的行为只能是帮助行为。实质说认为，对于实行行为这一重要概念，不能仅从形式上认定，还必须从实质上考察，应以对法益的侵犯程度为依据，由于犯罪的本质是侵犯法益，因此实行行为是具有侵害法益的紧迫危险的行为。[1]对比而言，帮助行为是虽然对实行行为起到促进作用，但单独实施尚不足以产生法益侵害紧迫危险的行为。笔者认为，形式说与实质说各有利益，前者有利于维护罪刑法定主义，但构成要件在内涵上具有一定抽象性，而后者可以弥补相应不足，二者分别从不同角度诠释了实行行为的特征，并明确了其与帮助行为的界限。因此，对于实行行为的界定完全可以采取兼顾二者的综合说，即"所谓实行行为，是指刑法分则条文具体罪刑规范所预设的具有法益侵害现实危险性的行为"[2]。

据此，实行行为与帮助行为的区分应当从形式与实质两个层面进行。第一，相较于帮助行为而言，实行行为具有法定构成要件的规范性。我国刑法分则对所有实行行为的构成要件均进行了描述，因而不同实行行为之间是个别的、独特的；而帮助行为往往被概括性规定在刑法总则中，是对社会中所有帮助行为的抽象提炼，因此不是个别的、独特的。需要注意的是，法定规范性也并非是实行行为的"专利"，以帮助行为为代表的非实行行为与实行行为之间具有转化性，一些帮助行为会因立法选择而成为实行行为，即所谓的"非实行行为行为化"或"共犯正犯化"，易言之，某些帮助行为可能会被刑法单独作为实行行为而规定，如《刑法》第287条之二规定的"帮助信息网络犯罪活动罪"，实质上是对他人利用信息网络实施的犯罪活动的帮助行为，但是立法基于对法益保护前置化和突出打击网络犯罪的考虑，而将其提升为实行行为。

第二，与帮助行为相比，实行行为具有更加明确的类型性。"构成要件是不法行为的法律定型"[3]，实行行为是从众多的社会行为中抽象和提炼出来的，具有类型化特征。但是，这种区分标准是相对的，一是构成要件具有抽象性，在理解上也常常需要结合日常生活经验、日常生活用语、社会相当性

---

〔1〕 参见张明楷：《刑法学》，法律出版社2016年版，第144页。
〔2〕 叶良芳：《实行犯研究》，浙江大学出版社2008年版，第73~74页。
〔3〕 ［日］小野清一郎：《犯罪构成要件理论》，王泰译，中国人民公安大学出版社2004年版，第70页。

以及法律解释原理来判断，[1]因而同样具有模糊性和相对性；二是帮助行为也并非毫无类型可言，如在德国刑法中，虽然立法未列举具体的帮助方法，但是人们仍然要区分智力（心理的）帮助和技术的（物理的）帮助。[2]"我国刑法理论也会根据帮助行为实施的时间不同，将其分为在实行行为之前实施的帮助行为（预备的帮助犯）、与实行行为同时实施的帮助行为（伴随的帮助犯），以及在正犯者实行了一部分犯罪后实施的帮助行为（承继的帮助犯）。"[3]

第三，通常情况下，帮助行为不具有独立的法益侵害性，必须结合实行行为才能侵害法益，而实行行为则完全可以单独侵害法益。这里需要讨论的是，帮助行为只能是对实行行为进行助力，还是针对任何行为均可以进行助力从而构成帮助行为。我国刑法理论通说认为，帮助犯在实施帮助行为时并不要求被帮助人（正犯）构成犯罪，但是必须有正犯存在，才有帮助犯可言，正犯的存在是帮助犯不可或缺的要件。[4]在日本刑法中，通说认为所谓帮助犯（从犯），就是帮助正犯的人（《日本刑法典》第62条）。[5]但是，日本却存在对间接帮助（对帮助犯再进行帮助的行为）的讨论，虽然学说上也有持不可罚说的见解，但是判例认为，对从犯的帮助也解释为间接地帮助正犯，同样也构成帮助犯。[6]笔者认为，该问题涉及共犯的处罚根据及帮助犯因果关系问题，支持处罚间接帮助行为的学者，往往以实行从属性理论出发，认为该行为间接地使正犯的犯罪行为变得容易，因而具有处罚的必要性。[7]对该情形涉及的理论和实务问题，笔者将在后文详述。

第四，在通常情况下，帮助行为对法益侵害的紧迫性和危险度比实行行

---

〔1〕　参见江溯：《刑法中的帮助行为》，中国社会科学出版社2013年版，第77页。

〔2〕　参见［德］汉斯·海因里希·耶塞克、托马斯·魏根特：《德国刑法教科书》，徐久生译，中国法制出版社2017年版，第938页。

〔3〕　张明楷：《刑法学》，法律出版社2016年版，第419页。

〔4〕　参见陈兴良主编：《刑法总论精释》（上），人民法院出版社2016年版，第522页。

〔5〕　参见黎宏：《日本刑法精义》，法律出版社2008年版，第293页。

〔6〕　参见［日］松宫孝明：《刑法总论讲义》，钱叶六译，中国人民大学出版社2013年版，第217页。

〔7〕　参见［日］西田典之：《共犯理论的展开》，江溯、李世阳译，中国法制出版社2017年版，第153页。

为相对要低一些。实行行为是对法益的直接侵害或危险，而帮助行为所产生的侵害或危险必须通过对实行行为的加功或助力，因而具有间接性。但是，在某些特殊情况下，侵害的直接性与间接性并不等同于侵害后果严重性的大小，只是结合司法经验从整体上得出的经验结论而已。如在一些网络共同犯罪中，帮助行为的作用更为突出，甚至会起到支配作用，共犯行为正犯化的强烈趋势在一定程度上便是很好的例证。

（四）帮助行为与教唆行为

帮助犯与教唆犯都属于狭义的共犯，帮助行为和教唆行为往往是较容易区分的，帮助是针对已产生犯意的人的助力行为，而教唆是使他人产生犯意的行为，可见二者在对象上存在区别。但从刑法理论上以及司法实践中看，仍然存在一些模棱两可的情形，比如非物质性的帮助行为与教唆行为有时确实需要仔细甄别，因此，有必要对帮助行为与教唆行为进行深入的辨别。二者的区别主要体现在以下方面：

第一，在行为的方式上。帮助行为分为有形的帮助和无形的帮助两类，前者是指提供犯罪工具、犯罪场所等物质性的帮助行为，后者指在精神上给予支持、提出建议、强化犯意等情况。教唆行为是指唆使他人实施犯罪的一切手段和方法，虽然没有具体方式上的限制，比如劝告、嘱托、哀求、指示、怂恿、命令、引诱等[1]，但往往是在精神上发挥作用，使他人产生了实施犯罪的意图。易言之，帮助行为既可以在精神上对正犯起到促进作用而不具体参与到正犯行为之中，也可以是参与正犯行为并提供物质上的帮助；而教唆行为的作用通常仅体现在正犯犯意产生的精神层面，而不具体参与正犯行为。

第二，在共犯性质上。在该问题上，刑法理论中存在共犯从属性说和共犯独立性说之分：共犯从属性说是大陆法系"旧派"刑法理论的观点，其理论基础为"客观主义刑法观"，认为教唆行为、帮助行为是不符合构成要件的非正犯行为，在实质上不具有侵害法益的直接、现实危险性，还不能单独构成犯罪，只有在被教唆者、被帮助者实施犯罪的情况下才能够成立共犯，即共犯从属于正犯。共犯独立性说是"新派"刑法理论的观点，其理论基础为

---

〔1〕 参见张明楷：《刑法学》，法律出版社 2016 年版，第 417 页。

"主观主义刑法观"，特别是，因袭了犯罪征表说的理论主张，认为教唆或帮助等狭义共犯行为本身就征表了行为人具有法益侵害的故意，其本身就是实行行为，即共犯独立于正犯。[1]目前，大陆法系刑法理论中共犯从属性说处于通说地位，德日刑法著作就可以印证。[2]在我国刑法理论上，由于长期受"造意为首"观念的影响，有观点认为凡是教唆犯，就是主观恶性很重、应当严厉惩处的人，因此，体现在共犯性质上，认为教唆犯具有独立性，进而认为我国共同犯罪的属性是"二重性"，这种观点在我国刑法理论上长期处于通说或者重要影响说的地位，典型代表为马克昌教授，他针对我国《刑法》第29条的规定分析指出："教唆犯具有二重性，但主要体现的是独立性一面。原因在于：其一，该条第1款规定成立教唆犯需要以被教唆的人实施犯罪为必要前提，这体现了共犯成立上的从属性；其二，对教唆犯并非依照正犯的刑罚来处罚，而是依照其在共同犯罪中所起的作用处罚，这体现了共犯处罚上的独立性；其三，该条第2款规定在被教唆的人没有犯被教唆之罪的情况下，依旧成立教唆犯，但可以从轻或者减轻处罚。可见，在不成立共同犯罪的情况下，仍可以对教唆者单独处罚，这体现了独立性。"[3]笔者认为，尽管当前刑法学界对"共犯二重性"理论进行了反思，很多学者提出不同意见，但从我国《刑法》第29条规定及上述观点来看，教唆犯与帮助犯在共犯性质上确实存在不同之处，但是否属于本质上的区别，便有待于从各自认可的共犯理论上进行深入阐述了，但这一点区别也会对二者在成立条件、处罚原则等方面产生影响。

　　第三，在成立条件上。帮助犯与教唆犯二者在是否以正犯行为为成立必要要件上存在差别。如前所述，教唆犯在独立性程度上要高于帮助犯，因此

---

　　〔1〕　参见马克昌主编：《近代西方刑法学说史略》，中国检察出版社2004年版，第225~227页。

　　〔2〕　需要说明的是，现代刑法理论一般认为，共犯的独立性说与共犯的从属性说的理论对立，与近代学派同古典学派的理论对立并没有必然联系。它们之间的差异仅在于应当采取谦抑的处罚主义还是积极的处罚主义。即使是古典学派的学者，如果将行为无价值论彻底化，就有可能认为即使正犯还没有实行着手，只要实施了共犯行为就具有可罚性。相反，即使是近代学派的学者，只要不拘泥于理论的彻底性，在考虑到处罚或处分的必要性的基础上就可能采用共犯从属性说。参见［日］山中敬一：《刑法总论》，成文堂2015年版，第850页。转引自陈家林：《外国刑法理论的思潮与流变》，中国人民公安大学出版社、群众出版社2017年版，第520页。

　　〔3〕　马克昌主编：《犯罪通论》，武汉大学出版社1999年版，第556~557页。

帮助行为必须助力于正犯行为，没有正犯行为就不会构成帮助犯。[1]但在我国《刑法》第29条第2款规定的"教唆未遂"情形下，教唆行为依然构成犯罪，在司法实践中主要包括两种情形：一种是教唆者在实施教唆行为之后，被教唆的人仅仅只是产生了实施犯罪的决意但未真正实施犯罪；另一种情形是教唆者虽然实施了教唆行为，但未能使被教唆者产生实施犯罪的决意。[2]

第四，在共同犯罪中的地位上。通说认为，根据《刑法》第27条的规定，帮助犯在共同犯罪中居于从犯地位，对此虽然曾有过不同观点，但并未形成代表性意见。之所以认为帮助犯是从犯，理由在于：第一，帮助行为需助力于正犯行为而与犯罪结果产生因果关系，这种间接性一定程度上决定了其在共同犯罪中不可能起主要作用，如果被认为是帮助犯的行为起到主要作用，根据前文所述的"犯罪支配理论"，若该行为具有法益侵害的现实危险性，便应被认为是正犯行为而不是帮助行为。第二，立法者在进行立法时已经考虑到帮助犯的地位问题，立法本意已经在条文中有所体现，"帮助"与"辅助"的内涵虽基本相同，但"帮助"一词表示替人处理、出主意或给予物质上、精神上的支援，仅有行为分工的含义；而"辅助"除有帮助的含义以外，还有"非主要"的含义。[3]与此不同，根据《刑法》第29条规定，教唆犯的主从犯确定需要依据他在共同犯罪中所起的作用来判断，具体而言，一般应结合教唆的犯罪事实、教唆行为的性质、情节和所造成的现实危害等多方面综合评判，因此，教唆犯既可以起到主要作用构成主犯，也可以不起主要作用构成从犯。[4]

根据上述标准较容易将物质性帮助行为与教唆行为区分开，而有时精神帮助行为与教唆行为则容易混淆。如对犯意不坚定的人的"教唆"行为应认定为教唆犯还是帮助犯，在我国刑法理论界存在一定争议。张明楷教授认为，"是否使他人产生实施符合构成要件的违法行为意思，是教唆犯与精神帮助犯

---

[1] 笔者此处主要结合我国刑法理论和实务观点而言，对于日本判例中出现的间接帮助的行为，不在本部分讨论范围。

[2] 除此之外，还存在两种有正犯行为的教唆未遂，分别是：被教唆者虽然实施了行为，但没有达到可罚行为的程度；以及被教唆者虽然实施了实行行为，但该行为与教唆行为之间没有因果关系。参见陈家林：《外国刑法：基础理论与研究动向》，华中科技大学出版社2013年版，第278页。

[3] 参见陈兴良：《共同犯罪论》，中国人民大学出版社2017年版，第197页。

[4] 参见陈兴良主编：《刑法总论精释》（上），人民法院出版社2016年版，第534页。

的基本区别"〔1〕，因此，教唆犯意不坚定者成立帮助犯。而陈兴良教授则认为，"教唆犯与帮助犯的根本区别就在于：教唆犯是要解决被教唆的人是否实施犯罪的问题；而帮助犯是要解决被帮助的人如何实施犯罪的问题"〔2〕，因此，上述情形属于是否实施犯罪的范畴，应认定为教唆犯。笔者认为，我国传统刑法理论将教唆犯视为"造意犯"，即引起他人产生犯罪意图的人，但是从产生犯意到决意实施不仅存在意志坚定程度上的区别，还存在时间阶段上的区别。正如有学者指出："犯意的引起更多的是体现一个从无到有的过程，即教唆犯令本无犯意的人产生犯意；而犯意的加强则是一个从弱到强的过程，两者之间有着完全不同的性质"〔3〕。因此，如果被教唆者已经产生犯意，便不会成立教唆犯，所谓的"教唆行为"只不过是促使他人由产生犯意演变为犯罪决意并进而外化为犯罪的"精神帮助行为"而已，上述情形应成立帮助犯。

帮助行为与中立帮助行为属于"真包含"关系，对中立帮助行为的研究应坚持从一般到特殊的逻辑，中立帮助行为必然具有帮助行为的典型特征，但又存在自身不同的特点，而共有属性之外的特质便是其本质属性所在。对帮助行为的研究有助于对中立帮助行为成立条件、可罚性、处罚原则等问题的探讨，如假使某一行为连通常帮助犯成立的一般条件都不具备，便自始不会具备帮助犯的可罚性，更不会属于中立帮助行为，也就没必要考虑如何对其限制处罚了。又如，只有明确了帮助行为与正犯行为相较而言属于刑罚的扩张处罚事由这一体系定位，在中立帮助行为的处罚上，才能够得出根据"中立性"和"帮助性"的属性须进行双重限制的结论，才能够为中立帮助行为的限制处罚选择合适路径。因此，对中立帮助行为研究的视角始终应往返于其自身与帮助行为这一上位范畴之间，这在后文诸多问题的论证中体现得较为充分。

---

〔1〕　张明楷：《刑法学》，法律出版社 2016 年版，第 427 页。
〔2〕　陈兴良：《共同犯罪论》，中国人民大学出版社 2017 年版，第 203～204 页。
〔3〕　王鑫磊：《帮助犯研究——以大陆法系为视角的展开》，吉林人民出版社 2016 年版，第 179 页。

二、帮助行为的规范形式

所谓"帮助行为的规范形式",是指帮助行为在各国刑法规范中的存在样态和表现形式。世界不同国家和地区对帮助行为的立法规定和体系定位存在一定差异,这为我们研究帮助行为提供了丰富素材的同时,一定程度上也加剧了对帮助行为研究的难度。特别是,随着现实社会的不断发展和刑法理论的不断变革,帮助行为的规范形式也发生了明显的变化。比较确定的是,我国刑法中没有明确规定中立帮助行为概念,虽然有一些体现了中立帮助特性的条文,但远未形成体系,因此,对于研究为何形成如此立法现象、中立帮助行为的发展方向和完善空间以及对其入罪后的立法形式的探讨都需要以对帮助行为规范形式进行本土和域外考察为基础,并以兹为鉴。

(一) 帮助行为在国外刑法中的规范形式

从对帮助行为的规定方式上看,国外有关国家刑法立法大体可以分为以下两种立法例:一是未直接规定"帮助行为"。多数国家刑事立法中并未直接作出"帮助行为"的表述,而是在共犯、从犯等概念之下从客观要件中体现出帮助行为的要义。如在《日本刑法典》中,从第 60 条到第 63 条规定了共同正犯、教唆犯、帮助犯这三种参与形态。根据第 60 条规定,"二人以上共同实行犯罪的人"是共同正犯;根据第 62 条第 1 款规定,"帮助正犯者"被作为从犯,而第 63 条规定,"从犯之刑,根据正犯之刑减轻",上述条文可以认为是帮助犯的规定。[1] 在日本,帮助行为进一步分为两种形式:强化正犯的犯意这一意义上的精神性(心理性)帮助和为犯罪准备必要手段这一意义上的物理性帮助。[2] 二是直接规定"帮助行为"。如《巴西刑法典》第 31 条规定:"对于策划、共谋、教唆或者帮助行为,除非另有例外规定,否则在犯罪的实施尚未达到未遂程度的情况下,不追究刑事责任。"[3]

---

〔1〕 参见 [日] 西田典之:《共犯理论的展开》,江溯、李世阳译,中国法制出版社 2017 年版,第 27~28 页。

〔2〕 参见 [日] 西田典之:《日本刑法总论》,王昭武、刘明祥译,法律出版社 2013 年版,第 292 页。

〔3〕 陈志军译:《巴西刑法典》,中国人民公安大学出版社 2009 年版,第 13 页。

从帮助行为在刑法规定中的位置来看，同样存在不同情况：一是将帮助行为规定在"共同犯罪"或者"共犯"章节之中，在共同犯罪成立的客观条件意义上进行讨论，采取这种形式的典型是前述的《德国刑法典》[1]。二是将帮助行为在"犯罪人类型"制度中加以规定，一般只能从此类犯罪主体所实施的行为上来认定为帮助行为，如《匈牙利刑法典》第21条规定："从犯，是指故意为犯罪的实行提供帮助的人。"[2]又如，《新西兰刑法典》第66条规定，犯罪人包括为协助他人犯罪而实施作为或不作为的人。"三是将帮助行为作为"单独犯罪"而加以规定，在此种情况下，帮助行为被视作正犯对待，典型代表是《奥地利联邦共和国刑法典》[3]，但是这种立法模式是极其少见的，在国外刑法立法例中属于特例。

此外，在国外部分国家的刑法典中也有在刑法分则中对帮助行为规定明确的罪刑规范的情形，如《意大利刑法典》第248条规定的"资助敌人罪"，即"在战争期间，向敌国提供包括间接提供可能被用来损害意大利的资助或其他物品的，处以5年以上有期徒刑"[4]。可见，在部分外国刑事立法中，帮助行为不仅在刑法总论中被统一规定，还被作为具体的构成要件行为规定在刑法分则中，同样我国也有这样的立法现象。这些现象表明对一些严重脱逸社会相当性的帮助行为的单独处罚是各国普遍的立法需求，有关刑法规定对完善我国刑事立法具有重要参考意义。

国外刑法中对帮助行为规定方式多元化的主要原因在于不同国家刑法中犯罪参与体系存在差别。如前所述，国外刑法理论中犯罪参与体系分为单一制（一元参与体系）和区分制（二元参与体系）两种。单一制以扩张正犯概念为理论基础，在该理论体系中，正犯与共犯并没有实质性的差异，帮助行

---

〔1〕《德国刑法典》第27条规定："对他人故意实施的违法行为故意予以帮助的，是帮助犯。"参见徐久生译：《德国刑法典》，北京大学出版社2019年版，第13页。采用类似立法模式的刑法典还有《土耳其刑法典》《俄罗斯联邦刑法典》《瑞士刑法典》《日本刑法典》《荷兰刑法典》《巴西刑法典》等。

〔2〕陈志军译：《匈牙利刑法典》，中国人民公安大学出版社2008年版，第6页。

〔3〕《奥地利联邦共和国刑法典》第12条规定："自己实施应受刑罚处罚的行为，或者通过他人实施应受刑罚处罚的行为，或者为应受刑罚处罚的行为的实施给予帮助的，均是正犯。"参见徐久生译：《奥地利联邦共和国刑法典》，中国方正出版社2004年版，第5页。

〔4〕黄风译：《最新意大利刑法典》，法律出版社2007年版，第93页。

为不具有独立的地位。区分制以限制正犯概念为理论基础，以刑法构成要件作为标准对正犯与共犯进行实质区分，帮助行为并没有被刑法规定的构成要件所涵盖，属于刑罚处罚范围的扩张，是刑罚的扩张事由，之所以其存在并与正犯行为有所区分就是立法者基于特定情形下为了限制刑罚处罚范围的考虑。[1]在限制正犯概念的统领下，帮助行为在刑法理论中具有了独立地位，尽管在此种以正犯为核心的理论体系中处于相对边缘地位，但仍然为帮助行为的理论研究奠定了基础。

（二）帮助行为在我国刑法中的规范形式

1. 帮助行为在我国刑法总则中的规定

我国刑法中对帮助行为的规定也分别位于总则和分则两个体系之中，如前文所述，一般认为总则对从犯规定中"起辅助作用"的行为就是帮助行为。但是，学界仍有一些值得关注的不同意见：刘明祥教授认为起到"辅助作用"的行为不限于帮助行为，还包括教唆行为和实行行为，为此他举了两个例子：例一，老板甲在强奸妇女乙的过程中，指使其雇员丙按住乙的手脚，丙未实施其他奸淫行为。例二，甲得知乙想杀丙之后，教唆丁提供砍刀给乙杀死了丙。在上述两个案例中，刘明祥教授认为，前者中丙虽然是实行犯，但是起到辅助作用；后者中甲作为教唆犯同样也起到辅助作用。[2]实际上，刘明祥教授的观点概括起来就是认为起辅助作用的从犯并不等同于帮助犯。但笔者认为，刘明祥教授所列举的两个例子并不能得出该结论，只能得出从犯不限于帮助犯的结论。首先，在例一中，丙实施的是实行行为毋庸置疑，但是在作用上看该行为起到次要作用，即便认为是起辅助作用也应同样认为是次要作用，这是从共犯人分工与行为作用不同的观察角度得出的结论。从概念界定角度看，从犯中起次要作用的行为和起辅助作用的行为是相互并列的，因此对于作用相对较小的实行行为，立法便将其纳入次要实行行为范畴而不再考虑其是否起辅助作用，毕竟分类方式决定的是行为性质，而作用大小影响

---

〔1〕 参见王鑫磊：《帮助犯研究——以大陆法系为视角的展开》，吉林人民出版社 2016 年版，第52 页。

〔2〕 参见刘明祥："再释'被教唆的人没有犯被教唆的罪'——与周光权教授商榷"，载《法学》2014 年第 12 期。

的只是刑罚轻重。同样，在例二中，教唆行为尽管既可以起主要作用，也可以起次要作用，但教唆作为刑法专门规定的行为类型，就排斥帮助行为的认定。周光权教授还认为，我国刑法规定的主犯就是正犯；关于从犯的规定就是对帮助犯的规定，其中刑法第27条关于"次要作用"与"辅助作用"的规定都是用来说明帮助犯这一对象的，无意义的重复；而刑法第28条规定的胁从犯是对情节较轻的帮助犯（被胁迫的帮助犯），不是新的行为人类型[1]。周光权教授的观点也是目前我国学界部分人主张的主犯正犯化的观点。笔者认为，在我国刑法与德日刑法采取不同分类方式的背景下，正犯和主犯还不能完全等同，我国的主犯仅有作用分类意义而无类型化的功能，且从犯中两种类型也具有本质差异，被胁迫者参与犯罪的途径也并非只能提供辅助行为，完全可以被胁迫实施实行行为。如在前述例一中，老板甲完全可能以解雇为由来威胁雇员丙帮忙按住乙的手脚，不能因为是被胁迫而否定丙实行行为的性质。因此，无视我国刑法对共同犯罪分类的传统而强行推行德日刑法的分类方式多少会有一些"水土不服"。

2. 帮助行为在我国刑法分则中的规定

在我国刑法分则中，帮助行为存在两种形式。一种是帮助型正犯，即具有帮助性质的实行行为，学界将这种立法现象称为拟制的正犯或帮助行为正犯化。帮助行为正犯化，是指将本属于对他人进行援助的帮助行为提升为实行行为，在刑法中规定具体罪名或者按照刑法分则罪名定罪处罚，而不再通过共同犯罪理论进行评价和制裁的立法现象。实际上，这种情况也属于一种立法拟制，即将原本是帮助犯的行为直接规定为正犯，因此具有了双重属性：一是成立上的从属性，被正犯化的犯罪仍然具有帮助性质，在成立上至少需要存在帮助的对象即他人的违法犯罪行为；二是处罚上的独立性，被正犯化的犯罪不再根据刑法总则中的共犯处罚原则而是根据分则规定来定罪处罚。帮助行为正犯化，以被帮助对象为标准可以分为两大类：一是对正犯帮助行为的正犯化，这是比较常见的类型，如协助组织卖淫罪；二是对违法行为帮助的正犯化，如容留他人吸毒罪，此种情况不仅提升了帮助行为的处罚类型，

---

[1]　参见周光权："'被教唆的人没有犯被教唆的罪'之理解——兼与刘明祥教授商榷"，载《法学研究》2013年第4期。

也一定程度上扩大了刑罚适用范围。以帮助行为方式为标准，可以将帮助行为正犯化具体分为提供工具的帮助、资助型帮助、介绍型帮助、容留型帮助、事后的帮助等几类。[1]近年来，我国刑事立法上共犯正犯化现象日益增多，特别是在《中华人民共和国刑法修正案（八）》（以下简称《刑法修正案（八）》）和《刑法修正案（九）》中，分别增设了一些帮助型正犯，在我国刑法分则中形成了相对较为独立完整的立法现象。[2]

另一种形式是针对帮助行为的注意规定，但帮助行为往往被包含在共犯行为的注意规定之中。所谓注意规定，是指立法者为了提示司法人员注意而对刑法有规定的事项进行重申的一种立法技术或法条现象。注意规定在法律适用中发挥着提示、提醒作用，因此，它并不规定犯罪构成要件，只是重申对符合某种犯罪构成要件的行为要按某种犯罪论处，[3]这也是与法律拟制最本质的区别。笔者认为，我国《刑法》中关于帮助行为的注意规定大体上可以分为两大类：一类是因主体的特殊性而需要加以提示的规定。如第198条第4款保险诈骗罪中中介组织人员构成共犯的规定。[4]实际上，该条中所列的中介机构、组织人员提供服务行为原本属于业务中立行为范畴，但由于其对正犯实施的保险诈骗行为具有明显的帮助故意，因而按照保险诈骗罪的帮助犯处理，即使没有本条的规定，司法实践中也应如此，但之所以需要提示，是因为《刑法》第229条同时规定了提供虚假证明文件罪和出具证明文件重

---

〔1〕 参见于冲："帮助行为正犯化的类型研究与入罪化思路"，载《政法论坛》2016年第4期。

〔2〕 通常被认为属于帮助型正犯的规定主要有：第107条资助危害国家安全犯罪活动罪；第120条之一帮助恐怖活动罪；第191条洗钱罪；第284条之一组织考试作弊罪，非法出售、提供试题、答案罪，代替考试罪；第285条第3款提供侵入、非法控制计算机信息系统程序、工具罪；第287条之二帮助信息网络犯罪活动罪；第290条第4款组织、资助非法聚集罪；第306条辩护人、诉讼代理人毁灭证据、伪造证据、妨害作证罪；第307条第2款帮助毁灭、伪造证据罪；第310条窝藏、包庇罪；第312条掩饰、隐瞒犯罪所得、犯罪所得收益罪；第320条提供伪造、变造的出入境证件罪；第354条容留他人吸毒罪；第355条非法提供麻醉药品、精神药品罪；第358条第4款协助组织卖淫罪；第359条第1款引诱、容留、介绍卖淫罪；第362条窝藏、包庇罪；第363条第2款为他人提供书号出版淫秽书刊罪；第375条第3款非法提供武装部队专用标志罪；第392条介绍贿赂罪；第417条帮助犯罪分子逃避处罚罪。

〔3〕 参见周铭川："论刑法中的注意规定"，载《东北大学学报》（社会科学版）2016年第5期。

〔4〕 《刑法》第198条第4款规定："保险事故的鉴定人、证明人、财产评估人故意提供虚假的证明文件，为他人诈骗提供条件的，以保险诈骗的共犯论处。"

大失实罪，故立法者以注意规定的方式加以区分提示。又如，第 382 条第 3 款[1]对构成贪污罪共犯的主体并未加以限制，当然可以包括非国家工作人员，因此，该条款设置的目的在于引起司法工作人员注意，在一定条件下非国家工作人员也可以构成贪污罪的共同犯罪。另一类是因主观方面的特殊性而需要加以提示的规定。如第 156 条关于走私罪共犯的规定[2]，第 310 条第 2 款关于窝藏罪、包庇罪共犯的规定[3]，以及第 349 条第 3 款关于毒品犯罪共犯的规定[4]。这几条规定分别要求司法工作人员在认定共犯时准确区分把握成立帮助犯主观上"明知"或"通谋"的要求。需要注意的是，我国《刑法》中还有一些虽然也规定构成共同犯罪的条文，但并没有强调主观上需要具有"通谋""伙同""勾结"等具有意思联络性质的要素，如第 350 条第 2 款关于制造毒品罪共犯的规定[5]，由于该条仅要求具有"明知"便可以认定为共同犯罪，所以诸如此类的规定到底是注意规定还是法律拟制也存在一定争议。这涉及是否承认片面帮助犯的问题，如果认可片面帮助犯属于共同犯罪，便会认为此类规定属于注意规定，否则将认为其属于法律拟制。后文将详述片面帮助犯的存在意义，因此，笔者赞同上述规定为注意规定。此外，我国现有司法解释中还大量规定了帮助行为的情形，从非严格意义看，也可以视为刑法分则中对帮助行为的明确规定。

（三）我国帮助行为规范形式上的不足与完善

1. 我国刑法对帮助行为规定的不足

帮助行为在我国刑法中"若隐若现"，虽然没有明确规定，但是从相关规定中又可以推演出帮助行为的存在，可是在认定和处罚上又极其不明确，从而导致理论上的争论和实务上的茫然。具体不足在于：

---

〔1〕《刑法》第 382 条第 3 款规定："与前两款所列人员勾结，伙同贪污的，以共犯论处。"

〔2〕《刑法》第 156 条规定："与走私罪犯通谋，为其提供贷款、资金、帐号、发票、证明，或者为其提供运输、保管、邮寄或者其他方便的，以走私罪的共犯论处。"

〔3〕《刑法》第 310 条第 2 款规定："犯前款罪，事前通谋的，以共同犯罪论处。"

〔4〕《刑法》第 349 条第 3 款规定："犯前两款罪，事先通谋的，以走私、贩卖、运输、制造毒品罪的共犯论处。"

〔5〕《刑法》第 350 条第 2 款规定："明知他人制造毒品而为其生产、买卖运输前款规定的物品的，以制造毒品罪的共犯论处。"

第一，没有在刑法总则中明示帮助行为的处罚原则，如前所述，在我国二元双层次犯罪参与体系下，犯罪参与类型与参与程度不能相互对应，因此，帮助行为的处罚原则不明，刑法总则仅笼统地对从犯的处罚原则作出规定，而未针对帮助犯作出专门规定，这难免在司法实践中导致对帮助行为量刑上的畸轻畸重，违背罪刑相当原则，这也是刑法分则中出现共犯正犯化现象的原因之一。

第二，完全将帮助行为置于共同犯罪视域之下，忽视了帮助行为存在的独立性。我国刑法中凡是涉及帮助犯的情形都是在共同犯罪场合提及，但是共同犯罪中的帮助行为仅仅是帮助行为的一种表现形式，二者之间不是对等的关系。《刑法》第 25 条关于共同犯罪成立条件的规定，对共同犯罪参与者的主观方面和主体条件进行了严格的限制，在犯罪主体上要求共犯人均达到刑事责任年龄、具备刑事责任能力，在主观方面不仅罪过形式都是故意，还要有相互的意思联络。如此限制给司法实践中对帮助行为的认定及处罚带来困境，因此诸如刑法理论中有过深入讨论的片面帮助、过失帮助及对无责任能力人帮助等情形在实务中很难被纳入处罚范围。

第三，帮助行为没有被纳入犯罪构成要件之中。我国刑法理论通说认为，帮助犯作为一种共犯类型，属于修正的犯罪构成，即"在刑法规定的基本的犯罪构成基础上，根据行为未遂、中止等犯罪形态变化或者教唆、帮助等共犯形式的需要，对基本的犯罪构成进行修正、变更所形成的犯罪构成"[1]，其主要类型包括犯罪未完成形态和共犯的犯罪构成。可见，帮助行为被置于修正的犯罪构成体系下，属于修正的犯罪构成要件中的行为要件，与危害行为这一基本犯罪构成要件分别隶属于两个不同的犯罪构成体系。从对刑法中的"行为"进行概念解读也可以得出相同的结论，"行为"在刑法中可以分为三个不同层次，[2]最广义的层次是指一切行为，既包括合法行为、一般违法行为，又包括犯罪行为，如《刑法》第 12 条[3]规定中的"行为"；广义的层次是指犯罪行为，包括犯罪行为的各种样态，如实行行为、帮助行为、

---

〔1〕 刘宪权主编：《刑法学》，上海人民出版社 2016 年版，第 86 页。

〔2〕 参见江澍：《刑法中的帮助行为》，中国社会科学出版社 2013 年版，第 62 页。

〔3〕 《刑法》第 12 条规定："中华人民共和国成立以后本法施行以前的行为，如果当时的法律不认为是犯罪的，适用当时的法律；如果当时的法律认为是犯罪的，……"

组织行为、教唆行为等，如《刑法》第 13 条〔1〕规定中的"行为"；狭义的层次特指危害行为，即构成要件中的行为，通常是犯罪的实行行为，如《刑法》第 14 条〔2〕中的"行为"。可见，帮助行为没有被纳入基本犯罪构成要件体系，这与我国刑法理论忽视帮助行为的独立性及对正犯与共犯区分上采取"形式说"标准不无关系。因此，即便刑法分则规定了帮助型正犯，也会引起关于该法条规定的行为究竟属于帮助行为抑或实行行为以及刑法总则关于共同犯罪的规定是否适用于帮助型正犯的争议。

第四，刑法分则规定的帮助型正犯类型化有待进一步完善。如因过于抽象而难以认定，《刑法》第 392 条规定的介绍贿赂罪的行为方式只规定为"介绍"，这里的介绍是否只能是居间介绍，能否收受财物、能否参与分配贿赂、能否参与行受贿行为，以及其与行受贿共犯、斡旋受贿甚至诈骗罪之间如何辨别，给司法实践带来很大困惑，甚至有学者认为应当取消斡旋受贿罪。〔3〕同样的问题也存在于《刑法》第 358 条第 4 款规定的协助组织卖淫罪之中。又如，由于类型化过于细致导致不同罪名在适用上出现交叉重合现象。如洗钱罪，掩饰、隐瞒犯罪所得、犯罪所得收益罪及窝藏、转移、隐瞒毒品、毒赃罪三个罪名之间，经常因对象或行为上的交叉重合而出现罪名适用上的"抉择"，虽然目前尚能通过一系列标准将其区分开，相关司法解释也规定了法条竞合时的适用规则〔4〕，但笔者认为，这种立法现象的存在严重影响了对帮助行为正犯化的正面评价，因为帮助行为正犯化本身已经严重扩张了刑法的处罚范围，应以必要性为前提。对性质基本相同的犯罪行为分设诸多罪名，而且罪名之间交叉复杂，实非明智之选。

---

〔1〕 《刑法》第 13 条规定："一切危害国家主权、领土完整和安全……以及其他危害社会的行为，依照法律应当受刑罚处罚的，都是犯罪，但是情节显著轻微危害不大的，不认为是犯罪。"

〔2〕 《刑法》第 14 条第 1 款规定："明知自己的行为会发生危害社会的结果，并且希望或者放任这种结果发生，因而构成犯罪的，是故意犯罪。"

〔3〕 参见刘仁文、黄云波："介绍贿赂罪没必要独立存在"，载《人民法院报》2016 年 7 月 13 日，第 6 版。持相同观点的学者还有很多。

〔4〕 2009 年最高人民法院《关于审理洗钱等刑事案件具体运用法律若干问题的解释》第 3 条规定："明知是犯罪所得及其产生的收益而予以掩饰、隐瞒，构成刑法第 312 条规定的犯罪，同时又构成刑法第 191 条或者第 349 条规定的犯罪的，依照处罚较重的规定定罪处罚。"

2. 应确立帮助行为在刑法中的独立地位

尽管我国刑法总则和分则中都存在一些关于帮助行为的规定，但是同样存在很多问题，究其根本在于没有将帮助行为作为一种独立的危害行为来对待。从犯罪行为层面看，帮助行为具有不同于其他犯罪参与行为类型的特点，如与教唆行为相比，帮助行为不仅具有促进犯罪实行的现实性，还与危害结果之间存在物理上的因果关系，[1]因此，对帮助行为予以独立对待并不会引起其他共犯类型行为过分被正犯化，特别是在坚持谦抑性原则前提下，尚可保证刑法处罚范围的适当性。

同时，将帮助行为定位于一种独立的危害行为类型还将产生以下积极效果：第一，有利于解决一些实行行为不入罪而帮助行为入罪的正当性问题，如《刑法》第354条规定的"容留他人吸毒罪"、第358条第1款规定的"组织卖淫罪"、第362条规定的特殊类型的"窝藏、包庇罪"。第二，有利于解决司法实践中一些疑难帮助犯罪的定罪问题，如片面帮助、过失帮助等情形。第三，有利于司法实践中对帮助行为的妥当量刑，实现罪刑均衡。如对于一些严重脱逸社会相当性并且在法益侵害程度上甚至超过正犯的帮助行为而言，仍以传统帮助行为对待、按照从犯规定处罚明显不适当，帮助犯正犯化实际上也是为了解决这一实践困惑而进行的立法实践。第四，有可能有利于统筹解决对一些新型帮助行为的刑法适用问题。随着社会生活发展变化，特别是在信息网络犯罪愈发猖獗的情况下，一些新型帮助行为不断出现，诸如本书将重点探讨的具有日常性、专业性、常态性且表面无害的"中立帮助行为"的处罚上，明确帮助行为独立地位、处罚界限等基本原理，将有助于"一揽子"解决相关疑难问题。

需要说明的是，笔者主张确立帮助行为的独立地位最本质的原因在于帮助行为具有其固有的违法性和可罚性，对此，本书将在"帮助行为的处罚根据"部分予以详述。

---

〔1〕 在此，主要是对帮助行为的主要类型进行分析得出的结论，并不涉及具有争议的精神上帮助的类型。

三、中立帮助行为的概念和特征

（一）中立帮助行为的概念界定

帮助行为在生活语言中与在法律术语上并不完全相同，前者只是一个中立的、与价值无涉的事实概念，指对他人的行为提供援助、助力的行为，而其中有一些行为对他人实施的犯罪行为起到了促进作用，从而进入刑法评价的视野。如售货员明知他人买菜刀是为了杀人还进行出售的，或者银行工作人员明知道老人转账的对象是诈骗团伙还为其办理转账业务的，这些行为都属于日常生活中正常的业务行为，通常不属于犯罪行为，但是在特定情况下却对他人犯罪行为起到了客观的促进作用，这就是中立的帮助行为。

中立帮助行为最早产生于德国刑法理论界，后流传到日本，并在两国均有丰富的司法实践。在德国，中立帮助行为问题最早来自学者 Kitka 提出的一个买刀伤人的设例。在日本，该问题最早被提出是在一起色情广告印刷商被认定为斡旋卖淫罪从犯的案件中由辩护人所提出（东京高判平成 2・12・10 判夕 752-246）。辩护人认为，印刷是一种具有业务正当性的行为，只有在该行为深度地参与了正犯行为，并因此牟取了特定利益的情况下，才可以被认定为帮助犯；但由于该案中两名被告人对正犯行为的参与程度较低，也没有通过正犯行为获取到经济利益，因而不应该被认定为斡旋卖淫罪的帮助犯并被追究刑事责任。而东京高等法院判决却认为上述印刷业务已经全部满足了帮助犯的构成要件，而未采纳辩护人意见。[1]但此后，中立帮助行为理论却在商品服务、金融、谈判、科学技术等业务领域兴起发展，对其处罚范围及处罚条件的讨论也方兴未艾。

至于到底什么是中立帮助行为，各国刑法理论界并无太大区别，只是在措辞表述上略有不同。一般认为，中立帮助行为是指"从外表看通常属于无害的、与犯罪无关的、不追求非法目的的，但客观上却又对他人的犯罪行为起到促进

---

〔1〕 参见［日］松宫孝明：《刑法总论讲义》，钱叶六译，中国人民大学出版社 2013 年版，第 219 页。

作用的行为"[1]，也被称为"中性帮助行为"[2]或者"日常行为"[3]。我国刑法学界对中立帮助行为的定义虽然基本大同小异，但也有学者提出了独到见解。有学者从朴素法律观点出发，认为凡属中立帮助行为者皆不可罚，并进一步区分了中立帮助行为与中立帮助行为过当两个概念。论者主张中立帮助行为是指行为人主观上具有"明知"且在客观上对正犯行为起到促进作用，但因具有业务上或生活上的正当性而不可罚的行为。该论者进一步认为，由于中立帮助行为已经介入到正犯行为之中，对正犯起到了客观的帮助作用，因此不属于违法阻却事由，而是责任阻却事由。[4]可见，论者在中立帮助行为概念界定中进行了规范价值评价。笔者并不赞同上述观点，主要理由如下：

第一，中立性不等于合法性。认为中立帮助行为不具有可罚性，实际上论者将中立帮助行为置于中立行为的下位概念，这从普通概念的种属关系上看，并无问题，但置于刑法理论中却选择了错误的理解角度。刑法中并无严格意义的中立行为，合法行为与非法行为是截然对立、非此即彼的，[5]不存在"合法"与"非法"之间兼而有之或皆不具备的情形。而所谓的中立行为，只是对外观形态上属于日常行为或业务行为的概括，中立性是对上述行为特征的抽象和定性，这是一种事实属性而非法律属性，中立行为也要受到合法与非法的考察，并不是意味着对刑事责任评价活动的禁止，更不意味着此类行为乃是不会触及刑事责任的"法外之地"。因此，中立性并不意味着合法性，之所以对中立帮助行为进行研究，就是考虑其不同于普通的帮助行为，基于中立性而在刑事责任评价过程中格外关注和考量，甚至创造出一些独特的评价规则对其刑事责任加以限定，故中立性并不意味着行为具有了天然的合法性，对中立帮助行为依然要进行刑事责任评价，以确定其是否应承担刑事责任。

第二，上述定义作为法律概念存在功能超载问题。定义的目的在于能够

---

[1] 陈洪兵：《中立行为的帮助》，法律出版社 2010 年版，第 2 页。

[2] 林钰雄：《新刑法总则》，中国人民大学出版社 2009 年版，第 361 页。

[3] ［德］乌尔斯·金德霍伊泽尔：《刑法总论教科书》，蔡桂生译，北京大学出版社 2015 年版，第 452 页。

[4] 参见马荣春："中立帮助行为及其过当"，载《东方法学》2017 年第 2 期。

[5] 参见王钢："法外空间及其范围 侧重刑法的考察"，载《中外法学》2015 年第 6 期。

清晰明了地界定研究对象的范畴，通常并不涉及其他，否则可能出现在尚未完成界定这一基本任务的情况下又产生新问题的困境。特别是，概念界定是对某一事物客观属性的抽象反映，而刑事责任是对某一行为的规范评价，二者是两码事，如果一次性地将刑事责任问题融入对中立帮助行为涵义的界定之中，可能会导致忽视中立帮助行为的基本特性转而优先考察行为可罚性问题，形成"先入为主"的惯性思维，从而不利于对概念本身的深入研究和精准把握。如"过当"就是一个范围很宽泛的概念，既可能行为性质过当，也可能行为程度过当，若是前者便已经偏离了中立帮助的内涵，甚至超出了中立帮助的文义射程。正如周光权教授所指出，"如果一次司法判断过程承担了过多的使命，裁判结论出现偏差的可能性自然就会增大"[1]。

　　第三，上述定义过于片面。论者认为只有将刑事责任从中立帮助行为概念中彻底清除，才能使其与上位概念"中立行为"在语义内涵和概念范畴上保持一致。这种与刑事责任彻底割裂的观点存在偏颇，即便认为中立行为不具有刑事可罚性，但当其对他人犯罪行为起到实质帮助作用时，还能一律认为中立帮助行为不可罚吗？中立行为通常是指具有业务性、日常性、非针对性、反复实施的具有社会相当性的行为，这些行为对犯罪不起促进作用，或者虽然在客观上与一定的法益侵害有关，但也属于"情节显著轻微、危害不大，不认为是犯罪"的情形，[2]这种情形下与正犯的联系只是一般关联，而不是与正犯行为的特别关联，否则一旦具有了法益侵害的特别关联性，就难以再认为属于中立行为。这样说，中立性与帮助性结合后的行为，不再具有社会通常意义上的中立性，转而成为刑法意义上具有特殊性的待评价的帮助行为——中立帮助行为，如售货员出售商品行为具有中立性，但当他将斧子出售给聚众斗殴的犯罪人时，这种与伤害结果具有密切关联的行为必然免予刑事责任，甚至都不需要经过刑法评价吗？显然不是的。也就是说，中立帮助行为中的"中立"并非实质意义上的中立，只是外观上或社会生活意义上的中立而已，如果将中立性与正犯行为关联，根据该正犯行为的危害性去界定帮助行为，是极可能否定该行为的中立性的，也就是得出中立行为性质并

---

〔1〕　周光权：《犯罪论体系的改造》，中国法制出版社 2009 年版，第 87 页。
〔2〕　参见付玉明："论刑法中的中立帮助行为"，载《法学杂志》2017 年第 10 期。

非"中立"的结论〔1〕。

第四，上述定义存在种属关系上的错误。论者将中立帮助行为作为中立行为的下级概念，但笔者认为中立帮助行为的本质是帮助行为，其属概念是"帮助行为"而不是"中立行为"，理由在于：一是，刑法中不存在真正的中立行为；二是，如果以中立行为作为本质，那么"帮助性"就成为起到限定作用的特性，但如前所述，帮助性明显具有刑事责任的倾向性，因此，具有帮助性的中立行为，这本身在逻辑上就难以自洽；三是，如果认为中立帮助行为属于中立行为而不承担刑事责任，便存在倒因为果问题。行为属性与刑事责任之间是从因到果的关系，因为某行为是中立行为才无须承担刑事责任，但不能理解为因为该行为不承担刑事责任所以是中立行为，这是倒因为果、本末倒置。陈兴良教授也指出："中立的帮助行为在性质上属于犯罪的帮助行为，只不过与一般的帮助行为相比，其具有中立性。但并不能由此而产生误解，认为一个行为只要属于中立的帮助行为就可以排除该行为的犯罪性。"〔2〕综上，本书认为，中立帮助行为是帮助行为的下级概念，二者是种属关系，因为构成帮助犯的全部要素在中立帮助行为上均有体现，而且从入罪后的处理结果看，大多数中立帮助行为也构成帮助犯，只不过中立帮助行为是具有日常或业务属性的帮助行为，属于特殊的帮助行为，而这种特殊性仅决定在刑事责任认定上对其进行必要的限制入罪而已，但绝不会与刑事责任之间处于"绝缘"关系。

综上所述，所谓"中立"是一种价值无涉的状态，中立性并不代表排除刑事责任，中立帮助行为属于一种客观的事实行为，作为帮助行为的下位概念仅表明在事实层面上其对正犯行为的促进和对法益侵害结果的惹起，作为法律概念其自身完全可以衍生出可罚和不可罚两种法律结果，也就是说，在法律评价上中立帮助行为中既有具有可罚性的类型也有不具有可罚性的类型。实际上，"中立帮助行为之所以是'中立'的，不是指法律对其态度不明，也不是法律将其评价为'中立'，而是由于行为尚停留在有待法律评价的阶段，是

---

〔1〕 参见方鹏："论出租车载乘行为成立不作为犯和帮助犯的条件——'冷漠的哥案'中的法与理"，载陈兴良主编：《刑事法判解》（第13卷），人民法院出版社2013年版，第63页。

〔2〕 陈兴良："快播案一审判决的刑法教义学评判"，载《中外法学》2017年第1期。

对行为事实特征的客观写照,行为从根本上属于'前构成要件行为'"。[1]可见,是否可罚的规范评价问题不应纳入中立帮助行为涵义的界定过程之中,中立帮助行为的概念和成立范围与其刑事责任的范围划定实属两个不同的刑法问题范畴,对其遴选、判断仅限于事实层面,仅以行为的客观样态为标准。因此,对中立帮助行为的理解就应持一种"动态"的视角,需要通过归责原则从中筛选出具有刑事可罚性的行为,而一旦行为具有可罚性便不再具有所谓的"中立"性质,而被作为犯罪行为予以处罚,即由中立帮助行为向帮助行为甚至正犯行为发生转化。

(二)中立帮助行为的特征

第一,中立性,这是中立帮助行为的行为特征。所谓"中立",有主观和客观两层含义。一是主观上具有的"中立"性,即行为人并不是出于犯罪或者促进他人犯罪的意图,而是为了销售商品、提供服务、社会交往等与犯罪无关的目的,但在此过程中,行为人对其行为可能被他人利用于实施犯罪是具有认识的,却因追求上述目的而"无动于衷",也就是说,其行为是否会促进犯罪并不是行为人所关注的,对此,有人提出这种"漠不关心"的态度同样具有可谴责性,但这与行为人的主体身份和法律义务是直接相关的。概言之,主观中立性体现在对正犯犯罪行为具有认识,行为人与正犯之间欠缺犯意联络,以及行为人在犯罪人与被害人之间"不偏不倚"、处于相对中立状态等三个方面。二是客观上具有的"中立"性,即行为是按照通常的社会交往习惯和交易规则进行的,具有被大众所认可的社会相当性,但是该行为却对他人犯罪实行行为起到了促进作用,具有了犯罪关联性,与危害结果建立了因果关系。概言之,中立帮助行为是同时具有社会意义上的有益性和有害性双重属性的行为。

笔者认为,应从客观方面来理解中立帮助行为的"中立性",在通常情况下,帮助者在实施具体"中立"帮助行为之前或之时对其行为必将损害一方的利益具有认识却仍继续实施,因此很难说其主观上没有任何倾向性,其行

---

[1]　曹波:"中立帮助行为的刑事可罚性研究",载《国家检察官学院学报》2016年第6期。

为并非"实质上的中立"。[1]进一步而言，对于是否"中立性"应侧重从帮助行为的自身性质进行判断，而不是从正犯引起的法益侵害结果上。中立性来源于行为所具有的日常性，是社会生活中类似于"制式"的行为而被认为"习以为常"，甚至是日常生产生活中必不可少的行为。如超市销售日用品等商品的行为，虽然该商品被犯罪人使用进而实施了犯罪行为，但是不能因此而禁止超市销售日用品，或者要求超市今后在出售商品时首先要审查顾客是否具有用以实施犯罪的目的，这不仅与群众的价值理念和通常认识不符，也导致销售者承受了过重的审查义务，很可能因不堪重负而"关门大吉"。仅以此小例而释之，对于商品销售行为进行的上述斟酌考量的出发点便来自其所具有的"中立性"。可见，帮助行为的"中立性"是指该帮助行为本身不具有无价值属性，也不具有法益侵害性，甚至具有一定的"社会有用性"，但将该帮助行为与正犯行为、正犯结果结合起来进行判断，其可能具有了从属于正犯行为的法益侵害性。[2]因此，如果仅从法益侵害结果上去判断是否"中立"，而不顾及该行为的自身属性，显然是南辕北辙。

结合司法实践，"中立性"的判断依据可以包含以下几个方面：一是该行为是否具有日常性，即是否发生在正常的经济社会生活中，需要考虑社会公众的认可接纳程度，以及对社会发展有无积极作用。中立性与社会有用性之间是互为表里的关系，越是日常交往或通常业务的行为，对社会生活正常运转的基础价值越大，在对犯罪行为起到促进作用的同时越能体现出中立属性，如销售商品、旅客运输、金融服务等行为。二是该行为是否具有针对性，即是否专门针对正犯而实施，其对象是否为普遍的社会公众。中立帮助行为的对象是普遍的社会公众，无论犯罪与否，无差别、无针对性地适用于全体社会成员，这是其行为性质上中立性的体现。如果某一行为仅针对特定主体而实施，便具有了普通帮助行为所具有的"专属性"，行为的中立性会因此而消减甚至丧失。德国学者 Wohlleben 进一步指出，中立帮助行为是"实施者假

---

〔1〕 参见付玉明："论刑法中的中立帮助行为"，载《法学杂志》2017 年第 10 期。鉴于此，笔者更倾向于采用"中性帮助行为"的名称，但是为了便于在我国大陆地区保持在同一概念下进行交流使用，本书仍旧采用"中立帮助行为"的称谓。

〔2〕 参见朱勇："帮助行为的处罚根据与中立帮助行为的处罚控制"，载《中国政法大学学报》2019 年第 3 期。

使面对与正犯相同情况的其他人也会从事的行为"[1]。因此，对于正犯而言，该中立帮助行为不应属于"一身专属"性质，只有那些受众为不特定对象的行为才具有中立性。值得注意的是，强调非针对性特征，并不是要求在具体案件中中立帮助行为不可以存在具体的对象，而是只要从性质上看该行为的对象没有特殊限制即可。三是该行为是否具有反复实施性，即该行为是作为职业行为被经常实施，还是针对正犯行为而偶然实施。四是该行为是否具有可代替性，即对于正犯行为而言该行为是不是其获得帮助的唯一来源，在社会生活中是否存在诸多性质相同的行为。可代替性反映的是对正犯行为帮助的类型，不可代替的帮助行为由于对正犯及其法益侵害结果都具有实质的、密切的、本质上的关联，因此，应属于具有刑事处罚性的帮助行为，而不是具有中立性的帮助行为。

第二，帮助性，这是中立帮助行为的本质特征，是对其进行刑事责任评价的前提，同时也是重要影响因素。笔者认为，对这里的帮助性可以从四个层面来理解：一是，帮助性是指帮助者对他人的正犯行为起到促进作用，提升了行为的危险性，并最终造成法益侵害结果，因此，由于中立行为帮助因素的存在，决定了其与正犯结果之间具有因果关系。二是，在纷繁复杂的案件中，帮助可以表现为物理性帮助和精神（心理）性帮助，前者为通常情形并且具有"偶然介入"的特点，即该行为的通常价值并不体现在对正犯行为的促进或助力，只是日常生产生活过程中客观上偶然地对某一正犯行为起到了帮助作用；而后者经常伴随着物理性帮助行为一并实施，如技术网站的运营者明知他人索求破解网站防火墙的技术企图实施犯罪行为还为其提供技术方案的，此种情况下不仅提供了犯罪方法还从精神上极大地强化了正犯的犯罪意图，这种精神帮助的作用不可忽视。至于精神（心理）帮助的可罚性问题，本书将在后文"可罚的中立帮助行为的成立条件"中具体展开。三是，从主观要素上看，帮助者具有帮助的故意，但应限于间接故意，即"明知+放任"的主观心态。在众多中立帮助行为中，"大多数日常行为是自动实施的，

---

[1]　曹波："中立帮助行为的刑事可罚性研究"，载《国家检察官学院学报》2016年第6期。

'意志'至多是一个有价值的旁观者，而不是行为人意向的实际执行者"[1]。因此，中立帮助行为的实施者在认识因素上往往仅集中在日常交往、市场交易和提供服务等行为本身上，对于接受帮助方后续行为一般并不关注，所以主观认识上具有中立属性；而在意志因素上，往往对被帮助方行为侵犯法益的事实持漠视态度，所以是一种间接故意。如在网络共同犯罪中，各犯罪参与人之间的意思联络受到网络犯罪"非接触性"特征的影响，部分共犯人的犯意表现为不确定性或者不明确性，从而只能被认定为间接故意。[2]如果明知他人实施犯罪而故意提供帮助并积极希望危害结果的发生，这种直接故意将使其支配下的行为偏离"中立性"。四是，帮助的形式为片面帮助。中立帮助行为提供者与正犯行为之间往往没有意思联络，特别是在网络犯罪中，"行为人通过网络以购买服务与提供服务的方式实施犯罪行为，但在利用网络实施犯罪的正犯者与提供网络技术的帮助者之间，并不需要传统犯罪意义上明示的通谋与默示的合意，在双方意思联络上出现了形式上的分离"[3]。

第三，被帮助者行为的违法犯罪性，这是中立帮助行为的对象特征。由于被帮助对象实施了犯罪行为或者违法行为，而为其提供帮助的中立行为才具有了无价值性，分为两种情况：一种是被帮助者实施了犯罪行为，此种情况下可以成为有正犯的中立帮助，如为他人侵入计算机信息系统而提供技术支持的，这也是司法实践中处罚中立帮助行为的常态。另一种是被帮助者所实施的仅是一般违法行为尚未构成犯罪，此种情况属于无正犯的中立帮助，如网络论坛的经营管理者对大量不特定用户在其论坛上发布的虚假违法信息不履行网络监管义务，造成虚假违法信息被大量传播的情形，构成《刑法》第286条之一规定的"拒不履行信息网络安全管理义务罪"。有部分学者对无正犯的帮助行为构成犯罪甚至按照帮助犯处理颇有微词，认为这违背了共同犯罪的一般原理。原则上帮助行为是对正犯行为的助力，即帮助的对象须为符合构成要件的犯罪行为，但是近年来随着刑法不断将一些行政违法行为纳

---

〔1〕 ［英］威廉姆·威尔逊：《刑法理论的核心问题》，谢望原等译，中国人民大学出版社2015年版，第113页。

〔2〕 参见张明楷："论帮助信息网络犯罪活动罪"，载《政治与法律》2016年第2期。

〔3〕 刘宪权："论信息网络技术滥用行为的刑事责任——《刑法修正案（九）》相关条款的理解与适用"，载《政法论坛》2015年第6期。

入规制范畴，以及网络违法犯罪行为的大量出现，大量高发的违法行为逐渐进入立法者的视野。这些行为单独看并未达到需要刑罚处罚的社会危害性，但是长期、大量、反复、高频实施所带来的社会危害却不容小觑。如水污染犯罪行为都是犯罪人平时长期反复实施才最终导致严重危害后果，因此，德国学者库伦（Kuhlen）针对水污染犯罪的特殊情况提出了累积犯的概念和刑法理论，他认为虽然单个行为在实施上不足以产生法益侵害，但如果类似行为大量实施会导致法益侵害结果，那么就有必要对该行为进行刑事处罚。[1]实际上，累积犯是对特定的类型化的行为法益侵害危险进行推定的抽象危险犯理论，是将刑法评价的视角由传统的法益危害转移到违法行为的数量和频次上来，并以数量频次取代法益危害，体现的是对特定法益的前置性保护，这种推定不仅与违法行为的性质更与国家的刑事政策和立法选择具有密切联系，体现的是基于犯罪现实状况下犯罪圈的扩张与限缩。据此，违法行为完全可以因累积效应而构成犯罪行为，那么对这类行为提供帮助的行为也完全可能被纳入刑法评价范畴，这其中当然包括一些中立帮助行为。事实上，我国《刑法》已经完成了对特定法益前置性保护的初步探索，如针对网络空间中网络违法行为大量聚集严重威胁网络安全和网络公共秩序的情况，规定了非法利用信息网络罪，将原本不构成犯罪的设立用于实施违法犯罪活动的网站或通讯群组、发布违法犯罪信息等违法行为规定为犯罪。在此基础上，为上述违法犯罪行为提供帮助的行为便一道具有了刑事处罚的可能性，这就更容易理解《刑法修正案（九）》为何同时增设帮助信息网络犯罪活动罪和拒不履行信息网络安全犯罪活动罪了。实际上，《刑法》新增设的这两个罪名，结合起来看就是在作为和不作为两个方向堵截了网络中立帮助行为的出罪空间。[2]因此，中立帮助行为的帮助对象不仅包括犯罪行为，也可能包括违法行为。当然，笔者认为，对于无正犯的中立帮助行为应予以严格限制，只有当其侵害到极其重要的法益时才能考虑予以入罪，后文将进行详述。

　　在我国，对中立帮助行为的关注和讨论早已有之，但直到"快播案"时

〔1〕　参见张志钢："论累积犯的法理——以污染环境罪为中心"，载《环球法律评论》2017年第2期。

〔2〕　参见刘艳红："网络中立帮助行为可罚性的流变及批判——以德日的理论和实务为比较基准"，载《法学评论》2016年第5期。

才引起如此巨大的反响，虽然这个案件在司法层面已经尘埃落定，但是该案的影响却从未消弭，对于该案的讨论也一直持续，其背后显现出来的刑事政策、立法方向、刑罚处罚等问题不得不引起我们深思。正如有学者指出："一个行为可能在某些场合创造了风险，但同时，它又是一种在日常生活中大量出现的、被这个社会生活秩序允许和接纳的行为，那么，这个行为创设风险的后果，究竟是要归责给这个行为人，还是要作为社会存续和进步所必付的代价，而由这个社会自己消化、自我答责呢？"[1]快播案件的审理和判决，以及《刑法修正案（九）》的出台，使我们明显感受到国家对网络淫秽物品治理政策的变化，即由以往打击上传者、传播者的"源头治理"方式向惩罚网络服务提供者的"平台治理"方式转变，这种转变的深刻动因在于网络犯罪不同于传统犯罪的特征和治理难度，立法者基于网络用户成千上万无法有效打击的考虑，转而从网络服务提供者角度进行刑法规制，可见，对网络服务提供者追究刑事责任是一种次生责任和替代责任。[2]既然这是一种基于司法成本的政策考虑，那么对于网络服务提供者刑事责任的认定就应受到必要的限制，但处罚与限制的合理尺度应如何把握，对快播公司的刑罚处罚是否具有合理性，都是随之而来的问题，也是刑法理论和实务界一直争议的焦点所在，因此，对于像"快播案"一样的网络服务提供者的刑事责任认定问题非常值得深入探讨，后文将具体展开。

第二节　中立帮助行为罪与非罪之辩驳

中立帮助行为在司法实践中的现实困境首先就表现在其罪与非罪的认定上，对其是否应纳入刑法规制范畴，在不同国家、不同时期存在较大争议，这与各个国家社会治理政策、犯罪形势、刑事立法及司法实践等诸多因素具有密切关系。

---

〔1〕　车浩："谁应为互联网时代的中立行为买单？"，载《中国法律评论》2015 年第 1 期。
〔2〕　参见高磊："论 P2P 共享服务提供者的刑事责任——以快播案为视角"，载《环球法律评论》2017 年第 5 期。

一、出罪说及评价

出罪说，是指从主观层面将中立帮助行为排除在责任之外的观点，即主观说。在德国，早期的主观说将评价的重点置于主观故意上，认为只要行为人不具有犯罪促进意思，即使其行为对他人故意实施的构成行为起到促进作用，也不能认为该中立帮助行为具有可罚性。该说进一步提出，作为帮助犯的故意意图应是实现客观构成要件的意思，即以实现意思的有无为必要仅仅只是知道正犯的犯罪计划还不够，还必须必须具备通过自身的行为促进正犯行为实施的意识"[1]。主观说过于关注主观要素，而是否具有促进意思本身是存在于行为人自身而难以表现于外的，这难免为司法认定带来困难，不可避免被打上"心情刑法"的烙印。另外，从共犯的处罚根据来看，坚持因果共犯论并不特别关注共犯的主观犯意，而强调结果的惹起，因此，从是否具备促进的帮助故意的角度来考察中立帮助行为的可罚性，与后文所主张的混合惹起说背道而驰，容易落入责任共犯论的窠臼。

实际上，在刑法理论与实务界，单纯否定中立帮助行为的可罚性的观点已经异常少见了，更多的是从如何合理限制处罚、寻求对中立帮助行为的合理处罚界限角度进行研究。但是，由于近年来网络犯罪异军突起，且无论在犯罪场域、实施手段、本质特征还是归罪原则等多个方面均表现出与传统犯罪的不同之处，对类似于提供网络连接、平台服务等具有业务中立性的网络帮助行为的可罚性问题，在我国刑法学界引起了不小争议。众说纷纭的意见观点中同样可以反映出学者们对中立帮助行为在刑事处遇上的个人倾向和学术态度。如刘艳红教授一直持有非常慎重的态度，她认为我国刑法学界为处罚中立帮助行为寻求依据的做法与德日等国家秉持限制处罚的态度正好相反，在网络时代背景下对于网络中立帮助行为可罚性的判断，应当在经过全面审慎考察的基础上再进行合理界定。[2]车浩教授也指出：我国刑法理论对中立帮助行为还存在争议，但立法者却在未对增设帮助信息网络犯罪活动罪可能

〔1〕　参见陈洪兵："中立的帮助行为论"，载《中外法学》2008 年第 6 期。
〔2〕　参见刘艳红："网络中立帮助行为可罚性的流变及批判——以德日的理论和实务为比较基准"，载《法学评论》2016 年第 5 期。

生发的一系列利弊权衡的情况下，就径行将中立帮助行为提升为正犯进行处罚了。[1]可见，我国刑法学界仍然对处罚中立帮助行为特别是网络中立帮助行为持谨慎态度，其中包含对一些中立帮助行为入罪化的否定。

二、入罪说及评析

当前，各国刑法理论及司法实务中对中立帮助行为入罪化趋于肯定的态度，即认为应对具有严重社会危害性的中立帮助行为进行处罚，这是基于刑法对自由保障和人权保护二元价值平衡的结果，由于对二者侧重有所不同，虽然均属认可中立帮助行为可罚的观点，但又可进一步区分为全面处罚说和限制处罚说。

（一）全面处罚说

所谓全面处罚说，就是只要符合帮助犯的成立条件，即客观上具有促进关系或者因果性，主观上具有故意，就应当肯定帮助犯的成立。德国学者耶赛克和魏根特教授针对五金店老板出卖螺丝刀的设例认为这种行为同样可以成为帮助犯。[2]该观点的理由在于：一是为了避免出现刑法处罚空隙，没必要将中立帮助行为从《德国刑法典》第 27 条有关帮助犯的规定中排除出去。二是认为中立帮助行为与通常的帮助行为之间不具有显著区别，刑法理论上也没有必要对其区别看待，完全可以按照共同犯罪的基本理论进行处罚，并认为主张对中立帮助行为进行限制处罚的观点没有说服力。[3]上述观点的形成与德国刑法关于帮助犯的规定中并没有明确要求行为人之间须具有犯意联络有直接的关系。全面处罚说简单地将中立帮助行为与帮助行为等同起来，忽视了中立帮助行为的特殊性，难以精准反映此类行为所具有的"中立性""日常性""职业性"等特点，不当地扩大了帮助犯的处罚范围。当今社会风险高发，很多日常行为、职业行为都可能产生一定社会风险，但从社会发展

---

〔1〕 参见车浩："刑事立法的法教义学反思——基于《刑法修正案（九）》的分析"，载《法学》2015 年第 10 期。

〔2〕 参见［德］汉斯·海因里希·耶赛克、托马斯·魏根特：《德国刑法教科书》（下），徐久生译，中国法制出版社 2017 年版，第 943 页。

〔3〕 参见 Vgl. Thomas, Neutrale Beihilfe zur Fallbearbeitung im Gutachten, JURA2004, S. 15. 转引自陈洪兵：《中立行为的帮助》，法律出版社 2010 年版，第 72 页。

规律来看，这属于社会发展必须面对和承受的风险，为了维护社会生活正常运转，刑事司法有必要对这些没有明显超过必要程度的风险予以忍受，否则必然会影响一定行业的正常发展乃至社会的正常运转。刑法始终立足于维系法益保护机能与自由保障机能的动态平衡，在二者此消彼长的平衡过程中，如果过分强调法益保护势必会削弱刑法对自由的保障，因此即便将法益保护目的奉为圭臬，刑法也不应为防止法益被侵犯而采取禁止一切可能侵害或威胁法益的行为，如对中立帮助行为采取全面处罚的原则，这是"以不值得肯定的方式增加公民正常交往的成本，势必背离刑法保护法益的初衷"[1]，过分地侵蚀刑法对公民自由的保障机能。可见，对于中立帮助行为，"不分青红皂白"地全面处罚不具有合理性，应进行区别对待。笔者也不赞成全面处罚说，应当看到中立帮助行为无论在主观故意还是客观行为类别上都具有不同于普通帮助行为的本质特性，不能够按照帮助行为笼统对待，全面处罚是刑法的一种过度反应，将不当限制公民自由。

（二）限制处罚说

正视中立帮助行为的特殊性，必然会慎重决定对其进行处罚。限制处罚说是德日刑法学界的通说，也是司法实践的主流做法，力图通过某种方法限制中立帮助行为成立帮助犯的范围，这主要是考虑到应当使日常行为免受刑罚处罚的刑事政策的要求。[2]在德国，法院对在具体情况下起到帮助作用的日常行为根据不同情形进行区分处罚，如帝国法院认为向妓院老板供给面、肉甚至酒类的商品销售者的行为不具有犯罪关联性而未作处罚，但联邦最高法院第五委员会却在为实施背信罪的人提供公证服务、律师为诈骗公司制作能够使被骗顾客产生可靠印象的广告小册子，以及银行职员为逃税人将资本转移至国外三例案件中，确认了提供服务者的刑事可罚性。[3]

在日本，从昭和时代向平成时代过渡，法院判决经历了全面处罚向限制处罚的态度转变，比较有代表性的判例就是 Winny 软件案。在该案中，被告

---

〔1〕　曹波："中立帮助行为刑事可罚性研究"，载《国家检察官学院学报》2016 年第 6 期。

〔2〕　参见陈家林：《外国刑法：基础理论与研究动向》，华中科技大学出版社 2013 年版，第 285 页。

〔3〕　参见［德］克劳斯·罗克辛：《德国刑法学总论》（第 2 卷），王世洲等译，法律出版社 2013 年版，第 164~165 页。

人开发了 Winny 这种共享软件，并对其反复进行了版本更新完善并无偿地公开在自己的网站上，通过网络向不特定的多数人提供。A、B 两人利用 Winny 软件，在未经著作权人授权的情况下，下载游戏软件和电影，侵犯了著作权人的作品公开传播权（《日本著作权法》第 23 条第 1 款），被告人被指控在认识到 Winny 软件可能被广泛用于违法行为的情况下仍然公开提供，构成侵犯著作权犯罪行为的帮助犯。第一审京都地方法院于 2006 年 12 月 13 日判决认为，被告人对软件会被利用实施违法行为具有认识，并采取了容认态度，客观上提供软件行为使正犯犯罪行为变得更加容易，构成相关犯罪的帮助犯。而第二审大阪高等法院和最高法院却认为，虽然被告人具有认识的盖然性和容认的态度，但是未实施引诱他人将该软件仅用于或者主要用于实施侵害著作权的行为，因而不构成帮助犯而无罪。除了在主观上进行限定外，最高法院还认为被告人的公开和提供行为没有超过一般的可能性的具体的侵害利用状况，从而在客观上又进行了限制。[1]

与司法判例相适应，刑法理论界也倾向于采取限制处罚的观点，如日本学者松宫孝明认为，类似于商品销售或者出租车载客等具有日常性的交易行为，只要从外观上看属于平稳的交易活动，行为者即使对其行为可能会被犯罪行为所利用存在未必认识，也不构成帮助。[2]既然要对中立帮助行为进行限制处罚，必然要确定一个进行衡量限制的标准，为此德日刑法理论界进行了广泛讨论，形成了诸多不同主张，大体可以分为主观说、客观说和折衷说三种学说，后文将详述。

笔者认为，在分析中立帮助行为是否具有可罚性时，应重点关注这类行为自身的特性，从称谓上就可以看到："中立性"和"帮助性"并存，前者是指行为主体主观上无犯罪倾向性，由于这类行为客观上又属于生活中、行业内通常的行为，因此表面上属于一类"无害"行为；后者是指客观上的促进性，由于这类行为对他人实施犯罪起到了促进作用，因此，实质上与危害结果之间具有因果关系。可见，"中立性"与"帮助性"共存必然决定了在

---

〔1〕 参见陈家林：《外国刑法理论的思潮与流变》，中国人民公安大学出版社、群众出版社 2017 年版，第 614~615 页。

〔2〕 参见〔日〕松宫孝明：《刑法总论讲义》，钱叶六译，中国人民大学出版社 2013 年版，第 219 页。

理论评价和实务处理上的矛盾境遇，切不可绝对化、"一刀切"，过于宽泛地处罚中立帮助行为显然既限制了公民行动自由又不利于社会正常运转，而放弃对中立帮助行为的刑法限制又会放纵危害行为亦非理性，合理设定中立帮助行为的处罚标准进而划定适当的处罚范围至关重要。因此，本书赞同对中立帮助行为限制处罚的观点，至于如何限制，将是刑法教义学和司法实务探索的方向，后文也将重点进行探讨。

三、中立帮助行为入罪化的理性思考

在我国，对中立帮助行为的研究还不够深入，主要集中在结合一些典型案件讨论是否应入罪化，以及入罪后如何划定处罚的边界。如前所述，我国学者对于处罚中立帮助行为持较谨慎态度，笔者认为，在我国对该问题的探讨至少需要考虑以下几个方面的问题：

（一）对罪刑法定原则的僭越或坚守

中立帮助行为是否应入罪，这更多是应然问题而非全部是实然问题，因此，我们在恪守罪刑法定原则的前提下，需要考虑的是这类行为有无纳入刑法规制的必要性，而不能仅仅以刑法没有明文规定为由对该问题浅尝辄止。因为，坚持认为法律没有具体规定就不应当处罚当然无可厚非，但是目前不处罚并不意味着今后不值得处罚，更不意味着中立帮助行为没有纳入刑法处罚的必要。众所周知，"法律一经制定便落后于社会现实"，社会生活不断发展变化，势必会与成文法的稳定性之间产生必要的紧张局势，但不考虑行为的实质危害性而仅停留在"法无明文规定"层面乃是一种极其不负责任的态度。"罪刑法定原则并非一成不变，作为其内在精神的谦抑性所具有的限制机能也不能机械适用，罪刑法定原则受其内在的完善机制和外在的社会现实影响，从绝对罪刑法定到相对罪刑法定的修正嬗变，就足以说明罪刑法定原则也需要跟上时代的发展和社会的变迁。"[1]

对中立帮助行为的处罚，在我国刑事立法保持稳定的情况下，司法解释早已先行一步进行尝试，在前述的司法解释对帮助犯处罚的规定中，实质上

---

[1]　陈兴良：《罪刑法定主义》，中国法制出版社 2010 年版，第 103 页。

已经体现出对特定中立帮助行为入罪化的明确态度。近年来，"立法也朝向更加积极的方向发展，如帮助信息网络犯罪活动罪的增设，直观地反映出刑事立法对帮助行为正犯化这一立法策略的运用，通过设置这一极具涵摄力的构成要件，体现了刑事立法严密刑事法网和严格刑事责任的要求。"〔1〕《刑法修正案（九）》之所以做出这样的调整，主要是考虑到涉网络犯罪相关行为具有特殊性，往往难以被现有刑法规定进行有效规制。对于有些危害行为，刑法缺乏针对性的条文进行规制，出现了"空白"；而对于有些具有严重社会危害性的行为，尽管可以选择刑法相关条文进行处罚，但由于某些因素的缺乏导致匹配性较差，影响刑法的整体打击效果，在当前网络犯罪日益猖獗的情况下，如何对涉网络犯罪相关行为进行合理应对必然成为刑事立法的重要课题。〔2〕可见，在信息社会背景下，刑法规则的更新和调整，不但是理论升华的重大机遇，也是实现其理论救赎的难得契机。因此，笔者认为，坚守罪刑法定主义并不意味着保持刑法始终不变，罪刑法定主义的价值内涵体现在刑法的社会保护机能与人权保障机能上，二者之间的冲突与平衡构成了罪刑法定主义自我完善的动力，为此面对新的社会现象，罪刑法定原则在自由和秩序之间的选择必然会引起法律规范的变化，对于那些严重侵害法益的中立帮助行为，刑事立法有必要更加突出社会保护机能，因此相关立法实践并不是对罪刑法定原则的违背，而是罪刑法定主义内部完善的一种方式，实际上也是为了更好地保障人权与自由。

当然，在一些中立帮助行为罪与非罪之间，不仅考察立法者和司法者在面对新型失范行为的灵活应对能力，也考察对罪刑法定主义的坚守与否，还考察我国刑事立法对社会秩序维护与个人自由保护、法益保障等众多利益之间的平衡能力。很显然，在面对具有刑事处罚必要的涉罪行为时，出现处罚漏洞的刑法不必只能被动，积极进行修改完善以保持适应性也是必然要求，但刑法的修改始终应在罪刑法定主义统摄下维护其稳定性，这就决定了刑法的修订一定是必要之举。以网络犯罪行为为例，虽然出现了很多新的情势，但是我们首先要辨别哪些只是传统犯罪的网络化，只是借助了网络工具或网

---

〔1〕 参见梁根林："刑法修正：维度、策略、评价与反思"，载《法学研究》2017年第1期。

〔2〕 参见张巍：《涉网络犯罪相关行为刑法规制研究》，法律出版社2015年版，第235页。

络平台，其本质并无实质变化；哪些是通过法律解释就可以处理的；哪些确实是现有刑法无法处理的，而不能动辄主张对刑法进行修改。因此，为维护罪刑法定之下刑法稳定性与有效打击犯罪的平衡性，应首先进行充分"找法"，尽量通过现有罪名规定来处置中立帮助行为，最后才能寻求修改刑法来实现目的，也就是说，要保持罪刑法定主义下维护社会秩序与保障个人自由、扩张刑法处罚范围与限制刑罚权之间的动态平衡。[1]

(二) 我国犯罪形势的现实需求

以网络犯罪为例。首先，网络犯罪的数量呈现逐年上升趋势，无论是以信息网络为犯罪对象还是以互联网为犯罪工具或者平台，抑或是在网络空间内实施的犯罪不断增加，利用网络实施的盗窃、诈骗等侵犯财产犯罪，散布谣言、寻衅滋事、非法集资等扰乱经济秩序和社会公共秩序犯罪，甚至煽动颠覆国家政权、间谍等危害国家安全的犯罪活动屡见不鲜，对群众生活和社会秩序造成严重负面影响。[2]其次，网络犯罪的危害后果往往比传统犯罪更加严重。如网络诈骗、网络传销等犯罪比线下实施的犯罪行为造成更为严重的经济损失。同时，网络犯罪的范围不断扩张，以往我们对网络犯罪的关注主要集中在财产安全、市场秩序和社会秩序方面，但近年来随着网络在社会生活、经济生活、国家行政、国际政治中的渗透和融合程度不断提升，网络犯罪逐渐向公共安全、国家安全层面扩张，网络犯罪行为触角的广度和深入不断加剧。最后，在互联网日益发达，并与现实社会之间形成"双层社会"的背景下，我们应充分认识网络犯罪不同于传统犯罪的特殊性和危害后果的严重性。相比于传统犯罪而言，网络犯罪出现了异化现象：一些通过互联网方式提供的帮助行为的社会危害性超过了被帮助行为，甚至出现了"无正犯的共犯"现象，帮助者犯意模糊化，并与正犯之间犯意联络呈现片面化和弱化的趋势，使得传统刑法中"共犯从属性""双重犯罪故意"及"帮助犯一般处于从犯地位"等理论在适用上出现了困境。

---

〔1〕　参见侯帅："论罪刑法定原则下网络犯罪的刑法规制"，载《河南科技大学学报》（社会科学版）2015 年第 1 期。

〔2〕　如在"净网 2018"专项行动中，全国公安机关组织侦破各类网络犯罪案件 5.7 万余起，抓获犯罪嫌疑人 8.3 万余名。参见靳高风等："中国犯罪形势分析与预测（2018—2019）"，载《中国人民公安大学学报》（社会科学版）2019 年第 3 期。

(三) 风险社会刑法的功能转向

现代社会是一个充满风险的社会，德国著名社会学家乌尔里希·贝克在1986年出版的《风险社会》一书中首先提出了风险社会理论。"所谓风险社会，是指在后工业化时期，随着科学技术的迅猛发展，产生于人类实践活动的各种全球性风险和危机对整个人类生产、生活乃至对人类的生存和发展造成严重的威胁，而人类对此又失去控制的一种状态。"[1]近年来，随着 SARS 病毒事件、禽流感爆发事件、重大安全生产事故、食药安全事故、环境污染事件及近期爆发的新型冠状病毒大范围传播事件等发生，以及电信网络诈骗、网络犯罪、恐怖主义、极端主义的出现，当前中国也在不知不觉中进入了"风险社会"。

风险社会的到来对刑法理论的影响是立竿见影的，日益严重的公共安全问题使传统刑法陷入了危机，自由与安全价值之间产生了一种紧张关系，为了维护秩序，刑法逐渐突破了一些原则，开始"变成管理不安全性的风险控制工具，并在体系构造、规范塑造和构成要件解释等方面受到风险社会下公共政策的外部影响"[2]，刑法的工具性价值凸显，以刑罚早期化、适当的犯罪化、立法的预防性情形等为代表的积极刑法立法观已现端倪。[3]风险社会的刑法逐渐将风险预防和危害管理当作其主要任务，安全在其价值体系中的地位越来越重要，这对中立帮助行为处罚的影响体现在以下几个方面：

一是，以预防性立法观为指导，在特定领域进行积极扩张立法。如对近年来发案率越来越高、防控难度越来越大、危害后果越来越严重的网络犯罪而言，传统刑法在应对时出现了局部障碍与部分失灵的困境。网络技术在给社会生活带来翻天覆地变化的同时，某种程度上也带来了一定的社会风险，成为风险社会中不可忽视的重要因素。对此，刑法表现出积极的立法扩张态势，不仅扩大了刑法的适用范围，还提前了刑法介入的时机，出现了刑法保护前置化的情形。如传统刑法将因果关系限定在实行行为与危害结果之间，但在提供网络服务行为领域，尽管传播淫秽物品、侵犯知识产权的行为是网

---

〔1〕 张道许：《风险社会的刑法危机及其应对》，知识产权出版社2016年版，第12~13页。

〔2〕 劳东燕："公共政策与风险社会的刑法"，载《中国社会科学》2007年第3期。

〔3〕 参见高铭暄、孙道萃："预防性刑法观及其教义学思考"，载《中国法学》2018年第1期。

络用户直接实施的，立法却不再固守仅对实行行为进行打击的态度，而是扩展到了具有技术性、业务性的网络服务行为，即便这类行为以往被认为具有中立属性，但《刑法修正案（九）》仍然通过规定拒不履行信息网络安全管理义务罪和帮助信息网络犯罪活动罪等罪名，实现对网络风险的提前介入和严格控制，这实际上体现的就是风险社会背景下刑事立法保护前置化的趋势，也体现了风险社会背景下刑法理论对中立帮助行为的立场转变，在对社会有害性和有益性二者并存时，也许刑事立法更倾向于关注有害性，进而对中立帮助行为加以立法规制。

从深层价值上看，中立帮助行为刑事处罚范围的划定体现的是刑法对法益保护目的与人权自由保障机能之间的动态平衡过程。在当今社会分工精细化、社会运转高速化的背景下，中立帮助行为的"制式化"体现的是公民的生活自由、业务自由和行动自由。因此，不应赋予中立帮助行为实施者过重的注意、审查或防止义务，入罪门槛过低将使中立帮助行为面临难以承受的刑罚评价压力。所以，承认此种行为的客观中立属性，是保障现代社会生产、生活、社会交往有序进行和高速运转的需要，将这些"制式"的行为认定为具有中立属性，大多数的社会公众在行为时将无需考虑刑事责任问题，而司法机关也仅仅对那些偏离了中立属性的行为进行个别判断即可，当然，行为客观的中立性对刑事责任也会起到淡化的作用，体现在责任政策上便是限制处罚的原则。刑事责任范围越大越会严重限缩公民的自由，从而制约社会生产生活的高速顺畅运转，对于中立帮助行为的刑事责任应严格限制在必要范围之内，力求维持刑法法益保护机能与公民自由保障机能之间的动态平衡。

二是，在共同犯罪领域对一些中立帮助行为入罪化或正犯化。在风险社会背景下，刑事立法会运用各种刑事技术使刑法保持对不断变化中的社会的适应性，以更好反映特定风险社会背景下的国家公共政策和刑事政策。如前些年，在产品质量、食品安全等民生领域犯罪多发，为加强对此类犯罪的惩治力度，最高人民法院、最高人民检察院便出台司法解释，规定对生产、销售伪劣商品犯罪提供运输、仓储、保管、资金、技术等帮助行为的人按照共犯论处，而上述行为中不乏大量具有中立帮助性质的行为。另外，为了减少司法上对上述行为的处罚障碍，立法和司法解释还规定了大量的"推定"规则，如对"明知"的推定，大大提高了刑法规范的适用机会和规制效果。

　　三是，对构成要件进行实质化解释，使具有一定中立帮助性的行为被纳入罪刑规制范围。在风险社会理论体系中，刑法在犯罪观上会出现诸多转变，如在犯罪客观构成要件层面对法益范围进行扩展，以社会危害性为出发点来衡量法益受侵害的程度或危险，进而扩张刑法的适用范围。这种思想在刑事司法中同样具有鲜活的体现，如最高人民法院、最高人民检察院出台专门司法解释对高利贷行为进行刑法规制，某种程度上来看，重要的原因之一是为了配合扫黑除恶专项斗争的开展。而在同样的现实背景之下，司法机关基于黑恶势力组织对政治、社会和群众的严重危害，在打击典型的黑恶势力犯罪的过程中，刑罚手段也会触及周边援助行为，如律师提供法律服务的行为，尽管具有业务中立性，但在很多"套路贷"案件中，仍然没有避免被定罪处罚的命运。又如，同样是基于社会危害性的考虑，知识产权作品的网络传播涵义被实质化地扩展了，后文对深度链接行为入罪化的分析便体现了风险社会背景下刑法实质解释的理念和方法，网络平台服务商很难再以技术中立性为由抗辩免责。

　　当然，风险刑法的理论在我国刑法学界仍具有较大争议，在拥有越来越多的支持者的同时也遭受了大量质疑之声，如是否违背罪刑法定主义及刑法的谦抑性原则，社会治理过度刑法化的合宪性及正当性存疑以及对过度犯罪化和刑罚化的担忧等。本书无意讨论我国目前是否已属于风险社会及风险刑法基本立场的适当与否。但不可否认，在作为社会现象、犯罪现象的中立帮助行为入罪及处罚的政策选择、限度设定和具体问题分析上，不可避免地受到了风险社会的外部影响及风险刑法理论的内在影响，这也是本书研究中不可忽略的重要因素。当然，"刑罚超过必要限度就是对犯罪人的残酷；刑罚达不到必要限度就是对未受保护的公众的残酷，也是对已遭受的痛苦的浪费"[1]。本书始终认为，刑法在追求风险控制而提高介入社会生活的广度和深度的同时，仍然要兼顾对公民权利的保障和自由的维护。对于中立帮助行为，切不可只关注其危害性而不顾其日常性、业务性和中立性等特点，"风险社会下对刑法保护机能的强化绝不意味着忽略人权保障，而是要寻求风险社

---

〔1〕　〔美〕戈尔丁：《法律哲学》，齐海滨译，生活·读书·新知三联书店1987年版，第151页。

会下刑法保护机能和保障机能之间新的具体的平衡点"[1]。

第三节　中立帮助行为的入罪模式

一、共犯模式

从行为样态上看，中立帮助行为属于犯罪参与行为，因此，将其置于共犯参与体系之下按照共同犯罪模式追究其刑事责任是最主要的方式。且中立帮助行为本属帮助行为中的特殊类型，因袭了帮助行为的诸多特性，按照帮助犯模式来处罚，极大地简化了对中立帮助行为进行结果归责的司法程序，也降低了归责的难度，因而在我国法律和司法解释中存在较多涉中立帮助行为共犯责任的规定，这些规定大多集中在生产、销售伪劣商品和危害食品、药品安全等民生领域犯罪，侵犯知识产权、非法集资、金融诈骗等破坏市场经济秩序犯罪领域，以及污染环境等资源保护犯罪等关乎群众切身利益的重要领域[2]。如 2001 年颁布的《最高人民法院、最高人民检察院关于办理生产、销售伪劣商品刑事案件具体应用法律若干问题的解释》（以下简称《关于办理生产、销售伪劣商品刑事案件具体应用法律若干问题的解释》）第 9 条对生产销售伪劣商品犯罪的共犯规定。[3] 这里值得关注三点：一是该条司法解释所列举的帮助行为中涉及大量的日常性、业务性的中立帮助行为，如提供生产、经营场所，提供运输服务等；二是在主观要件上，司法解释并不要求正犯与帮助者之间具有事先、事中通谋，而仅要求帮助者"知道或应当知道"即可，实际上这是一种片面帮助的单向意思联络；第三，从正犯与帮助犯区分的犯罪支配标准看，提供帮助者在犯罪过程中起辅助或者协助作用，

---

[1]　郝艳兵：《风险刑法：以危险犯为中心的展开》，中国政法大学出版社 2012 年版，第 102 页。

[2]　参见邢志人："经济犯罪'明知共犯'的解释适用——以危害食品安全犯罪的解释为视角"，载《辽宁大学学报》（哲学社会科学版）2015 年第 4 期。

[3]　《关于办理生产、销售伪劣商品刑事案件具体应用法律若干问题的解释》第 9 条规定："知道或者应当知道他人实施生产、销售伪劣商品犯罪，而为其提供贷款、资金、账号、发票、证明、许可证件，或者提供生产、经营场所或者运输、仓储、保管、邮寄等便利条件，或者提供制假生产技术的，以生产、销售伪劣商品犯罪的共犯论处。"

因此应构成帮助犯。可以说该司法解释在我国刑法中开创了中立帮助行为共犯处理模式的先河，此后最高司法机关颁布的多部司法解释或解释性文件中均有关于中立帮助行为共犯处理模式的规定。[1]

综观上述法律和司法解释规定下的中立帮助行为共犯责任模式，存在以下问题：第一，上述司法解释虽然都是为了解决打击特定犯罪的困境而制定，但是严格意义上讲，存在突破刑法原理和刑法规定的嫌疑。我国传统刑法理论在共同犯罪成立条件上，均要求各共犯人之间具有共同的故意，其中最为关键的是意思联络，但是司法解释仅要求明知即可，淡化甚至摒弃了成立共同犯罪所要求的"意思联络"要求，从法律位阶上看，司法解释的规定是对刑法规定的颠覆，其合法性难免受到诟病。另外，从近年来司法解释变化脉络来看，呈现出两个趋势：一是以"主观明知"为必要类型的共犯规定显著增加，有不断扩大趋势。二是主观认定标准有宽松趋势，司法解释从最早规定成立共犯须具备"通谋"，演变为"明知"即可，到后来规定"知道或应当知道"，也就是说司法解释中成立共同犯罪的主观故意出现了由要求"双方事实上的意思联络"到"单方事实上的认知"再到"单方事实上或可推定的认知"的演变过程。且不论"应当知道"在刑法教义学的真正含义和适用争议，[2]但应当意识到主观标准的不断降低容易造成过分客观归罪并不当扩大刑事处罚范围等结果的弊端。学界甚至有人认为，"明知型共犯立法，由于存在理论上的悖论以及立法上的冲突和实践中的困境，其弊端过于明显且难以

---

[1] 类似的规定还有：2004年《最高人民法院、最高人民检察院关于办理侵犯知识产权刑事案件具体应用法律若干问题的解释》第16条规定："明知他人实施侵犯知识产权犯罪，而为其提供贷款、资金、账号、发票、证明、许可证件，或者提供生产、经营场所或者运输、储存、代理进出口等便利条件、帮助的，以侵犯知识产权犯罪的共犯论处。" 2005年《最高人民法院、最高人民检察院关于办理赌博刑事案件具体应用法律若干问题的解释》第4条规定："明知他人实施赌博犯罪活动，而为其提供资金、计算机网络、通讯、费用结算等直接帮助的，以赌博罪的共犯论处。" 2011年《最高人民法院、最高人民检察院关于办理诈骗刑事案件具体应用法律若干问题的解释》第7条规定："明知他人实施诈骗犯罪，为其提供信用卡、手机卡、通讯工具、通讯传输通道、网络技术支持、费用结算等帮助的，以共同犯罪论处。" 诸如此类规定还有2010年《最高人民法院、最高人民检察院关于办理非法生产、销售烟草专卖品等刑事案件具体应用法律若干问题的解释》第6条；2014年"两高"《关于办理危害药品安全刑事案件适用法律若干问题的解释》第8条等，在此不再一一列举。

[2] 关于刑法中"应当知道"的教义学含义的详细阐述，可参见袁国何："论刑法中'应当知道'的教义学意涵"，载《北方法学》2015年第3期。

调和……应予以直接废除"〔1〕。笔者认为，明知共犯的规定具有积极的作用，但也不可忽视其泛化适用的危险性，可将其保留在一些社会危险性极其严重和刑法处罚存在显著障碍的危害行为领域，如对网络空间中的帮助行为处罚，而其他无必要的领域仍应恪守传统共同犯罪的底线要求。

第二，上述司法解释忽视了中立帮助行为的特殊性，将提供场地、提供运输、仓储服务等通常具有中立属性的行为与提供普通帮助行为混为一谈，规定了完全相同的入罪条件和标准，不当扩大了刑罚的处罚范围。中立帮助行为的特殊性就在于其行为本身，属于长期反复实施的、非针对特定对象的常态业务行为或者日常生活交往行为，虽对正犯行为起到促进作用，但在更多时间或场合下体现出对社会生产生活的有用性和有益性。即便是一些典型的帮助行为也可以释放出中立性特质，如骗购外汇罪共犯中"提供人民币资金"的行为，在帮助者与正犯之间存在合法的债权债务关系时，帮助者明知对方实施骗购外汇犯罪却仍应其要求按期偿还了债务，该笔资金被正犯用于犯罪的情况，便同时属于履行民事义务型的中立帮助行为，对此种行为进行刑事归责应充分考虑中立帮助行为的特殊性，后文将具体展开。因此，若仅仅将刑事责任评价目光聚焦于表面上的法益侵害后果而过度处罚中立帮助行为，则会对公民自由、职业经营、生活交往过度限制，会严重阻碍社会经济发展。

二、正犯模式

随着风险社会的到来，刑法理论与实务中风险意识不断兴起，促使一直以社会现实为基础且作为重要社会治理措施的刑法进行积极回应和理性转向。随着刑法对安全价值的日益关注、对积极一般预防目的的日益追求、对行为无价值违法本质的日益青睐、〔2〕对介入范围和干预力度的日益强化，刑法规范不断以突破传统创新规则的方式对自身条文进行完善，突出体现在将一些外观上属于对他人进行帮助的行为径直规定为实行行为，以便于对特定犯罪

〔1〕　邱帅萍："明知型共犯立法反思——以骗购外汇罪为视角"，载《政治与法律》2017年第5期。

〔2〕　张继钢：《风险社会下环境犯罪研究》，中国检察出版社2019年版，第27~35页。

行为进行打击。如前所述，新近刑法修正过程中均进行了帮助行为正犯化的立法实践，增设了帮助型正犯的规定，这也为中立帮助行为入罪提供了广阔的路径。事实上，刑法和司法解释也确实存在一些具有中立属性的帮助行为正犯化的规定，如《刑法》第 244 条第 2 款关于强迫劳动罪的规定[1]、第 287 条之二关于帮助信息网络犯罪活动罪的规定，及有关司法解释中关于协助组织卖淫行为的规定[2]等。

但刑法理论界对帮助型正犯的规定以及共犯正犯化现象却出现了"肯定说"和"反对说"两种截然不同的观点。反对说的观点认为：

第一，共犯正犯化违背了共犯与正犯区分的基本法理，破坏了构成要件定型化功能，进而违反了罪刑法定主义。共犯与正犯概念的划分就是为了实现正犯概念构成要件定型化的功能，实行行为的类型化、定型性是实现罪刑法定主义的必然选择，是法治国的基本要求。在限制正犯概念下，实行行为与非实行行为属于两种截然不同的犯罪参与类型，是泾渭分明的。正犯与共犯区分的实质客观说混淆了构成要件观点，而基于量刑的需要将共犯正犯化，彻底混淆了犯罪参与的类型和程度，是对刑法基本理论立场的背叛。[3]

第二，可能使得犯罪参与体系从区分制走向单一制，从而动摇了共犯存在的理论根基。正犯与共犯的区分本身就是区分制共犯参与体系下的理论主张，而现在又将共犯予以正犯化改造，使得共犯的成立无需以正犯成立为前提，共犯行为越过正犯行为要件而被拟制为同样独立的正犯行为，这将消解正犯与共犯之间区分的意义，区分制也将被单一制替代，共犯理论将产生前提与结论相互矛盾的问题。

第三，一些帮助行为正犯化的规定，违背了罪刑均衡原则并破坏了总则与分则的关系。我国《刑法》第 27 条第 2 款规定，对于从犯应当从轻、减轻

---

[1] 《刑法》第 244 条第 2 款规定："明知他人实施前款行为（强迫劳动行为，笔者注），为其招募、运送人员或者有其他协助强迫他人劳动行为的，依照前款（强迫劳动罪，笔者注）的规定处罚。"

[2] 《最高人民法院、最高人民检察院关于办理组织、强迫、引诱、容留、介绍卖淫刑事案件适用法律若干问题的解释》第 4 条第 1 款规定："明知他人实施组织卖淫犯罪活动而为其招募、运送人员或者充当保镖、打手、管账人等的，依照刑法第 358 条第 4 款的规定，以协助组织卖淫罪定罪处罚，不以组织卖淫罪的从犯论处。"

[3] 参见阎二鹏："共犯行为正犯化及其反思"，载《国家检察官学院学报》2013 年第 3 期。

或者免除处罚。因此，帮助犯的法益侵害性小于实行犯。但是《刑法》第285条第1款规定的非法侵入计算机信息系统罪与第3款规定的提供侵入、非法控制计算机信息系统程序、工具罪之间，通常认为后者是为前者提供帮助的行为，两个罪名之间是实行犯与帮助犯的关系，但是刑法却将两种行为基本犯的法定刑均规定为3年以下有期徒刑或者拘役，违反了罪刑均衡原则的基本要求。[1]同时，对《刑法》分则规定的法定刑进行解释和适用时，必须以总则规定的刑罚制度基本原理为指导[2]，上述规定明显违反了刑法总则关于正犯与帮助犯之间刑罚适用的原则规定，会消蚀刑法总则对分则的总体指导作用，进而可能会动摇刑法总则中既有共犯理论的根基，引起对刑法立法科学性的质疑[3]。

第四，共犯正犯化违反了刑法谦抑性，不当扩大了刑罚处罚范围。如容留他人吸毒罪、介绍卖淫罪中，在被帮助对象的实行行为尚不构成犯罪而只是作为违法行为处理的情况下，对其提供帮助的行为却要受刑罚处罚，而且是被作为实行犯处罚的现象，不当地使刑法介入社会生活，违背了谦抑性原则，使犯罪圈过于扩张。从刑法理论来看，帮助型正犯的出现，使得我国刑法犯罪参与体系类似于单一的正犯体系，即认为对法益侵害结果有贡献者都是正犯，秉持所有参与犯罪人责任自负原则，从而背离了区分制犯罪参与体系及限制的正犯概念下共犯的从属性，进而导致了刑法处罚范围的不当扩大。[4]

肯定说的观点则认为：

第一，帮助型正犯符合国际公约和外国刑事立法对帮助行为进行规制的立法潮流趋势。对于一些重要的法益有必要给予刑事立法上的重点关注和特殊保护，即将相应的帮助行为规定为单独罪名。最常见的立法实践表现为基于维护国家利益和社会公众利益的需要，将危害国家安全犯罪、恐怖活动犯罪和卖淫活动的帮助行为规定为独立的犯罪。例如，《罗马尼亚刑法典》第

---

〔1〕　参见白洁："拟制正犯范围之限制"，载《法学杂志》2013年第7期。

〔2〕　参见［日］西田典之：《日本刑法总论》，王昭武、刘明祥译，法律出版社2013年版，第291页。

〔3〕　参见詹红星："帮助行为正犯化的法理基础和立法界限"，载《经济与社会发展》2017年第6期。

〔4〕　参见白洁："拟制正犯范围之限制"，载《法学杂志》2013年第7期。

297 条规定：“明知资金全部或部分被用于实施恐怖主义而提供或筹集资金的，处 15 年以上 20 年以下重监禁并禁止行使特定权利。”[1]《瑞士联邦刑法典》第 195 条规定：“容留他人卖淫的，处 10 年以下重惩役或监禁。”[2] 同样，面对国际社会恐怖主义犯罪日益严重的现实，联合国安理会通过了打击国家恐怖主义的第 1373 号决议，将资助恐怖主义的行为作为犯罪加以规定，并呼吁世界各国在本国国内法中对“主动或被动为恐怖主义提供援助的行为”作为犯罪加以规定。[3] 为此，作为积极回应，《中华人民共和国刑法修正案（三）》（以下简称《刑法修正案（三）》）中增设了第 120 条之一“帮助恐怖活动罪”，从此在我国刑法体系下，资助恐怖组织或实施恐怖活动个人的行为便构成犯罪。可见，我国刑事立法不可避免地要受到国际公约和外国刑事立法的积极影响，在帮助型正犯的立法上也不例外，这体现出我国刑事立法对重要法益予以重点保护及对相关危害行为严厉打击的态度。

第二，正犯共犯化立法是社会发展和回应社会需要的必然。刑法作为对社会生活进行调整的一种方式，应当对重大社会关切予以回应，并根据日常社会生活中所发生的重大事件对自身进行及时必要的调整。[4] 近年来以恐怖犯罪为典型代表的重大公共安全领域犯罪增多，危害国家利益、公共利益和公民重大利益的犯罪高发，时常造成严重后果，同时以网络犯罪为代表的新型犯罪日益严重，对刑法的有效打击犯罪能力提出挑战。可见，包括我国在内的世界正处于一个风险社会之中，当然风险的来源绝不仅仅限于暴恐犯罪和网络的高速发展，环境、医疗、食品、工业等各个方面都面临着风险的加剧与控制问题。可以说，“刑法在控制风险的过程中反过来也为风险所控制。后者不仅改变了刑事立法及其理论，也从根本上正在改变刑法体系的基本特征。可以肯定的是，刑法并不是一个自我封闭的理论体系，它会随政治、经济和社会生活的变化而变化”[5]，因此从某种程度来说，共犯正犯化具有风

---

[1] 王秀梅、邱陵译：《罗马尼亚刑法典》，中国人民公安大学出版社 2007 年版，第 90 页。

[2] 徐久生、庄敬华译：《瑞士联邦刑法典》，中国方正出版社 2004 年版，第 66 页。

[3] 参见江溯：《刑法中的帮助行为》，中国社会科学出版社 2013 年版，第 123 页。

[4] 参见赵秉志、袁彬：《刑法最新立法争议问题研究》，江苏人民出版社 2016 年版，第 174 页。

[5] 劳东燕：《风险社会中的刑法——社会转型与刑法理论的变迁》，北京大学出版社 2015 年版，第 3 页。

险社会大背景的政策依据，属于一种必然趋势。

第三，共犯正犯化有效解决了传统共同犯罪理论在惩处犯罪上的困境。如前所述，虽然笔者认为，我国对犯罪参与体系采取了一种双层次的共犯评价体系，但即便如此，在这种体系中定罪的功能仍然很弱，而犯罪参与类型与犯罪参与程度之间并不是一一对应关系，帮助犯作为一种参与类型不能明确其犯罪参与程度，即便前文中笔者主张帮助行为系在共同犯罪中起辅助作用而不应发挥主要作用，那也是一种教义学上的结论。而在纷繁复杂的社会现实中，为他人犯罪提供助力的行为时常会在法益侵害上超越正犯行为。比如在侵入计算机信息系统犯罪中，如果没有帮助者在互联网上传播相应的病毒、软件、程序等犯罪工具或对正犯进行技术指导等帮助，很多犯罪行为是不可能得逞的，而获得技术援助已经成为此类犯罪中至关重要的环节，特别是近些年来，网络犯罪各个环节通过不断分化与整合，形成了一条极其专业的网络犯罪的黑色产业链。在整条产业链中，帮助犯的行为在危害性上超过了实行犯[1]。因此，若仍对上述帮助行为按照从犯处罚已无法实现有效惩治犯罪的目的。

同时，根据共犯从属性说，帮助犯的成立依赖于正犯行为，共同犯罪需要各共犯人之间存在双向的意思联络，而网络犯罪人之间往往表现为"一对多"或者"多对多"的模式，网络空间中的犯意联络与传统犯罪具有较大差别，这是由网络信息传输行为具有的"开放性和隐匿性共存、单向和双向交流并行"的特征所决定的，在互联网空间中或各种网络平台上行为人之间进行的意识联络无论是在具体内容还是认识程度上都存在模糊性、不稳定性甚至差异性。例如，黑客工具提供者与实施侵入计算机信息系统的行为人之间在客观行为上共同造成了最终的危害结果，应该认为其对犯罪结果具有行为上的共同性，但两者之间的联系却愈发松散，提供者一般没有具体的帮助对象，对于行为人具体的犯罪目的和主观心态也不了解。特别是，在提供者以营利为目的并以产业化经营的情况下，在整个犯罪过程中趋于一种中立地位，

---

[1]　参见童德华、陆敏："帮助型正犯的立法实践及其合理性检视"，载《湖南师范大学社会科学学报》2018年第1期。

已经无法满足传统共同犯罪理论要求的"相互之间清晰的意思联络"要求。[1]因此，一再恪守传统的共同犯罪理论将难以有效应对网络共同犯罪的认定难题，需要我们创新刑法理论来解决传统共同犯罪理论在网络犯罪等新型犯罪中评价和制裁不力问题，诸如提供侵入、非法控制计算机信息系统程序、工具罪和帮助信息网络犯罪活动罪等专门规定便应运而生，通过直接立法增设罪名的方式，回避和解决了我国共犯理论运用于网络犯罪上的尴尬。

综上，在我国双层次犯罪参与体系下，刑法条文中并未直接规定帮助行为的处罚原则，而现有"主犯—从犯"二元制的区分标准和处罚模式由于无法准确反映网络帮助犯和帮助行为在网络共同犯罪中的现实危害与真实地位而漏洞百出，并且传统共同犯罪理论在应对网络平台和网络空间中的共同犯罪异化现象时也显得"捉襟见肘"。因此，将网络空间中危害严重的帮助行为予以犯罪化，通过"共犯行为正犯化"方式，对其作为独立的新罪加以规定，从而使帮助行为得以摆脱正犯行为的从属限制，这应当成为当前刑事立法应对网络共同犯罪现实挑战的最佳回应方式。

笔者持肯定说观点，并对否定说观点作简短回应。首先，共犯正犯化并没有破坏构成要件的定型化机能，相反是对构成要件的坚持。帮助行为与实行行为的界限并非一成不变，二者对法益的侵害程度也是随着犯罪的异化而不断变化，在此过程中帮助行为会逐渐具备独立的类型化特征。[2]因此，帮助行为正犯化的过程不是毫无甄别的，凡是被作为帮助型正犯规定在刑法分则中的行为均是具有独立的法益侵害性和类型化特征的，本质上与实行行为没有绝对的差别，通过将帮助行为规定为实行行为的方式来进行处罚，实际就是刑事立法对危害行为进行选择并进行构成要件类型化的过程，当然是对构成要件类型化机能的坚守和维护。

其次，刑事立法是对一定时期社会现实的直观反映。我国刑事立法对帮助行为的规制也充分体现了现阶段的基本国情以及政治、经济、文化建设等方面的需要，如基于严峻的网络犯罪态势而加大对网络犯罪行为的打击。近

---

[1] 参见李晓龙：《刑法保护前置化研究：现象观察与教义分析》，厦门大学出版社 2018 年版，第 50 页。

[2] 参见于冲："帮助行为正犯化的类型研究与入罪化思路"，载《政法论坛》2016 年第 4 期。

年来，关于风险社会的研究不断深化，从某种程度来说，我国也逐渐步入风险社会之中，因此当前及今后刑事立法和刑法理论不应将刑法体系内在的逻辑自洽作为首要追求，而必须将法律规定的合目的性和有效性置于重要地位加以考虑。随着风险社会的到来，刑法随之发生了功能转向，即由建立在形而上学基础上的报应刑法向作为犯罪控制、社会整合和社会调控手段的目的刑法的变化，法律不再单纯用来协调和保障主观权利形式的自由，而是逐渐成为社会平衡、社会整合、社会调控和社会控制的工具〔1〕。因此，犯罪化仍然是一定时期内我国刑事立法的主旋律，特别是在网络时代下，尤其要注重对利用网络实施的严重侵害行为进行犯罪化，甚至在很多情况下，为了有效保护和有力打击犯罪，要实行法益保护的早期化〔2〕。因此，在网络犯罪等特殊领域进行的犯罪化，在坚持刑法谦抑性的同时，并没有突破刑事处罚底线。

　　最后，对帮助行为正犯化法理本源的追问便是违法性的本质问题，二元行为无价值论为其提供了理论支撑。在违法性本质上，历来存在结果无价值论与行为无价值论的对立。结果无价值论是以法益侵害结果作为评价基础来衡量行为违法性的理论，即认为违法性的本质在于对法益的侵害或者威胁，因此采取法益侵害说〔3〕。其评价基点是行为对法益的现实损害或者可能造成损害的危险，至于行为人的主观要素和其他自身情况不在违法性评价范围内，因此其据以作出判断的资料是客观的案件事实，所作出的是一种客观的事后判断。（一元的）行为无价值论认为：刑法作为维持社会伦理秩序的手段，行为是否具有社会危害性应从一般人的立场出发，综合行为当时行为人自身的各种情况，来评价行为是否具有社会危害性。〔4〕该理论将与行为人相关联的违反规范的行为作为评价的基础，因此，凡是与行为相关的方式、种类、行为人主观方面等都成为违法性评价的考虑因素，而据以作出判断的资料是行为时行为人和社会一般人所能够认识到的客观事实，所作出的是一种主观的

---

〔1〕　参见［德］约阿希姆·福格尔："纳粹主义对刑法的影响"，喻海松译，载陈兴良主编：《刑事法评论》（第26卷），北京大学出版社2010年版，第292页。

〔2〕　参见张明楷："网络时代的刑法理念——以刑法的谦抑性为中心"，载《人民检察》2014年第9期。

〔3〕　参见黎宏："行为无价值论与结果无价值论：现状和展望"，载《法学评论》2005年第6期。

〔4〕　参见黎宏："行为无价值论批判"，载《中国法学》2006年第2期。

事前判断。可以看出，结果无价值论和行为无价值论在违法性本质上是截然对立的，在多年来的讨论和争辩中，人们逐步认识到两种学说均存在一定的极端现象，如行为无价值论过于"主观"，所谓的伦理性判断不利于保障公民自由，也与当代客观归责理论相违背；而结果无价值论突出对法益的保护固然正确，但毕竟是一种事后判断，只有造成法益侵害结果或者危险时刑法才能加以保护，在一些特殊情况下具有明显的滞后性，因此，两种学说不断地进行互动融合。虽然上述理论之争肇始于德国，但德国在违法性本质问题上逐渐走向了二元的行为无价值论。〔1〕所谓二元的行为无价值论是指，以行为无价值的法益侵害化和去道德化为基础，在对不法的判断上法益侵害和规范违反二者缺一不可。〔2〕尽管对二元论的批判不绝于耳，但笔者认为这不是中庸的折衷，而是符合我国特定历史情况下既注重规则又考虑功利的相对合理的选择。

二元的行为无价值论为特别严重的帮助行为的处罚提供了理论上的支撑，使之具有了行为层面和结果层面两个方面的依据，也为进一步限缩共犯正犯化提供了标准，防止过分地将帮助行为作为正犯处罚，即要求帮助行为既要具有行为无价值又不能在法益侵害的现实性和危险性上突破结果无价值的限制，如此方为适当。另一方面，从共犯从属性上来考察，虽然帮助行为不一定对法益直接造成侵害，但行为是结果的先导，通过评价帮助行为的无价值性并将部分予以类型化，从而可以预判到对法益侵害的现实性或高度危险性。因此，对于一些具有严重法益侵害危险的帮助行为正犯化，主要是考虑对特别重要法益的特殊保护和构建一个应急备用又疏而不漏的法网的需求，从而适度地扩展犯罪构成要件和扩大处罚范围，寻求法益的提前和拓展保护〔3〕。

---

〔1〕 二元的行为无价值论根据立足点的不同还可以具体细化为立足于法益侵害说的二元行为无价值论和立足于规范违反说的二元行为无价值论，但无论侧重于哪一面，其共同点都是对违法性的判断上兼顾法益侵害的客观事实和规范违反的行为要素。

〔2〕 参见陈璇："德国刑法学中结果无价值与行为无价值的流变、现状与趋势"，载《中外法学》2011年第2期。

〔3〕 参见陈毅坚、孟莉莉："'共犯正犯化'立法模式正当性评析"，载《中山大学法律评论》2010年第2期。

三、不作为犯模式

不作为并非与正犯模式、共犯模式并列的责任承担模式，不作为模式与正犯模式、共犯模式之间存在规范评价竞合，即行为人虽然实施的是不作为类型的中立帮助行为，但最终在刑事责任承担上必然也只能被认定为正犯或共犯，别无其他情形。为充分凸显中立帮助行为中的不作为犯的特殊性，本书将其独立进行阐述。不作为的中立帮助行为是现实存在的，但如前所述，对中立帮助行为应采取"限制处罚"的原则，同时还需兼顾刑法"以处罚作为为原则，处罚不作为为例外"的要求。因此，中立帮助行为的不作为犯罪模式不仅较为特殊还应尽量限制，在那些日常性、业务性的行为中，由于行为人不具有阻止犯罪的法定义务，因而通常不会构成不作为犯罪；只有像网络犯罪那样网络服务者具有技术支配的情况下，才科以其信息网络安全管理义务进而构成不作为犯罪。

《刑法修正案（九）》增设了拒不履行信息网络安全管理义务罪这一典型的不作为犯罪，引发了对不作为中立帮助行为的高度关注。值得思考的是，鉴于网络技术的高度发展和网络社会的异常繁荣，网络服务提供者在提供互联网技术服务的同时应承担怎样的职责和义务呢？这不仅是互联网行业要直面的问题，更是刑事法律乃至各个法律部门都要思考的问题。随着网络犯罪形势日益严峻，安全保障义务和风险防控义务必将成为网络社会中犯罪化的重要主题。基于此种认识，甚至有学者认为帮助信息网络犯罪活动罪的行为类型也是不作为，论者将帮助信息网络犯罪活动的行为划分为两种情形，一种是明知他人实施犯罪情况下积极提供网络技术支持的"有明确犯罪指向型的网络帮助行为"；另一种是在已经提供网络服务行为之后得知或者通过其他途径了解到他人利用信息网络实施犯罪行为，仍继续提供网络服务的"无明确犯罪指向型的网络帮助行为"，而后者属于创设了信息网络被滥用风险的先行行为，并产生了防止此种风险被扩大的作为义务，如果明知他人利用信息网络实施犯罪活动还不履行管理义务、停止提供网络服务的话，应构成不作为犯罪。[1]可见，虽然中立帮助行为最常见的行为类型是作为，但不作为类型也不容忽视。特别是，与作为行为的认识基础在于现实存在的表象事实不同，对不作为行为的认识往往需要借助对法规范的理解和价值判断。因此，对于不作为的中立帮助行为而言，有三个问题是至关重要的：一是该中立帮助行为属于作为还是不作为？二是该不作为行为的责任承担方式是什么，即构成正犯还是共犯？三是不作为的义务来源包括哪些，其范围界限如何划定？

关于第一个问题，涉及作为与不作为的界限，在司法实践中争议较大。如在"快播案"中，有学者认为快播公司提供缓存服务行为不属于作为样态的传播行为[2]；而有学者却认为缓存行为在整个传播淫秽物品过程中起到支配作用，明显属于陈列式的淫秽物品传播行为，属于典型的作为[3]。在该问题上，刑法学界采取的区分标准经历了由事实判断到规范判断的变化过程。较为早期的观点仅从行为人身体物理上的"动静"来区分作为与否，问题在于身体上的动静标准是表面的、不确切的，如逃税罪作为典型的不作为犯，其行为完全可以是销毁账簿、伪造销售记录等积极的动作。因此，作为与不作为应是刑法规范意义上的，而不单单是事实层面的。据此，我国刑法理论通说从规范的、价值判断的立场来区分作为与不作为，即凡是违反刑法禁止规范的为作为，而违反刑法命令规范的则为不作为。[4]但比较疑难的是，在对行为进行规范、价值评价过程中会涉及评价对象问题，也就是说，用法律规范去衡量行为人的哪一行为或哪一部分行为，可能会因为对某一连续行为评价的侧重点不同而导致结论的天壤之别。有学者将这一现象称为双重行为，即作为与不作为同时并存的复合行为，指一个构成要件该当结果，系同时由同一行为人的作为与不作为所造成的情况。[5]这种情况在中立帮助行为领域也不乏适例，如在提供服务的日常行为领域，服务员甲明知厨师在菜品中投

〔1〕 参见阎二鹏："帮助信息网络犯罪活动罪：不作为视角下的教义学证成"，载《社会科学战线》2018年第6期。

〔2〕 参见陈兴良："快播案一审判决的刑法教义学评判"，载《中外法学》2017年第1期。

〔3〕 参见周光权："犯罪支配还是义务违反——快播案定罪理由之探究"，载《中外法学》2017年第1期。

〔4〕 参见许成磊、高晓莹："论刑法中不作为与作为的区分"，载《中国刑事法杂志》2006年第5期。

〔5〕 参见林山田：《刑法通论》（下册），北京大学出版社2012年版，第147页。

毒，还应顾客要求将菜品端上餐桌，如果从服务员明知他人实施投毒行为还端菜上桌的行为角度评价，服务员应以作为的方式构成投毒罪的帮助犯；如果认为服务员端菜是职责所在，具有业务中立性，但其将含有毒药的菜品端上餐桌，其行为引起了足以危及他人生命的危险，从而产生了对他人生命安全的保证人义务，服务员没有履行该义务的行为便应构成不作为方式的投毒罪。[1]针对该问题，刑法学界先后有优先判断作为说、经验法则说、刑法非难重点说等不同观点。[2]笔者倾向于采纳刑法非难重点说，一个行为虽然具有多个面相但通常只具有一个最被社会所认可的意义，对其作为与不作为的判断就要从刑法规范的立场上以具有最通常社会意义的行为为判断重点进而得出结论。如在服务员端菜一案中，服务员实施的具有通常社会意义的行为应是端菜而不是救助顾客，因此，正是其端菜行为使得投毒行为产生了现实危害结果，其以作为的方式参与到他人犯罪之中。回到一开始提到的"快播案"，之所以对其作为抑或不作为性质产生如此之大的争议，也是在于评判的行为重点不同。如果仅关注快播公司提供播放器软件的网络服务行为，便会从作为网络服务提供者对网络用户监管义务角度进行评价从而得出不作为犯罪的结论。但问题是，根据"避风港原则"，快播公司是否应承担监管的义务和具有监管的能力，这也是本案庭审中的争议焦点，从不作为角度难免会陷入保证人义务来源的漩涡之中；而如果将评价重点置于快播公司后续设置缓存服务器保存、碎片化存储及根据点播量对缓存文件进行播放加速等行为上，将会认为这些行为起到了传播淫秽物品的实际效果，与传播淫秽物品的实行行为没有本质区别，完全可以按照作为犯定罪处罚。

　　值得注意的是，在上述双重行为的评价问题上，我国近年来出现了以犯罪排他支配说为标准进行区分的主张[3]，如"快播案"中将快播公司后续的一系列行为认定为支配淫秽物品传播的关键行为，这一行为起到传播的正

　　〔1〕　本案参考了德国学者雅各布斯教授所举的"毒蘑菇案"，参见吕翰岳："作为与不作为之区分的目的理性思考——以德国判例与学说为借镜"，载《环球法律评论》2017年第4期。
　　〔2〕　参见许成磊、高晓莹："论刑法中不作为与作为的区分"，载《中国刑事法杂志》2006年第5期。
　　〔3〕　参见黎宏："排他支配设定：不真正不作为犯论的困境与出路"，载《中外法学》2014年第6期。

犯效果，因此认定快播公司构成作为方式的传播淫秽物品牟利罪。任何理论的产生都是以司法实践需求为动因并以解决司法困境为目标的，上述理论的产生主要是由于对不作为犯保证人义务判断上的困境及对特定行为处罚的必要性考虑。这种主张运用到具体案件中，往往是通过弱化或扩充构成要件行为类型，而尽量通过"排他性支配"的判断将事实上的不作为行为转换为积极的作为，以避开不作为行为者是否具有保证人地位的义务来源问题。正如有学者指出，刑法分则规定的传播淫秽物品牟利罪中的"传播"是一种经立法抽象并类型化的构成要件行为，并非特指某一具体动作，其外延不限于典型的播放或帮助播放行为。通过这一思路，便可以将不作为形态的网络服务提供行为转化为作为形态的传播行为，从而实现刑事归责。笔者并不否定上述观点的积极意义，甚至后文在对快播案件的分析中，也采取了类似的逻辑思路，但在此需要提醒的是，此种思路若不当扩大使用可能存在消解刑法分则构成要件锚定机能、虚置不作为行为类型及突破罪刑法定主义的理论风险，因此应加以必要限制。

关于第二个问题，笔者认为：该问题与第一个问题具有密切联系，对作为与不作为区分采纳不同的标准会影响到不作为的归责形态。采纳犯罪支配理论者会认为不作为属于帮助行为，如日本学者西田典之教授认为，不作为犯通过作为的正犯造成法益侵害之结果，从对危害结果的原因力来看，不作为只发挥了从属性的作用；[1]而采取规范义务违反说的学者会认为不作为属于正犯，如罗克辛教授将作为犯视为支配犯，将不作为犯视为义务犯，认为不作为构成犯罪是因为满足了自己的行为构成。[2]实际上，不作为行为在共同犯罪中既可以是正犯也可以是帮助犯，曾有人否定不作为帮助犯的存在，实际上作为与不作为只是共犯参与行为的类型不同，而正犯与共犯则属于共同犯罪参与方式及犯罪支配力的不同，两个行为评价体系是并行不悖的，无论在刑法教义学还是司法实践中都存在不作为帮助的行为类型。例如，拒不履行信息网络犯罪安全管理义务罪，就是网络服务提供者以不作为的方式对

---

〔1〕 参见［日］西田典之：《日本刑法总论》，王昭武、刘明祥译，法律出版社 2013 年版，第325 页。

〔2〕 参见［德］克劳斯·罗克辛：《德国刑法学总论》（第 2 卷），王世洲等译，法律出版社2013 年版，第 505 页。

他人实施犯罪活动提供帮助的行为，只不过立法将此种行为直接规定了独立的罪名，通过共犯正犯化方式来解决共犯的意思联络障碍问题，即便如此也不能否认成立本罪对正犯行为的依赖性，即该罪与生俱来的帮助性。当然，这也是一个十分棘手的问题，有时候难以辨别不作为的行为到底是正犯行为还是共犯行为，如设置深度链接侵犯他人著作权的行为，到底是侵犯著作权罪中传播实行行为还是帮助传播行为，一直存在较大争议。一如本书所述，对于正犯行为与帮助犯行为的区分应兼顾形式标准与实质标准，既要考虑刑法明文规定即行为的类型化程度，又要考虑行为在共同犯罪中的支配性大小及所引起法益侵害危险的程度和紧迫性。另外，该问题也涉及不作为行为的义务来源问题，结合后文关于不作为犯义务来源的阐述，笔者赞成从实质层面而不仅限于形式上来探究不作为的义务来源，据此，当行为人作为保证人对被害人脆弱法益处于保护支配地位时，其不作为参与行为应评价为正犯；而当行为人作为保护人对作为人的侵害行为处于监护支配地位时，其不作为参与行为应评价为共犯。[1]

　　关于第三个问题，笔者认为，作为义务的来源和范围问题与中立帮助行为处罚边界之间存在密切的联系，对前者的正确理解是后者的前提和依据，如销售菜刀的五金店老板是否应承担对顾客有无犯罪意图的审查义务、出租车司机运送犯罪人到达犯罪现场后是否应产生犯罪阻止义务等，只有在明确作为义务的来源和范围的情况下，才能够对中立帮助行为作出妥适的处理结论。对于中立帮助行为中作为义务的来源和范围，本书将在第三章中具体阐述，在此不赘述。

---

　　[1]　参见李志恒："不作为参与理论的反思与构建"，载《苏州大学学报》（法学版）2017年第3期。

第二章　中立帮助行为的处罚根据

　　一般认为，帮助行为是刑罚的扩张事由，相对于刑法中"一次责任"的正犯行为而言，其属于"二次责任"。[1]而中立帮助行为又是众多类型帮助行为中极其特殊的一种，其具有的业务性、日常性、反复性等"中立"属性和对社会的有益性，决定了对其处罚上应再次进行额外限制。这样看来，要解决中立帮助行为的可罚性问题，必须进行"两步走"：第一步是先在共犯体系内探讨帮助行为的处罚根据问题，将帮助行为与正犯行为的处罚根据进行辨别，这是由中立帮助行为"帮助性"的本质属性决定的，对其刑事可罚性的探讨理所当然地要从共犯参与体系的内在逻辑切入，将其刑事责任的具体问题提升到共犯教义学的理论框架内进行整体性思考。第二步是在帮助行为体系内进一步讨论中立帮助行为的处罚依据，明确其与可罚的帮助行为之间的罪责区分标准，唯有此，才能从根本上解决为什么要处罚或者限制处罚中立帮助行为的问题。这"两步"之间是先行后续关系，前者划定了帮助行为的处罚界限，为后者明确了讨论范围和边界；后者是前者的深化和升华，实现了刑法处罚中立帮助行为的正当化和精准化。在二元区分制共犯参与体系下，围绕狭义共犯行为的刑事可罚性问题，刑法学界形成了系统的共犯处罚根据理论，为帮助行为的可罚性判定提供了法理基础，据此，探讨中立帮助行为的可罚性依据应先从共犯处罚根据这一重要问题开始。

第一节　中立帮助行为的共犯处罚根据

　　众所周知，帮助行为并不等同于直接造成法益侵害结果的实行行为，那

---

　　〔1〕　参见〔日〕山口厚：《刑法总论》，有斐阁2007年版，第293页。转引自陈洪兵：《中立行为的帮助》，法律出版社2010年版，第19页。

么为什么要处罚帮助行为呢？前文已从刑事立法和司法实践层面分析了帮助行为具有的可罚性，并主张对帮助行为在法益侵害和应受惩罚上的独立性予以关注，但上述论述并没有给出理论上的根据，这便是帮助行为的处罚根据所要探讨的问题。很显然，作为狭义共犯的帮助行为，它的处罚根据当然也就是共犯的处罚根据，但狭义的共犯行为还包括教唆行为，其与帮助行为在行为构造上有所区别，因此，就帮助犯特有的方面再作具体分析十分必要，这也是对共犯处罚根据理论的进一步深入和细化。

一、帮助行为具有固有的违法性和可罚性

共犯的处罚根据问题最早在德国刑法理论界被广泛讨论，后来逐步被引入日本刑法理论界，同样产生了巨大的争议，也先后经历了重大的转变。在帮助行为是否具有独自的违法性和可罚性问题上，在日本，古老的通说认为共犯系刑罚的扩张处罚事由，"共犯本身不具有独立的违法性和可罚性，其处罚依据仅在于通过正犯行为而借用来的犯罪性和可罚性，因此，只有当正犯构成犯罪并受到处罚时，共犯才能够与正犯一同受到刑罚处罚，这种主张被称为共犯借受说或者可罚性借用说"[1]。但随着共犯处罚根据理由的现代转型，由责任共犯论逐步转向因果共犯论，上述观点也逐步被否定。如在德国，罗克辛教授便指出："参与人的不法既有一部分是从正犯不法中导出而从属于正犯的，也有一部分是不依赖于正犯而独立存在的。在对实行人构成行为的共同作用同时表现为参与人自己的法益侵害时，这种归责才会是成功的。"[2]笔者认为，可罚性借用说存在两方面问题：一是，现代刑法学处罚理论是以个人责任论为基础构建的，任何人只能对自己所实施的犯罪行为承担责任，

---

〔1〕 按照此种学说，只有当正犯者着手实行而至少成立未遂以后，而且，只有正犯行为具备了构成要件该当性、违法性、有责性时，共犯的可罚性原则上才能被肯定。其理由在于，由于正犯的可罚性是根据罪名和罚则而被决定的，因此共犯当然地从属于正犯的"犯罪"。在这里，将（1）实行从属性，（2）极端从属性，（3）罪名从属性作为一个不可分割之整体的共犯从属性说就被采用了。但是伴随着共犯的处罚根据从责任共犯论转向因果共犯论，这三个从属问题就不像以往要求一体性地解决，而逐渐被认为个别地解决是可能的。参见〔日〕西田典之：《共犯理论的展开》，江溯、李世阳译，中国法制出版社 2017 年版，第 21 页。

〔2〕 〔德〕克劳斯·罗克辛：《德国刑法学总论》（第 2 卷），王世洲等译，法律出版社 2013 年版，第 100~101 页。

而不能对不属于自身的他人行为承担责任，按照犯罪构成理论，违法是连带的、责任却是个别的，因此在共同犯罪中，各参与人只对在规范意义上可评价为或可归责于自己本人的行为及其惹起的结果承担责任。[1]罗克辛教授同样认为，共犯参与人之所以被归责是因为他通过对法益的侵害表现出其故意创造了一个不被容许的风险。[2]因此只有当共犯行为自身具有犯罪性和可罚性时才应被予以刑事处罚。二是，可罚性借用说违反了犯罪本质的基本原理，无论是采取结果无价值论还是二元的行为无价值论，都强调法益侵害性在犯罪本质认识中的重要地位，只有当行为人的行为现实侵害或者具有侵害法益的危险时才会成立犯罪，而该说却认为共犯行为没有侵害法益，与刑法的规范保护目的背道而驰。

　　需要说明的是，笔者主张帮助行为在处罚根据上具有自身独立的犯罪性和可罚性，并不意味着否定帮助行为在成立上对正犯行为的从属性，二者并不矛盾。帮助行为的处罚根据是指其因自身原因需要受到处罚还是因正犯的实行行为才需要受到处罚，因果共犯论主张帮助行为通过参与正犯的实行行为间接地惹起了法益侵害的结果或者现实危险，这是其应受惩罚的根据；而其之所以能够惹起法益侵害的结果或者危险，在于通过正犯的实行行为与危害结果之间建立联系，因此在成立帮助行为的条件中正犯行为乃是必不可少的，这是帮助行为成立条件问题，两者之间一个是从宏观上来讨论帮助行为的可罚性来源，另一个是从微观层面研究帮助行为成立的基础，并不是一回事。易言之，帮助行为固然具有独立的犯罪性和可罚性，而非从正犯行为借用而来，但并不能因此就否定其从属性，而走向极端地认为帮助行为完全是独立的。事实上，成立帮助行为是需要以正犯行为的存在为前提的，即"坚持帮助行为成立条件上的从属性与坚持帮助行为具有独立的犯罪性和可罚性之间并不矛盾"[3]。

〔1〕　参见钱叶六：《共犯论的基础及其展开》，中国政法大学出版社2014年版，第91页。
〔2〕　参见［德］克劳斯·罗克辛：《德国刑法学总论》（第2卷），王世洲等译，法律出版社2013年版，第100页。
〔3〕　钱叶六：《共犯论的基础及其展开》，中国政法大学出版社2014年版，第92~93页。

二、责任共犯论

(一) 责任共犯论的具体主张

责任共犯论是最早探讨帮助行为等共犯处罚根据的理论学说，曾经盛行于德国刑法学界，著名学者麦耶（H. Mayer）是主张责任共犯论的代表人物，他认为"正犯是实行了杀人行为的人，而教唆犯是制造杀人犯的人"。在麦耶看来，教唆犯具有双重性格，不仅惹起了犯罪行为而且惹起了正犯者，即不仅对法益而且对正犯施加了侵害，在这两个层面上构成犯罪，"在他看来，诱惑他人犯罪的危害比客观的法益侵害原则上更为重要。因此，他主张共犯行为的本质应从其对伦理秩序的侵害上来寻求，而不是体现在对外部损害的引起上"[1]。责任共犯论将制造出了所谓的犯罪人这一点理解为共犯处罚的根据，因此，在这一见解中共犯之所以要受到处罚，是因为他诱惑正犯实施了该当构成要件的不法行为，使正犯堕落、陷于罪责。举例以释之，杀人罪的正犯是因为实施了杀人行为而具有可罚性，而杀人罪的共犯则是因为制造出了杀人犯而具有了可罚性。

在德国，该说已经彻底失去支持者，不仅是由于共犯基本理论的转型，反对者还认为，该说过分超越了现行刑法第 26 条、第 27 条、第 29 条这些关于参与者的犯罪贡献的规定所要求的前提条件。[2]在日本刑法理论中，支持责任共犯论的观点寥寥无几，只有江家义男教授和庄子邦雄教授。江家义男教授从刑法学新派理论出发，在犯罪论上主张主观主义，在共犯论中提倡责任共犯论，他的观点可以概括为：共犯要受处罚的原因，一是利用他人的行为实施犯罪而具有社会危害性；二是通过帮助或者教唆制造了犯罪人而具有反社会性，这与利用自然力量的单独犯有所不同。[3]此外，庄子邦雄教授也从犯罪的本质是违反伦理秩序的立场出发，提倡责任共犯论，他的观点可以概括为：教唆犯具有两面性，一方面不亲自实行而是引起正犯行为，法益侵

---

〔1〕 杨金彪：《共犯的处罚根据》，中国人民公安大学出版 2008 年版，第 34 页。

〔2〕 参见 [德] 乌尔斯·金德霍伊泽尔：《刑法总论教科书》，蔡桂生译，北京大学出版社 2015 年版，第 394 页。

〔3〕 参见 [日] 江家义男：《刑法总论》，千仓书屋 1952 年版，第 190 页。转引自黎宏：《日本刑法精义》，法律出版社 2008 年版，第 257 页。

害程度非常轻；另一方面，教唆犯在诱惑正犯使其犯罪这一点上比客观上侵害法益更为严重。[1]在当前日本，几乎再没有人支持责任共犯论。

需要说明的一点是，责任共犯也不是对法益侵害结果、因果关系等事实要素完全视而不见。持该说的学者也认识到，与正犯相比，共犯行为在与法益侵害结果的关联性上具有间接性。为此，责任共犯论认为教唆犯制造出了正犯这个犯罪人，将此特点作为附加的要素，来弥补教唆犯法益侵害性上的不足，从而使其与正犯处以相同刑罚。[2]

（二）责任共犯论的理论归结

由于共犯的处罚根据与一系列共犯理论密切相关，因此由责任共犯论可以进行如下理论归结：第一，在犯罪本质问题上，侧重于行为无价值论。责任共犯论在衡量共犯的违法性上重点关注的是共犯使正犯堕落，而不是法益侵害，突出的是对伦理秩序的违反。第二，在共犯成立条件上坚持共犯从属性说，并且在要素从属性上采取极端从属性说。"因为共犯不可能使不具有责任的人堕落，所以要成立狭义的共犯的教唆和帮助，正犯必须满足构成要件该当性、违法性及有责性等全部的犯罪成立条件，其结果就是采纳了极端从属性说"[3]，在实际效果上造成严重限制共犯成立范围的不恰当结果。如前所述，这也是责任共犯论被抛弃的重要原因。如今在德国刑法上，成立狭义的共犯并不要求正犯的行为完全成立犯罪，其采取的是限制从属性说，而日本刑法理论的通说也是限制从属性说。第三，在司法实践应用上得出比较极端的结论。如只要正犯构成犯罪，即便是未遂，共犯也因诱惑因素而陷入罪责和刑罚之中，因此未遂的教唆具有可罚性。又如意图自残者教唆他人对自己进行加害的，由于被教唆者实施了犯罪行为，自残者应当受到刑罚。再如，业已实施犯罪的本犯教唆他人窝藏自己的，同样由于使他人实施了犯罪而具有可罚性。[4]

---

〔1〕 参见［日］庄子邦雄：《刑法总论》，青林书院1969年版，第717页。转引自黎宏：《日本刑法精义》，法律出版社2008年版，第257页。

〔2〕 参见陈家林：《外国刑法理论的思潮与流变》，中国人民公安大学出版社、群众出版社2017年版，第512页。

〔3〕 ［日］山口厚：《刑法总论》，付立庆译，中国人民大学出版社2018年版，第307页。

〔4〕 参见钱叶六：《共犯论的基础及其展开》，中国政法大学出版社2014年版，第95页。

(三) 责任共犯论存在的问题

责任共犯论被抛弃是其存在不可克服的缺陷所致，即便是在我国刑法中同样没有存在的空间：第一，责任共犯论与犯罪本质学说格格不入。如前所述，责任共犯论的理论归结是一元的行为无价值论，认为教唆犯是诱惑正犯使其堕落，无疑将犯罪的可罚性本质定位于社会规范和伦理道德，使得法与伦理混为一谈，违背了犯罪的本质是侵害法益的刑法理论通说。如前所述，在犯罪的本质问题上，结果无价值论认为只有对法益的侵害或者危险才能说明行为为什么是犯罪。山口厚教授在讨论刑法的政策基础时强调："只有对法益予以现实的侵害或产生侵害危险的行为才能成为犯罪行为。"[1]张明楷教授也指出："刑法不能对单纯违反伦理秩序而没有侵害法益的人进行处罚，伦理秩序的维持不应依靠刑法，而应依靠刑法以外的其他社会机制。"[2]法益侵害作为犯罪的本质并不是仅针对正犯行为而言，这种共识当然也涵摄共犯行为，法益侵害同样也是其受到刑罚处罚的本质根据，这不仅是结果无价值论的核心主张，即便是二元的行为无价值论也不会彻底否认。可以说，犯罪的本质是对法益的侵害或者危险，正犯与共犯均如此，只不过二者的具体表现形式存在一定差异而已，即"正犯是对法益的直接侵害或者威胁，而共犯是通过正犯间接地引起法益侵害"[3]。

虽然本书倾向于二元的行为无价值论，但是并不否认法益作为衡量犯罪本质的关键标准，只不过强调在当前风险社会等现实背景下，要注意通过行为无价值论的社会防卫功能来弥补结果无价值论的弊端。劳东燕教授就曾指出："传统刑法强调犯罪的本质是法益侵害，这种侵害一般要求是现实的物质侵害后果。在风险社会中，侵害后果往往很难被估测和认定，化学污染、核辐射和转基因生物等可能引发的危害，超越目前人类的认识能力。"[4]因此，二元行为无价值论强调在拥趸法益侵害说的同时注意刑法保护的前置性，随着社会发展需要而不断调整法益的内涵范围，但是绝不是主张法益的范围可

---

[1] [日] 山口厚：《刑法总论》，付立庆译，中国人民大学出版社 2018 年版，第 4~5 页。
[2] 张明楷：《法益初论》，中国政法大学出版社 2003 年版，第 274 页。
[3] 黎宏：《日本刑法精义》，法律出版社 2008 年版，第 257 页。
[4] 劳东燕："公共政策与风险社会的刑法"，载《中国社会科学》2007 年第 3 期。

以无限扩张,这是比较符合我国社会现实的,也被新近的刑事立法活动所确认,如《刑法修正案(九)》中就进一步扩张了法益的范围,特别是在《刑法》第 284 条之一第 4 款增设了"代替考试罪",将严重影响公平公正的国家考试秩序、破坏社会诚信体系的行为纳入惩罚范围,我们清晰地看到该罪在确保对侵害法益行为打击的同时对违反社会规范行为的负面评价,无疑贯彻了二元行为无价值论的主张。况且,行为无价值与结果无价值并非绝对不可以相互弥合,如罗克辛教授就曾以噪音污染为例指出违反社会规范的行为某种程度上也是侵害法益的行为〔1〕,意指行为无价值与结果无价值并不完全对立。

第二,责任共犯论与现代刑法个人责任原则相矛盾。近代刑法的基本原则要求"没有责任就没有刑罚"〔2〕。若诱惑正犯限于罪责和刑罚之中,必须以正犯具有责任为前提,不可能诱惑一个无责任能力之人"堕落"至实施犯罪。因此,在共犯的成立条件上,责任共犯论者必然坚持极端从属性说,而此说在各国刑法学界均处于"备受冷落"的地位。众所周知,在德日犯罪论体系中共同犯罪是违法形态,与责任无关。按照通说限制从属性说,共犯在成立上只需要正犯实施了该当构成要件的违法行为即可,至于其是否承担责任及责任大小并不影响共犯的成立。现代责任主义中个人责任原则进一步要求,"只能就行为人自己实施的个人行为对其进行非难,不能以行为人属于某一团体为由使其为他人的犯罪承担处罚"〔3〕。因此,摈弃责任共犯论当然是一种必然的选择。

第三,责任共犯论主要是为了解释教唆行为的处罚根据,并不能妥当适用于帮助行为。坦白讲,我国传统刑法理论也曾称教唆犯为"起意犯""造意犯",比较关注教唆犯引起他人犯意的危害本质,有意或者无意地运用责任共犯论来阐述教唆犯的可罚性,因此,责任共犯论或多或少可以说明教唆行为的处罚根据,但是运用到本质和类型均不同的帮助行为上却并不"灵验"。一

---

〔1〕 参见〔德〕克劳斯·罗克辛:《德国刑法学总论》(第 2 卷),王世洲等译,法律出版社 2013 年版,第 16 页。

〔2〕 张明楷:《刑法学》,法律出版社 2016 年版,第 240 页。

〔3〕 〔日〕曾根威彦:《刑法总论》,有斐阁 2008 年版,第 134 页。转引自陈家林:《外国刑法理论的思潮与流变》,中国人民公安大学出版社、群众出版社 2017 年版,第 369 页。

如既述，帮助行为是针对已经产生了犯意的正犯而进行的助力行为，与教唆行为相比，支配性明显较弱，认为其使正犯（已产生犯意，甚至已实施正犯行为）"堕落"，显然无从谈起，并且到底是帮助犯使正犯堕落还是正犯使帮助犯堕落也并非不可分辨之事。

三、违法共犯论

（一）违法共犯论的具体主张

违法共犯论，是在对责任共犯论进行上述批判和完善的过程中逐渐形成的一种学说，意图从违法性上探求对共犯行为的处罚根据，认为共犯之所以要接受刑罚处罚，并非像责任共犯论者认为的共犯诱使正犯堕落并陷于罪责，而是因为共犯促使正犯实施了违反法规范的行为，使其陷入了同社会的对立状态之中。但是，在违反法规范层面上正犯与共犯是不同的，仍以杀人犯罪为例，"正犯违反了'不能杀人'的规范，而共犯违反的是'不能教唆或者帮助他人杀人'的规范"[1]。大陆刑法学体系中，关于违法性的本质存在行为无价值论和结果无价值论的理论分野，那么在阐释共犯的处罚根据时，德日刑法不可避免地吸收了上述两种理论的具体主张，从而在违法共犯论内部同样分化为两种具体主张，即行为无价值引起说和社会完整性侵害说。

1. 行为无价值引起说

行为无价值引起说又被称为"不法加担说"，其理论根源是威尔策尔（Welzel）的目的行为论、人的不法以及一元的行为无价值论等理论。众所周知，威尔策尔是目的行为论的首倡者和集大成者，在他的理论体系中所谓"违法"就是行为无价值，违法性的本质在于"人的不法"，所以他进一步认为共犯的处罚根据一定要在共犯引起正犯的行为无价值中去寻找。据此，威尔策尔认为："共犯的处罚根据并不在于共犯者诱惑正犯从而使其陷入罪责，而是在于共犯者使正犯产生了实施社会难以容忍的违法行为决议或对正犯实施的违法行为予以援助。"[2]可见，违法共犯论者关注的重点是行为对社会规

---

[1] 钱叶六：《共犯论的基础及其展开》，中国政法大学出版社 2014 年版，第 97 页。

[2] ［日］高桥则夫：《共犯体系和共犯理论》，冯军、毛乃纯译，中国人民大学出版社 2010 年版，第 77 页。

范的违反，既不是引起正犯的罪责也不是引起法益侵害的结果，这是因为他们坚定地认为指向共犯的规范与正犯并不相同。如前所述，该说认为，正犯是因为违反了"不能杀人"的规范而具有了行为无价值，但这种行为无价性是由于共犯违反"不能教唆或帮助他人杀人"的行为所引起的，因此，共犯行为也具有行为无价值性。

2. 社会完整性侵害说

德国学者赖斯（Less）从结果无价值论出发，认为共犯行为的处罚根据在于对法益的侵害，但是他认为这里的法益是不同于违法性本质中"法益"的，而是一个特殊法益——他人人格之尊重，对此任何人都负有尊重他人人格的义务。关于该种主张，赖斯进一步论证道："人格的尊重和自由发展的权利受到宪法保障，也是一种法益。教唆者通过指示他人实施这种不法，就侵害了法益。他侵害了他人良心的平和，使他人所享受的社会尊重面临危险，他通过使他人意思的形成动机指向被法律所禁止的事物，而介入他人人格的自由发展。"[1]可以看出，赖斯在强调法益侵害的同时也强调了社会伦理，因此也被称为"二重不法责任论"。

在日本刑法学界，也有部分学者支持违法责任论。如团藤重光教授认为："共犯只要惹起实行行为就可以处罚，而不必要惹起正犯结果。"[2]曾根威彦教授也指出："如果以行为人的目标设定、心情、义务和可能产生上述全部内容的法益侵害一道决定行为不法的人的不法概念为前提，正犯和共犯的内容当然本来就不同。"[3]也就是说，曾根威彦教授认为在人的不法性上，亲自实施犯罪的正犯和使正犯陷于违法行为的共犯之间必然不同，对于共犯人的处罚并不仅仅在于其与正犯所侵害的法益结果之间具有关联，而是由于其以教唆或者帮助的方式参与了正犯的法益侵害行为，即参与了正犯的行为无价值。除此之外，大塚仁教授、藤木英雄教授以及西原春夫教授都持此种观点，在

---

〔1〕［日］高桥则夫：《共犯体系和共犯理论》，冯军、毛乃纯译，中国人民大学出版社 2010 年版，第 107 页。

〔2〕［日］山中敬一：《刑法总论》，成文堂 1999 年版，第 761～762 页。转引自刘凌梅：《帮助犯研究》，武汉大学出版社 2003 年版，第 32 页。

〔3〕［日］曾根威彦：《刑法的重要问题总论》，成文堂 1994 年版，第 285 页以下。转引自：黎宏：《日本刑法精义》，法律出版社 2008 年版，第 258 页。

他们看来教唆犯不需要引起正犯结果，只要引起正犯行为即可成立犯罪；即便是未遂的教唆领域，行为人也介入了他人的不法行为，当然具有可罚性。

（二）违法共犯论的理论归结

第一，在共犯成立条件问题上，采取限制从属性说立场。根据违法共犯理论，"教唆犯之所以受处罚原因在于使正犯实施了违法行为，进而造成了违法的客观事实，因此，教唆行为与正犯行为之间的因果关系是至关重要的，这是共犯可罚性的依据，但这种因果关系仅限于教唆行为与正犯行为之间，而不是与结果之间的因果关系，因此，共犯表现出较强的从属性，且属于不包括责任从属在内的限制从属性说"[1]。第二，违法共犯论容易得出"违法的连带性"结论。根据违法共犯论，只要正犯行为该当构成要件且违法就可以成立共犯，那么我们可以说共犯的违法来源于正犯的违法，也就是共犯的违法是从正犯的违法所借受而来的，即肯定了"违法的连带性"[2]。第三，对于未遂的教唆具有可罚性。由于主张共犯与正犯之间具有不同的违法的根据，因此只要正犯实施了该当构成要件的违法行为，即便是未遂，共犯的违法性也不受任何影响，毕竟他已经使正犯实施了违法行为，因此对于未遂的教唆同样应受到处罚。同理，该说针对受嘱托杀人、本犯教唆他人包庇自己等行为，也认为具有可罚性。

（三）违法共犯论的理论缺陷

第一，在违法的相对性上摇摆不定。如前所述，违法共犯论容易得出违法连带性的结论，这无论在理论上还是在实务上都是经不起推敲的，如甲因病痛想轻生，便恳求邻居乙将自己杀死，而乙基于同情接受了请托实施了杀人行为，但该行为未造成死亡结果即未遂，根据违法共犯论，由于甲致使乙实施了受嘱托杀人且未遂的行为，而该行为在犯罪论上评价属于违法行为，那么甲便成立故意杀人罪（未遂）的教唆。但是，在各国刑法之中均对自杀这种单纯侵害自己法益的行为不进行处罚，即便是采取严厉的"家长主义"

---

〔1〕　陈家林：《外国刑法理论的思潮与流变》，中国人民公安大学出版社、群众出版社 2017 年版，第 512 页。

〔2〕　[日] 山口厚：《刑法总论》，付立庆译，中国人民大学出版社 2018 年版，第 308 页。

立场的刑法规定中也是如此。因此，违法共犯论只好引进"违法相对性理论"对此进行修正，修正的结论是：当教唆者是被害法益的主体之时，违法便具有"相对性"，释言之，"在嘱托杀人的情况下，由于教唆者自身就是被害法益的主体，所以，即使正犯（被教唆者）杀人（未遂）行为是违法的，共犯（教唆者）的行为也并不因此连带违法"[1]。但如此一来，所谓的违法共犯论似乎与因果共犯论并无本质差异了。

第二，与违法性的本质学说相违背。行为无价值引起说以一元行为无价值论为理论根基，将正犯行为无价值作为共犯处罚的根据存在先天的缺陷，忽视了违法性中的威胁或侵害法益这一核心本质；即便社会完整性侵害说考虑到了对法益的侵害，但是所谓的"人格尊重""自由发展""良心的平和"等归结为法益的概念过于抽象、空泛和不确定，这与传统意义上的生命、健康、财产、自由、名誉等法益具有不同性质，如果法益概念如此泛化，将直接危及法益的价值，严重违反罪刑法定主义等一系列刑法的基本理论。另外，无论是在日本还是在德国刑法上，对于既遂的共犯相比未遂的共犯处罚都要重一些，这就意味着是否实际侵害法益起码对共犯的刑事责任具有一定影响，易言之，法益侵害结果至少具有提升共犯不法的作用。但有人可能会作以这样的解释：行为无价值决定共犯的违法，而结果无价值是影响共犯责任的因素。这种观念针对德日刑法中上述规定似乎行得通，但该观点将结果无价值置于责任体系之中，与行为无价值和结果无价值属于违法性本质的体系定位发生严重冲突而明显错误。

第三，与实定法规定不符。违法共犯论一再强调在处罚根据上，共犯与正犯之间应有所不同。但以教唆犯为例，依照《日本刑法典》第 61 条第 2 款的规定，教唆他人使之实施犯罪者，科以正犯之刑。为何教唆犯要与正犯处以相同刑罚呢？二者在违法性上真的具有本质不同吗？不禁值得怀疑。

第四，理论不具有统一性。与责任共犯论相同，违法共犯论也是针对教唆行为而提出来的，该理论不能妥当地适用于帮助行为。在帮助犯情形中，正犯者是自己对构成要件行为作出决定的，也就是说，不是通过帮助者才陷

---

[1] 陈家林：《外国刑法：基础理论与研究动向》，华中科技大学出版社 2013 年版，第 225 页。

于实施违法行为之中的。[1] 所以，违法共犯论者所构建的无论是制造了正犯的行为无价值还是侵害了对正犯人格的尊重，对于帮助犯的场合来说，都是无的放矢、力不从心的。

第五，从认为未遂的教唆具有可罚性上观之，违法共犯论者对行为无价值论理解上存在偏差。即便是行为无价值论也不会认为所谓的"无价值"全部是伦理的东西，不然就会导致违法判断的无节制性。然而违法判断的行为无价值当然要受到一定限制，限制的标准便是法益，即"刑法的行为无价值所指向的，是给法律所承认的价值造成侵害或者危险，导致符合构成要件的事态无价值。必须基于努力获得构成要件所确定的法益侵害或者危险，来说明其不法内容的根据"[2]。正所谓"法益侵害（结果无价值）只是在人的违法行为（行为无价值）当中，具有刑法上的意义"[3]。可见，同样是"行为无价值"，但在正犯和共犯中含义并不相同，前者是受法益制约的行为无价值，后者是意图实现正犯的行为无价值。因此，本书认为，未遂的教唆具有可罚性是有一定条件的，这取决于行为无价值中构成要件行为的性质，只有当共犯的行为无价值具有法益评价意义时，未遂的教唆才具有可罚性。

四、因果共犯论

前文对责任共犯论和违法共犯论均进行了批判，可以看到二者在个人责任原则和法益侵害的违法本质上不同程度地存在问题，显然批判的观点意图以个人责任原则和法益侵害理论为基础来构建共犯处罚根据的学说，这种观点逐渐形成了因果共犯论。该说同样主张从行为的违法性本质中寻找能够科学评价共犯处罚根据的理论依据，但其在否定违法共犯论基础上提出了不同的主张：一是在违法性上采取结果无价值论，认为共犯行为之所以具有刑事

---

〔1〕　参见［德］克劳斯·罗克辛：《德国刑法学总论》（第 2 卷），王世洲等译，法律出版社 2013 年版，第 103 页。

〔2〕　［日］振津隆行："不法中的结果无价值与行为无价值——关于违法及其阻却的一个考察（一）"，载《关西大学法学论集》第 26 卷第 1 号（昭和 51 年），第 185 页。转引自［日］高桥则夫：《共犯体系和共犯理论》，冯军、毛乃纯译，中国人民大学出版社 2010 年版，第 112 页。

〔3〕　［日］大义越久：《共犯的处罚根据》，青林书院新社 1981 年版，第 216 页。转引自黎宏：《日本刑法精义》，法律出版社 2008 年版，第 259 页。

可罚性是因为其与正犯行为共同惹起了法益侵害的结果。[1]二是克服了违法共犯论在承认"违法连带性"的同时又引入了"违法相对性",从而导致理论体系杂糅、混乱的问题,淡化了"违法连带性",强化了"违法相对性",通过各种途径将法益侵害结果与共犯行为建立联系。对此,德国学者吕德森(Lüdirssen)在阐述共犯自身的行为不法时指出:"应通过对刑法分则上的构成要件进行分析,来评判将某种构成要件要素应用于共犯者是否具有妥适性,特别要重视对该共犯者而言,某一构成要件上的法益是否在其保护的范围内。"[2]也就是说在考虑法益侵害的时候,务必考虑法益侵害的主体,对该主体而言所侵害的法益是否是受保护的。如甲教唆乙杀害自己,乙受嘱托实施了杀害行为但未遂,正犯虽然因嘱托杀人而可罚,但是教唆犯由于侵害的是自己的法益,并不为非法,自始不具有可罚性。[3]可见,该说在贯彻违法的"相对性"上比违法共犯论具有先天优势。三是克服了违法共犯论中法益概念伦理化、精神化、非人化等弊端,该说认为共犯与正犯侵害的法益具有同一性,须为刑法分则规定的具体犯罪所要保护的法益,如此一来便使得法益概念实质化、实体化、现实化,从而限制了共犯的处罚范围。在因果共犯论内部,根据不同学者对共犯是否具有违法的相对性,以及应在多大范围内承认这种相对性,具体又可以进一步区分为纯粹惹起说、修正惹起说和混合惹起说等不同的学说。

（一）纯粹惹起说

1. 纯粹惹起说的具体主张

纯粹惹起说又可以称为"独立性志向引起说",代表人物在德国有吕德森、施米德霍伊泽（Schmidhauser）、萨克斯（Sax）等学者,在日本有佐伯千仞、植田重正、中山研一、野村稔、山中敬一等学者。该说认为,刑法中不法的存在仅仅来自刑法分则中的构成要件,共犯不依赖正犯的构成行为,共犯的不法是脱离于正犯的,其自身具有固有的不法性,仅仅是对正犯行为造

---

〔1〕 参见马克昌:《比较刑法原理:外国刑法学总论》,武汉大学出版社 2002 年版,第 704 页。

〔2〕 刘凌梅:《帮助犯研究》,武汉大学出版社 2003 年版,第 32~33 页。

〔3〕 参见陈家林:《共同正犯研究》,武汉大学出版社 2004 年版,第 47 页。

成的法益侵害结果负责而已。[1]吕德森进一步认为："虽然共犯的可罚性需要依赖于正犯实施的行为，但该依赖性仅是纯事实层面的，共犯从属性以及以分则中犯罪构成要件为方向的教唆犯和帮助犯的结构以此方式被放弃。"[2]可见，该观点认为共犯与正犯在构成要件该当性、违法性及责任上都是相互独立的，共犯是否可罚只能从共犯角度判断其行为是否符合构成要件且违法，至于正犯行为的有无不是必备要件，而所谓的共犯从属性只要求共犯成立需要介入正犯的行为这一事实即可，也就是仅仅是一种"事实上的依赖"。

在日本，野村稔教授从教唆行为与帮助行为相区分的角度分别论述了二者的处罚根据。他认为，教唆犯是有计划地利用具有规范障碍者的行为，来实现自己的犯罪目的，所以也可以视为正犯的一种样态，特别是他结合日本刑法中对教唆犯与正犯规定相同的刑罚这一点来展开："以违法二元论为视角进行审视，教唆犯的行为违法性主要来自其行为本身，并且附加了被教唆者实施的正犯违法行为；教唆犯的结果违法性来自被教唆者造成的正犯结果，也就是侵害法益的结果。"[3]可见，野村稔教授采取二元行为无价值理论来分析问题，在他的理论体系中共犯的处罚根据在于共犯行为自身和与正犯法益侵害结果的关联，但共犯行为始终是主要的。对于帮助犯，野村稔教授认为帮助犯是在他人实现犯罪意思之际而介入的，在此过程中凡是对他人的犯罪实行行为起到促进作用使其更易于实施的行为都间接地危害到法益，因此，他对帮助犯的处罚根据问题采取了从抽象危险犯的角度进行考量。在他看来，帮助犯只是对正犯的"介入"，所以限制从属性对其来说是必要且恰当的。[4]在日本，还有众多学者从结果无价值论角度来支持纯粹惹起说，如佐伯千仞、山中敬一等，他们普遍认为正犯和共犯的处罚根据都是惹起了法益侵害，区别只是引起法益侵害的"方法的类型"不同。

---

〔1〕 参见［德］克劳斯·罗克辛：《德国刑法学总论》（第2卷），王世洲等译，法律出版社2013年版，第101页。

〔2〕 ［德］汉斯·海因里希·耶塞克、托马斯·魏根特：《德国刑法教科书》，徐久生译，中国法制出版社2017年版，第931页。

〔3〕 ［日］野村稔：《刑法总论》，全理其、何力译，法律出版社2001年版，第395页。

〔4〕 参见［日］野村稔：《刑法总论》，全理其、何力译，法律出版社2001年版，第396页。

2. 纯粹惹起说存在的问题

对纯粹惹起说的批判，首先是该说强调共犯固有的、独立于正犯的不法，这与关于共犯从属性的理论通说相冲突。一般认为，"正犯的不法决定着共犯的本质，共犯不法的本质要素须从正犯的不法中推导得出"[1]。如果单纯强调共犯行为的主导作用是十分偏激而不可取的。以本书拟讨论的主旨"中立帮助行为"相关理论中一个典型的例子来说明，甲经营销售各种刀具，其销售刀具的行为具有反复性、经营性等中立特征，一般不会引起刑法的评价。但当一个顾客买完菜刀后回家做饭而另一个顾客买完刀后去杀死了邻居，很显然，刑法只有在第二种情况下才会去评价卖刀行为，当符合特定条件时甲可能会构成犯罪。那么，为何同样的卖刀行为引起的法律后果差别如此悬殊呢？显而易见，这是由于两名顾客购买菜刀后实施的行为内容不同，置换到共犯场景下，不能仅从帮助一方行为角度去寻找帮助行为的处罚根据。正如陈子平教授一针见血地指出："唯由于极力摆脱从属性之教条，其后果有扩张可罚性之虞，以共犯从属性限制共犯成立范围而形成的法治国基础，可能因此而动摇。"[2]易言之，如果过度忽视正犯行为的实质意义而转向共犯独立性去阐释共犯处罚的根据，极容易导致刑法处罚范围的不当扩张。

其次，得出"无正犯的共犯"这一令人难以接受的结论，进而背离了因果共犯论的本来旨趣。按照纯粹惹起说的理论推演，必然承认无正犯的共犯这一结论，如甲为具有完全刑事责任能力的乙实施自杀行为提供帮助，但乙自杀未遂的场合，由于作为正犯的乙的行为缺乏不法性，甲也不应构成共犯，而如果认为此时甲仍然具有自身的不法性，"实际上将单独犯的理论适用于共犯之上，只能说是徒具共犯之名的单独犯而已"[3]。按照纯粹惹起说的逻辑，即便教唆或者帮助他人实施的行为属于正当防卫或者紧急避险，也会被认定为教唆犯或者帮助犯处理，明显是扩大了共犯的处罚范围。[4]此外，承认没有正犯的共犯也不符合德日刑法的规定，与《德国刑法典》第 26 条和第 27

---

〔1〕 [日] 高桥则夫：《共犯体系和共犯理论》，冯军、毛乃纯译，中国人民大学出版社 2010 年版，第 121 页。

〔2〕 陈子平：《刑法总论》，中国人民大学出版社 2009 年版，第 339 页。

〔3〕 杨金彪：《共犯的处罚根据》，中国人民公安大学出版社 2008 年版，第 64 页。

〔4〕 参见黎宏：《日本刑法精义》，法律出版社 2008 年版，第 261 页。

条第 1 款〔1〕及《日本刑法典》在第 61 条、第 62 条关于帮助犯和教唆犯的规定相违背。这也是该说受到广泛批评的一个重要原因。

最后，无法说明无身份的共犯介入身份犯的正犯行为的可罚性根据问题。依照纯粹惹起说，共犯与正犯不法具有独立性，共犯的不法来源于自身的行为性质，那么无身份者加功于有身份者的场合，理应得出该无身份者因欠缺违法性而不可罚的结论。但是在各国刑事立法及司法实践中，情况却恰恰相反。如《日本刑法典》和我国刑法中都有关于无身份者加功于有身份者的正犯行为，从而构成共同犯罪的规定。〔2〕可见，纯粹惹起说与德日等国家现行法规定相冲突，且法律规定反过来反映出正犯的特殊身份对于共犯违法性认定的重要意义，从而有力地否定了纯粹惹起说。鉴于此，该说的代表人物吕德森和施米德霍伊泽最终还是无奈地接受了无身份者在共同犯罪中的刑事可罚性。〔3〕

由于纯粹惹起说强调共犯行为自身的法益侵害性和固有的违法性，因此对"无共犯的正犯"持肯定态度，也就是认为正犯行为违法性对共犯不具有"连带效果"，即便正犯行为违法，也不能得出共犯行为因此而连带违法的结论。这种观点为限制中立帮助行为入罪、排除其中部分行为的可罚性提供了处罚根据上的理论支撑。因为在司法实践中出现的中立帮助场合，都是以存在正犯的不法和正犯的法益侵害事实为前提的，可见，纯粹惹起说在限定对中立帮助行为的处罚范围上具有一定价值。但是，由于该说存在上述诸多弊端，在刑法学界和实务界已经被摒弃，显然不能"因小失大"据此提倡该说，一言以蔽之，依然不能采纳该说来解决中立帮助行为的相关问题。

---

〔1〕《德国刑法典》第 26 条规定："故意教唆他人故意实施违法行为的是教唆犯。"第 27 条第 1 款规定："对他人故意实施的违法行为故意提供帮助的，是帮助犯。"参见徐久生译：《德国刑法典》，北京大学出版社 2019 年版，第 13 页。

〔2〕《日本刑法典》第 65 条规定："加功于因犯罪人身份而构成的犯罪行为者，虽无该身份，仍以共犯论。因身份致刑有轻重者，无身份之人科通常之刑。"参见陈子平等译：《日本刑法典》，元照出版公司 2016 年版，第 54 页。此外，我国刑法中虽然在总则部分没有如此规定，但在刑法分则中通过若干罪名的规定已经明确该规则。如《刑法》第 382 条第 3 款规定："与前两款所列人员勾结，伙同贪污的，以共犯论处。"即不具有国家工作人员身份的人与国家工作人员共谋、参与贪污行为的，同样构成贪污罪。

〔3〕参见［德］克劳斯·罗克辛：《德国刑法学总论》（第 2 卷），王世洲等译，法律出版社 2013 年版，第 102 页。

(二) 修正惹起说

修正惹起说是为了克服纯粹惹起说过分强调违法的相对性而走向极端的理论误区从而被提出来的,因此也被称为"修正的志向惹起说""从属性志向惹起说",该说目前是德国实务和判例的通说。该说认为,之所以对共犯进行处罚,根据在于共犯参与到具有法益侵害性的正犯行为当中,并与正犯行为共同造成了法益侵害的结果。所以,共犯不具有独立的违法性,正犯的不法是共犯不法的全部来源,易言之,共犯不法彻底地从属于正犯不法。德国著名学者耶赛克认为:"共犯者通过助言或者活动对正犯行为进行援助,或者通过事实性故意唤起正犯招致构成要件的违法行为,相当于其亲自有责地实施了犯罪。"[1]学者茅拉赫进一步指出:"共犯本身不具有独立存在的意义,其并不是独立的构成要件行为,只是单纯的关系概念而已,只有当其参与到他人正犯行为之中时才有意义。因此,正犯行为的不法是共犯不法的根源所在,对于正犯而言,共犯是构成要件上所形成的刑罚扩张事由。"[2]

修正惹起说将共犯的可罚根据从"共犯行为"转移到"正犯行为"上无疑是正确的,但是该说与纯粹惹起说相比,似乎从一个极端走向另一个极端,即过分强调违法的连带性并将其贯彻到底,忽视违法的相对性,否定在具体事由下有必要"因人而异"地进行违法性评价。因此,该说既否认"没有正犯的共犯"——理所当然,又否认"没有共犯的正犯"——饱受质疑。实际上,认为只要正犯行为违法,共犯行为也必然违法的观点,可能会导致共犯处罚范围过于宽泛。仍以嘱托杀人未遂为例,正犯实施受嘱托杀人行为构成违法,那么教唆犯也连带违法并因此受到处罚,这不仅在理论上说不通,在司法实践中也是绝不会出现的情况。另外,在片面对向犯问题上,该理论也显得"捉襟见肘",即在贩卖淫秽物品等案件中,买方的需求对于卖方积极实施违法行为起到了教唆、帮助等促进作用,但世界各国刑法均只处罚卖方而不处罚买方,这种立法和司法现象在修正违法说的理论体系内是无法自圆其

---

〔1〕 [日] 高桥则夫:《共犯体系和共犯理论》,冯军、毛乃纯译,中国人民大学出版社 2010 年版,第 122 页。

〔2〕 [日] 高桥则夫:《共犯体系和共犯理论》,冯军、毛乃纯译,中国人民大学出版社 2010 年版,第 122~123 页。

说的。

为此，一些日本学者对修正惹起说进行了进一步解释和改良，以使其能够扬长避短。曾根威彦教授认为，考虑到共犯只有通过参与正犯实施的法益侵害行为才能获得违法性，因而预想和正犯行为独立的违法性是困难的，但还是能够在一定限度内认可违法的相对性。他认为正犯和共犯是从对结果的因果性的强弱这种量的观点上来加以区分的。如在嘱托杀人未遂的案件中，针对杀人（未遂）行为而言，作为行为参与者的教唆人与作为行为对象的被害人是同一人，而从被害人承诺的原理来看，其具有决定自己利益的自由，正是由于此种特殊的因素存在，可以据此否定教唆行为的可罚的违法性（违法性的程度减少至不可罚的程度），在此范围之内，违法的连带性也被否定了。[1] 笔者注意到，并非只有日本学者关注违法量的问题，实际上在坚持违法连带性的同时，部分德国学者也认为共犯与正犯由于一些特殊的个人要素的影响而加重或者减轻违法量。如德国学者许乃曼认为："虽然共犯的不法来自于正犯行为，但从属性限制也不应过于绝对，对加重或减轻正犯行为不法的要素仍要加以个别考虑，也不应将从属性一以贯之到所有的参与者，因为改变不法性的要素是与个人密切相关的，只有自身具有此种要素的人才可以被加重、减轻处罚或不处罚。"[2] 因此，上述学者通过引入违法性程度的概念从而较为妥善地解决了修正惹起说坚持违法连带性同时对违法相对性过于忽视的问题。同样，大越义久教授也对修正惹起说进行了完善，包括两个方面：一方面，"对于作为不法本质的法益侵害或危险进行判断时，必须将法益侵害的结果或危险与行为主体作一体化考虑，而不能脱离法益主体进行片面判断。实际上，法益仅针对法益主体以外的人受保护，在共同犯罪中'法益侵害'的事实完全可能由于法益主体与部分行为主体一致被否定，也就是出现了违法相对性的情形。"[3] 另一方面，"虽然法益侵害说客观地考虑违法性问题，

---

〔1〕 参见［日］曾根威彦：《刑法の重要问题（总论）》，成文堂 1994 年版，第 294 页。转引自黎宏：《日本刑法精义》，法律出版社 2008 年版，第 263 页。

〔2〕 许乃曼：《法学》，1980 年，第 356 页以下。转引自［德］汉斯·海因里希·耶塞克、托马斯·魏根特：《德国刑法教科书》，徐久生译，中国法制出版社 2017 年版，第 891 页。

〔3〕 ［日］大越义久：《共犯论再考》，日本成文堂 1989 年版，第 52~54 页。转引自张伟：《帮助犯研究》，中国政法大学出版社 2012 年版，第 41 页。

但是也存在行为人主观要素关系到侵害危险判断的情况。因此，当行为人的认识对行为的危险判断产生影响的时候，也可能出现违法的相对性"[1]。可见，大越义久教授分别从主体和主观两个方面提出了违法连带性的例外情况，通过原则与例外双层次判断的方式维护了修正惹起说的适当性。

修正惹起说在我国拥有一定的支持者，如黎宏教授、钱叶六教授等，由于该说坚持违法的连带性而否认违法的相对性，因此理论上的自然归结便是：只要存在正犯的不法，共犯也必然违法，虽然经过一些学者的进一步修正，但只是在极其例外下才承认违法的相对性，原则上对违法的相对性予以否认。因此，就中立帮助行为的处罚问题而言，若采纳该说基本上无中立帮助行为出罪的空间，也就不能奢求修正惹起说能够为中立帮助行为处罚等相关问题提供有效解决途径。

（三）混合惹起说

混合惹起说也叫"折衷惹起说"，是对前文所述纯粹惹起说和修正惹起说中关于共犯处罚的根据问题进行辩证融合的一种主张，即认为"共犯的处罚根据既来自其行为自身又来自正犯行为。具体而言，共犯的不法来自两部分：一是共犯行为独立的、固有的法益侵害性，二是从属于正犯行为的法益侵害性"[2]。混合惹起说是目前德国刑法理论界的通说，持该说的代表性人物包括罗克辛、萨姆森（Samson）、赫茨贝克（Herzberg）等，日本刑法学者中大谷实、大塚仁、山口厚、前田雅英、松宫孝明、高桥则夫等人也是该说的支持者。

在德国，罗克辛教授认为："共犯的不法，一部分是从正犯的不法行为中引导出来的，另一部分独立于正犯的不法。从其从属性方面看，是从正犯的不法中引导出来的：正犯人所实施的故意的不法，也会归责于这个共同发挥作用的参加人。从其独立性方面看，当正犯构成要件行为是对参加人的法益

---

〔1〕 ［日］大越义久：《共犯的处罚根据》，日本成文堂 1981 年版，第 230~260 页。转引自刘雪梅：《共犯中止研究》，中国人民公安大学出版社 2011 年 2 月版，第 75~76 页。

〔2〕 ［日］高桥则夫：《规范论和刑法解释》，戴波、李世阳译，中国人民大学出版社 2011 年版，第 149 页。

侵害时，共犯不法具有独立性。"〔1〕可见，罗克辛教授将共犯的不法根据概括为部分来自正犯的不法，部分来自共犯行为对法益的侵害，同时认为共犯只有在侵害了对其而言应当受保护的法益时才成立，他还在其著作中列举了一些虽然正犯违法但是共犯却不被评价为违法的因素，比如被害人是法益的主体、被害人自我创设了法所不容许的风险等情况。学者萨姆森在肯定共犯自身的不法性后，对其从属于正犯的不法提出了限制，他认为"共犯不仅要惹起正犯行为还要通过正犯行为惹起法益侵害，因此，在凡是正犯行为所侵犯的法益不可能由共犯者来侵犯的场合，就不能处罚共犯"〔2〕。综上，罗克辛和萨姆森都主张共犯不法是由其自身固有的、独立的法益侵害和从属于正犯的不法要素共同组成的，并且在二人的理论中，从属性要素和法益侵害二者是同样重要的，只不过判断逻辑顺序上是一种先行后续的关系。

在日本，大谷实教授认为："犯罪的本质是法益侵害，因此，所有犯罪的处罚依据都可以从法益侵害上找到。正犯的处罚根据在于，通过自身的实行行为来引起法益侵害或危险；但从构成要件角度来看，共犯则有所不同，其处罚根据在于通过正犯行为间接地引起法益侵害的发生。"〔3〕可见，大谷实教授认为共犯的处罚根据虽然来自其造成了法益侵害或危险，但这种结果并不单纯是事实层面的，也就是说，所造成法益侵害或者危险必须以分则规定的构成要件为限，共犯只有通过正犯行为造成法益侵害或者危险才是其处罚的真正根据，显然这就是混合惹起说的主张。对此，西田典之教授更加言简意赅地指出："共犯并非只要惹起了法益侵害就具有违法性，还应满足构成要件该当性。释言之，共犯的处罚根据在于行为满足了构成要件。"〔4〕

一般认为，混合惹起说较为适当，〔5〕在具体问题的解决上，该说既否定

---

〔1〕　［德］克劳斯·罗克辛：《德国刑法学总论》（第2卷），王世洲等译，法律出版社2013年版，第101页。

〔2〕　Samson, a. a. O. , Rdn. 18. 转引自［日］高桥则夫：《共犯体系和共犯理论》，冯军、毛乃纯译，中国人民大学出版社2010年版，第77页。

〔3〕　［日］大谷实：《刑法讲义总论》，黎宏译，中国人民大学出版社2008年版，第364～365页。

〔4〕　［日］西田典之：《日本刑法总论》，王昭武、刘明祥译，法律出版社2013年版，第303～304页。

〔5〕　混合惹起说相比其他学说在我国刑法学界更受欢迎，张明楷、周光权、陈家林、刘凌梅、陈洪兵等学者更倾向于此说；而黎宏教授、钱叶六教授更倾向于修正惹起说。

"没有正犯的共犯"，这是坚持违法连带性和共犯从属性的必然理论归结，又有条件地承认"没有共犯的正犯"，也就是允许特殊情况下共犯不法具有独立性，比如共犯的行为没有惹起符合构成要件的结果或者正犯行为侵害的法益对共犯而言不在其保护范围内，这时就可以否定共犯从属于正犯的不法。当然，对于混合惹起说，也存在一定批判：一是，混合惹起说在共犯的违法性判断上采取双重标准，在正犯违法的前提下进一步地判断共犯是否惹起了违法结果。这样就无异于从违法结果上将共同犯罪的事实分为两部分，这与共同犯罪人之间互相协作、共动的特征不符，也与共犯人之间责任分配原理不符。二是，混合惹起说在承认"没有共犯的正犯"问题上，理由值得商榷。所谓"某种法益对共犯而言不受保护"的具体情形往往是共犯人不具有期待可能性，比如教唆他人包庇自己的行为所侵犯的司法秩序对于本犯而言，或者受嘱托杀人未遂者侵犯的他人生命健康法益对于嘱托者而言，这些情况均是因欠缺责任要件而不是因不违法才不受处罚，该说具有混淆违法与责任之嫌。[1]

混合惹起说部分承认违法的相对性，根据其理论可以得出即便存在正犯违法，在特殊情况下也可能否定共犯违法的情形，这对于相对合理地处罚中立帮助行为具有重要意义。中立帮助作为刑罚扩张事由的帮助行为的下位概念，对其限制处罚是理论上必然的结论，只不过我们需要寻找恰当的具有说服力的理论支撑。由此可见，混合惹起说为司法实践中合理处罚中立帮助行为提供了理论依据。[2]

五、关于帮助行为处罚根据的再思考

在共犯的处罚根据上，笔者支持混合惹起说。对于前述质疑，笔者认为：第一，共同犯罪在形态上有别于个人犯罪成为一个有机整体，但是并不代表共同犯罪人内部在违法性大小和责任承担范围上不能有所区别，混合惹起说并不是采取双重标准，而是一种复合的评价体系，这是不同的概念，也更加全面客观。第二，该说在解释为何承认"无共犯的正犯"现象时所采取的进

---

〔1〕 参见钱叶六：《共犯论的基础及其展开》，中国政法大学出版社 2014 年版，第 107~108 页。

〔2〕 参见 ［日］照沼亮介："共犯の処罰根拠論と中立の行為による帮助"，载《神山敏雄先生古稀祝贺论文集第一卷》，成文堂 2006 年版，第 573 页以下。转引自陈洪兵：《中立行为的帮助》，法律出版社 2010 年版，第 45~46 页。

路并不是如修正惹起说那样在主张违法连带性同时又承认违法的相对性，而是自始坚持违法的连带性，并通过法益的实质判断去修正违法的连带性，在此语境下法益的衡量标准是客观的而不是责任范畴主观的东西，在衡量过程中分则构成要件是唯一标准，而构成要件是违法的类型，如果共犯的行为不可能在构成要件内实现，就表明共犯行为不具有违法性或者具有违法阻却事由。至于批评者指出有关情形为欠缺期待可能性，乃责任阻却事由的问题。笔者认为，共犯不具有违法性是因为分则构成要件并未将特定共犯人规定为犯罪主体甚至明确予以排除，这是违法层面的要素欠缺，至于为何将特定共犯人排除在犯罪主体以外，并不影响对共犯的处罚。

此外，笔者还需指出，混合惹起说与前文介绍的经过进一步修正后的修正惹起说并不相同。第一，从法益侵害和从属性的关系上看，混合惹起说将二者视为共犯处罚根据的两个同等重要的部分，二者处于同一位阶，违法性是正向判断标准，而法益侵害性是反向排除标准，是对前者确定违法范围的限定，从而合理确定共犯的处罚范围；而在修正后的修正惹起说中，从属性是绝对的，只不过存在一些包括侵害自己法益在内的例外情况，这些例外情况在地位上无法与从属性相提并论。第二，从正犯与共犯在违法性的关系上看，混合惹起说完全坚持违法的连带性，即便是在承认存在"没有共犯的正犯"的情况下，也是通过分则构成要件的限定功能来排除不可罚的共犯人，但始终未因此认可违法具有相对性；而修正后的修正惹起说则部分承认违法的相对性。第三，在对共犯可罚性的具体判断方法上，混合惹起说中从属性和法益侵害性是双向一体的判断模式，其中通过构成要件衡量是否存在被保护法益问题是必备的审视环节；而修正后的修正违法说中"不受保护的法益"只是一种例外情形，并不是逐案必须进行的必要考量，只需要个别判断即可。因此，混合惹起说与经日本学者修正后的修正惹起说之间还是存在显著差别的。

在帮助犯的处罚根据上，责任共犯论和违法共犯论由于承认责任或者不法的连带性，说明中立帮助行为的可罚性存在障碍。而纯粹惹起说，强调共犯固有的不法，虽然在正犯违法的前提下，排除中立帮助行为的可罚性不存在理论上的障碍，但由于纯粹惹起说完全否定共犯不法的从属性，而被多数学者所反对，所以也不能奢求纯粹惹起说能为确定中立帮助行为的可罚性提供理论支撑。修正惹起说，由于承认绝对的违法的连带性，否定违法的相对性，在中立帮助行为的场合，由于以正犯不法的存在为前提，因而适用修正惹起说确定中立帮助行为的可罚性存在难以克服的理论障碍。相对于前两者而言，混合惹起说既肯定共犯违法从属性一面，否认"没有正犯的共犯"；又承认共犯不法独立性的一面，承认"没有共犯的正犯"，该说始终坚持法益侵害的基本立场和从属性这一共犯的本质，维护了构成要件的法治国功能，恪守了罪刑法定主义，虽然在具体主张上并不尽善尽美，因而在中立帮助行为的问题上，即便存在正犯的不法这一前提，仍有否定共犯独立不法的余地，因此在具体问题解决上相对而言最为适当。由此，混合惹起说能够为确定中立帮助行为的可罚性提供有力的理论支撑。

在我国刑法中，帮助行为通常被作为修正犯罪构成下的行为，这与我国一般以形式标准来区分实行行为与共犯行为直接相关，但从某种意义上说，这种认识也使得我国刑法学界对帮助行为的处罚根据不作深入思考，只是停留在其修正地满足了构成要件因而具有违法性和可罚性上，但是并不能从根本上说明帮助行为受到处罚的根据。应当说，共犯处罚根据问题不仅仅是一种学理溯源，在本书中还具有重要地位，因为作为刑罚扩张处罚事由的帮助行为犯，其处罚范围应当受到限制，那么中立帮助行为作为其中极为特殊的一种帮助行为类型，在处罚上更应当慎重，对其处罚应有充分合理的根据。结合前文分析，笔者认为，应当坚持二元的行为无价值立场，以共犯处罚根据中"混合惹起说"为根基，采用实质解释的方法，对中立帮助行为通过正犯的实行行为间接地侵害或者威胁法益及自身所具有的不法性进行说明。概言之，一是有必要采取限制从属性说，二是在成立条件上既需要存在不法的正犯行为又需要与法益侵害结果之间存在因果关系。这些结论都体现在后文具体问题的分析之中。

第二节　中立帮助行为的归责依据

虽为一种特殊的帮助行为类型，中立帮助行为所具有的日常性、业务性等特征使得其在可罚性判定问题上体现出不同于传统帮助行为之处，但作为共犯参与行为的本质内核仍是其无法改变的显性基因。因此，在以共犯处罚根据理论为基础和评价标准的情况下，结合对中立帮助行为限制处罚的政策框架，刑法理论上形成了形形色色的中立帮助行为归责理论，从限制处罚的方法上来看，整体上可以分为主观说、客观说和折衷说三大类别。接下来，本书分别对此三类限制处罚的归责理论中各种代表性观点进行阐述和评析。

一、主观说

主观说是德国最早产生的用来限制处罚中立帮助行为的一种学说，之所以从主观方面进行限制，主要是考虑到中立帮助行为在客观上对犯罪起到了促进作用，与危害结果之间存在客观的因果关系。因此，如果从客观上寻求限制的途径似乎属于"狭路相逢"，难以实现限制处罚之目的，转而求助于主观方面，即将行为人的主观方面与中立帮助行为的可罚性建立联系。主观说可以进一步区分为未必故意否定说和犯罪促进意思说。

（一）未必故意否定说

德国学者基特卡（Kitka）在提出中立帮助行为这一刑法问题时便认为，中立帮助行为的行为人主观上若不具有确定的帮助故意，该行为便应从可罚的帮助范围中予以排除，也就是认为基于未必的故意下实施的中立帮助行为不具有可罚性，不能成为可罚的帮助。该说得到了部分德国学者的认可，有学者结合司法实践中的案例进一步分析认为，商品销售者只有在确切知道消费者购买商品用于犯罪时才可能构成帮助犯。如在武器销售商将武器销售给形迹可疑的顾客时，由于购买该武器并不必然实施犯罪行为，也可以实施其他适法行为，销售商未必确实知道对方的犯罪目的，因此不能成立顾客实施的故意犯罪的帮助犯。之所以得出这样的结论，也是考虑到不应过分使商品销售者在销售商品前承担确认购买者是否意图实施犯罪、是否值得"信赖"的审核义务，在商品销售者不具有确定故意的情况下，为保证有关行业的发展，根据"信赖原则"应赋予商品销售者"信赖利益"。

（二）犯罪促进意思说

犯罪促进意思说是从帮助犯成立的主观条件角度进行分析的，结合故意包括认识因素和意志因素两个方面的内容，认为具有业务正当性的行为若成立帮助犯，行为人在主观方面不仅要具有确定的认识，还应具有犯罪促进意思，也就是具有通过自己的援助行为促进正犯行为进而实现犯罪结果的主观意图。该说是德国判例所采纳的标准，其主要是考虑到，中立帮助行为无论是在日常生活中还是在职业、业务等场合，由于具有正当性，即便认识到自己的行为会被他人利用，但只要不是在主观上积极促进对方的正犯行为并期待犯罪结果出现，就不具有可罚性，不应被作为帮助犯来处罚。从结构上看，犯罪促进意思说在主观构成要件上比未必故意否定说要求更高，不限于故意的认识因素，而是扩展到意志因素；从内容上看，犯罪促进意思是典型的双重故意，即不仅要求具有帮助的故意，还要具有通过自己的行为促进正犯犯罪意图实现的故意。需要说明的是，以促进意思的有无来划定中立帮助行为的处罚范围是德国帝国法院的主张，但并没有被德国联邦法院所继承。德国联邦法院虽然也采纳了考虑中立行为实施者主观方面的标准，但在判断方法上并不要求有促进的意思，而是同时考虑客观面和主观面，以及中立帮助行为是否具有同犯罪的关联意义为标准，[1]属于后文阐述的折衷说中的一种。

（三）主观说的弊端

第一，主观说由于对行为人主观方面提出了诸多要求，能够严格界分罪与非罪，但如此一来，便难以区分中立帮助行为与共谋帮助行为的界限。[2]特别是，中立帮助行为实施者在主观上很少具有明确的犯罪促进意思，否则该行为便不再具有"中立性"，也就是说该标准可以用来辨别帮助行为的罪与非罪，但不适用于界定中立帮助行为的罪与非罪。

第二，我国学界对罗克辛教授提出的确定故意和未必故意的划分一直存在诟病，认为我国刑法是否适合直接移植"信赖原则"这一理论尚值得研究。更重要的是，"确定的故意和未必的故意"在该理论中是被作为结论直接提出的，二者的区分标准并不明确，在此情况下，将其作为区分帮助者承担不同

---

〔1〕 参见〔日〕曲田统："日常的行为与从犯——以德国的议论为素材"，载《法学新报》第111卷第2、3号，第149、152页。转引自陈家林：《外国刑法理论的思潮与流变》，中国人民公安大学出版社、群众出版社2017年版，第619页。

〔2〕 参见李永升、张楚："网络中立帮助行为的刑法规制"，载赵秉志主编：《刑法论丛》（第1卷），法律出版社2018年版，第301页。

法律后果的依据，显然难以胜任。[1]也就是说，该说提出的是否处罚中立帮助行为的标准还需要引入另一标准来进一步界定，不仅操作起来繁缛复杂，也容易坠入"心情刑法"的窠臼。

第三，从主观要件与客观要件的关系上看，"该说还没有确定行为是否具备全部客观构成要件的情况下，而过早地从主观构成要件角度加以否定，这会导致循环论证的情况，即正常情况下应先从客观层面评价行为是否对正犯行为起到促进作用，尔后再从主观层面判断行为人是否具有认识或预见，而不是反过来——从主观推定客观存在与否。"[2]实际上，主观说观点的理论前提是：认为所有的中立帮助行为客观上都具有社会危害性，这种社会危害性要么来自其自身，要么是因为对正犯行为的知情而连带获得的，因此既然这些行为在客观上根本不具有"中立性"，那么是否需要处罚，就只需要考察中立帮助行为人主观方面即可，而无须考察其客观方面。很显然，这种认定逻辑是异常危险的。

第四，根据主观说的观点，只有行为人主观上属于"明确知道"时其帮助行为才具有可罚性，而当其主观认识上"不知道"时便不具有可罚性。但结合刑法理论和司法实践可知，行为人主观认识还包括"可能知道"和"应当知道"两种情况，前者是介于"明确知道"与"不知道"之间的一种状态，而后者是司法认定上推定的状态。也就是说，德国刑法中的主观说仅从事实层面来界定中立帮助行为的可罚性问题，却未考虑规范层面的主观认识状态对可罚性的影响。例如，虽然难以证实手机 APP 的运营商具有希望手机用户利用该 APP 实施犯罪的确定故意，但是从手机用户对该 APP 的知悉程度和使用方式上我们可以反推，该运营商对该 APP 被用于犯罪是"明知"的，其也不能以"不知道"或"技术中立"等理由来进行抗辩。

第五，过早地关注主观方面，可能会导致司法认定中忽视中立帮助行为的

---

[1] 参见刘艳红："网络中立帮助行为可罚性的流变及批判——以德日的理论和实务为比较基准"，载《法学评论》2016 年第 5 期。

[2] 陈洪兵：《中立行为的帮助》，法律出版社 2010 年版，第 76 页。

客观属性，将本来正当的行为引起具有反价值的意图视为反价值的行为，[1]即按照帮助犯处理，这与"刑法处罚的是行为而不是行为人"的基本立场相矛盾。如前所述，根据共犯处罚根据的因果共犯理论，共犯违法具有一定的相对性，应充分考虑共犯的独立违法性，特别是在中立帮助行为的场合，正是由于其具有"日常性""业务性"等特点，更应慎重评判其在客观上是否起到实质的帮助作用。但采取主观说的认定逻辑，无形中推定或默认了中立帮助行为在客观上无疑具有帮助作用，因而仅需考察行为人主观上是否具有故意即可。但不可忽视的是，刑法中危害行为必须是具有一定重要意义且制造了规范所禁止风险的行为，然而中立的业务行为在大多数场合下并不符合这一要求，不存在客观归责的基础。在行为并未制造规范所禁止的危险时，根本就不需要审查行为人是否具有主观故意，更不能因为行为人主观上有认识而"倒因为果"地认为其具有客观不法性[2]。

二、客观说

主观说从行为人的主观方面进行限制，重点考察对正犯行为是否存在确定的故意及是否具有犯罪促进意思，但是该学说存在上述诸多弊端，无法产生实际效果，而备受质疑。在德日刑法学界，客观说便应运而生，其主张应从帮助犯的客观构成要件出发来探寻对中立帮助行为限制处罚的理论依据。根据犯罪构成理论可知，客观构成要件无外乎"行为"与"结果"两个方面，考察各种客观说的理论，可以发现该说也是沿着"行为"与"结果"两个并行的逻辑展开的："一是致力于从帮助行为这一要件进行可罚性限制，如社会相当性说、利益衡量说等；二是致力于从中立帮助行为与正犯行为及其结果之间的因果关系角度进行限制，如假定的代替原因考虑说、客观归责论等。"[3]

---

〔1〕 参见［日］松生光正："由中立的行为所进行的帮助（一）"，载《姬路法学》1999年第27、28合并号。转引自陈家林：《外国刑法理论的思潮与流变》，中国人民公安大学出版社、群众出版社2017年版，第620页。

〔2〕 参见周光权："中性业务活动与帮助犯的限定——以林小青被控诈骗、敲诈勒索案为切入点"，载《比较法研究》2019年第5期。

〔3〕 参见［日］山中敬一："中立的行为による帮助的可罚性"，载《关西大学法学论集》56卷1号（2006），第72页。转引自陈洪兵：《中立行为的帮助》，法律出版社2010年版，第78页。

近年来，通过客观归责理论来对中立帮助行为可罚性进行限制的主张逐渐成为一种主流学说。

（一）社会相当性说

社会相当性理论是由德国著名学者威尔策尔（Welzel）于 1939 年在"社会体系的研究"一文中首创，"是指对于某些在通常情形下本属于违法的法益侵害或危险行为，只要该行为符合历史形成的国民共同体的秩序而与社会生活相当，就应否定该行为违法性的理论。"[1]。因此，在中立帮助行为是否具有刑事可罚性的判断上，该说主张从行为本身是否符合社会相当性或者行为是否严重脱逸了社会相当性的角度来评价，以实现对中立帮助行为的刑事责任进行合理限制的目的。虽然对社会相当性判断应被置于构成要件层面还是违法性层面存在争议，但是其作为一种实质性判断标准，从行为不法角度起到了限制刑罚处罚范围的作用，对划定中立帮助行为刑事责任范围具有重要意义，即凡是具有社会相当性的行为均不属于刑事违法行为，只有那些严重脱逸了社会相当性的行为才有必要受到刑罚处罚。

至于何为社会相当性，什么样的行为属于严重脱逸社会相当性的问题，不同学者又提出不同的见解。如德国学者菲利波夫斯基（Philipowski）在讨论银行职员知道对方具有逃税的意图仍然为其办理开设账户的业务行为是否构成逃税罪的帮助犯这一案例时，认为所谓社会相当性的标准应从"国家的法规范"及"谨慎诚实的参与者之间所形成的共同准则"两个方面来提炼确定。所以，上述案例中的银行职员的业务行为只要遵守了国家法律规范和业务规则就具有社会相当性，不具有违法性。据此，菲利波夫斯基提出社会相当性的判断标准：一是国家法律规范；二是共同的行为准则。

学者韦塞尔斯与博伊尔克（Wessels and Beulke）提出了日常行为样态的标准，他认为一个人的职业会框定日常的行为样态，只要行为没有超出通常的日常行为样态，就属于社会相当性范畴，而被排除在违法性之外。如面包店的员工将面包卖予意图实施侵入他人住宅的人，由于符合其日常行为样态，否定帮助犯的成立。

---

〔1〕　于改之："社会相当性理论的体系地位及其在我国的适用"，载《比较法研究》2007 年第 5 期。

学界还有很多学者针对社会相当性提出了不同的标准，如有人认为应以行为是否制造或者增加了不被法所容许的危险为标准，还有人认为需要衡量中立帮助行为是否属于社会上通常的行为方式进行援助，如果以社会一般所承认的方式行事便属于社会相当行为。很显然，通过上述观点阐述，社会相当性说存在的不足也显而易见了，正如雅各布斯教授等批评者指出：社会相当性基本上是一个徒具形式却无实质的标准，如果孤立地看，在危害结果已经现实发生的情况下，一些被认定为不具有社会相当性的场合，大多数却都是具有相当性的[1]。换句话说，社会相当性概念过于模糊而又过于宽泛，无法为中立帮助行为的罪与非罪提供明确的区分标准。"采纳社会相当性标准去划定行为可罚性的范围，可能会使刑法丧失安定性，容易导致对该标准的任意解释与适用。"[2]

笔者认为，社会相当性理论具有重要的价值引导意义，是保持刑法适用正当性的重要价值理念。尽管其过于模糊和不明确，但深深根植于社会公众的正义价值观和朴素的法感情之中，如并不具有专业法律知识的社会群众对待像赵某华非法持枪案、王某军非法经营案等争议案件时往往提出正确的主张，其中便暗含了社会相当性的因素。正如有学者指出，尽管相当性概念被认为过于宽泛模糊，没有进一步明确其标准，但该理论所创设的因具有社会相当性而阻却行为不法的核心却是正确的。因此，社会相当性理论犹如一颗尚未加工的裸钻，需要由理论界和实务界继续深化发展。对此，于改之教授也指出，由于社会相当性理论的内容及其判断标准具有变易性，因此必须以法益侵害（行为具有法益侵害或威胁）与规范违反（行为具有规范违反性）为必要来限定该理论中所谓的健全的国民承认的社会通念。[3]

（二）职业相当性说

德国学者哈塞默（Hassemer）为了克服社会相当性理论标准过于模糊的

---

〔1〕 参见何庆仁："溯责禁止理论的源流与发展"，载《环球法律评论》2012 年第 2 期。

〔2〕 [日] 松生光正："由中立的行为所进行的帮助（一）"，载《姬路法学》1999 年第 27、28 合并号。转引自陈家林：《外国刑法理论的思潮与流变》，中国人民公安大学出版社、群众出版社 2017 年版，第 621 页。

〔3〕 参见于改之："我国当前刑事立法中的犯罪化与非犯罪化——严重脱逸社会相当性理论之提倡"，载《法学家》2007 年第 4 期。

问题，在此基础上进一步提出了职业相当性说。他认为：第一，社会相当性说中的"规范、规则、规范领域及规范限制"等概念之所以过于抽象是因为仅从"社会的"概念入手进行具体化，但社会生活领域本身并不存在具有普遍适用效力的规范，只有根据具体的行为性质、具体的行业领域、具体的组织体才会产生"社会的规范"，因此，应当根据职业类别来具体判断某中立帮助行为是否具有相当性；第二，某种职业只要是为了实现国家和社会所承认的任务，并且公示了行为规范，那么这种公示了的职业规则就是刑法规则的补充、延长和具体化，依照该规则所实施的职业行为即便侵害了法益，也不构成犯罪；〔1〕第三，他进一步强调职务规范与刑法的禁止规范并不矛盾，不过是关涉特定的社会领域罢了。

整体上看，职业相当性说并没有摆脱社会相当性说的逻辑，因而同样也具有标准模糊不清的缺陷，到底某一领域的职业规范是什么？什么样的行为属于遵守职业规范，什么样的行为又属于超出职业规范呢？这些问题同样令人费解。另外，笔者认为该说还存在以下问题：第一，职业规范并不能等同于刑法规范，二者之间的一致性也不是绝对的。从职业规范制定的目的来看，并不是为了将刑法规范具体化，规范目的不同必然决定二者内容和价值追求的不一致性，所以即便二者在某一时期或者某一范畴内可能会一致，但绝不会完全相同，刑法规范是衡量职业规范是否适当的依据而不能反过来，因此以职业规范代替刑法规范显然不可取。第二，职业规范的适用范围有限，不能完全适用于中立帮助行为的任何情形，如甲明知债主向自己讨债的目的是为实施犯罪筹措资金却仍旧归还债务的，这一民事债务领域的中立帮助行为很难说还需要遵守某一职业规范。第三，职业相当性说无形中赋予一定职业群体免责特权，同样是为盗窃行为的正犯甲提供螺丝刀，如果是商品销售者以合理价格出售，便认为符合职业规范，具有职业相当性而不可罚；但如果是甲的邻居乙向其出借，便具有可罚性。〔2〕如此看来，采用职业相当性理论，意味着对职业上的行为进行特殊对待，违反了刑法上的平等原则。第四，应

---

〔1〕　参见〔日〕曲田统："日常的行为与从犯——以德国的议论为素材"，载《法学新报》第111卷第2、3号。转引自陈家林：《外国刑法理论的思潮与流变》，中国人民公安大学出版社、群众出版社2017年版，第621页。

〔2〕　参见郭玮："中立的帮助行为司法犯罪化的标准探讨"，载《西部法学评论》2018年第1期。

当看到，职业相当性说只是在现象层面提出了对中立帮助行为的限制标准，尚没有触及中立帮助行为出罪的实质根据。况且，从犯罪本质上看，社会相当性也好、职业相当性也罢，都是一元行为无价值论的理论延伸，其将评价焦点过于集中在行为是否符合行为规范，而忽视了对行为造成的法益侵害及危险的考察。[1]

（三）利益衡量说

利益衡量说主张从利益衡量的角度对中立帮助行为进行限制。该说内部根据不同的衡量标准又存在不同的观点。

1. 立法论上的利益衡量说。德国学者罗兰德·黑芬德尔认为："应从立法论的角度以利益衡量的视角来考虑如何对帮助犯的客观构成要件加以限制解释，进而限制中立帮助行为的处罚范围。"[2]具体而言，就是将中立帮助者的行为自由与被害人的法益保护之间进行比较衡量，尽量寻求一个合适的平衡点[3]。在具体的利益衡量过程中，如果正犯行为的性质越严重其无价值性越大，基于对被害人法益的保护，对为正犯提供帮助的人的行为限制就应越严格，也就是越容易入罪。相反，如果正犯行为性质较轻，考虑到其无价值性较小，即便存在帮助者也应该认为属于正犯者故意行为导致的自我答责的领域，但如果帮助者与正犯存在犯罪通谋、帮助者对被侵害的法益具有专门或特别的注意义务，以及某种法益特别重要需要格外保护时，为了特殊保护法益，对帮助者科以刑罚也被认为是合理的。如《德国刑法典》第138条规定的"知情不举罪"和第323条c规定的"怠于救助罪"，[4]均是通过刑法明文规定的方式，明确了在特别重大犯罪发生的场合不履行举报义务及在重大事故或公共危险发生时不履行救助义务的行为构成犯罪，实际上体现的就是基于利益衡量原则对义务主体不作为的行动自由作出的严格

---

〔1〕 参见朱勇："帮助行为的处罚根据与中立帮助行为的处罚控制"，载《中国政法大学学报》2019年第3期。

〔2〕 陈家林：《外国刑法理论的思潮与流变》，中国人民公安大学出版社、群众出版社2017年版，第622页。

〔3〕 参见陈洪兵："论技术中立行为的犯罪边界"，载《南通大学学报》（社会科学版）2019年第1期。

〔4〕 参见徐久生译：《德国刑法典》，北京大学出版社2019年版，第112~113页、第227页。

限制。

　　学界对该说的评价，主要是认为划分行为自由与法益保护之间界限的基准过于模糊，在实践中难以操作。笔者进一步提出以下质疑主张：第一，该说据以进行衡量的双方利益难以准确认定，在利益衡量过程中实际上存在具体和整体两个维度，两个维度的不同比较及交叉衡量得出的结论也不尽相同，势必影响法的安定性和个案正义实现。如在商店经营者向杀人犯销售菜刀的案件中，如果在具体利益维度看，我们要在中立帮助者销售行为自由与被害人生命法益之间进行衡量；而从整体利益维度看，我们又要在市场经营自由与法秩序之间进行衡量，可见，由于同一主体所反映出来的法益具有"横看成岭侧成峰"的属性，该说得出的结果也将无所适从。第二，严格意义来说，利益衡量在方法论上不具有可行性。实际上，除非将各种利益能够彻底同质化并且量化，否则很难想当然地评判哪种利益具有更优越性[1]。而如果简单地将利益进行类型化后进行衡量，就意味着利益衡量过程不需要考虑案件事实，演变为单纯的法益类型之间的比较，这种机械化的比较不足以保证实质的正义，但反过来，如果通过吸纳案件事实再进行比较，往往又会出现比较衡量的恣意性问题。第三，利益衡量说在共犯处罚根据理论上反映出过于强调共犯违法连带性的倾向，利益衡量的双方实际上是正犯行为的法益侵害性与被侵害利益，而不是将中立帮助行为背后所体现出的"市场交易、行业经营和日常生活的行为自由利益"与被害人法益进行权衡，也就是将帮助行为可罚性寄托于正犯身上。

　　2. 比例性原则。德国学者勒韦·克拉尔（Löwe-Krahl）为了克服社会相当性概念的不明确性而提出了比例性原则，通过对国家干预的容许性的限度加以考量的方式来对中立帮助行为的可罚性进行限制。[2]比例原则的主要意旨在于强调国家公权力对个人私权利的干预必须适度，即国家公权力既不能为了实现目的而过于积极或不择手段，也不允许国家公权力怠于对个人权利

---

〔1〕　参见徐成："防卫限度判断中的利益衡量"，载《法学研究》2019 年第 3 期。

〔2〕　比例原则包括三个要素：第一，适当性，即所投入的手段对于所要达成的目的来说是否适当；第二，必要性，即应选择能达到同样目的的所有手段中个人负担最轻的一种手段；第三，相当性，即行为本身所追求的目的效果与实施这种行为可能造成的个人或社会的侵害相对立，两者应处于理性的关系。

保护，以便从根本上真正贯彻宪法限制权力、保障人权的核心精神。[1]因此，在中立帮助行为可罚性的讨论中，国家权力的介入是否符合比例，评价的对照物当然是对正犯进行援助行为的违法的"质"与"量"，以银行职员为实施逃税的犯罪人开设银行账户案件为例，银行职员的业务行为是否具有违法的"质"以及达到应受处罚的"量"，至少需要考察其是否事先明知犯罪人的犯罪计划、是否在正常履职情况下很容易识破该犯罪计划、在特定情形下其是否具有拒不办理业务的可能性，以及该行为对于危害后果的发生所起到的实际作用等，从而决定刑法有无介入处罚之必要。可见，适用比例原则实际上也是利益衡量原则的一种体现，但是其分析和解决问题的逻辑仍然是抽象的，标准仍然不够明确。

3. 违法阻却事由说。该说认为，中立帮助行为实施者在主观明知情况下，为他人提供工具或者金融、运输等服务，其行为促进了正犯行为，并与危害结果之间具有因果关系，从构成要件上看上述行为已经满足了特定犯罪的构成要件，因此，不应从构成要件该当性层面予以排除，而应在违法性层面寻找对中立帮助行为限制处罚的路径。具体而言，可以通过对中立帮助行为本身所实现的利益与其带来的法益侵害之间进行利益衡量，如果前者大于后者，便认为属于违法性阻却事由从而排除其可罚性。

对于违法阻却事由说的批判在于：第一，从违法性层面来排除中立帮助行为的可罚性，乃是在承认其该当构成要件之后的无奈选择，但是并不应认可其该当构成要件，中立帮助行为若真正具有"日常性""经营性""反复性"等特征，便不会具有构成要件下的主观或客观要素，而待到进入违法性评价时再予以排除"为时过晚"。第二，在三阶层的犯罪构成体系中，构成要件该当性具有推定违法的机能，即一旦该当构成要件原则上便属于违法行为，除非具有违法阻却事由，因此认为中立帮助行为该当构成要件便应属于违法行为，而所谓的利益权衡也并不当然具有违法阻却事由的作用，因为利益衡量理论发挥作用更多的是在立法划定犯罪处罚范围层面，由于其具有模糊性在具体个案中的适用受到较为严格限制。同时，作为利益衡量说的一种，违法阻却事由说必然也存在前文所述的标准不明等诸多弊端。

---

[1] 参见于改之、吕小红："比例原则的刑法适用及其展开"，载《现代法学》2018年第4期。

（四）正犯不法连带说

德国学者舒曼（Schumann）根据共犯的处罚根据理论提出了正犯不法连带说，该说属于共犯构造论学说中的一种观点。所谓共犯构造论，是指主张从共犯的处罚根据等与共犯的构造相关的理论中寻求处罚中立帮助行为根据的学说。正犯不法连带说认为，共犯的不法不仅来自其对正犯行为的促进及引起法益侵害后果，更重要的来自与正犯行为的"连带"，即共犯行为自身所具有的无价值性。该说建立在"印象说"[1]理论之上，认为共犯通过对正犯行为的参与而与之形成"共同性"和"犯行接近性"，从而产生追随正犯不法行为的印象。具体而言，与正犯的不法连带关系，来自以下几个方面：第一，要衡量共犯行为与正犯行为之间的时间距离。从客观上看，帮助行为是在正犯实行着手前介入还是在实行之后具有本质不同，如果是在实行之后介入正犯行为会产生"正犯行为的接近性"，从而给人以社会心理学上的危险印象。例如，在犯罪预备阶段，向盗窃犯罪分子出售螺丝刀，一般认为还没有接近正犯行为，而在犯罪实行阶段出售螺丝刀的行为，便接近了正犯行为。第二，是否具有对正犯不法核心行为的促进。也就是说，帮助行为与正犯行为之间的连带只是判断行为可罚性的征表，实质上必须考虑帮助行为对正犯行为的促进是否影响到了正犯行为的核心。如向开设赌场的犯罪人送外卖餐饮的行为，由于提供饮食不属于对该正犯行为核心不法行为的促进，因而也不存在与正犯不法的连带。第三，还要判断行为是否脱逸通常的生活方式或日常的职业规则。如果帮助行为在通常的生活方式或职业规则范围之内，就不需要考虑行为的主观方面而径直将该行为排除在与正犯行为存在不法关联的范围之外。

通常而言，只有通过上述判断之后才可以确定参与行为是否具有与正犯

---

[1]　"印象说"即折中未遂论，为德国刑法理论通说。印象说强调未遂犯的可罚性在于行为人以未遂行为显示其与法律规范相违背之意思，并且该显示的意思足以震惊社会大众对法律的信赖，破坏法律之安定性与法律秩序。在折中未遂论看来，并非所有基于主观犯意的未遂行为均有刑罚制裁的必要，只有当表征主观犯意的客观行为足以令社会大众感到不安，足以危害社会法律秩序之安定性与法律秩序时，才有以刑罚制裁的必要。（参见马克昌主编：《外国刑法学总论（大陆法系）》，中国人民大学出版社 2009 年版，第 267 页。）正犯不法连带说认为，正是由于帮助者的帮助行为，与正犯产生了连带关系，使社会大众感到不安，危及法律秩序，故而有刑法制裁的必要。

行为的不法连带性。不过，在具备以下几种情形时，仍认为参与行为成立帮助行为：第一，客观上契合他人犯罪计划的行为。例如，明知他人购买面包的目的是毒杀他人还向其出售面包的行为，成立可罚的帮助。[1]第二，被正犯明确告知犯罪计划，还为其提供实施犯罪所必要的物品的行为。例如，顾客明确告知购买菜刀是为了杀害邻居报仇，还予以出售菜刀的行为。第三，某一行为违反了刑法规定的情况。如在德国，尽管顾客出示了允许购买武器的形式证明，但武器销售商知道其购买武器的目的是进行犯罪，却依然予以销售。这种情况之所以被认为属于帮助犯，并不是因为其主观上具有确定的故意或未必故意，而是因为根据《德国武器法》第 34 条的规定，认为这种销售行为违反了该条的规范保护目的，即只允许为了正当目的的出售和购买行为，因此销售者的行为构成帮助犯。[2]

对于正犯不法连带说的批判主要在于：首先，作为该说核心要素的"连带""接近"等概念具有极大的模糊性，并未得到清晰的阐释，对该说涵义的明确性带来重大影响。其次，该说存在最严重的基本立场错误，即片面强调"连带"，用共犯与正犯的连带关系来解释共犯的处罚根据，在犯罪本质上选择了行为无价值而抛弃了结果无价值，然而作为该说理论基础的"印象说"也不是只能建立在行为无价值基础之上，与结果无价值论不存在根本的抵牾。印象说在适用时也会考虑法益侵害因素，例如当某一行为现实侵害了法益或者具有法益侵害的危险时，从印象说理论来看，完全可以认为该行为破坏了社会大众对法律的信赖以及法律的安定性，当然也属于刑法处罚的对象。可见，将法益侵害作为违法性本质的结果无价值论可以成为印象说中判断行为可罚性的理论依据。最后，该说在中立帮助行为"接近性"的判断上，区分了犯罪预备阶段还是实行阶段的做法不妥。在该说看来，一般的帮助行为只要参与了犯罪预备就具有可罚性，而日常行为、业务行为只有当参与至实行阶段时才能认定为从犯，如此一来，片面夸大了日常行为、业务行为的特殊性。此外，为什么介入时间对于帮助的存在会是决定性的？为什么与正犯关联的不法印象起决定作用？实际上，没有形成此种印象的"秘密帮助"行为

---

[1] 参见陈洪兵：《中立行为的帮助》，法律出版社 2010 年版，第 94 页。
[2] 参见陈家林：《外国刑法理论的思潮与流变》，中国人民公安大学出版社、群众出版社 2017 年版，第 623 页。

也具有刑事可罚性。[1]

（五）溯责禁止论

溯责禁止论是德国刑法理论为克服因果关系中断理论存在的弊端以及刑法理论从注重归因向注重归责转向过程中出现的一种理论学说，实际上就是对答责的一种限制。[2]德国学者雅各布斯提出采用溯责禁止论来阻断中立帮助行为与正犯行为之间的联系，让正犯独自行承担刑事责任。具体而言，尽管像销售商品、提供服务等行为对正犯行为及其危害结果具有促进作用，但如果该行为本身具有独立的社会意义，而不是需要根据正犯行为来决定其违法与合法性质，则禁止将后续的正犯行为及产生的结果回溯到之前的商品销售、提供服务等帮助行为，而由正犯独自承担责任。

雅各布斯教授的主张可以总结如下：第一，禁止将正犯罪责回溯至具有独立社会意义的帮助行为。行为是否具有独立的社会意义，并不从主观方面考量，因为每一个人在社会生活中都仅承担自己的角色义务，且能够合理相信其他人也都根据自己的角色实施适法行为[3]。可以看出，溯责禁止理论是与信赖原则密不可分的。德国学者斯特拉滕韦特教授也曾经指出，当面对社会生活中多人的行为时，通常每个参加者都可以信赖其他人会实施适法行为，因为每一个人都处于法秩序的要求之下。[4]也就是说，如果正犯在具有归责能力的情况下，包括提供服务者在内的社会公众可以期待其适法行为，但如果其违反了规范、独立违反了社会一般信赖，那么提供服务的帮助者理所当然应享有信赖利益而不被归责。如在面包店老板向意图杀人的犯罪人出售面包的场合，因为出售面包行为对于面包店而言属于通常的社会规范允许下的行为，具有不受其他行为影响的固有社会意义。

---

〔1〕　参见［德］克劳斯·罗克辛：《德国刑法学总论》（第2卷），王世洲等译，法律出版社2013年版，第158页。

〔2〕　该理论的称谓翻译自德语"Regreβverbot"一词，我国刑法学界对该词存在不同翻译，分别为：溯及禁止、溯责禁止、禁止追溯、回溯禁止。考虑到：一是常用的"溯及禁止"的称谓与"禁止溯及既往"理论容易混淆；二是该理论源自于客观归责理论，因此，本书在此采取"溯责禁止"的称谓。

〔3〕　参见［德］格吕思特·雅科布斯：《行为 责任 刑法——机能性描述》，冯军译，中国政法大学出版社1997年版，第92页。

〔4〕　参见何庆仁："溯责禁止理论的源流与发展"，载《环球法律评论》2012年第2期。

第二，在正犯强行将帮助行为设定为其正犯行为的共同行为的情况下，帮助行为不具有可罚性。因为，这种情况下虽然表面上看，两个行为之间具有客观联系，但实质上是正犯行为的单方恣意行为、恶意利用，两个行为之间并不具有共同性，帮助者不需要对正犯的犯罪行为和结果负责。也就是说，只有当帮助行为人以自己的行为去配合正犯的实行行为时，才能认定两者之间是共同行为而具有可罚性。例如，犯罪嫌疑人的家属甲恐吓被害人的代理律师乙，如果继续为被害人提供诉讼服务，就报复被害人将其杀害。该律师乙仍继续代理诉讼，甲果真将被害人杀死，但这显然是甲恣意地将律师的行为作为杀人的条件，肆意地把两个行为连接起来，因而在这种情况下显然不应将被害人死亡的责任归责到乙的身上。

第三，即便帮助行为与正犯行为二者形成共同行为，但仅仅是为了进行物质或者信息的交换才发生社会接触的，也不应将罪责回溯至提供帮助的行为。因为，这种情况下这两个行为各自追求目的是不同的。如明知他人会用追讨的欠款实施犯罪活动，仍按期归还欠款的行为，由于两个行为具有各自的目的，仅是在归还欠款上才形成共同行为，因此归还欠款不能被评价为帮助行为。但相反，如果中立行为与正犯通过"共同"行为而形成一体化时，则成立共犯。如行为人已全额归还欠款后，在债主资金不足情况下继续提供资金供其购买犯罪工具的，则具有可罚性。

溯责禁止论最有力的理论归结在于：即使日常业务行为的实施者明知他人意图犯罪而提供帮助，只要该行为具有独立的社会意义，并未违反正常的生活秩序，就不能认定为犯罪，否则，中立帮助者行为人将可能动辄被认定为犯罪的"帮凶"。这实际上是主张从行为的客观属性上来判定行为的社会意义，但雅各布斯教授与罗克辛教授在该问题上的态度是明显不同的，雅各布斯认为行为的社会意义不应受行为人的主观认识所左右，因而即使知道他人购买面包或者螺丝刀的目的是用于犯罪，仍向他人出售的行为也不构成故意杀人罪或盗窃罪的帮助犯。而罗克辛教授则认为，行为人的主观认识会影响行为社会意义的判定，如果知道对方的意图还出售面包或螺丝刀，构成帮助犯。

溯责禁止论大致得出的结论是正确的，因此存在一定的支持者，如金德霍伊泽尔（Urs Kindhäuser）教授认为："在客观归属的理论体系内应承认溯责禁止。这种溯责禁止适用于这样的情形：第一引起人采取的是合乎其社会角色的举止，不管他人（不容许的）风险举止怎样，第一引起人的举止都是没有问题的。特别是在日常生活中出售商品和提供服务这些根本就不存在共同犯意的社交场合下，溯责禁止论尤为适用"[1]。但该说仍存在以下问题：第一，该学说站在纯粹的客观主义立场，忽略行为人的主观方面。在行为人知悉他人的犯罪目的情况下，特别是知道他人迫在眉睫的犯罪行为还加以促进，是对规范的无视，[2]仍旧排除帮助犯似乎很难让人认同。第二，教唆犯、帮助犯的提出就是为了解决从犯对正犯自我答责领域负责的问题，该学说一味强调正犯的自我答责，否定共同关系的存在，否定从犯的存在，无异于与我国刑法中关于教唆犯、帮助犯的规定相背离。第三，该说对行为的业务性、日常性等属性的强调超过必要限度，从而导致行为者仅凭日常性就可获得不当的出罪特权，存在不当出罪的嫌疑，如果将这种观点过度运用，基本上所有不具有共同犯意的日常行为或业务行为都不具有刑事可罚性，那也就没有讨论中立的帮助行为的必要了。第四，该说以是否具有"独立的社会意义"为重要区分标准，但何为"独立的社会意义"也是不明确的，如罗克辛教授认为一个行为的特征是由其所服务的目的来确定的，独立的社会意义是很难界定的，脱离正犯行为进行判断也是不全面、不客观的，因此，即便是通常认为的日常行为，但与正犯结合在一起，很可能就具有了"规范的共同性"。因此，标准的模糊性同样是该学说的一大弊端。第五，溯责禁止论排除可罚性的逻辑思路可能不适用于中立帮助行为。溯责禁止论强调正犯的自我答责，实际上是承认帮助行为违反了规范而具有违法性，只是无须答责，这是在责任层面对帮助行为的限制，而不是在行为的违法性层面[3]，而一旦具有违法性还能否被评价为中立行为，确实存在前后矛盾之嫌。

---

〔1〕 ［德］乌尔斯·金德霍伊泽尔：《刑法总论教科书》，蔡桂生译，北京大学出版社 2015 年版，中文版前言第 8～9 页。

〔2〕 参见 ［日］山中敬一："由中立的行为所进行的帮助的可罚性"，载《关西大学法学论集》第 56 卷第 1 号。转引自陈家林：《外国刑法理论的思潮与流变》，中国人民公安大学出版社、群众出版社 2017 年版，第 624 页。

〔3〕 参见莫洪宪、黄鹏："论结果客观归责中的溯责禁止"，载《法律科学》（西北政法大学学报）2017 年第 6 期。

（六）犯罪意义关联说

在德国刑法理论中，对于犯罪意义关联说的主张多种多样，其中以罗克辛教授的观点最具代表性。罗克辛教授构建的理论体系是以"法禁止危险的制造理论"为核心内容的，他认为"成立可罚的帮助行为，必须经过两个层次的判断：第一个层次考察是否存在对危害结果的因果惹起，第二个层次考察是否制造或者增加了法律所不容许的危险。仅有第一个层次是不够的，必须经过上述两个层次的判断。进一步而言，对是否制造了法所不容许的危险的判断，又可细分为具有确定故意的场合和仅具有未必故意的场合两种情形"[1]。

在罗克辛教授的理论中，"在确定的故意的场合，只有当共犯行为与正犯行为之间具有'犯罪意义上的关联'，即参与行为乃正犯所计划的犯罪的前提条件，且参与者对此也明知时，才能评价为法所不允许的危险"[2]。例如，乘客搭乘出租车时就向司机表明要去杀人，该司机还应乘客要求将其送至犯罪地的行为便认为具有犯罪的意义关联，应被认定为帮助行为。罗克辛教授强调的这种"犯罪意义上的关联"，主要是指尽管中立帮助行为本身具有合法性，但当行为人主观上能够认识到且客观上该行为被实施的唯一目的是使正犯行为变为可能或者变得更加容易时，该行为就丧失了日常交易等行为自有的"中立性"，而演变为对法益的攻击行为，也就存在犯罪意义上的关联。[3]但是，在存在确定故意的场合，某一对正犯有具有积极意义和用处的行为，即使成为正犯行为实施的条件，但若该行为自身具有合法性，且能够与正犯行为相互独立，犯罪意义的关联性应当被否定。例如，当某一原材料的加工会违反环境保护法律规定，但提供者对此明知却仍向某生产者提供，尽管该行为对生产者具有意义和用处，成为生产者实施污染环境犯罪的前提，但该行为具有合法性质，提供者支持的是一个生产工业产品的合法的行为，因此该出售原材料的行为不具有犯罪意义上的关联性，不能成立相关环境污染犯罪

---

〔1〕 陈家林：《外国刑法：基础理论与研究动向》，华中科技大学出版社 2013 年版，第 286 页。

〔2〕 陈家林：《外国刑法：基础理论与研究动向》，华中科技大学出版社 2013 年版，第 286 页。

〔3〕 参见 ［德］克劳斯·罗克辛：《德国刑法学总论》（第 2 卷），王世洲等译，法律出版社 2013 年版，第 158 页。

的帮助行为[1]。

在未必故意的场合原则上适用信赖原则。所谓信赖原则，"是指当行为人具有相当合理的理由信赖他人能够实施适法行为时，即使由于他人的不当行为引起了危害结果，行为人对此也无须承担责任的原则"[2]。根据该原则，只要某一个人不是表现出"能够让人显著看出具有实施构成要件行为的倾向"的，那么每个人都可以对他人持信赖态度。因此，在未必故意的场合，由于原则上具有信赖他人实施适法行为的基础，所以帮助者的行为不属于制造或增加了法律所禁止的风险，不符合客观归属的条件，不属于可罚的帮助行为。但也存在例外情况，即"从客观上看，如果明显能够认识到他人将要实施犯罪，完全具有形成此种判断的条件的话，不再适用信赖原则，而构成帮助犯[3]"。对此，不应笼统地分析，只有通过对具体情形的判断，才能辨识出他人是否具有极可能为犯罪而使用的目的。例如，在商店门前正实施暴力加害的行为人进店购买菜刀的情况即为适例，销售者由于目睹了店前发生的行为，客观上具有认识到菜刀可能被用于犯罪的条件，应认为对伤害行为具有未必的故意，从而承担帮助犯的刑事责任。

针对"犯罪意义关联说"，学界也存在两大方面的批判观点。第一个方面是针对该说就不可罚的中立帮助行为与可罚的帮助犯的区分标准，采取确定的故意和未必的故意区分说，是否具有合理性的问题。第一，否定者认为这种区分思路具有根本性的缺陷，从方法论上不具有可取性。诚如日本学者山中敬一教授所言，将故意是否确定与对正犯犯罪计划的知与不知等同，因故意种类的不同而在客观归责上加以区别，仅从方法论上将就是混乱的。[4]第二，为何在直接故意的场合行为具有可罚性，而在未必故意的场合就否定这种可罚性，具体理由在该说中并未阐明，难免被打上"心情刑法"的烙印。第三，无论在《德国刑法典》中还是在德国刑法共犯理论体系中，都没有将

---

〔1〕　参见［德］克劳斯·罗克辛："德国刑法中的共犯理论"，劳东燕、王钢译，载陈兴良主编：《刑事法评论》（第27卷），北京大学出版社2010年版，第134~135页。

〔2〕　赵慧著：《刑法上的信赖原则研究》，武汉大学出版社2007年版，第1页。

〔3〕　陈家林著：《外国刑法：基础理论与研究动向》，华中科技大学出版社2013年版，第286页。

〔4〕　参见［日］山中敬一："中立的行为による帮助の可罚性"，载《关西大学法学论集》56卷1号（2006）。转引自陈洪兵：《中立行为的帮助》，法律出版社2010年版，第147页。

共犯区分为确定的故意和未必的故意，因此将这种既无实定法依据也没有强有力理论支撑的标准作为划定不可罚的中立帮助行为与可罚的帮助犯的依据，显然难以具有说服力，这也是该说遭到抨击最严厉之处。第四，运用该标准得出的结论可能存在问题。该说在区分故意确定与否的情况下，进一步分别考虑是否具有犯罪的关联性或信赖利益，实际上是"二元双层次"的区分模式，可能出现某一行为人具有确定故意但不具有犯罪意义关联性，不成立帮助犯；而另一人在未必故意的情况下，由于客观上可以看出正犯具有明显的犯罪倾向，却构成帮助犯的情况，从逻辑上难说合理。第五，将主观故意与行为的"犯罪意义上的关联"联系在一起，并认为前者影响后者的认定，也就是认为行为的客观属性随着主观故意的变化而变得不同，这不仅导致主客观之间混乱，也背离了该说作为客观归责理论的初衷。第六，该说过于关注行为自身的属性，忽视了法益侵害的本质，属于一元行为无价值论的理论衍生品。

对"犯罪意义关联说"批判的第二大方面是以帮助者对正犯的犯罪决意有无认识为标准来判断是否存在"犯罪意义关联性"的问题。第一，这种标准是极其不明确的，司法实践中对主观认识的认定一直以来都是一大难题，很多情况下是无法证明帮助者对正犯行为具有明知的认识，也就是未必故意的情况，这无形中扩大了信赖原则适用的空间。第二，中立帮助行为的"中立性"在于客观属性，而不在于主观故意，犯罪意义关联性本身也是一个客观属性，其判断标准不应求之于正犯的目的，否则结论可能会随着帮助者对正犯行为目的的认识情况而任意变化，这种判断范式明显过于主观化，完全忽视了中立帮助行为的双重性特征——既具有被正犯所利用的违法性又具有日常的适法性。第三，在未必故意的场合适用信赖原则也存在一定问题。首先，信赖原则产生自交通领域，虽然其适用范围有所扩展，但是仍有一定界限，而不是任何领域都可以适用的。通常认为，信赖原则主要适用于交通领域、医疗领域及其他适用监督过失原则的领域。[1]其次，提供帮助者是否适用信赖原则从而获得信赖利益，属于一种价值判断，也要考虑社会相当性，

---

[1] 参见谈在祥："刑法上信赖原则的中国处遇及其适用展开"，载《中国刑事法杂志》2012年第4期。

这导致该说标准也不尽明确。最后，如前所述，未必的故意并非实定法上的概念，其到底是相当于间接故意还是包括过失在内尚未明确，而信赖原则是在判断行为是否违反注意义务、构成过失的问题上被提出的新标准，目的在于改变以往一味以结果来认定过失罪责的惯性思维，而是要在此基础上进一步考察是否具有注意义务及造成结果的行为样态是否具有相当性〔1〕，因此信赖原则的存在意义在于否定行为人过失犯罪的成立，属于过失犯成立阻却事由〔2〕，可见将仅适用于过失犯领域的理论扩展至所谓"未必故意"的场合，从基本法理上也存有疑问。

（七）假定的代替原因考虑说

德国学者魏根特（Weigend）与日本学者岛田聪一郎均主张假定的代替原因考虑说。Weigend 认为，应该从帮助行为所引起的法益侵害危险性的大小角度来衡量该帮助行为是否具有可罚性，某一帮助行为对正犯行为促进作用越小，其对法益侵害危险增加的作用就越小，可罚性便越小，甚至可以据此否定帮助犯的成立。因此，对某一具有帮助性质的行为所引起的危险程度进行量化至关重要，这需要结合具体案件进行分析。如在提供物品类的帮助中，就要看正犯是否容易从其他人手上得到这种物品，如果该物品是可以从其他任何地方都容易获得的，该提供物品行为就不能被评价为达到危险增加的程度，因而还不能将法益侵害结果归责于该提供行为。相反，若提供的物品属于难以从其他人处获得的稀缺物品，或者说提供的乃是正犯者在当时所必要的、急需的物品，该提供行为便明显使得犯罪实现的危险增加，此种情况下该提供行为具有"不可代替性"，〔3〕便具有归责的必要性。日本学者岛田聪一郎也同样赞成帮助行为对正犯行为造成的法益侵害危险的必要程度决定了对该帮助行为归责的必要性。"判断法益侵害危险程度时应将现实中帮助行为的具体情形与假设撤出该帮助行为的情形进行对比，也就是将帮助行为作为

---

〔1〕　参见游伟、谢锡美："信赖原则及其在过失犯罪中的运用"，载《法律科学》（西北政法大学学报）2001 年第 5 期。

〔2〕　关于信赖原则在犯罪论体系中的地位，存在责任阻却说、违法阻却说和构成要件阻却说三种对立观点。具体内容参见胡洋："从事实到规范：信赖原则的行为无价值论解释"，载《中国人民公安大学学报》（社会科学版）2016 年第 2 期。

〔3〕　参见陈洪兵：《中立行为的帮助》，法律出版社 2010 年版，第 108 页。

假定可代替的原因加以考虑，原则上应考虑具有高度盖然性的事实作为替代原因，但他人的犯罪行为不在假定的代替原因之列，因为完全可以期待他人不实施犯罪行为，也就是只能是合法的代替行为。"[1]例如，出租车司机明知乘客有盗窃的计划仍然开车将其送至犯罪地点的行为，由于该乘客还可以乘坐其他出租车，所以将载客行为作为假定的代替原因加以考虑的话，司机的运送行为并没有提高正犯行为的危险性，因而不构成帮助犯。具体而言，如果被考虑的假定的代替原因介入后，法益侵害的结果或者危险仍具有发生的高度盖然性，或者现实的帮助行为比没有该帮助下正犯自行实施相应行为的法益侵害性更差时，通常应否定危险增加，不成立帮助犯。如甲明知乙企图实施盗窃行为并准备了破坏门锁的电动钢锯，在乙不知情的情况下，甲将电动钢锯偷偷换成破坏性较差的手动钢锯，于是乙在没有电动钢锯情况下使用该手动钢锯破坏了被害人的房锁窃得了财物，在这种情况下法益侵害的危险是降低的，应否认甲构成帮助犯。

假定的代替原因考虑说也受到了广泛的批判：第一，以正犯是否可以获得相同或者更好的帮助为标准来评价中立帮助行为的可罚性的方法完全是主观的，只是规范层面的假想构造，但帮助行为对正犯的促进却是事实层面的，可见，这种纯粹的规范性思路背离了因果关联的事实基础，是脱离客观事实的规范评价，只能当作规范臆想，容易不适当地评价中立帮助行为的危害性。[2]第二，该说对于中立帮助行为是否构成帮助犯的判断借助了因果关系理论，从某种程度上讲，并没有准确区分归因与归责的界限，而是将中立帮助行为可罚性问题当作一般的因果关系问题来判断，且不论因果关系理论存在的诸多不同学说，但任何一种学说都不会考虑假定的条件。第三，该说认为能够否定危险增加的代替原因应是具有高度盖然性的事实介入，但什么样的情况属于有高度的盖然性，并没有明确标准，在不同案件中的规范性评价

---

〔1〕 ［日］岛田聪一郎：《正犯·共犯论的基础理论》，东京大学出版社 2002 年版，第 360 页。转引自陈家林：《外国刑法理论的思潮与流变》，中国人民公安大学出版社、群众出版社 2017 年版，第 626 页。

〔2〕 参见庄劲：《从客观到主观：刑法结果归责的路径研究》，中山大学出版社 2019 年版，第 75 页。

也不一致。[1]第四，可罚的帮助行为使法益侵害或危险增加，这属于现实的参与行为，考虑其是否具有"可代替性"，一则将假定的条件与现实行为进行比较存在疑问；二则相当于要求帮助行为必须达到"没有 A 就没有 B"的必要程度，也显然是错误的，否则，由于绝大多数帮助行为对正犯而言都是可代替的，岂不是要取消帮助犯的概念？三则该说仅仅考虑有无代替条件但没有考虑代替条件之间的差异性，过于片面，如正犯虽然可以换乘其他出租车，但在当时当地车辆稀少的情况下，需要花费更多的气力和时间，还能否定归责必要性吗？

（八）（狭义的）客观归责论

客观归责论是一种从客观层面判断行为人是否应对危害结果承担刑事责任的理论，"其将因果关系的判断划分为归因与归责两个层面，第一层面是评价中立帮助行为与正犯法益侵害结果之间是否存在因果关系，即归因性判断；第二层面是对已存在因果关系的行为进行责任范围限定，即归责性判断"[2]。具体而言，该说在归因层面以"合法则的条件说"[3]为判断标准，在确定与结果存在条件关系的行为中，只有当该行为制造了法所不允许的危险，且该危险在具体的构成要件结果中实现时，才能将该结果归责于行为人。客观归责实际上是对传统因果关系范围进行限制的理论，因为当今社会被各

---

[1]　参见［日］佐久间修："共犯的成立范围与归责原理"，载《曾根威彦先生、田口守一先生古稀祝贺论文集》（上卷），成文堂 2014 年版，第 886 页。转引自陈家林：《外国刑法理论的思潮与流变》，中国人民公安大学出版社、群众出版社 2017 年版，第 626 页。

[2]　张明楷编著：《外国刑法纲要》，清华大学出版社 2007 年版，第 117 页。

[3]　条件说公式是基于"没有 A 就没有 B"这样的假定的剔除法进行判断。但该公式存在以下两方面问题：一是适用该公式不能发现因果关系，只能对已经发现的因果关系进行验证，具有循环论证的缺陷。二是该说难以解决假定的因果关系（同时以同样的方式导致相同的结果）及重叠的因果关系（结果是由数个同时且相互不关联的有效的条件所造成）等特殊情况。因此，德国刑法学界对条件说理论进行了修正，形成了"合法则的条件说"。所谓"法则"，是指"最广义的自然因果法则"，而不是合乎法律的意思。如此一来，在假定的因果过程中，一个马上要被执行死刑的罪犯在行刑前，被他的父亲开枪打死，因为即便没有他父亲的行为，该罪犯也会马上被执行死刑。那么根据条件说，父亲的行为就不能算是致人死亡的条件。但是根据合法则条件说，在这里需要追问的是：被害人的死是不是紧随行为人的杀害行为，这种关系是否合乎自然法则？认为杀人与死亡之间符合自然法则，是否违反一般的经验与专家的经验？参见张亚军：《刑法中的客观归属论》，中国人民公安大学出版社 2008 年版，第 42~48 页。

种风险所充斥，在此意义上"风险"属于中性范畴，有一些风险对于社会发展而言不可或缺，如果将所有的风险行为统统禁止，社会就将停滞不前。如对被认为是"双刃剑"的互联网而言，不能因为网络犯罪的猖獗而遏制其继续发展。可见，法律有必要容忍一部分风险。如果将因果关系中的每个原因都视为法禁止的风险的话，则会出现刑法评价范围过大的问题。因此，只有当事实因果关系中的行为，制造并实现了法所不允许的风险时才有必要进行归责。

进而言之，客观归责理论除了上述行为制造了法所不允许的风险和行为实现了法所不允许的风险这两个要件外，还需要具备第三个要件，即结果没有超出构成要件的保护范围，也就是说若发生的结果不在该犯罪构成要件射程范围内，行为人便无需承担责任，这也是对因果关系归责判断上的规范限制。目前，有很多学者运用客观归责理论去判定中立帮助行为的处罚边界问题，并且在其内部形成了各种不同观点。实际上，前文所阐述的假定的代替原因考虑说、溯责禁止论、犯罪意义关联说都属于客观归责理论，因此，接下来要阐述的观点本书称为狭义的客观归责论。

一般认为，德国学者弗里施（Frisch）是客观归责论的代表人物，其认为传统帮助犯理论中"促进关系的有无"对区分不可罚的中立帮助行为与可罚的帮助犯并无实益，对此应从行为是否实现了"危险增加"的角度进行正面回答。他首先进行第一层面的考察，即特定的犯罪行为与被侵害利益之间是否存在特定的义务，义务主体在没有履行特定义务情况下能够承认危险创出，如合法持有枪支的人将枪支借给没有持枪资格的人，就属于创设了法所不允许的危险。如果在不存在特定义务的场合，当参与行为使得某一处于紧迫状态的正犯行为的实施更加容易的话，就有构成帮助犯的可能，需要进行深入研究。所谓"深入研究"，就是要合比例地兼顾对正犯所侵犯法益的合法保护与对中立行为人自由的限制二者之间的关系，因而在判断某一行为是否该当构成要件且制造了法禁止危险时，应坚持两个基准：一是禁止这种危险创出行为是保护该种利益的适合而且必要的手段，并且相当；二是刑罚的发动也是维护规范的妥当性和不可侵犯性的必要而且相当的手段。[1]可见，弗里施

---

[1] 参见陈洪兵：《中立行为的帮助》，法律出版社2010年版，第102~104页。

采取了"是否制造了法所不允许的危险"这一客观归责的判断标准，但是由于其对是否制造或者提高了法所不允许的危险这一核心标准的判断上，既考虑假定的代替原因又考虑犯罪意义的关联，导致其理论主张不仅标准混杂模糊，还存在前文对此两种观点所陈述的各种问题。

在日本刑法学界，赞同客观归责理论的学者很多，但是多数人都是在该说内部采取多种观点的混合说。如松生光正教授在称赞客观归责论是一种具有前途的理论的同时，还采取社会（职业）相当性说来限定中立帮助行为成立帮助犯的范围，他主张像业务行为这样具有社会通常性的行为只有超出通常业务行为的范畴，脱逸了通常的行为样态才能够成立帮助犯。山中敬一教授认为，决定中立帮助行为帮助的可罚性的判断基准在于有无对正犯行为及结果的客观归责，即是否存在危险创出和危险实现的情况，他进一步根据与正犯是否存在意思联络、提供帮助的阶段、提供帮助的类型等不同标准对中立帮助行为的可罚性进行了分类讨论，而在具体情况的分析中其又采取了犯罪意义关联说。除此之外，照召亮介、松宫孝明等学者也都采取客观归责理论，只不过在具体观点上有所差别而已。[1]

实际上，通过对上述观点的罗列，我们可以发现：在中立帮助行为的可罚性问题上，采取客观归责理论作为判断标准，考察帮助行为是否实现"危险增加"的思路无疑是正确的，但问题在于如何去考察。无论是强调中立帮助行为应当制造了法所不容许的危险，还是对正犯行为的实施存在危险增加，落脚点应该都在于判断中立行为本身的危险性是否达到了值得刑罚处罚的程度，而这种危险程度的判断具有复杂性，应当是一种综合判断的结果。

三、折衷说

所谓折衷说就是兼顾主客观的学说，该说之所以产生还是源于对中立帮助行为性质认识的不同角度。罗克辛教授认为，所谓日常行为这一概念本身就存在疑问，生活中根本不存在与生俱来的日常行为，行为的目的与行为性质密切相关，不从目的论出发根本无法断定何者为日常行为。因此，仅仅考虑行为的客观方面讨论到底属于日常中立行为还是属于可罚的帮助行为是没

---

[1]　参见陈洪兵：《中立行为的帮助》，法律出版社 2010 年版，第 123～142 页。

有意义的，在这个问题上不应忽视行为人的目的和主观认识因素。他进一步举例说明：对于教授他人枪法的行为而言，如果行为人是在射击俱乐部教授枪法，这是一项正常的体育活动，则属于具有中立属性的日常行为；相反，如果明知他人学习枪法是为了杀害他人时，行为人还继续教授的，就成立杀人行为的帮助犯。同时，罗克辛教授也并不是仅将目光集中在行为的主观目的之上，他也强调对中立帮助行为进行归责，将其作为帮助犯加以处罚，必须以该行为制造了法所不容许的风险为前提，即也坚持客观归责的理论路径。因此，以罗克辛教授为代表的部分德国学者认为，只有同时兼顾行为的主观方面和客观方面，才能妥当处理中立帮助行为的处罚等问题，进而形成了一套主客观折衷说的理论体系。

罗克辛教授提倡的折衷说理论认为：判断日常行为是否可罚，在主观上应区分确定的故意和未必的故意，而在客观上要重点考察该行为是否制造了法所不容许的风险，即成立可罚的帮助犯仅存在结果的引起或者危险增加还不足够，原则上还必须制造了禁止风险。在他的理论中，判断是否制造或增加了法禁止风险的标准就是前文所述的"犯罪意义关联"，即在确定故意的情况下，如果帮助行为与正犯行为之间具有犯罪意义关联，就认为该行为增加了法所不允许的风险；而在未必故意的情况下，需要进一步判断中立帮助行为者是否可以信赖正犯将会实施适法行为，如果得出肯定结论，则帮助者具有信赖利益，否定其行为增加法所不允许的风险，否则便认为其行为增加了法所不允许的风险，构成帮助犯。可见，在罗克辛教授的理论体系中，对主观故意的区分是判断行为客观属性的前提，而在客观归责判定中也需要考虑行为人的主观方面，主客观判断是相互交织的。

日本刑法学界也不乏折衷说的支持者。曲田统教授提出的以印象说为基础的主观说与罗克辛教授的观点具有实质相同性。而西田典之教授也认为："可以根据实施中立帮助行为者主观的故意类别来区分帮助行为是否具有可罚性，即根据其对中立帮助行为与正犯结果之间因果作用有无认识为标准。原则上，行为人如果具有确定的故意或未必的故意，则帮助行为可罚。与此同时，也需要从客观上审视帮助行为促进因果关系的程度，如果中立帮助行为尚未达到强化正犯犯意、使结果发生更为容易的程度的，则该帮助行为也不可罚。例如，顾客知道商家长期逃税仍向其购买商品的行为，因没有超出买卖双方当事人的地位而不构成帮助犯"。[1]上述观点也可归入到折衷说之中，但是该说客观上的限制处罚标准仅是帮助行为认定的一般原则，并没有顾及中立帮助行为的特殊性，坦白讲，并不属于中立帮助行为的限制处罚理论。虽然在西田典之教授所举的案例中，他以"合乎社会角色的行为"的社会相当性标准来限制中立帮助行为的可罚性，但这并不是其持有的折衷说的观点，也未有效解决社会相当性说标准模式的缺陷，也许正是意识到了这种学说的不足之处，西田典之教授后来也转向了客观归责理论。

　　折衷说在我国刑法学界具有较多的支持者，有众多的学者认可该说。如有学者认为，我国刑法理论在犯罪成立评价体系上始终坚持主客观相统一，对所有行为是否构成犯罪的衡量上均兼顾主观要件和客观要件，因此，在中立帮助行为是否构成犯罪的认定上也应采取主客观相统一的评价标准。[2]周光权教授认为："对中立帮助行为可罚性的判断应采取主客观综合说。在客观上，判断行为是否具有明显的法益侵害性；在主观上，判断行为人是否具有帮助故意；并从共犯处罚根据论上衡量行为是否达到了帮助犯的程度。"[3]此外，他在评价"快播案"时的主张与罗克辛教授的折衷说如出一辙，虽然他是从作为义务角度为进路进行分析的，但是分析中明显透露出折衷说的主张。[4]张明楷教授也认为："对于中立帮助行为合理的处罚，在主观上应考察帮助者对正犯行为与结果是否具有确定性认识，在客观上需考虑正犯行为的紧迫性，帮助者对法益的保护义务及其行为对法益侵害结果的作用大小等因素。"[5]可见两位教授都认为应兼顾行为的主客观方面来对中立帮助行为进行限制处罚。但值得关注的是，周光权教授在新近一些文章中似乎修正了自己的主张，其提出"应通过否定中立帮助行为的客观（不法）构成要件来限

　　〔1〕　[日] 西田典之：《日本刑法总论》，王昭武、刘明祥译，法律出版社 2013 年版，第 309 页。

　　〔2〕　参见陈伟、谢可君："网络中立帮助行为处罚范围的限定"，载《上海政法学院学报》（法治论丛）2018 年第 1 期。

　　〔3〕　周光权：《刑法总论》，中国人民大学出版社 2016 年版，第 352 页。

　　〔4〕　参见周光权：《刑法公开课》（第 1 卷），北京大学出版社 2019 年版，第 198 页。

　　〔5〕　张明楷：《刑法学》，法律出版社 2016 年版，第 425 页。

制处罚的思路是合适的",这显然是一种客观归责论的限制路径。[1]

显而易见,罗克辛教授的折衷说实际上是犯罪意义关联说和客观归责理论的综合运用,因而前文指出犯罪意义关联说中将主观故意区分为"确定的故意"和"未必的故意"的做法及信赖原则的应用等方面存在的问题在折衷说中同样存在。此外,笔者认为该说还存在以下问题:第一,虽然该说考虑因素最为全面,但存在主客观次序不明、侧重主观的问题,在司法实践中会逐渐演变为先主观后客观的思路,在未进行客观要素判断之前,就先从主观故意方面入手,在方法上是有问题的[2],不利于贯彻客观优先的司法理念。第二,该说将不可避免地滑向主观说,即帮助者主观上是否具有认识成为处罚的最重要标准。同时,司法实践中对行为人主观的认定主要是通过客观事实进行推定,在没有获得准确客观事实的情况下意图厘清行为人的主观认识情况,无疑是"无本之木、无源之水"。第三,该说以主观故意标准来评价行为的客观危险性的做法也是不正确的。在该说内部主客观混杂的关系中,行为人主观上是否具有确定的故意被作为评价行为是否具有危险性的基础,但二者分属主客观不同层面之上,无论行为人是否认识到正犯的犯罪意图,行为的客观属性是不会随之发生变化的,这是由中立帮助行为在社会交往、经济生活中所具有的相当性决定的,中立帮助行为均具有独立的社会意义,其处罚根据只能从对正犯行为及结果的因果归责中探究。

四、关于中立帮助行为限制处罚范式的思考

(一) 应从客观属性来分析中立帮助行为

上述关于中立帮助行为限制处罚各种学说之所以出现如此多的分歧与不同,主要原因在于对中立帮助行为本质属性的认识视角存在分歧。探讨对中立帮助行为进行限制处罚的进路首先要解决的是中立帮助行为的本质特征是

---

〔1〕 参见周光权:"网络服务商的刑事责任范围",载《中国法律评论》2015 年第 2 期;周光权:"中性业务活动与帮助犯的限定——以林小青被控诈骗、敲诈勒索案为切入点",载《比较法研究》2019 年第 5 期。

〔2〕 参见马骏:"网络中立帮助行为探究——兼谈对刑法第 287 条之二第 1 款的理解",载《时代法学》2018 年第 4 期。

什么的问题，即应从主观属性还是客观属性来进行分析，这是决定采取什么方式来限制的前提问题。本书认为，"中立性"是对某一类帮助行为客观特性的事实描述，与行为人的主观方面无涉，也就是说，从社会通常意义上看，此类行为在客观上"独立无害""具有社会有用性"，但与正犯行为及结果结合起来看，其提升了正犯不法并促进了正犯结果实现，具有客观违法性。同时，这种特性并不会因行为人主观方面的不同而有所变化，如五金店老板甲明知他人意图盗窃还出售螺丝刀与乙明知自己朋友想要实施盗窃还为其提供螺丝刀，两种情形下甲、乙之间对他人盗窃行为的主观认识和意志因素上并没有实质差别，而区别则体现在行为的客观性质上：第一种情况是符合商品交易规则的商品销售行为，而后者属于对他人正犯行为的援助行为。因此，中立帮助行为的本质特征体现在行为客观层面而不在于行为人主观方面，只有对该特殊属性的正确认识才能选择一条正确的限制处罚的理论范式，试图通过主观说和折衷说的途径存在方法论上的错误，将会造成"南辕北辙"的结论。对此，黎宏教授的观点一针见血，再直接不过，他认为："如果说是从主观责任层面进行限定的话，则等于什么也没有说。因为，理论上之所以将中立的帮助行为作为问题单独提出来，就是因为考虑到行为人即便对其为正犯行为提供方便的事实具有认识，但也不一定能构成帮助犯。"[1]

　　需要说明的是，中立帮助行为的性质虽不可否认地与主观认识存有一定关联，但行为人是否存在主观故意不属于客观归责问题，而是属于在解决客观归责之后的主观归责范畴。也就是说，"结果归责的判断位于因果关系的判断以及构成要件故意之间，结果归责的判断标准不涉及行为人主观方面"[2]。考虑行为人的主观故意，实际上是未正确地将中立帮助行为的处罚问题置于违法层面，而是试图从责任层面进行解决的一种思路，是我国司法实践中长久以来不注重违法与责任严格界分的一种体现。总之，中立帮助行为的特殊性并不在于行为人的主观方面，而是在于具有中立性的客观行为本身，故只能在

―――――――――――

〔1〕　黎宏："论中立的诈骗帮助行为之定性"，载《法律科学》（西北政法大学学报）2012年第6期。

〔2〕　符天祺："帮助犯的结果归责"，载江溯主编：《刑事法评论》（第41卷），北京大学出版社版，第106页。

违法性阶段解决对中立帮助行为的处罚限制问题，而不能在有责性阶段〔1〕。因此，上述理论中的客观说较为适宜。

此外，中立帮助行为丧失中立性后，通常会以帮助犯的形式入罪，因此在中立帮助行为处罚的限制上既要考虑其中立特性又要考虑其作为帮助犯入罪形式的特殊性。因为作为刑罚扩张处罚事由的帮助行为，其处罚范围应当受到限制，那么中立帮助行为作为其中极为特殊的一种帮助行为类型，在处罚上更应当慎重，对其进行处罚应具有更为充分的根据。因此，中立帮助行为不仅具有帮助行为这种"刑罚扩张处罚事由"的特殊性，还具有"有用性""日常性""中立性"等特征，且面向不特定人实施而具有广泛可替代性，因此对其进行处罚有必要再附加某些限制条件。笔者认为，应当坚持二元的行为无价值立场，以共犯处罚根据中"混合惹起说"为根基，采用实质解释的方法，对中立帮助行为通过正犯的实行行为间接地侵害或者威胁法益及自身所具有的不法性进行说明。概言之，一是有必要采取限制从属性说，二是在成立条件上既需要存在不法的正犯行为又需要与法益侵害结果之间存在因果关系。因此，本书主张对于中立帮助行为的处罚，首先应分别进行"归因"与"归责"的递进式审查，其次通过"社会相当性"标准对客观归责结论进行限制，最后结合行为人"特别认知"情况进行反向排除，从而得出合理结论。

（二）坚持进行归因与归责相分离的递进式审查

对行为人的结果归责需要认定行为与结果之间具有因果关系自不待言，也就是我国刑法理论上常说的，因果关系是承担刑事责任的客观基础，但是，是否具有因果关系就足够了呢？因果关系是行为之间的引起与被引起的联系，属于客观事实范畴，德国学者罗克辛认为纯事实是不足够的，必须和规范评价相结合，他认为"即使引起了危害后果，但行为不在规范保护范围也不能进行归责，主要包括被害人的自我损害、被害人对危险的同意、惹起持续性损害后果发生的结果、有罪责的他人惹起的结果等四种情形"〔2〕。简言之，

---

〔1〕 参见陈洪兵："论中立帮助行为的处罚边界"，载《中国法学》2017年第1期。

〔2〕 庄劲：《从客观到主观：刑法结果归责的路径研究》，中山大学出版社2019年版，第16页。

罗克辛教授认为对结果的归责要对行为进行事实和规范两个方面的评价。实际上，我国刑法理论上也存在类似的思想，如我国因果关系学说中从只考虑必然因果关系到考虑偶然因果关系，从纯事实的条件说到原因说再到相当因果关系说，以及在因果进程中例外考虑因果关系的中断等，都反映出对事实的因果关系进行规范评价的思路。如前所述，传统的因果关系理论可能导致结果归责的扩大化，因此客观归责理论的创立初衷，就是通过考察行为与结果之间的规范关系，解决因果关系"条件说"产生的不当扩大处罚范围的弊端，也就是通过对行为是否制造与实现了法所不容许的风险的考察，来合理地限制结果归责的范围。罗克辛教授进一步认为，构成可罚的帮助行为，不仅需要存在对危害结果的因果惹起，还必须制造或者提高了法所不允许的危险。只有先后经过上述两个阶段的判断，才能够准确界定中立帮助行为是否为可罚的帮助。可见，归因是归责的起点，条件因果关系的存在是进行客观归责的必要不充分条件。条件因果关系的判断虽然是事实层面的，但也是必不可少的，它和风险升高理论在客观归责理论中是先后进行的判断关系。也就是说，结果归责不能仅靠归因判断一次性完成，在归因之后还需要以规范标准再进行归责判断。[1]对于行为的结果归责而言，因果关系判断与客观归责是相互照应的正反两个方面，因果关系是从正面进行判断，而客观归责则是从规范层面进行反面排除。

对于中立帮助行为而言，肯定其与结果之间的因果联系是极其容易的，毕竟其介入了正犯行为与危害结果的因果进程，在此基础之上，司法实务的做法特别是仅考虑主观认识的做法无法达到对中立帮助行为的合理限制，结论只能是按照帮助犯来认定处理。如有学者正确地指出，我国传统的主客观相一致的整体考察思维往往存在这样的问题，即"如果从客观要素上判断，尚不能确定或者并不符合构成要件的情况下，转而考虑行为人有无故意、过失等主观要素；如具备主观要素，则反过来认为客观要素也已经具备"[2]。还有人认为，对于中立帮助行为的限制处罚应从物理和心理因果关系角度进行，但在与危害结果之间的因果关系这一客观层面来看，其与可罚的帮助犯

---

〔1〕　参见符天祺："帮助犯的结果归责"，载江溯主编：《刑事法评论》（第41卷），北京大学出版社2019年版，第107页。

〔2〕　张明楷：《犯罪构成体系与构成要件要素》，北京大学出版社2010年版，第47页。

之间并不存在本质差别，因而，因果关系虽是承担刑事责任的客观基础，但其功能仅在于将具有因果关系的帮助行为与那些不具有因果关系的适法行为区分开，由于中立帮助行为与危害结果之间的因果关系是现实存在的，因此，以有无因果关系为标准难以达到对中立帮助行为限制处罚的目的。对与危害结果存在因果联系的行为进行规范性评价便具有重要意义，即通过风险的禁止性来引入规范性评价，将那些与刑法规范保护目的无关的结果排除在归责的范围以外，并非将所有创设风险的行为都进行归责，这些风险须在法律评价上具有重要的意义。因此，按照客观归责理论，行为所制造和实现的风险只有存在于刑法构成要件的保护范围之内，也就是说违反规范的行为才属于禁止的风险，才具有归责的可能性，因此在对中立帮助行为进行归责时应坚持归因与归责相分离的递进式审查。正如周光权教授所指出，刑法中危害行为必须是具有一定重要意义且制造了规范所禁止风险的行为，然而中立的业务行为在大多数场合下并不符合这一要求，不存在客观归责的基础。在行为并未制造规范所禁止的危险时，根本就不需要审查行为人是否具有主观故意，更不能因为行为人有认识而"倒因为果"地认为其具有客观不法性。[1]

（三）以"风险增加"的客观归责理论进行限制

在前文所述各种限制处罚的客观学说中，笔者更倾向于采取狭义客观归责论。理由在于：第一，客观归责理论标准相对明确，也可以实现主客观相统一的传统理念。虽然每一种学说都或多或少存在标准模糊不清的问题，但客观归责理论相对而言更为明确，风险的创设和实现具有事实依托，允许风险或禁止风险的判断虽属规范评价层面但也有据可依；而且客观归责理论并非完全不顾主观要素，特别认知的例外检验使其能够较好地契合我国传统刑法所倡导的主客观相一致的理念。第二，客观归责理论与帮助行为的处罚依据相适应，使得结论具有合理性。如前所述，在帮助行为的处罚根据上，共犯责任论中的混合惹起说具有充分的合理性，认为共犯的不法部分从属于正犯、部分独立于正犯，既承认"没有共犯的正犯"又否定"没有正犯的共犯"。混合惹起说映射到中立帮助行为的限制处罚理论上便要求：一是中立帮

---

〔1〕 参见周光权："中性业务活动与帮助犯的限定——以林小青被控诈骗、敲诈勒索案为切入点"，载《比较法研究》2019年第5期。

助行为均须以正犯行为的客观存在为前提；二是中立帮助行为因为引起了法禁止的风险，所以一定程度上具有独立的处罚根据。可见，在中立帮助行为的限制处罚上，客观归责理论与混合惹起说之间相互协调。第三，采取客观归责理论也是二元行为无价值理论的体现。二元行为无价值论追求在犯罪本质溯源上的"法益侵害"与"规范违反"的协调互济，而客观归责理论恰好体现了这一点：是否创设和实现了风险应从法益侵害角度进行考察，而该风险是否为禁止风险的评价则体现了"规范违反"层面的审视。第四，也是最为重要的，客观归责论在适用上具有阶层性特征，能够发挥限制处罚的功能。客观归责的三个原则实际上分为两个递进层次：第一层次包括是否制造了风险和是否实现了风险两个原则，属于对行为性质的客观事实认定；第二层次指结果是否在构成要件范围内实现，属于是否具有法禁止性的规范评价，[1]该理论在适用过程中需要先后经过这两个层次的递进审查，从而严格限制了行为的处罚范围。因此，客观归责理论适用在中立帮助行为领域可以发挥第一重限制功能。

罗克辛教授进一步认为，帮助行为客观归责的第一步应调整为：促进正犯行为对被害人的禁止风险升高，并相应地提升了正犯行为实现结果的机会。[2]笔者深以为然，在客观归责的三个步骤中，帮助行为与正犯行为之间的不同主要体现在第一步上，二者在风险实现和风险处于构成要件保护范围这两个步骤中的差别并不大。之所以要作这样的调整，原因在于：第一，客观归责理论最初主要适用于正犯行为。客观归责原则适用于正犯行为的结果归责中以法所不容许的风险创设与实现为基本判断依据，而在作为扩张处罚事由的共犯行为中，由于帮助行为与正犯行为相比不具有实质支配性，因此借用"犯罪促进说"的理论，帮助行为对正犯行为及其造成的法益侵害的促进体现在增加了正犯行为所制造的法所不容许的风险。第二，帮助行为与正犯行为在存在基础上具有差异，帮助行为须以正犯行为的存在为前提，也就是说必须附着于一个制造了禁止风险的正犯行为，因此，帮助行为对风险的影响仅仅是提高了正犯行为所制造的禁止风险。有学者精准地指出了上述存

---

〔1〕　参见姚万勤："中立的帮助行为与客观归责理论"，载《法学家》2017 年第 6 期。

〔2〕　参见［德］克劳斯·罗克辛："德国刑法中的共犯理论"，劳东燕、王钢译，载陈兴良主编：《刑事法评论》（第 27 卷），北京大学出版社 2010 年版，第 131 页。

在基础上的差异对归责进程的影响："行为对结果的作用力大小与对其进行归责的限制是呈反比的，作为引起型因果类型的帮助行为与作为造成型因果类型的正犯行为相比，对其归责限制应该更大一些。"[1]第三，出于严格区分正犯行为与帮助行为，进而合理限制刑罚处罚范围的需要。如果对帮助行为与正犯行为在归责原则上不加区分，而同样以创设禁止风险为标准来衡量帮助行为，就在因果进程的参与程度上对帮助行为提出了过高要求，无形中既混淆了正犯行为与帮助行为，不当划定了帮助犯在现实中的存在范围。笔者认为，这种不当划定可能存在"不当扩大"和"不当限缩"两种情形。前者如，在共同犯罪中，当正犯行为创设禁止危险之后，便以禁止危险的产生不加区分地作为处罚帮助行为的依据，此乃扩大处罚情形；后者如，要求帮助行为也必须创设禁止危险才进行归责，无疑是提高了归责的标准，此乃限缩处罚情形。第四，出于对中立帮助行为处罚限制的需要。不可否认中立帮助行为在客观上确实对正犯行为起到了促进作用，在事实的因果层面上似乎具有刑事可罚性，但中立帮助行为同时也维系着公众社会交往和商品交易自由及社会的日常运转，这种社会有益性会对中立帮助行为因促进正犯而因袭的可罚性产生明显的限制效果，因此有必要在正犯客观归责的基础上通过禁止危险升高理论对事实因果进行规范评价，进一步发挥客观归责理论对中立帮助行为的限制处罚机能。也就是说，在客观上已经存在禁止风险的情况下，应进一步判断帮助行为是否提高了正犯实现风险的可能性，以便于正确衡量中立帮助行为的客观可罚性。综上，客观归责理论从正犯行为认定模式转换到帮助行为评价体系中应进行必要的话语转换，只有当帮助行为在提升、增加了正犯行为危险性时，才能够对其进行归责，否则即便其与正犯危害结果之间存在联系，也不应进行刑罚处罚。

那么，接下来的问题便是如何来判断帮助行为是否增加了法所不容许的风险。应注意以下两个方面：第一，应妥当理解作为评判依据中"法"的含义。这里的"法"并非特指刑法规范，而是泛指包括行政法规、刑事法律等在内的一种行为规范，也有人认为是"整体法秩序"，显然作为刑法概念是极

---

[1] 劳东燕：《风险社会中的刑法——社会转型与刑法理论的变迁》，北京大学出版社 2015 年版，第 153~154 页。

其模糊的，因此无论是禁止风险还是允许风险都是一种规范评价，是价值衡量的结果。[1]"在通常情况下，行为只要在实施时符合现有法律规定的要求，那么便认为该行为具有合规范性和社会相当性，也就是在法所能容许的风险范围之内，自始不具有法益侵害性，也就不可能该当构成要件，就属于允许风险；相反，行为超越了法律允许风险的界限所制造的风险，就属于禁止风险。"[2]实际上，某一行为所产生的风险为法律所允许还是禁止，并不是仅仅依照当时的实定法律，因为透过允许风险定义的客观可归责性是一个实质的概念，所构建的体系当然也是一个开放的体系，具有演绎可能性。[3]因此，真正作为判断依据的实际上是法的规范保护目的，这是不取决于行为人主观的客观标准。考虑法的规范保护目的的过程就是利益衡量的过程。利益衡量不同于法益衡量，后者是在相互冲突的法益之间进行抉择的过程，而前者是需要在综合考虑各种因素情况下的整体衡量，具有更高的位阶。利益衡量可以分为两种不同情形：一种为立法层面的或者说立法生成时的利益衡量；另一种是法律适用层面的或者说司法适用中的利益衡量。[4]笔者认为，作为客观归责认定中的利益衡量应是立法层面的利益衡量，因为输出规范保护目的的"法"应是行为时业已存在的，具有行为规范和评价规范的机能，只有如此才能为风险评价提供依据。如在道路交通行为领域，不可否认，道路交通对于生命、健康或者财产都具有一定风险性，但是立法者不会因此而禁止道路交通活动，这正是基于经济发展、社会进步的公共利益与个人利益之间进行权衡的结果，也就是说，只要遵守了所有道路交通法律法规等行为规范，驾驶机动车的行为就被立法确认为是允许的风险。但与之不同，司法上的价值衡量只能是一种事后的、个别的规范评价，这种衡量过程是因人而异、因事而异的，并不能上升到普遍的优越利益层面，更难以被抽象为构成要件，而通常认为允许（禁止）风险的判断属于构成要件该当性的评价，而不属于违法性层面。需要注意的是，本书并不否定在结果归责过程中需要进行具体的价值衡量，但该过程应被置于违法性阶段，主要通过社会相当性理论完成，

---

[1]　参见许玉秀：《当代刑法思潮》，中国民主法制出版社 2005 年版，第 507 页。

[2]　张亚军：《刑法中的客观归属论》，中国人民公安大学出版社 2008 年版，第 56~57 页。

[3]　参见许玉秀：《当代刑法思潮》，中国民主法制出版社 2005 年版，第 507 页。

[4]　参见劳东燕："法益衡量原理的教义学检讨"，载《中外法学》2016 年第 2 期。

后文详述。一言以蔽之，作为允许（禁止）风险判断前提的并非单纯是成文的法律法规，而是以事先利益衡量为核心的公共秩序作为判断基础，如果综合各方面因素，认为存在优越利益的行为人并没有实质上违反注意义务，其行为的风险是被允许的。[1]

第二，从类型化角度考察是否存在风险"增加"。所谓类型化角度就是结合通常情况下的司法实践经验，从正反两个方面来加以评价帮助行为对正犯行为及其结果的促进作用。从正向看，需要考虑帮助行为是否具有犯罪意义上的关联，也就是说需要从客观上去评判该行为是否为正犯实施犯罪行为的一部分，与正犯行为具有直接相关性，脱离正犯行为是否具有独立的社会意义，如为实施开设赌场的犯罪人提供外卖饮食的行为，虽然对正犯行为起到促进作用，但是该行为并不是开设赌场罪犯罪构成的核心或重要事实，饮食乃任何人都必需之物，这种行为对正犯而言仅仅属于"周边援助"，而提供外卖饮食作为一种经营行为又具有独立的社会意义，因此，不具有犯罪意义上的关联，应否定客观的危险增加，不应承担帮助犯的罪责。考虑犯罪意义的关联，是客观归责理论运用于帮助行为之上的第一重限制。从反向看，应排除制造被允许的风险和风险降低、未制造风险等情况。所谓风险降低行为，是指帮助行为虽然引起了法益侵害的结果，但是与其介入前的正犯行为可能造成的结果相比，明显降低了危害结果的损害程度，那么就不应对该帮助行为进行客观归责。风险降低在刑法理论上存在三种情况："一是对于既存的危险在程度上加以修正；二是在时间上延后危险行为对于结果的作用；三是在方式上让该结果由另一种形态出现。"[2]司法实践中常见的例子如，医生甲明知乙购买安眠药的目的是杀害其妻子，将可能导致他人拉肚子的药出售给乙，虽然其行为也造成了一定结果，但是与致人死亡相比明显降低了损害程度，不应构成帮助犯。所谓未制造风险的行为，是指某一帮助行为在法益侵害结果或者危险上，虽然没有降低风险，但也没有制造新的风险的情况。此种类型一般是提供饮食、住宿等具有社会通常意义的日常行为。

---

〔1〕 参见王俊：《客观归责体系中允许风险的教义学重构》，法律出版社 2018 年版，第 18 页。

〔2〕 林东茂：《刑法综览》，中国人民大学出版社 2009 年版，第 66 页。

（四）以"社会相当性"标准进行再限制

客观归责中禁止风险升高理论是基于中立帮助行为的"帮助性"这一扩张处罚属性而进行的限制，即只要行为增加了法所不容许的危险，便具有可罚性；但是中立帮助行为由于本身还具有日常性、反复性、业务性等"中立性"特征，原则上属于法律和社会公众所认可与接受的风险范围，与传统的帮助行为具有本质区别，在上述规范评价的过程中并未将具有社会有益性的行为排除在外，因此，需要针对"中立性"进行第二重处罚限制，即从社会相当性标准入手，将那些严重脱逸社会相当性的帮助行为筛选出来纳入刑罚评价范围。从某个角度看，社会相当性说与客观归责理论具有目的上的趋同性，都试图从中立帮助行为客观上所具有的"中立性"层面进行处罚限制，都是"客观说"的观点，也都试图以行为对社会发展的有益性为根据，从而对一定法益侵害的行为予以正当化。[1]但二者也存在显著差别，主要是体系归属不同，客观归责中允许（禁止）风险的判断属于构成要件范畴，而社会相当性一般被置于违法性判断之中。这也决定了二者在排除机制上的区别，允许（禁止）风险的判断是一般评价，通常是以社会一般人为视角，以先验的法规范为依据，进行事前判断；而社会相当性的判断是个别评价，通常以行为人为视角，以具体案件事实为依据，进行事后判断。需要说明的是，客观归责理论并不排斥社会相当性理论，客观归责是在因果事实基础上的规范评价，在其"法所不容许的危险""构成要件的保护范围"等要件中均包含着对"相当性"要素的评价，二者并不冲突，因为"属于法所允许的风险的，首先是各种一般的生活风险，法秩序并不试图阻止这些风险，例如，参与交通，生产与销售机动车、刀具、斧头或者其他危险的物品"[2]。另外，本书构建"客观归责+社会相当性"的双重限制体系，也主要是基于二元行为无价值论的理论推演。允许风险是对具有一定法益侵害危险的行为，基于利益衡量的思想，最终允许这种风险存在的理论，因此，它的理论根基在于法益侵

---

〔1〕参见［日］半田裕司：《不法问题的过失犯论》，成文堂2009年版，第150页。转引自王俊："允许风险的刑法教义学研究"，载江溯主编：《刑事法评论》（第41卷），北京大学出版社2019年版，第434页。

〔2〕［德］英格伯格·普珀："客观归责的体系"，徐凌波、曹斐译，载陈兴良主编：《刑事法评论》（第39卷），北京大学出版社2016年版，第292页。

害说。而社会相当性理论主要是考虑行为本身是否具有社会通常的价值观感，从而阻却违法，因此它的理论根基在于规范违反说。可见，社会相当性具有对构成要件的限缩功能，离开了社会相当性的思考，单纯从法益侵害角度对中立帮助行为进行限缩，可能无法得出恰当的结论，将二者进行结合既体现了二元行为无价值论的主张，又能够保证结论的适当性。[1]因此，基于中立帮助行为的特殊性，在通过客观归责理论进行第一次限制后，仍可以通过社会相当性理论进行第二次限制，这也契合了"三阶层"犯罪论体系中先进行构成要件该当性判断再进行违法性判断的司法逻辑。综上，对于中立帮助行为的结果归责，应先进行允许风险的判断，根据客观归责原则进行第一次限制，再根据社会相当性的理论判断具体的违法阻却事由是否存在，从而得出处罚的合理范围。

（五）根据有无"特别认知"进行反向排除

作为规范评价机制的客观归责理论，其评价对象是行为是否制造、增加以及实现了法所不容许的风险，而判断的依据是刑法规范，此处的刑法规范应理解为行为规范。周光权教授认为，作为客观归责中评价依据的规范只能是立法上事先确定、构建好的行为规范，而不是制裁规范，该当构成要件的行为就是违反规范的行为。[2]因此，所谓客观归责实际上就是，如果某一行为违反了行为规范并在构成要件结果中实现了其所创设、增加的风险，则可对该违反规范的行为进行归责。而行为规范总是具体的，它总是考虑具体行为人的主观能力，而因地制宜地提出行为决定的要求。[3]因此，作为判断禁止风险的行为规范必然要考虑行为人对危险的特别认知。所谓特别认知（Sonderwissen），"是指行为人认识到了一般人所没有认识到的与构成要件有关的危险"[4]，这决定了行为规范对其期待可能性的大小，也就是对其实施

---

[1] 参见王俊："允许风险的刑法教义学研究"，载江溯主编：《刑事法评论》（第41卷），北京大学出版社2019年版，第437～438页。

[2] 参见周光权："客观归责理论的方法论意义——兼与刘艳红教授商榷"，载《中外法学》2012年第2期。

[3] 参见庄劲：《从客观到主观：刑法结果归责的路径研究》，中山大学出版社2019年版，第54页。

[4] 何庆仁："特别认知者的刑法归责"，载《中外法学》2015年第4期。

符合社会相当性的适法行为的期待要求的高低。具体而言，行为人对禁止风险的特别认知程度越高，刑法对其要求也就越高；行为人对禁止风险如果都不具有特别认知，刑法对其要求就越低，其行为往往将不会严重脱逸社会相当性可而归责。也就是说，特别认知与禁止风险的创设和增加具有密切联系，在否定制造或者增加了禁止风险时应格外考虑有无特别认知，从而进行例外检验，发挥该标准反向排除的功能。

对于特别认知理论，需要澄清几个问题：第一，承认特别认知会不会过分苛以行为人相应的注意义务？因为，很显然，具有特别认知的人具有的注意义务相应也大，这会不利于具有特定身份的人。笔者认为，因具有特别认知而归责与人的身份或者社会角色并没有关系，上述观点混淆了"认知风险的义务"和"认知风险后回避结果的义务"，也就是说，任何人都不具有特别认知风险的义务，但是当其现实中特别认知到风险后，便会产生回避结果的义务。在前文的例子中，当饭店服务员不知道其端给顾客的蘑菇中有毒时，其当然没有发现和检验蘑菇是否有毒的义务，没有创设禁止风险。但是，当其发现所端的蘑菇有毒时，还将其端给顾客食用，其行为当然违反了具有特别认知后的结果回避义务。

第二，是否因为需要特别认知，导致客观归责理论中出现了主观评价，进而走向主观归责呢？对此，在刑法理论中存在一定争议，既有学者将特别认知作为主观归责的理论主张，也有学者认为特别认知应属于故意的要素。为了解决特别认知的存在是否将改变客观归责理论的客观属性这一难题，客观归责理论的支持者提出了两种解决方案：一种方案是，如德国学者雅各布斯教授将特别认知置于保证人地位中予以分析。他认为，如果将原本属于法所允许的风险的行为，由于行为人具有特别认知而进行归责，应从保证人地位角度进行解释，不然会造成"谁认知越多，谁负担的义务越重，越容易陷入刑罚"的不合理情况。他指出行为人之所以具有特别认知往往因为其具有一定的身份或地位，这种身份和地位也使其产生了保证人义务。另一种方案是，要求法官从事后的角度在查明事实的过程中，特别是在评价行为是否创设了禁止风险时，综合考虑社会一般人的认知与行为人的特别认知状况。而认为这种方法具有客观性的依据在于"认知"这种主观要素并不是构成行为的客观要件，而只是作为衡量是否为"风险"这一客观事实的判断资料，换句话说，考察认知的过程依旧是对"风险"这一客观事物进行判断的过程。[1]笔者认为，虽然这两种解决方案都存在一定问题，绝非完美，但是对于客观归责理论在中立帮助行为的评价上具有重要借鉴意义：根据第一种方案，在进行风险评价时势必要考虑行为人的特别认知，将一些虽然原本不具有"风险识别义务"，但在识别风险后具有了"防止义务"的人纳入归责范围之内。如饭店服务员看出自己所端的菜中有毒还端给顾客食用的情形便是适例。同时，根据第二种方案，可以将行为主体对刑法规范内容不具有认识可能性的行为从归属的考察范围中剔除，而无须等到对主观构成要件进行审查时才去否认行为的不法[2]。

第三，特别认知与故意的区别何在？主要体现在几个方面：其一，内涵和侧重点不同。特别认知是对事实的认识，认识对象仅包括客观事实；而故意还包括对行为危险性和性质的认识，认识对象中还包括规范评价事实。其二，法律属性不同。特别认知是一种心理认知，属于纯事实层面；而故意是对心理认知的规范评价，除了事实外还具有评价因素。其三，特别认知与故意之间也不存在相互对应的关系。构成故意除了要有对事实的认知外，还要有意志因素，所以仅具有特别认知是不充分的。其四，特别认知不一定是故意，也可能是过失。如弗里希教授指出，故意作为行为人的认知只能存在于行为时，而特别认知的存在时点并不限于行为时，也可以在行为前；事实上存在着行为前具有认知但于行为时却忘记的情况，而这种情况更容易演变为过失。[3]可见，作为事实要素的特别认知是故意、过失等要素存在的基础，为后者提供了认定依据。因此"特别认知主要是作为实行行为的要素而存在的，其功能在于确认实行行为的危险性"[4]，换句话说，特别认知存在的意

---

[1] 参见符天祺："帮助犯的结果归责"，载江溯主编：《刑事法评论》（第41卷），北京大学出版社2019年版，第115页。

[2] 参见陈璇："论客观归责中危险的判断方法——'以行为时全体客观事实为基础的一般人预测'之提倡"，载《中国法学》2011年第3期。

[3] ［德］沃尔夫冈·弗里希："客观之结果归责——结果归责理论的发展、基本路线与未决之问题"，蔡圣伟译，载陈兴良主编：《刑事法评论》（第30卷），北京大学出版社2012年版，第253页。

[4] 参见欧阳本祺："论特别认知的刑法意义"，载《法律科学》（西北政法大学学报）2016年第6期。

义在于例外地检讨一下当行为人具有特别认知后其行为是否适当，也就是在此种情况下是否应进行客观归责，审查的还是禁止风险创设或者增加行为本身。因此，特别认知仍处于客观层面，对其进行例外判断不会改为客观归责的性质。一言以蔽之，特别认知一般是在业已否定存在禁止风险创设或增加的情况下发挥作用，也就是说，当行为人存在特别认知进而违反社会相当性时，就会产生保证人义务，进而否定已经得出的结论，认为行为人创设或者增加了禁止风险。

本书构建的上述限制处罚标准是层层递进的关系，在司法实践中应依次进行判断，只有满足了前一个限制条件后才能进入下一个限制条件的判断，但并非对任何中立帮助行为可罚性的判断过程都必须经过全部限制条件的检验，因为如果当某一行为根据前项标准已得出否定结论，便没有再往下判断的必要了，直接可以否定行为的可罚性。

最后，需要说明的是，中立帮助行为是否可罚及限制处罚的路径等问题，本质上不是一个解释论问题，而是一个立法论问题或刑事政策问题，试图用教义学中的各种概念或理论来解决问题，注定会遭遇挫折[1]。实际上，我国刑法学界对中立帮助行为问题探讨较早、较为深入的陈洪兵教授近来也改变以往的观点转而明确主张采取利益衡量原则作为对中立帮助行为可罚性的判断标准，[2]只不过其仅停留在自由保障与法益保护的一般权衡上，而没有提出具体标准，且在分析中不自觉地滑入"自由保障"优先的认识之中。笔者较为认同将对该问题的认识上升到利益衡量的立法论层面，这将有利于今后较好地解决中立帮助行为的处罚性问题，但教义学层面的分析更有助于对中立帮助行为的深入认识，并为立法层面的选择提供理论基础，且在立法空白及刑事政策不明情况下，为司法实践提供正确指引。

---

〔1〕　参见邹兵建："网络中立帮助行为的可罚性证成——一个法律经济学视角的尝试"，载《中国法律评论》2020 年第 1 期。

〔2〕　参见陈洪兵："论中立帮助行为的处罚边界"，载《中国法学》2017 年第 1 期。

第三章 可罚的中立帮助行为的成立条件

通过前文确定的限制处罚规则，从中立帮助行为中进一步甄选出可罚的部分与实质中立不可罚的部分，但这只是完成了类别的初步划定，而没有对可罚的中立帮助行为的实质特征或者说成立条件问题进行探讨。该问题根据中立帮助行为入罪方式的不同，可以还原为正犯的成立条件或帮助犯的成立条件问题，而这里所谓的正犯均是帮助型正犯或拟制的正犯，其在成立条件上与帮助犯具有相关性和相通性。在刑法理论上，这又是前文关于共犯处罚根据问题的理论归结和当然延续，如果在前述共犯处罚根据理论中采取不同的学说立场，可能会在可罚的中立帮助行为成立条件上得出不同的结论，如以因果共犯论为理论基底，就会采取因果关系必要说，认为只有参与行为与正犯行为之间具有因果关系，对正犯行为实施起到实质促进作用时，才会成立帮助行为。[1] 本章便对具有刑事可罚性的中立帮助行为的成立条件进行分析阐释。

第一节 违法的正犯行为

如前所述，本书对共犯的处罚根据问题进行了分析，在明确了帮助行为的处罚根据后，自然而然的逻辑便是：既然共犯的处罚根据理论从实质原理上回答了刑法为何要在正犯行为之外处罚帮助行为这一前提问题，且帮助行为本身属于刑罚的扩张处罚事由，那么应如何对共犯行为的处罚进行限定呢？中国的刑法学应采取什么原则呢？这便是共犯从属性理论（共犯性质理论）所要解决的问题。可以说，"共犯处罚根据理论从根本上划定了共犯行为罪与

---

[1] 参见［日］高桥则夫：《共犯体系和共犯理论》，冯军、毛乃纯译，中国人民大学出版社2010年版，第135～138页。

非罪之间的界限，是帮助行为成立的外围限制；而共犯从属性理论则侧重于从形式上确立共犯成立的标准，划定共犯的范围，是帮助行为成立的内在约束"[1]。也就是说，根据共犯从属性原则所确立的标准便可以明确成立帮助行为所应具备的条件。申言之，共犯的实行从属性之有无决定了共犯行为的成立是否以正犯行为为条件，如果认为共犯具有实行从属性便表明成立共犯必须存在正犯行为，这是中立帮助犯成立的前提条件；而要素从属性的范围又进一步决定了正犯需具备的规格，也就是只要求其该当构成要件，还是必须具备违法性，抑或是还需要具有责任。因此，本节首先探讨一下共犯与正犯之间的从属性问题。

一、有关共犯从属性的争议问题

（一）共犯从属性说的优势地位

在区分制犯罪参与体系中，共犯与正犯之间处于何种关系，这涉及共犯从属性和共犯独立性问题。反过来说，也正是因为在区分制犯罪参与体系中，才存在讨论共犯从属性问题的必要。如我国台湾地区学者林山田所言："在不区分正犯与共犯的单一犯罪参与体系中，每个犯罪参与者均独自为自己的行为及造成的结果负责，不存在对他人行为及结果具有从属性而承担责任的情况。"[2]正犯与共犯区分问题最早在德国引发研究讨论，并逐步形成了共犯独立性说与共犯从属性说两种相互对立的学说体系。该问题在日本和我国刑法学界均属于重大理论问题而引发激烈讨论。但近年来，随着新派主观主义刑法理论在大陆法系刑法中的影响逐渐式微，德日刑法学界中上述对立和争论逐渐形成了共犯从属性说取得支配地位的局面，共犯独立性说的支持者日渐寡薄，共犯性质论的关注焦点也随之转向从属性学说的内部，特别是从属性的内容和范围。如今，刑法学界对共犯从属性的理论分类多来自日本学者。日本团藤重光教授对共犯从属性问题的核心争议梳理为"有无从属性和从属性的程度两大方面，前者体现为共犯独立性说和共犯从属性说之间的观点对立，后者主要是在共犯从属性说内部进一步区分为极端从属性、限制从属性

---

〔1〕 张伟：《帮助犯研究》，中国政法大学出版社 2012 年版，第 68 页。
〔2〕 林山田：《刑法通论》（下册），北京大学出版社 2012 年版，第 18 页。

和最小从属性三种不同程度的主张"〔1〕。对此，平野龙一教授在批判借鉴上述观点的基础上进一步提出三个层次的体系划分："第一个层次是实行从属性，即成立共犯是否以存在正犯行为作为必要条件，肯定观点是共犯从属性说，而否定观点就是共犯独立性说。第二个层次是在认为共犯具有从属性观点的内部，以作为共犯成立前提的正犯行为必须具备何种要素为标准，将从属性划分为极端从属性、限制从属性和最小从属性三种限度，并形成三种不同理论观点。第三个层次是罪名从属性问题，即针对共同犯罪行为之间是否应符合同一个犯罪构成，以行为共同说和犯罪共同说为基础形成的理论观点。"〔2〕

笔者认同平野龙一教授的分类，但认为罪名从属性归根结底是共犯本质的问题，主要存在于共同正犯领域，在狭义共犯中基本不涉及该问题，因此在帮助犯成立条件的讨论中不应包含罪名从属性相关内容。此外，还需要说明的是，共犯从属性针对的是"共犯的成立条件"而不是共犯的犯罪性。正如有学者曾指出，由于共犯的犯罪性来自于正犯，因此，共犯对于正犯来说具有一定的从属性；但不能就此否定共犯的相对独立性，即在刑法的评价上，共犯是作为独立的对象而存在。〔3〕对此，笔者认为，共犯从属性是在研究共犯成立条件语境下的一种主张，即认为成立狭义的共犯需要正犯实施一定的行为，或者说共犯人成立犯罪以正犯实施实行行为为要件，这与上述论者所说的共犯犯罪性问题不属于同一领域，所谓犯罪性问题应置于共犯的处罚根据中研究，况且如前所述，按照因果共犯论的主张，也不能简单认为共犯的犯罪性来自正犯。

（二）我国应采取实行从属性说

1. 实行从属性说的适当性展开

在我国，关于共犯从属性的有无，很少有人单纯地主张实行独立性说，

---

〔1〕 ［日］团藤重光：《刑法纲要总论》，创文社1990年版，第377页以下。转引自［日］西田典之：《日本刑法总论》，王昭武、刘明祥译，法律出版社2013年版，第347页。

〔2〕 ［日］平野龙一：《刑法总论Ⅱ》，有斐阁1975年版，第345页。转引自［日］西田典之：《日本刑法总论》，王昭武、刘明祥译，法律出版社2013年版，第292页。

〔3〕 参见陈兴良："共同犯罪论"，载《现代法学》2001年第3期。

多数学者基于《刑法》第 29 条教唆犯的规定，从刑法条文进行解读，坚持共犯二重性说，从而形成了二重性说与从属性说之间的对立。两种学说孰优孰劣，涉及刑法众多基础理论问题，但并不属于本书之重点，考虑到全书的逻辑体系，故笔者拟简要提出个人拙见，供于批驳。笔者认为，我国刑法应采取实行从属性说，具体理由如下：

第一，实行从属性有利于限制共犯的处罚范围，贯彻罪刑法定主义。如前所述，共犯属于刑法的扩张处罚事由，对其处罚应加以限制，否则将使得刑法分则构成要件的限制机能消失殆尽，不利于现代社会法治国理念的实现。实行从属性说表现出对实行行为和构成要件的极大尊重和维护。刑法分则对正犯的构成要件和法定刑作出了规定，而共犯罚则仅体现在刑法总则之中，因此对其定罪处罚必然要通过刑法总则和分则相结合才能够实现，"坚持实行从属性可以实现分则条文具体规定对共犯的限制作用，体现犯罪构成要件的限制机能，从而最大限度地贯彻罪刑法定主义"[1]。可以说，这在我国当下刑事立法不断扩张、犯罪化趋势明显以及共犯正犯化立法实践活跃等背景下显得尤为重要。

第二，坚持实行从属性有利于客观主义刑法观在我国刑法中的确立和发展。实行从属性与独立性的对立可以视为是刑法客观主义与主观主义理论分野的具体表现。长久以来我国传统刑法学界认为"教唆犯具有二重性，并且独立性是主要的"，原因在于继承了自《唐律》以来"造意为首"的思想。[2]如马克昌教授就曾专门指出教唆犯的特点在于："第一，是犯意的发起者；第二，主观上具有严重的反社会恶性；第三，还引起了正犯的犯罪行为。"[3]不得不说这种观点体现出浓厚的主观主义刑法色彩。单纯的主观主义以行为人的法益敌视态度作为不法依据而不再将结果视作犯罪的必要条件，因而它必然带来刑罚权的不当扩张。[4]虽然，笔者在前文主张二元行为无价值论，但客观考察我国刑法规定可以看出，仍是以客观主义为主要导向，在任何时候都不

---

〔1〕　张开骏：《共犯从属性研究》，法律出版社 2015 年版，第 165 页。
〔2〕　参见周光权："造意不为首"，载《人民检察》2010 年第 23 期。
〔3〕　马克昌：《比较刑法原理：外国刑法学总论》，武汉大学出版社 2002 年版，第 661~662 页。
〔4〕　参见冀洋："刑法主观主义：方法论与价值观的双重清理"，载《法制与社会发展》2016 年第 3 期。

能忽视法益侵害作为犯罪本质的重要意义，所以行为只要没有侵害或者威胁法益，原则上就不应处罚。由于我国《刑法》规定了预备犯、未遂犯的处罚原则，并在第29条第2款中对"教唆未遂"的处罚作出规定，有的学者试图从上述规定中得出我国刑法采取行为独立说的结论。[1]但事实上，"刑法处罚犯罪未遂的理由并不在于该未遂行为征表出行为人的危险性或反道义性，而是该犯罪未遂行为本身产生了结果实现的具体危险"[2]。对于预备犯的处罚道理相同，只不过预备犯相比未遂犯而言法益侵害危险性更小，所以处罚上要更轻。至于教唆未遂的规定，笔者认为：一是，如前所述教唆犯的规定受到传统刑法思想的影响，该规定不足以说明我国刑法关于共犯的基本立场；二是，该条只是规定了教唆未遂时的处罚原则，要注意《刑法》第29条第1款和第2款之间的逻辑关系，第1款是关于教唆犯处罚的总体性、原则性规定，对教唆犯按照其在共同犯罪中的作用来处罚的规定，实际上已经限定了共同犯罪的处罚范围，即原则上处罚成立共同犯罪的教唆犯；而第2款是在第1款确立的原则统领下针对教唆未遂情形进行从宽处罚的提示性规定，因此这里的"没有犯被教唆的罪"不应包括被教唆者未实施任何行为的情形，因为这种情况下教唆者与被教唆者之间根本就不成立共同犯罪，不符合第1款的原则性规定。同时，也将出现以下罪刑不均衡的现象：如果被教唆的人没有实施任何犯罪行为，对教唆者适用第29条第2款，可以从轻或者减轻处罚。如果被教唆者接受教唆但停止于犯罪预备，则教唆犯也成立犯罪预备，应根据《刑法》第22条的规定，可以比照既遂犯从轻、减轻或者免除处罚。可见，从行为危害性上说，第二种情形显然要重于第一种情形，但是处罚上却更轻，显然罪刑不均衡。因此，有学者认为"应将第29条第2款限定为'被教唆的人没有犯被教唆的罪既遂'，具体情形包括被教唆的人着手实行犯罪后，由于意志以外的原因未得逞（未遂）或者自动放弃犯罪或者有效地防止结果发生（中止）三种情况"。[3]也就是说该款规定的适用以被教唆者实施了犯罪行为为必要，笔者对此深以为然。

---

〔1〕 参见陈兴良：《教义刑法学》，中国人民大学出版社2010年版，第652页。

〔2〕 [日]平野龙一：《刑法总论Ⅱ》，有斐阁1975年版，第347页以下。转引自张明楷：《刑法的基本立场》，中国法制出版社2002年版，第301页。

〔3〕 张明楷：《刑法学》，法律出版社2016年版，第412~413页。

第三，采取实行从属说是坚持因果共犯论的当然的结论。如前所述，在共犯处罚根据问题上，刑法学界已一致转向因果共犯论，只不过在因果共犯论内部存在不同的选择倾向而已。从因果共犯论的核心要旨——惹起法益侵害或者危险来说，必然得出在共犯成立条件上的从属性说：因为共犯的处罚根据在于引起了法益侵害，但引起这种侵害的过程具有间接性，必须通过介入正犯行为才能实现，所以作为共犯处罚根据的引起法益侵害的前提便是存在正犯行为。可见，在共犯成立条件上正犯行为是必要的，也就是应坚持共犯从属性说。反过来，我们理性审视独立性说的具体主张，可以发现其不同程度地反映出责任共犯论或违法共犯论的思想痕迹。如吴振兴教授曾指出："教唆犯的社会危害性……体现在教唆犯向他人传播犯罪思想。根据我国《刑法》规定，即使被教唆者没有实行犯罪，对教唆者仍要进行刑罚制裁，原因就在这里。"[1]这个论断很明显采取的是责任共犯论"共犯使正犯堕落"的观点。又如，伍柳村先生曾指出，教唆犯的教唆行为使教唆犯与被教唆人发生了人与人之间的社会关系，显示出教唆他人犯罪这一行为本身对社会危害的严重程度。[2]这种观点高度契合了本书在违法共犯论中阐述的"破坏社会完整性"学说。由于忽视共犯对法益的侵害这一违法性本质，无论是责任共犯论还是违法共犯论都已经被学界所摒弃，我国刑事立法与司法实践无论采取结果无价值论还是二元行为无价值论，都将法益侵害置于至关重要的地位，因此在共犯处罚根据上坚持的是因果共犯论，基于此立场应坚持实行从属性说。

第四，实行独立性说不能有效解决刑法中的有关问题。实行独立性说认为共犯可以独立成立犯罪，但在无身份者参与真正身份犯犯罪的情形下，按照其逻辑即便有身份者未实施任何行为，对其教唆或者帮助的无身份者也可以构成真正身份犯。但这种结论是荒唐的，理由在于：一是此种情形下并没有产生法益的实质侵害，法益危险也微乎其微，不具有可罚性；二是无形中突破了刑法分则关于身份犯的构成要件，消解了罪刑法定主义下构成要件的定型化机能；三是与我国立法和司法实践相背离。我国刑法关于保险诈骗罪

---

〔1〕　吴振兴：《论教唆犯》，吉林人民出版社 1986 年版，第 111 页。

〔2〕　参见伍柳村："试论教唆犯的二重性"，载《法学研究》1982 年第 1 期。转引自张开骏：《共犯从属性研究》，法律出版社 2015 年版，第 167 页。

共犯人的规定〔1〕及司法解释中关于挪用公款罪共犯人的规定〔2〕，均强调无身份者要参与到身份犯的实行行为中才能作为身份犯共犯定罪处罚，无疑采取的是实行从属说。

2. 实行从属性与共犯正犯化的冲突与协调

近年来，我国刑事立法不断以将中立帮助行为入罪或者将原本是共犯的行为提升为正犯的方式来扩张刑法处罚范围，据此，有学者认为这种立法现象已经突破了共犯从属性理论，如有学者认为，虽然在共犯责任领域限制从属性说具有合理性，但该说无法解决帮助违法行为、中立帮助行为的入罪化问题〔3〕。可以说，上述论者确实指出了当前从属性理论在立法实践上的适用困境。笔者试图从以下角度来进行说明：

首先，就中立帮助行为入罪而言，笔者认为立法仍然坚持实行从属性，因为只有在具有业务性、日常性的行为对他人犯罪行为起到实质促进作用的情况，立法者才会考虑将其入罪化。因此，在已经立法化的中立帮助行为中构成犯罪毫无例外均要求存在正犯的实行行为，后文将具体展开，可见对于中立帮助行为成立犯罪而言仍然坚持从属性原理。

其次，共犯正犯化与中立帮助行为入罪之间具有密切联系，后者是前者的一种类型，除此之外共犯正犯化中还存在非中立帮助行为正犯化等类型；而前者又是后者入罪的一种途径，除此之外中立帮助行为也有按照帮助犯处罚的情形，可谓第一种类型的共犯正犯化。因此，作为共犯正犯化的类型之一，中立帮助行为正犯化必然要求他人实施一定正犯行为，如《刑法》第287条之二规定的帮助信息网络犯罪活动罪，被帮助的正犯利用信息网络实施犯罪，当然从限制从属性说角度，并不要求该正犯的行为达到可罚的程度，只要具备构成要件和违法性即可。显然，此种共犯正犯化仍未突破实行从属性原理。第二种类型的共犯正犯化，即《刑法》既已规定正犯行为构成犯罪，

---

〔1〕《刑法》第198条第4款规定："保险事故的鉴定人、证明人、财产评估人故意提供虚假的证明文件，为他人诈骗提供条件的，以保险诈骗的共犯论处。"

〔2〕《最高人民法院关于审理挪用公款案件具体应用法律若干问题的解释》（法释〔1998〕9号）第8条规定："挪用公款给他人使用，使用人与挪用人共谋，指使或者参与策划取得挪用款的，以挪用公款罪的共犯定罪处罚。"

〔3〕参见于冲："帮助行为正犯化的类型研究与入罪化思路"，载《政法论坛》2016年第4期。

同时又将属于该正犯行为的共犯行为予以正犯化，如《刑法》第 107 条规定的资助危害国家安全犯罪活动罪。这种类型的共犯正犯化之后成立犯罪一般也要求原本的正犯实施了特定的犯罪行为，即仍然未突破实行从属性。第三种类型的共犯正犯化，即《刑法》不处罚相应的正犯行为，而仅仅处罚相应的共犯行为。如《刑法》第 354 条规定的容留他人吸毒罪，吸毒行为并不构成犯罪，而为其提供场所的行为却被规定为犯罪。对此，确实存在可能突破实行从属性的问题。有学者也指出，刑法分则中共犯正犯化的立法规定体现了犯罪本质问题上的二元行为无价值论和一般预防的理念，从而与总则中对教唆犯的独立化规定之间形成了相呼应的二元立法模式[1]。笔者认为，这种情况下仍不能认为立法转向了实行独立性，而是仍然以从属性为原则，理由在于：这种情况下成立犯罪依旧要求他人实施一定的违法行为，而不是在他人实施合法行为时就可以入罪，更不是无需帮助或者教唆的"对象"，只不过被帮助者或被教唆者的行为根据《刑法》不构成犯罪，但可以理解为实行从属性内部的"最小从属性"，如吸毒、卖淫等行为也可以理解为符合构成要件的危害行为，只不过刑法规范未将其纳入其中，从而不具有违法性，相当于因具有违法阻却事由而不构成犯罪。另外，笔者认为在一些罪名中，虽然单独看某一个被帮助、被教唆的行为只是一般违法行为，但累积后的危害性却不容忽视。如我国现有宽带网民已达 4 亿人、移动互联网网民已经突破 12 亿人，如此庞大的数量和便捷的上网方式给网络违法犯罪提供了更加便利的条件。同时网络违法犯罪行为具有"一对多"的行为特点，因此，时间长、人数多、次数多等原因使得网络违法帮助行为的违法性整体上被显著提升了，从而导致帮助者、教唆者的行为可以被作为犯罪处理。以提供侵入、非法控制计算机信息系统程序、工具罪为例，提供者可能向多人提供上述程序、工具，即便单独看每一个利用该程序、工具实施侵入、非法控制计算机信息系统的行为可能都不构成犯罪，但是整体观之，上述行为的法益侵害性不可谓之不严重，之所以可以这样去"累计"，关键在于各个行为侵犯法益的性质没有差别，刑法当然应当予以处罚，而处罚的根据是提供行为造成的法益侵害

---

〔1〕　参见陈毅坚、孟莉莉："'共犯正犯化'立法模式正当性评析"，载《中山大学法律评论》2010 年第 2 期。

后果并非其行为本身或者行为人的不法。从这种角度看，立法上还是坚持了实行从属性的理论，只不过从属的对象由单个正犯的实行行为变为多个实行行为的整体。对此，近来学界亦有类似见解，有学者正确地指出："从单个正犯不法出发，每一次局部被拆解的共犯参与行为确实没有达到刑事可罚的程度，然而，不应忽略的是，共犯实际上在一定的时间范围内基于同样的主观心态多次、反复地实施了这种违法帮助行为，而这一事实是共犯从属性认定之外更加关键的考察对象。如果眼光仅仅囿于局部被拆解的共犯参与行为对个体正犯的从属关系，那么实际上陷入了刑法评价中'只见树木不见森林'的境地"[1]。该学者还进一步认为，可以借鉴司法实务中"数额累计计算"及德日刑法中"连续犯"和"集合犯"来对多个共犯帮助行为规范评价为一个整体行为，从而避免行为评价的碎片化，实现在恪守共犯从属性下的罪刑均衡。

最后，实际上共犯正犯化并不必然意味着从属性被否定：一则，正犯并不等于独立犯，比如间接正犯、共谋共同正犯，虽然属于正犯但是其成立当然需要他人实施一定行为，因而从成立条件上看也不能认为其属于独立犯；二则，刑法及司法解释中对共犯正犯化现象的规定方式多种多样，也并非所有被正犯化的行为都赋予了独立性[2]。如介绍贿赂罪，虽然被刑法正犯化，但是其成立依然要求具有行受贿犯罪行为。因此，共犯正犯化及密切相关的中立帮助行为入罪现象确实给实行从属理论带来一定挑战，但是尚不能认为刑法已经突破实行从属性原理，即便针对这些新情况，笔者在违法性本质上倾向于采取二元的行为无价值论，但是并不否定在成立犯罪上坚持从属性，二者并非同一理论层面的问题。

二、采取限制从属性的合理性

在坚持实行从属性的理论前提下，进一步的思考便是在要素从属性上应选择何种主张。所谓要素从属性，是指在共犯从属性的命题之下若要成立共

---

〔1〕 王华伟："网络语境中的共同犯罪与罪量要素"，载《中国刑事法杂志》2019年第2期。
〔2〕 参见邓毅丞："共犯正犯化背景下的从属性困境及理论应对"，载《中外法学》2019年第3期。

犯，其帮助、教唆的正犯在构成要件上至少需要具备哪些条件。[1]对此，德国刑法学者麦耶（M. E. Mayer）根据共犯从属要素的范围大小不同，概括了最小从属性、限制从属性、极端从属性和夸张从属性等四种从属形态。[2]目前，德日刑法学界基本已经将极端从属性说和夸张从属性说摒弃，采取的通说是限制从属性说，该说在我国也处于多数说地位。但近些年来，随着网络犯罪活动日益猖獗，一些网络帮助行为的社会危害性甚至超过了正犯行为，一些正犯仅仅具备构成要件符合性而无实质违法性的现象屡见不鲜。因此有学者认为这种现象对作为主流标准的限制从属性理论造成了巨大冲击，据此主张应放弃限制从属性说转而采取最小从属性说，通过将共犯的成立条件限缩在正犯符合构成要件该当性上，而不需要共犯具有违法性和责任，从而将共犯的成立与正犯的违法性进行切割判断，能够有效应对网络犯罪中正犯合法而共犯却违法的违法相对性现象。[3]因此，本书仅就上述现象和争议进行简要探讨。

（一）最小从属性说的理论主张及批判

1. 主张一：违法具有相对性

在日本，最小从属性说的兴起主要是伴随着违法相对论概念的提出，有部分学者认为限制从属性说坚持违法的连带性，即正犯违法共犯必然违法，但在司法实践中结论却不是绝对的，可能出现正犯违法但共犯不违法的情况：前田雅英教授以嘱托杀人未遂案为例，指出受嘱托者违法但是嘱托者却不构

---

　　[1]　参见陈家林：《外国刑法理论的思潮与流变》，中国人民公安大学出版社、群众出版社 2017 年版，第 521 页。

　　[2]　这四种从属性形态的内容分别为：第一，最小从属性。只要正犯的行为单纯地符合构成要件，共犯即成立。第二，限制从属性。正犯的行为符合构成要件而且违法时，共犯才成立。第三，极端从属性。正犯的行为具备构成要件符合性、违法性与有责性时，才成立共犯。第四，夸张从属性（最极端从属性）。正犯的行为除了具备构成要件符合性、违法性与有责性之外，还要具备一定的可罚性条件时，共犯才成立。在极端从属性中，正犯刑罚的加重、减轻事由等也对共犯产生影响。参见张明楷编著：《外国刑法纲要》，清华大学出版社 2007 年版，第 308~309 页。

　　[3]　参见王霖："网络犯罪参与行为刑事责任模式的教义学塑造——共犯归责模式的回归"，载《政治与法律》2016 年第 9 期。

成教唆犯。[1]平野龙一教授也以同意伤害的案例来支持最小从属性说,他认为,甲委托医生将自己的手指切掉,乙实施的伤害行为违法,但甲不能作为教唆犯加以处罚。[2]因此,上述论者从否定违法连带性的角度来说明共犯从属性说的不当之处。

对此,笔者认为:第一,上述论证存在着逻辑问题。限制从属性说与最小从属性说之间的显著区别在于:共犯成立是否要求正犯违法,即正犯具有违法性是不是共犯成立的必要条件。因此,对两种学说的甄别应立足于违法性是否属于成立共犯的"必要条件"展开,而上述论者在论证过程中将违法性理解为了"充分条件"。限制从属性说的理论逻辑是若成立共犯则正犯行为必须具有违法性,若正犯不具有违法性则共犯行为不构成犯罪;而最小从属性说的逻辑应是即便正犯行为不违法,但只要正犯行为该当构成要件就足矣,共犯依然能够成立,其逻辑不应是:即便正犯该当构成要件且具有违法性,但共犯也可能不违法,如此论证实际上是将构成要件该当性和违法性作为共犯成立的充分条件了。第二,上述论者所举的例子都属于"无共犯的正犯"情形,共犯不受处罚的根本原因在于正犯侵犯的法益对于共犯而言不属于受保护的法益,这时就否定共犯具有违法性,但这并不意味着所有的正犯与共犯的违法都必须独立进行判断、所有的共犯对正犯的违法都不具有连带性,实际上这只是刑法规范的保护范围问题,与共犯的成立条件不属于同一问题,不能据此否定限制从属性说。第三,根据犯罪构成理论,构成要件是违法类型,只要行为符合构成要件,而又不具备法定的违法阻却事由,即具有违法性。[3]这里的违法性是一种形式的违法性,也可能行为具有形式违法性但不具有实质违法性,通常就需要从法益侵害性的有无及程度上去判断实质违法性。而在共同犯罪中,在侵害法益这一点上,正犯和共犯之间的关系是"一

---

[1] 参见〔日〕前田雅英:《刑法总论讲义》,东京大学出版会 2006 年版,第 424 页。转引自王昭武:"论共犯的最小从属性说——日本共犯从属性理论的发展与借鉴",载《法学杂志》2007 年第 11 期。

[2] 参见〔日〕平野龙一:《刑法总论Ⅱ》,有斐阁 1975 年版,第 358 页。转引自钱叶六:《共犯论的基础及其展开》,中国政法大学出版社 2014 年版,第 197 页。

[3] 刑法分则的各个构成要件属于可罚行为类型,是将有害于社会的行为予以类型化,因而,该当于构成要件的行为原则上是违法行为,这称为构成要件的违法推定机能。参见〔日〕西田典之:《日本刑法总论》,王昭武、刘明祥译,法律出版社 2013 年版,第 111 页。

荣俱荣、一损俱损"的关系，因此，原则上正犯违法的话，共犯也绝不会合法。[1]所以，无论从形式违法性还是从实质违法性上看，共犯与正犯之间都是连带的，只不过他们各自可能会具有一些特殊情况，我们可以笼统认为是"违法阻却事由"，从而影响了共犯与正犯之间在违法性上的一致性。易言之，在共同犯罪中，违法性是连带的，但违法阻却事由却是相对的、独立的，因此正犯的违法性是共犯成立的前提。第四，在共犯的处罚根据上，本书采取混合惹起说，即共犯只有在侵害了对他来说应当受保护的法益时才具有可罚性。从法益保护主体角度来看，"混合惹起说在坚持违法的连带性同时，例外地承认违法的相对性，因此，作为该说在共犯成立条件问题上的镜像反映，限制从属性说当然也不否认特定情况下的违法相对性"[2]。实际上在我国刑法学界，现在除个别在共犯处罚根据上持修正惹起说的学者，在限制从属性说的问题上，仍坚持彻底的违法的连带性以外，其他大部分学者都不否认违法的相对性。[3]

2. 主张二：对间接正犯的承认相当于否认违法的连带性

持最小从属性说的日本学者通常援引最高法院关于命令 12 岁少女盗窃的判例来说明日本司法界是否定限制从属性说的。该案的主要内容是：35 周岁的某甲让 12 周岁的养女某乙去实施盗窃，最终日本最高法院未判定某甲成立盗窃犯之教唆犯，而是以被利用对象的意思自由受到高强度压制为由认定利用者成立间接正犯。[4]对此，前田雅英教授认为通过本案可以说明限制从属性说也欠妥当，实际上其理由无非是：按照共犯从属性说，违法具有连带性，正犯（12 岁女孩盗窃行为）不具有违法性，共犯（35 周岁的养父）也不应具有违法性，但是最高法却认定其为间接正犯，肯定了其违法性，可见在该案中司法机关否认了违法的连带性而倾向于违法的相对性。但事实并非如论者认为的那样，日本最高法院判定某甲构成间接正犯的理由是被利用对象的

〔1〕　参见黎宏：《刑法总论问题思考》，中国人民大学出版社 2007 年版，第 507 页。

〔2〕　张伟：《帮助犯研究》，中国政法大学出版社 2012 年版，第 71 页。

〔3〕　参见陈洪兵："最小从属性说与极端从属性说批判——兼质疑王昭武先生倡导的最小从属性说"，载《南京农业大学学报》（社会科学版）2008 年第 2 期。

〔4〕　参见昭和 58 年（1998 年）9 月 21 日，《刑集》第 37 卷第 7 号，第 1070 号。转引自钱叶六：《共犯论的基础及其展开》，中国政法大学出版社 2014 年版，第 196 页。

意思自由受到高强度压制，也就是被利用者在当时不具有规范意识。[1]而成立教唆犯必须要求被教唆者具有规范意识，可见在该案中不具有成立教唆犯的空间。而最高法院认定某甲构成间接正犯主要是从其行为性质出发的，通过考察某甲向某乙发布命令的行为及某乙的年龄等自身状况，认为甲对犯罪过程起到绝对支配作用，从而认定其行为本质上属于正犯行为而不是共犯行为。对此，大谷实教授指出："行为人无论是否具有责任能力，只要具有规范意识，就可以成为被教唆者。但在教唆完全没有规范意识的人或被作为工具而加以利用的场合，就不能成立教唆犯但可以成立间接正犯。"[2]一言以蔽之，日本最高法院对该案的判决与共犯限制从属性抑或最小从属性没有任何关系，而是考虑被教唆人缺乏规范意识和命令者在犯罪过程中所形成的支配地位。此外，需要说明的是，采取限制从属性说与承认间接正犯并不是互相矛盾的，比如教唆无责任能力的人去实施犯罪的情况，既可能成立教唆犯，也可能成立间接正犯，关键在于判断无责任能力的人是否具有规范意识（无责任能力的人也可能具有规范意识），从而判断在整个犯罪事实中教唆者是否处于支配地位，对此需要借助正犯与共犯区分理论，坚持实质客观说中的支配理论，以被唆使者是否具有对相应行为的规范意识为标准，来判断应成立教唆犯抑或是间接正犯。[3]

3. 主张三：只要正犯该当构成要件共犯便可成立，共犯的违法性和责任应另行判断

首先，最小从属性说的上述论断并无实定法上的根据。一如前述，《德国刑法典》在对教唆犯和帮助犯的规定中，均要求正犯须具有违法性，表现出采取限制从属性说的立法倾向。[4]而日本刑法虽然没有通过条文方式明确规

---

〔1〕 所谓规范意识，是指具有辨别、认识违法性能力的人，在其了解到犯罪事实的情况下，具有形成抑制违法行为的反对动机的可能性。能够形成反对动机就认为具有规范意识，否则就认为不具有规范意识，或者称为具有"规范障碍"。相关介绍可参见黎宏：《刑法总论问题思考》，中国人民大学出版社 2007 年版，第 102 页。

〔2〕 ［日］大谷实：《刑法总论》，黎宏译，法律出版社 2003 年版，第 326 页。

〔3〕 参见付立庆："阶层体系下间接正犯与教唆犯的区分标准：理论展开与实践检验"，载《华东政法大学学报》2018 年第 6 期。

〔4〕 《德国刑法典》第 26 条规定："故意教唆他人故意实施违法行为的是教唆犯。"第 27 条规定："对他人故意实施的违法行为故意予以帮助的，是帮助犯。"参见徐久生译：《德国刑法典》，北京大学出版社 2019 年版，第 13 页。

定采取限制从属性说，但是日本最高法院判例（最判平成 6 年 12 月 6 日刑集48-8-509/百选 I No. 97）对《日本刑法典》第 60 条作出了解释，认为该条中作为共同正犯前提的"犯罪"还是以符合构成要件的违法行为为必要，但不要求有责性。[1]

其次，根据最小从属性说，对于教唆或者帮助正当防卫、紧急避险等违法阻却事由的行为，也应构成教唆犯或者帮助犯，此种情况下所谓的"正犯"虽然该当构成要件，但是根据阶层犯罪论的思路，缺乏违法性，教唆行为或帮助行为均不具有违法性，否则无论是从法理、社会群众的认知还是从刑法的价值导向上看，都显得既不妥当也不人性化。

最后，针对上述问题，持最小从属性说的学者们进行了理论完善，认为虽然承认教唆、帮助违法阻却行为的参与者构成共同犯罪，但同时又考虑该参与人的行为没有惹起违法的结果从而再否定违法性。我国学者亦有采取相同思路的观点："最小从属性说，并非一概认为行为人只要一参与医疗、依法执行职务等符合构成要件却不违法的行为之中就违法，而是加上了一个重要的限定条件，即只有在行为人创造出了法益冲突状态（阻却违法的前提事实）之时，行为人对合法行为的参与行为才违法。"[2]笔者认为：第一，经过限制的最小从属性说已经偏离了其原本的含义，而逐渐向限制从属性说靠拢，从其得出的结论看，属于殊途同归。第二，很难看出这种先肯定构成共犯而后又否定其违法性及可罚性的逻辑思路和分析过程有何意义，可能徒增法律适用的繁琐与不确定。第三，上述论者在意图解决问题的过程中也造成了新的问题，如所谓的"造成法益冲突状态"中"造成"的因果性如何判断、标准如何？"法益冲突"的含义和表现是什么，是事实概念还是规范概念？如何判断是否属于"法益冲突"，等等。

---

〔1〕 参见 [日] 松宫孝明著：《刑法总论讲义》，钱叶六译，中国人民大学出版社 2013 年版，第213 页。

〔2〕 周啸天："最小从属性说的提倡：以对合法行为的利用为中心"，载《法律科学》（西北政法大学学报）2015 年第 6 期。

（二）限制从属性说的合理性

1. 限制从属性说有利于限制刑法的处罚范围

根据最小从属性说，一方面否认间接正犯，这种结论无论与大陆法系国家还是英美法系国家刑法理论都是冲突的；另一方面也将不当地扩大刑法的处罚范围，比如承认无正犯的共犯，教唆他人实施正当防卫的行为也可能构成犯罪等。限制从属性说是介于极端从属性说和最小从属性说之间较为适当地限定刑法处罚范围的理论，"该说对处罚共犯行为附加了正犯的违法性这一限制性条件，体现出对间接侵害法益行为的处罚上所持有的审慎态度，彰显了法治国刑法的应有立场"[1]。如前所述，本书在违法性本质问题上采取二元的行为无价值论，因此，犯罪本质的重要方面仍体现为法益侵害，共犯违法性的重要来源是其通过正犯侵犯了法益，所以共犯的成立必须以违法的正犯为前提，如果脱离了这个前提，就会造成共犯处罚上的不当扩张。对于违法相对性理论的崛起，确实有现实所需，但是立足于违法相对性来解决现实问题始终是一种特例，从整个刑法理论体系看，没有理由为了满足例外性规定，而放弃保障法治国实现的基本原则，从而导致共犯处罚边界的失守。

对此，有人提出采取限制从属性说会出现放纵犯罪的问题，出现刑法的处罚漏洞，笔者并不讳言，但认为这是为努力实现刑法介入社会生活保持适当范围的必要代价，可以说是刑法在面对"保障人权"与"打击犯罪"两大任务时的"义务冲突"。实际上，这种处罚的漏洞在一些国家和地区也是存在的，如《日本刑法典》也在第 202 条对参与自杀和同意自杀行为的处罚作出规定。

2. 共犯从属性说是犯罪本质和共犯处罚根据理论的必然归结

从犯罪本质论上看，只要承认违法性的本质包括法益侵害，那么共犯依靠正犯侵害法益的间接性必然决定共犯与正犯之间在违法性上的连带。同时，结合二元行为无价值理论主张，共犯与正犯之间尽管都侵犯法益，但是方式却有着本质不同。因此，二者违反的行为规范并不相同，这也导致共犯与正犯的成立条件上可能会有所不同。可见，共犯与正犯之间出现违法的相对性

---

〔1〕 谭堃："共犯的限制从属性说之坚持——以共犯违法相对性的扩张为视角"，载《法律科学》（西北政法大学学报）2019 年第 5 期。

便也属正常。

从共犯处罚根据上看，混合惹起说在坚持违法连带性的同时，部分认可违法的相对性，而"限制从属说也一直试图消除共犯违法连带性与相对性之间的紧张关系，并为此采取了较为缓和的态度，主张对违法的连带性的理解应从'正犯违法共犯必然成立'的视角转换为'若正犯不违法则排除成立共犯'"[1]。可以说，违法的正犯行为存在与否是共犯成立的限制条件，这是基于刑事政策考虑对处罚共犯作出的一种限制，而共犯当然也需要具备自身的成立要件。因此，共犯的处罚根据不仅决定了共犯与正犯之间违法既有连带性又有相对性，体现出限制从属性说的合理性，同时也为共犯成立条件选择提供了依据。由于刑法分则只对正犯行为作出规定，而共犯的规定只被笼统地规定在刑法总则中，决定了共犯与正犯的成立条件具有显著差别，共犯的成立条件较为笼统和抽象，缺乏定型性和类型化，因此，当前中立帮助行为入罪以及共犯正犯化也是有其理论动因的，也就是刑法理论上意识到处罚共犯的前提条件是共犯的成立条件具体化、明确化。从这个角度来说，限制从属性说在提供了共犯处罚界限的同时也为其指明不断完善的方向，巩固了罪刑法定的根基。

综上所述，从坚持罪刑法定主义保障构成要件的限制机能的角度出发，基于保持违法性本质及共犯处罚根据等理论体系一致性的考虑，在共犯实行从属性问题上，本书采纳共犯从属性说，即要求共犯行为的成立以正犯行为为必要前提条件；而在要素从属性问题上，本书坚持限制从属性说。因此，成立共犯行为首先应存在违法的正犯行为，至于责任有无并不影响共犯的成立。

第二节　现实的帮助行为

从犯罪的本质在于法益侵害和规范违反二元无价值角度看，帮助犯有其不同于正犯的独立的评价基础和对象，也就是必须存在表现于外的现实的帮助行为，这是中立帮助犯成立的客观条件，也是现代法治国家坚持责任自负

---

〔1〕 参见［日］堀内捷三："共犯的处罚根据"，载《法学教室》1991年第125期。转引自谭堃："共犯的限制从属性说之坚持——以共犯违法相对性的扩张为视角"，载《法律科学》（西北政法大学学报）2019年第5期。

原则的体现。这又与中立帮助行为的限制处罚问题密切联系：对于中立帮助行为处罚范围的限定实际上是为了通过各种限定条件从大量的中立帮助行为中挑选出具有刑法意义的、值得处罚的帮助行为，这种判断与帮助行为成立条件的要求是一脉相承的，无论是假定的代替原因考虑说、正犯不法连带说、犯罪意义关联说还是客观归责论，都试图撇开形式上的判定路径而进入实质性评价体系来对中立帮助行为进行限定，其筛选出的结果就是实质的帮助行为，可见帮助行为的实质性认定既是中立帮助行为处罚根据的延伸，又是对上述理论构造的实践应用。对于何为帮助行为及其与实行行为、教唆行为的类型界分，前文已经进行了详尽论述，在此不赘。本节仅就构成帮助行为的实质认定，以及在司法实践中众多帮助行为中较为特殊、值得研究且有助于对中立帮助行为的认知和理解的几类帮助行为进行分析。

一、帮助行为的实质认定

从前文帮助行为与正犯行为的区分标准来看，无论是形式客观说采取的"帮助行为是刑法分则构成要件以外的行为"这种无实质标准的观点，还是实质客观说认为的"帮助行为是使正犯实施更加容易的促进行为"这种比较笼统的标准，在筛选中立帮助行为上都显得有些"力不从心"，这就要求我们从帮助行为的处罚根据角度结合帮助行为的本质进行实质性考察。本书始终主张应采取具有实质内容的评判标准来研究以帮助行为为代表的共犯行为。帮助行为是通过正犯行为间接造成法益侵害或者侵害之危险的行为，因此，帮助行为在客观上表现为对正犯行为的加功或者助力，也就是具有实质促进作用，而对是否具有促进作用的评价必须采取行为之后的时间基点；同时，从合理限制共犯处罚范围角度看，所谓的促进作用必须达到一定程度。

第一，促进作用的实质性。通过正犯实现对法益的侵害或威胁是刑法处罚帮助犯的主要根据所在，这种"后果"性的要素是必不可少的，决定了帮助行为必须在正犯行为侵害法益的过程中起到实质性的促进作用，否则我们可以说任何一个行为都会对正犯行为起到促进作用进而侵害或者威胁法益，从而导致处罚的蔓延无际，这种促进势必只能是"现实的促进"而不是"可能的促进"。在德国刑法中，对于如何理解"对正犯行为提供帮助"，由于刑法典未作规定而存在争议。在德国司法判例中，促进作用的认定处于一种相对宽松状态，如在由帮助犯提供犯罪工具但行为人在行为时未使用这样的案件中，判例在很大程度上同样将之视为对正犯行为起到了促进作用，甚至在不能明确认定强化行为决意的情况下（心理上的帮助）亦如此。[1]但在刑法理论上，罗克辛教授认为"帮助行为须提高了正犯行为实现结果的风险才行，这个结论来自于帮助犯的处罚根据理论，即只有故意增加正犯成功的机会并扩大被害人法益风险的人，才能认为实施了一个独立的法益攻击行为，而所谓提高了正犯行为的风险包括使正犯行为的实现变得可能或变得容易、强化正犯的犯罪决意、确保正犯行为得逞等情形"[2]。

笔者认为，帮助行为起码要对正犯实施犯罪行为的过程产生实际上的影响，无论是物质上还是精神上，才能认为帮助行为侵害或者威胁了法益，方具有处罚的根据与必要，否则几乎是把帮助犯当成与正犯脱钩的危险犯、行为犯来处罚，过于扩大打击范围。[3]而对于何为"实质的促进作用"，罗克辛教授的观点是值得借鉴的，但该问题不仅涉及帮助行为的因果关系，而且涉及对帮助行为的客观归责等问题，笔者此处稍做说明，后文具体展开。

第二，对帮助行为是否起到促进作用应进行事后评价。对一个行为是帮助行为还是其他类型的犯罪参与行为，往往是在案件事实固定后由司法人员对其是否实质促进了正犯行为进行事后评价。但也有学者认为："在某一行为是否具有对正犯行为的实质促进作用的判断上，应当借鉴关于危险判断的学说，选择事前的时点并进行事前判断。"[4]笔者认为，上述论者主张参考危险判断的学说的缘由在于将帮助行为视为一种危险犯。这种观点不具有可取性。一方面，从犯罪构成角度看，帮助犯既可能是实害犯也可能是危险犯，犯罪形态上不具有对应性。另一方面，危险说的观点实际上已经在坚持因果共犯论的处罚根据上出现了明显松动，不断扩大了帮助犯的处罚范围。实际上，

---

〔1〕 参见［德］汉斯·海因里希·耶塞克、托马斯·魏根特：《德国刑法教科书》，徐久生译，中国法制出版社 2017 年版，第 941 页。

〔2〕 ［德］克劳斯·罗克辛：《德国刑法学总论》（第 2 卷），王世洲等译，法律出版社 2013 年版，第 154 页。

〔3〕 参见林钰雄：《新刑法总则》，中国人民大学出版社 2009 年版，第 360 页。

〔4〕 刘凌梅：《帮助犯研究》，武汉大学出版社 2003 年版，第 100 页。

之所以对帮助行为是否具有实质帮助性要坚持事后判断，原因在于：一是，这是司法属性决定的。"法官作出判定必须以当时社会存在的伦理标准为前提，法律不允许法官作出纯粹主观个人评价。"[1]几乎所有的司法行为都是站在事后立场上的评价，如不以全部、完整的案件事实为依据，所作出的评价必然不会客观公正科学。二是，这也是由帮助行为的特性决定的。共犯行为的具体类型在刑法分则中并未加以规定，其不像正犯那样高度类型化，这就决定了司法者难以像对待正犯行为一样——具有可资借鉴、明确的行为类型用来提前判断是否为帮助行为，而仅仅通过排除不属于正犯行为的方式，既难以区分帮助行为与教唆行为，也难保判断结论符合实质标准。再者，帮助行为与实行行为之间对法益侵害的现实性、直接性、紧迫性等实质的区分标准也要求必须进行事后评价，否则只能停留在主观臆想之中。三是，因果共犯论的处罚根据决定必须进行事后判断，若无法益侵害之结果何谈帮助行为对正犯行为的促进作用及其与法益侵害之间的因果关系？

第三，促进作用应达到相当程度。共同犯罪中帮助行为的促进作用是否有程度上的限制，在刑法理论上没有定论，但是通说认为，并不要求帮助行为必须达到对正犯的实行行为而言不可缺少的程度。如日本司法实践中，大审院认为："要认定构成犯罪的帮助行为，帮助者只要对犯罪行为具有认识，仍对犯罪实行给予便利，使之容易实现即可，无须该助力行为对犯罪的实施达到不可或缺的程度。"[2]相反，这是否又意味着，帮助行为没有任何程度限制，只要对正犯行为起到促进作用即可呢？从刑法理论将共犯作为刑罚的扩张事由以及构成要件的罪量要素层面，当然可以得出否定结论。同时，无论从刑法理论还是从司法实践看，对帮助行为附加程度限制条件也是必要的。在当前，我国立法与司法实践中对帮助行为的处罚限制逐渐缓和，一些中立帮助行为入罪、共犯正犯化等立法实践不断增加，我们更需要强调对帮助行为处罚的限制，不应将任何方式任何程度助力于正犯的帮助行为统统定罪处罚，要着重衡量帮助行为对法益的侵害与危险程度，划定帮助行为处罚界限更为合理与必要。

---

〔1〕 张明楷：《犯罪构成体系与构成要件要素》，北京大学出版社 2010 年版，第 209 页。

〔2〕 大判大正 2·7·9 刑录 19 辑 771 页．转引自 [日] 西田典之：《日本刑法总论》，王昭武、刘明祥译，法律出版社 2013 年版，第 307 页。

根据上述关于帮助行为的刑法原理可以看出，中立帮助行为的参与同样只有在对正犯行为起到实质的促进作用，使正犯行为的实施显著容易的情况下，才可能成立帮助犯。因此，我们应坚持这一实质性标准来审视生活中的中立帮助行为，如提供住宿、饮食等日常行为虽然客观上为他人犯罪提供了便利，但此种行为并非刑法犯罪构成意义上的帮助行为，不具有犯罪意义上的关联，不能显著而直接地提升正犯行为的法益危险性。也就是说，并不是实质的帮助行为，因此不能认定为刑法意义上的帮助行为。当然在一些以提供场所作为构成要件行为的犯罪中，如容留卖淫罪等罪名中要加以例外分析，后文详述。又如，在一些销售商品或提供服务型的中立帮助行为中，判断这些行为是否构成帮助犯，应结合在案发当时的特定情况下商品或者服务是否属于紧缺状态，也就是说销售商品或提供服务行为是否具有可代替性，可代替性越高该行为成立犯罪的关联性越小，通过可代替性的大小来实现对帮助行为程度的限制。

二、精神帮助的可罚性问题

根据提供帮助的性质和方式不同，帮助行为整体上可以分为物质帮助行为和精神帮助行为。物质帮助行为是司法实践中最常见的帮助形式，提供犯罪工具、实施暴力协助、提供实施犯罪所需要的金钱等均属此类。而精神帮助行为是一种无形的状态，它侧重于从精神上鼓励，支持、强化已有犯罪决意的人实行犯罪。[1]这也是精神帮助与教唆行为之间本质区别所在，如为正犯鼓劲加油或强化他人犯意等都属于精神帮助，其在司法认定上往往难以辨别，即便认定为帮助行为，在收集证据上也会面临困境。关于精神帮助的种类，通说认为可以分为狭义的心理帮助和技术性助言两类。[2]前者是对意欲性心理的影响，后者是对知性心理的影响。德国学者罗克辛教授又补充认为，"事先妨害公务"行为类型也应属于精神帮助的领域[3]。这三种类型的精神帮助行为在可罚性上具有一定差别，应作具体分析。

---

[1] 参见曲新久：《刑法学原理》，高等教育出版社 2014 年版，第 151 页。
[2] 参见刘凌梅：《帮助犯研究》，武汉大学出版社 2003 年版，第 139 页。
[3] 参见［德］克劳斯·罗克辛：《德国刑法学总论》（第 2 卷），王世洲等译，法律出版社 2013 年版，第 150 页。

第一，对于狭义的心理帮助行为，如张三意图杀害李四，便把这个打算向朋友王五坦诚。王五听后大呼赞成道："这个李四太可恨了，我也恨不得他早点死了。"于是，张三更加打定主意，后将李四杀害。这种情况就属于狭义的心理帮助行为，也就是只有单纯的精神上的帮助。类似的行为还包括言语鼓励、打消疑虑、振奋精神等情况。对于这种行为的处罚，在德国刑法学界存在不同的看法。肯定者认为，为正犯提供了行为的额外动机或者打消正犯疑虑的人，与他人形成犯罪决意具有因果关系，也应与结果具有因果关系，即原因的原因就是结果的原因。在德国司法实践中，也曾有过这种情况的有罪判决，如被告人作为情人向决定谋杀妻子的男人保证以后与之结婚，被告人被作为帮助犯加以处罚。[1]否定者认为："精神帮助与教唆不同，对已经产生的决意产生影响的过程更加复杂，如果肯定精神帮助与结果之间因果关系的存在，极可能导致扩大到将所有赞同的行为都被作为帮助犯处罚，也就是通过否定精神帮助与结果之间的因果关系从而来否定狭义精神帮助的可罚性。"[2]另外，还有一种折中的观点，认为通过对实行人的决定施加单纯影响的帮助，在原则上是可能的，但是，应通过坚持帮助型贡献必须具有因果关系的条件来实现对其刑事处罚性的限制。[3]实际上，折中说与否定说考虑的角度是一致的，只不过在是否存在因果关系的判断上态度不同而已。

笔者认为，对上述狭义的心理帮助进行肯定，无论是在理论上还是司法实务上都是比较困难的。首先，从狭义的心理帮助行为的社会危害性上，虽然他对正犯的犯意形成和强化起到一定促进作用，但很难说一定对正犯的实行行为起到现实促进作用，毕竟从犯意向犯行的转化过程比较复杂多变，要在影响行为人还是影响行为二者之间划出一条明确的界限几乎是不可能的。[4]其次，正如否定观点指出的，狭义的精神帮助需要达到什么程度才具有处罚的必要

---

〔1〕 参见［德］克劳斯·罗克辛：《德国刑法学总论》（第2卷），王世洲等译，法律出版社2013年版，第150页。

〔2〕 ［日］高桥则夫：《共犯体系和共犯理论》，冯军、毛乃纯译，中国人民大学出版社2010年版，第77页。

〔3〕 参见［德］克劳斯·罗克辛：《德国刑法学总论》（第2卷），王世洲等译，法律出版社2013年版，第150页。

〔4〕 参见［德］乌尔斯·金德霍伊泽尔：《刑法总论教科书》，蔡桂生译，北京大学出版社2015年版，第450页。

也是不确切的。罗克辛教授认为："对实行人采取的行动仅作出同意或者同情的表示，对于一个要接受刑罚处罚的帮助来说是不够的。"[1]最后，从保持刑法的谦抑性、限制共犯处罚范围角度看，也不宜将狭义的精神帮助行为纳入打击范围。综上，上述狭义精神帮助行为原则上不宜作为犯罪处罚，只有在其对实行行为确实起到了至关重要作用时，比如行为人几乎要打消犯罪的决议却由于他人"锲而不舍地开导"而重新坚定犯意并实施犯罪，才可以考虑对这种精神帮助行为予以入罪打击。

另外，虽然《日本刑法典》在第206条规定了"在场助势罪"，但是无论从该罪的适用情形、行为方式还是刑罚后果上看，不难得出该罪也是作为一种例外加以规定的结论。同样，尽管德国最高法院曾经作出过将在场行为作为帮助犯处罚的判决，但是刑法理论上仍然持保留态度。在德国刑法学者看来，只有在两种情况下才可以处罚在场行为，一是行为人的在场旁观行为可以被认定为他虽然没有实施任何行为，但是很可能在正犯需要的时候，为正犯提供帮助，这个潜在的共犯人在场，加强了正犯犯意，降低了被害人的防卫可能性；二是在场人员处于保证人地位，具有作为的义务，而其不作为便可视为具有刑事可罚性的作为的帮助。其他情况下，不应处罚单纯在场行为，否则那些闲散无事的围观者和没有干涉的爱凑热闹者，将由于帮助而受到惩罚，因为他们的没有行动就会强化实行人的作为，但这是一种不可接受的结论。[2]本书之所以讨论在场帮助问题，是因为在一些服务型的中立帮助行为中，服务提供者极有可能因单纯在场行为或者不作为的在场行为而陷入罪与非罪的争议之中，如出租车司机甲在拉载乘客乙途中得知乙预到达目的地 A 杀人，不料半路遇到警察拦检，乙谎称要去 B 地，甲当时表示沉默。根据德日刑法上述观点，不应以故意杀人罪的帮助犯来处罚司机甲，因为这种所谓的"帮助"仅仅存在于单纯的不作为之中，且甲不具有保证人地位，行为仍未丧失"中立性"。

第二，对于技术性的助言，刑法理论通说认为其具有一定可罚性。所谓

---

〔1〕［德］克劳斯·罗克辛：《德国刑法学总论》（第 2 卷），王世洲等译，法律出版社 2013 年版，第 151 页。

〔2〕参见［德］克劳斯·罗克辛：《德国刑法学总论》（第 2 卷），王世洲等译，法律出版社 2013 年版，第 151~152 页。

技术性的助言，是指为正犯实施实行行为提供技术指导或者修正建议，从而促进正犯行为的情形。由于技术性助言在犯罪过程中所起的重要作用，有很多德国刑法学者甚至认为其与物理性帮助效果基本相同，只不过行为方式不同而已。如罗克辛教授指出，实行人获得指点，使构成行为变得容易，或者从根本上变为可能。也就是说，一个向实行人说明如何"熟练地"打开保险箱的人，或者一个通知他那个将要被偷的房主什么时候不在家的人，修正了构成行为实施的具体方式与方法，并且，与提供身体性贡献的实行人具有完全一样的因果关系。[1]因此，在德国司法实践中，法院就曾对为他人实施决斗提供选择武器建议的人、为他人提供实施谋杀建议的人、向保险诈骗犯罪人建议如何毁坏投保财物的人等认定为相应犯罪的帮助犯。在日本，学界虽然倾向于认定技术性的助言行为构成帮助犯，但认为应有所限制："应以正犯者是否听从帮助者的建议或者该技术性建言对正犯知性心理有无影响为标准来决定是否应肯定因果性。"[2]也就是说，只有在正犯采纳帮助犯的建议而实行犯罪的情况下，才能肯定该帮助行为的因果关系，技术助言型帮助才具有可罚性。同时，日本学者还进一步指出，此种帮助的因果性与物理性帮助不同，无法用自然法则来认定，但可以考虑根据盖然性法则来认定。[3]这表明精神性帮助在司法实践中证明上存在一定难度，实际上也是对其进行限制处罚的一个不得已因素。有鉴于此，我国司法实践中出现的如咨询公司等提供咨询建议、法律服务的单位或者个人在刑事案件中责任的认定问题，可以参照这一思路，如某公司的法律顾问为该公司逃税而提供法律政策解读和提供意见建议的，在不考虑其主观通谋或者明知的情况下，仅就其上述行为的可罚性问题，笔者赞同应区分相关建议是否被采纳以及考虑该法律顾问行为的地位和作用大小，来区分认定是否构成帮助犯。

第三，对于"事先妨害公务"型心理帮助，是指由德国学者克拉斯提出

---

[1] 参见［德］克劳斯·罗克辛：《德国刑法学总论》（第2卷），王世洲等译，法律出版社2013年版，第149页。

[2] ［日］高桥则夫：《共犯体系和共犯理论》，冯军、毛乃纯译，中国人民大学出版社2010年版，第216页。

[3] 参见［日］小岛阳介："关于精神帮助中的因果关系（1）（2）（3）"，载《法学论丛》2007年第161卷第4号、第6号，2008年第163卷第1号。转引自［日］西田典之：《共犯理论的展开》，江溯、李世阳译，中国法制出版社2017年版，第235页。

的一种为使得正犯不被发现或者不受惩罚，而向正犯事先予以承诺事后提供帮助的行为，如事先告诉意图实施杀人者其犯罪后可以住在自己空闲的房子内。罗克辛教授认为这种事先的承诺能够刺激正在实施构成行为的实行人，因而是帮助。但是夏拉蜡姆巴奇斯则表达了不同看法，他认为这种行为不能认为是帮助犯，因为其提供帮助的时间是在正犯实行终了之后，而不是针对构成行为的帮助，如果这种行为可罚也只能在作为妨害刑事公务的行为时才具有刑事可罚性。很显然，事先妨害公务型心理帮助是一种事先共谋与事后帮助的结合行为，单纯看其事先的承诺行为，便可以对正犯起到打消疑虑、强化犯意的精神帮助作用，事后是否现实地实施妨害公务的窝藏、包庇、销赃等行为并不影响其精神帮助性的认定。事后的妨害公务行为由于不是向正犯行为提供帮助，单独评价不应视为帮助犯。因此，如果割裂分析，事先承诺行为是否可罚应遵循前文论及的狭义精神帮助的处理原则；而事后妨害公务行为应构成窝藏、包庇罪，掩饰隐瞒犯罪所得、犯罪所得收益罪等。但是，笔者认为，可以借鉴连累犯的理论，对于事后帮助行为应从其行为内容与侵犯法益角度进行甄别，而不应过分关注其事先承诺的内容。因为这种精神帮助的处罚不仅受到严格限制，也难以准确衡量评价，又容易走向主观归罪的错误倾向。具体而言，如果事先承诺、事后提供转移赃物、帮助取款等帮助行为，由于其行为没有侵犯新的法益，应以本犯的共犯认定；如果事先承诺、事后提供藏匿、作假证明包庇等与犯罪行为并不直接相关的帮助行为，由于又侵犯了新的法益，应以妨害司法类犯罪定罪处罚，如窝藏罪、包庇罪等。[1]对此，我国有关司法解释能够提供一定支持，如在电信网络诈骗犯罪中，"与电信诈骗犯罪分子事先通谋，通过使用销售点终端机具（POS 机）刷卡套现等非法途径，协助转换或者转移财物的，以共犯论处"[2]。

　　此外，在德国的司法实践中，判例上认为心理帮助具有"堵截构成要件的机能"，也就是说当对正犯的物质帮助失败后，仍然可以认定该行为对正犯决意的心理促进作用，进而可以肯定精神帮助的成立。这个问题涉及物理帮

〔1〕　参见赵天水："连累犯相关问题探微"，载《科学经济社会》2016 年第 1 期。
〔2〕　2016 年《最高人民法院、最高人民检察院、公安部关于办理电信网络诈骗等刑事案件适用法律若干问题的意见》（法发〔2016〕32 号）第 3 条第 5 款第（一）项规定。另，该规定虽然在严格意义上仅属于司法解释性文件，但在司法实践中却具有司法解释效力，本书在此不作严格区分。

助对精神帮助的影响问题，或者也是后文要阐述的物理因果性与心理因果性的关系问题。客观讲，物理帮助确实对精神帮助发挥作用具有一定积极作用，无论是对狭义的精神帮助还是技术性的助言而言。比如，甲为正在进行抠门撬锁的行为人提供打开防盗门的方法，必然会极大地提升正犯实施犯罪的决心。又如，乙正谋划生产假冒伪劣的食品调料，但是苦于没有资金购买机器设备又担心生意赔本而犹豫不决，此时丙为其提供了大量资金支持，此种情况下丙的行为不仅属于物理性帮助，还会坚定乙实施犯罪的决意。可见，根据德国判例所采取的促进说以及学者沙夫斯泰因、萨拉蒙派的危险增加理论，在为他人提供物理性帮助的场合，帮助行为即使与结果之间不存在因果性，根据促进共识或者危险增加的认定，也可以肯定心理帮助行为因果性的存在。[1]但这种观点也受到了批判，如日本学者山中敬一教授认为："对心理帮助应予以严格认定，成立标准至少要与物理帮助相同。"[2]我国学者刘凌梅教授也提出，应采取"效果持续说"的标准来认定，"即在物理性帮助行为与结果之间不具有因果性的情况下，只有当精神帮助行为产生的效果持续至正犯行为终了才能认定为帮助"[3]。笔者认为，一方面，虽然物理帮助的因果性与心理帮助的因果性之间存在联系，前者可能会成为后者的积极因素，但相反，当物理帮助的因果性被否定后，是否一定会对心理因果性产生积极促进作用或者说转化为心理因果性并不确定，也可能心理因果性一同被否定。如甲为正在进行抠门撬锁的行为人乙提供打开防盗门的方法，但是该方法并不起作用，乙很有可能无奈之下放弃继续盗窃。因此，认为不具有因果性的物理帮助会转化为心理帮助的观点事实依据不充分。另一方面，若物理帮助的因果关系被否定后，转而认定为具有心理帮助，那么心理帮助将失去独立存在意义，对其也没有单独研究的必要，这种观点不仅混淆了物理帮助与心理帮助的界限，而且将背离法治国的理念，不当地扩大刑法对帮助行为的处罚范围。

---

〔1〕 参见［日］高桥则夫：《共犯体系和共犯理论》，冯军、毛乃纯译，中国人民大学出版社2010年版，第219~220页。

〔2〕 ［日］山中敬一：《刑法中的因果关系和归属》，成文堂1984年版，第196页。转引自张伟：《帮助犯研究》，中国政法大学出版社2012年版，第85页。

〔3〕 刘凌梅：《帮助犯研究》，武汉大学出版社2003年版，第144页。

三、不作为帮助行为

从违反的规范类别角度看，刑法中的行为可以分为作为与不作为，在犯罪参与体系中，两种行为方式均可以实施犯罪，也均可以参与他人犯罪之中，因此出现的共同犯罪类型便包括：作为+作为、作为+不作为、不作为+作为，而后两者并不等同，即如果正犯采取的是不作为形式而共犯采取作为形式，属于不作为犯的共犯；而如果正犯采取的是作为形式而共犯采取不作为形式，属于不作为形式的共犯，我们可以称之为不作为共犯。因此，所谓不作为帮助行为，是指以不作为方式助力、协助正犯行为以便利正犯犯罪得以实现的一种犯罪参与形态。不作为帮助行为系不作为与帮助行为的结合，既要满足不作为犯的条件，又要体现出共同犯罪的特殊性，值得研究的问题包括不作为帮助行为的存在空间、不作为帮助行为与不作为正犯行为的区分标准等。考虑到部分中立帮助行为也会表现为不作为方式，因此，本书重点阐述与中立帮助行为密切相关的不作为帮助行为的成立条件和义务来源问题。

（一）保证人地位的必要性

在不作为的单独犯或者不作为正犯语境下，行为人构成犯罪必须具有作为义务是显而易见的，但是对于不作为的帮助犯而言，是否同样需具有作为义务作为成立犯罪的必要条件，学界存在不同的看法。德国学者罗克辛教授认为成立不作为共犯并不以结果防止义务为前提。[1]但是，目前的通说认为，成立不作为共犯必须具有保证人的地位，实际上罗克辛教授指称的不作为共犯混淆了前文所述的"不作为共犯"和"不作为犯的共犯"这两种极其相似却又本质不同的犯罪形态，具体而言就是没有准确辨别区分不作为形式的帮助犯与不作为犯的帮助犯，但二者是完全不同的，对于后者中的帮助行为既可能是以作为形式实施也可能以不作为形式实施，当然保证人地位不是必要要件。因此，对于不作为帮助犯而言，具有作为义务是其存在的当然构成要件和必要前提。

---

〔1〕 参见［日］神山敏雄：《不作为共犯论》，成文堂1994年版，第158页。转引自张伟：《帮助犯研究》，中国政法大学出版社2012年版，第150页。

问题的关键在于，不作为帮助犯的义务与不作为正犯（或不作为单独犯）的义务是否相同，即不作为帮助犯的作为义务是与不作为正犯（或不作为单独犯）一样特指防止危害结果发生的义务，还是不帮助正犯这种作为义务。根据共犯处罚根据上的不同主张，因果共犯论者一般主张前者，而违法共犯论者一般主张后者，进而在论及不作为帮助犯的义务时，分别形成了"犯罪支配说"和"义务二分说"两种相互对立的学说。

对于犯罪支配论说，本书在论述"帮助行为与正犯行为的区分"中已具体阐述，简言之，就是认为对犯罪事实具有支配作用的是正犯，不具有支配作用的是共犯。这里的"支配"就是指行为人基于自己的主观意志可以操纵、控制犯罪进程。在德国，耶塞克教授认为："按照行为支配理论，在共同犯罪中若一方实施了积极的作为行为，而另一方则违反法定义务对作为行为不加以阻止，与积极的作为相比较，不作为行为应退居次要地位构成帮助犯。"[1]许乃曼教授也认同这种支配理论区分说的观点。在日本，西田典之教授也赞同地认为，不作为者将导向结果的因果流程控制于掌中，即具体地、现实地支配着因果经过是必要的；他进一步指出，从作为义务上看不作为的正犯与不作为的共犯之间是共通的，没有明显区别，要对二者进行区分只能从因果关系的质上着手。[2]西田典之教授并举例说明支配作用的体现，即如果行为人履行作为义务，法益侵害的结果十有八九不会发生，也就是行为人实施作为的话就能回避法益侵害的情况下，应认定为正犯；而若行为人不履行义务只能使回避法益侵害变得更加困难，或者即便其履行义务法益侵害结果仍很可能出现，则只能认定为帮助犯。从中可以看出，西田典之教授一是认同以犯罪支配标准来区分不作为正犯与不作为帮助犯，二是认为不作为帮助犯与不作为正犯的义务来源相同，只是在与结果的因果关系上存在一定差别而已。

义务二分说，即区分不作为的正犯与不作为的共犯的义务的观点。德国的施罗德（Schrode）教授是较早提倡该说的学者，他对义务违反情形作出三

---

〔1〕 ［日］神山敏雄：《不作为共犯论》，成文堂 1994 年版，第 425 页。转引自张伟：《帮助犯研究》，中国政法大学出版社 2012 年版，第 148 页。

〔2〕 参见 ［日］西田典之："有关以不作为方式参与的犯罪"，载《神山敏雄先生古稀祝贺论文集》（第 1 卷），成文堂 2006 年版，第 439~440 页。转引自杜文俊、陈洪兵："不作为共犯与犯罪阻止义务"，载高铭暄、赵秉志主编：《刑法论丛》（第 3 卷），法律出版社 2009 年版，第 238~239 页。

种划分，并将该理论作为正犯与帮助犯的区分标准：一是侵害保障人义务的场合，即不作为者对特定法益具有保障人的地位，对于行为人违反该义务面对他人侵害该法益的行为而不加以阻止，便构成不作为的正犯；二是犯罪阻止义务，该义务不是针对法益而言，而是针对实施法益侵害的行为者而言，即负有保障他人不实施侵害法益行为的义务，当他人实施法益侵害行为时不加以阻止，则不作为者便成立帮助犯；三是因先行行为而产生义务的情况下，例外地承认不作为帮助犯。[1]在日本，同样不乏支持义务二分论的学者，如中义胜博士认为，应该区别"应该回避结果的发生这种直接的保证人义务"与"介入了此前的安全监护（管理）义务的违反而间接地诱发或促进结果发生的场合"，并认为前者"应该是为正犯提供基础的义务"，后者"应该是为共犯提供基础的义务"，[2]也就是认为前者的情况构成不作为正犯，而后者则构成不作为的共犯。山中敬一教授也持相同观点："法益保护义务是不作为正犯的义务来源，而犯罪阻止义务（危险源监督义务）则是不作为共犯（帮助犯）的义务来源。"[3]我国也有持义务二分说观点的学者，如刘凌梅教授虽然没有提出义务二分的明确主张，但她认为不作为帮助犯的成立须以具有犯罪防止义务为要件，并具体列举分析了几种引发此种义务的情形，实际上就是区分了不作为正犯与不作为帮助犯的义务，实为义务二分说的观点。[4]周光权教授在分析"快播案"时指出分析不作为犯的排他支配路径存在问题，而讨论不作为的义务违反的思路具有合理性，并引用日本学者曾根威彦教授的论述，认为"不得侵害法益"的刑法规范是第一次向作为者发出的，而"遵守规范、制止他人的作为行为"的刑法规范是第二次针对不作为者而言的，是一种补充性承担法益保护任务的方式，对后者以帮助犯论处较为合适。[5]可见，周光权教授同样赞同将犯罪阻止义务作为不作为帮助犯的义务来源。

---

〔1〕 参见［日］神山敏雄：《不作为共犯论》，成文堂1994年版，第425页。转引自张伟著：《帮助犯研究》，中国政法大学出版社2012年版，第148页。

〔2〕 参见［日］中义胜："不作为的共犯"，载《刑法杂志》1987年第27卷第4号。转引自［日］西田典之：《共犯理论的展开》，江溯、李世阳译，中国法制出版社2017年版，第169页。

〔3〕 ［日］山中敬一：《刑法总论Ⅱ》，成文堂1999年版，第848页。转引自［日］西田典之：《共犯理论的展开》，江溯、李世阳译，中国法制出版社2017年版，第169页。

〔4〕 参见刘凌梅：《帮助犯研究》，武汉大学出版社2003年版，第151~154页。

〔5〕 参见周光权：《刑法公开课》（第1卷），北京大学出版社2019年版，第192~194页。

上述两种学说都存在一定不足之处，且受到各自支持者的相互批判。对于犯罪支配说的批判包括：第一，何为犯罪支配或者因果进程支配，概念本身是不明确的。第二，是否具有排他性支配只是决定正犯是否可罚，并不决定其究竟成立正犯还是共犯。[1]第三，该理论构建的所谓支配情形，如对法益的保证人地位，最后还是要回到行为人是否违反规范或者职责所要求的义务的判断上来。第四，在不作为的帮助情形下，很难将什么都没有做的不作为评价为起到支配作用。电信公司为电信诈骗团伙人员提供通讯服务，被有关主管部门要求终止服务而拒不终止的，与实施诈骗犯罪的正犯相比，不能说电信公司以不作为方式支配了犯罪结果。第五，不作为与作为的违法性不同，作为是存在论意义上的不法判断，即以积极制造了法益风险的方式支配了犯罪进程和法益侵害结果；而不作为是规范论意义上的不法评价，即违背了义务导致原本可以不发生的结果发生了。如在"快播案"中，快播公司及被告人拒不履行信息网络安全管理义务，放任淫秽物品的传播，但其本身并不是淫秽物品的上传者和下载者，与上传淫秽物品的"站长"相比，认定快播公司的不作为行为具有支配性是较为困难的。[2]

对义务二分说的批判包括：第一，刑法上保证人义务无论来自于何种行为关系，归根结底都是阻止法益侵害结果的发生，这是不作为的本质；根据义务来源不同就对违反保证人义务的行为作出不同的法律评价，未必具有合法依据；同时，根据保证人义务的不同类别先验地对不作为者所起的作用进行区分，也未必适当[3]。第二，义务二分说对保证人义务的划分依据是什么不甚明确，防止他人犯罪义务换个角度就是保护法益义务，二者在义务本质上并无明显不同，且两种义务分别对应正犯与共犯的依据也不甚明确；并且从该说中可以看出，"义务二分说理论成立的前提是法益保护义务重要于危险源监督义务，违反法益保护义务的可罚性大于违反危险源监督义务，但这一

---

[1] 参见曾根威彦：《刑法总论》，成文堂 2008 年版，第 252 页。转引自周光权：《刑法公开课》（第 1 卷），北京大学出版社 2019 年版，第 194 页。

[2] 参见周光权：《刑法公开课》（第 1 卷），北京大学出版社 2019 年版，第 196 页。

[3] [日] 神山敏雄：《不作为共犯论》，成文堂 1994 年版，第 177 页。转引自杜文俊、陈洪兵："不作为共犯与犯罪阻止义务"，载高铭暄、赵秉志主编：《刑法论丛》（第 3 卷），法律出版社 2009 年版，第 239 页。

前提并不一定正确"〔1〕。甚至在当今社会也并不绝对如此，如一些技术中立帮助行为在引起法益侵害结果的作用上可能更大。第三，义务二分说没有正确揭示共犯的处罚根据，犯罪支配说维护了法益侵害的犯罪本质，有利于限制刑法处罚范围。如日本学者岛田聪一郎指出："从法益保护的观点出发，排他性支配为刑法介入的必要性提供了基础。"〔2〕保护法益的保证人义务与防止他人犯罪的监督义务并没有本质上的区别，都是指向刑法保护的法益。本书认为，不作为帮助犯既具有不作为属性又具有共同犯罪属性，两种学说的立论基础不同，义务二分说从不作为犯角度切入更加关注义务违反类型，犯罪支配说从共同犯罪角度切入更加关注与结果的因果性，但是作为研究的对象——"不作为帮助犯与不作为正犯的作为义务有无差别"，因为区分点是帮助犯与正犯，显然从共同犯罪角度切入更为合适。因此，笔者支持犯罪支配说，不作为帮助犯者也必须具有保证人地位，而保证人的义务内涵和来源与不作为正犯（或不作为单独犯）相同，都具有与法益侵害结果关联上的犯罪支配性。

（二）不作为帮助的义务范围

如前所述，不作为正犯的作为义务理论与不作为帮助犯并无实质差别，前者可以应用于不作为帮助犯中作为义务的认定。刑法学界对于不作为犯的义务范围的讨论经历了从形式向实质变化的过程，在 20 世纪 50 年代以前，德国刑法的通说始终是形式义务说，该说为 19 世纪初期德国学者 Feuerbach 和 Stubel 所提出，其将不作为犯的作为义务划分为"法律规定的义务""合同约定的义务"和"先行行为而产生的防止义务"三种，〔3〕因此，也被称为"三分说"。随着司法实践日益复杂多变，形式义务说虽然具有明确、易于操作的优点，但是由于过于机械，给司法者留下的空间过小，往往难以合理处理实践中的复杂情况，而根据形式义务说确定的保证范围有时过于宽泛不利于罪刑法定主义坚持，有时又过于狭窄难以体现司法公正。如"法律规定的义务"并没有严格区分刑事法律和民事、行政等非刑事法律，导致只要行为

---

〔1〕　参见刘士心："不纯正不作为犯的共犯"，载《国家检察官学院学报》2009 年第 4 期。

〔2〕　岛田聪一郎："不作为犯"，载《法学教室》2002 年第 263 号。转引自 ［日］ 西田典之：《共犯理论的展开》，江溯、李世阳译，中国法制出版社 2017 年版，第 167 页。

〔3〕　参见毛玲玲："不作为犯义务的限制实质论"，载《东方法学》2014 年第 3 期。

人负有其他法律所规定的义务就可能构成不真正不作为犯的保证人，进而承担刑事责任。但是对于被违反的该非刑事法律而言，即便行为人以作为方式违反都不见得构成犯罪，却因不作为方式被入罪化。也就是说，将低位阶的法律规范作为不作为犯罪的义务来源的合理性何在，形式义务说并没有说明。又如，是否构成不作为犯要寻找法律义务规定，这导致刑法评价的基点过于关注形式义务依据而忽视了行为的法益侵害本质。如由于婚姻法中规定了夫妻之间的扶养义务，因此丈夫对处于危难状况下的妻子不予救助便可构成犯罪，但是如果不具有法定夫妻关系，即便是长期同居的情人之间在此种情况下也无法被作为犯罪处理，而两种情况下的区别仅在于形式上婚姻关系的有无，这种结论未免过于"形式"而不够正义。

在德国的司法实践中，《德国刑法典》对"通过不作为实施的行为"规定中存在不作为行为与作为行为的等价性要求[1]，起到了对保证人进行实质判断的效果，而我国刑法中却从未有如此规定。事实上，德国刑法学界对该问题的努力并未满足于上述规定，而是进行了一场声势浩大的有关不作为义务实质化的大讨论，并将讨论的结论体现在司法判例之中。例如，以具有亲密关系的共同体为逻辑主线，义务来源由夫妻关系扩大到父母与子女之间、祖父母与孙子女之间、婚约者之间以及其他共同从事危险活动的共同体成员之间[2]。当前，由考夫曼教授所提出的作为义务的功能二分说成为德国刑法学界的主流见解，他将保证人义务区分为对特定法益的保护义务和对危险源的监督义务（维护和管理义务）两类，德国刑法理论在这两种基本分类的基础下进一步演化出若干种具体的义务类别。[3]

在日本，传统的刑法理论认为作为义务具有来自法律、契约·事务管理、条理等三种根据，这也是一种形式义务说的理论。但是上述义务来源中包括了条理这种内涵不特定的概念，使得上述分类限定性功能减弱。学界为了保

---

〔1〕《德国刑法典》第13条第1款规定："依法有义务防止构成要件的结果的发生而不防止其发生，且当其不作为与因作为而使法定构成要件的实现相当时，才依法受处罚。"参见徐久生译：《德国刑法典》，北京大学出版社2019年版，第10页。

〔2〕参见毛玲玲："不作为犯义务的限制实质论"，载《东方法学》2014年第3期。

〔3〕参见［德］汉斯·海因里希·耶塞克、托马斯·魏根特：《德国刑法教科书》，徐久生译，中国法制出版社2017年版，第835~849页。

证其明确性，一方面维持上述三种义务的形式性根据不变，另一方面以"条理"这一义务为突破口推动作为义务的实质化变革，探寻作为义务发生的实质性根据，即日本刑法学界基于对形式义务说的限制考虑，出现了对其进行实质性解释的研究动向，如藤木英雄教授提出的重视不作为者的主观层面的见解、日高义博教授提出的重视先行行为的见解以及堀内捷三教授提出的从法益与不作为者的密切性角度进行限制等多种观点。[1]可以说，在日本刑法学界，不作为的义务来源同样出现了从形式说向实质说转向的现实情况。同时，很多学者也逐渐采纳了德国刑法中的机能二分法，如山中敬一教授也将作为分为"法益保护型"和"危险源管理监督型"两种作为义务类型。[2]

我国刑法通说一直沿用传统刑法的"三分说"（法律规定、合同、先行行为），近些年来又增加了一种，即法律行为引起的义务，称为"四分说"。针对不作为犯罪的司法实践困境，我国刑法学界也出现了关注不作为义务的实质来源的见解，特别是注重形式来源与实质来源的结合，如张明楷教授认为，实质的法义务范围是不明确的，需要辅之以形式的标准来加以限定和明确。实际上这与日本一些学者的观点如出一辙，如前田雅英教授指出，形式的作为义务论和实质的作为义务论都难以全面说明作为义务的产生根据，因此提倡将法令、契约等形式的事由和危险承受、制造危险等实质的事由进行综合考量，通过对复合的多要素的考察来判断作为义务的有无。[3]笔者认为，这种形式与实质的复合标准在我国具有一定积极意义，德日刑法立法或司法判例中明确了不作为与作为"等价性"的要求，实现了对实质义务说的合理限定。而我国刑事立法及理论上尚未根本确立该标准，且在我国立法尚不完善、对罪刑法定主义及刑法谦抑性理念的坚守不够等背景下，在采取实质义务标准的同时确实需要兼顾形式标准予以框定，以免过于扩张的司法裁量权违反

---

〔1〕　参见［日］西田典之：《共犯理论的展开》，江溯、李世阳译，中国法制出版社2017年版，第208～213页。日本刑法学界关于不作为义务实质根据的见解还可以参见［日］西田典之：《日本刑法总论》，王昭武、刘明祥译，法律出版社2013年版，第104～106页。

〔2〕　参见［日］山中敬一：《刑法总论》，成文堂2015年版，第244～257页。转引自陈家林：《外国刑法理论的思潮与流变》，中国人民公安大学出版社、群众出版社2017年版，第200～201页。

〔3〕　参见［日］前田雅英：《刑法学总论》，东京大学出版会2006年版，第131页。转引自陈家林：《外国刑法理论的思潮与流变》，中国人民公安大学出版社、群众出版社2017年版，第200～201页。

罪刑法定主义，破坏法的安定性，这并不是危言耸听，在下文一些案例中便可见一斑。据此，张明楷教授在其撰写的《刑法学》教科书中，将不作为的义务来源界定为基于对危险源的支配产生的监督义务、基于与法益的无助（脆弱）状态的特殊关系产生的保护义务和基于对法益的危险发生领域的支配产生的阻止义务三种。[1]

（三）对几种涉及中立帮助的不作为义务之探讨

以上，笔者简要介绍了德、日及我国刑法中关于不作为义务根据的研究走向和基本观点，目的在于揭示具有相同义务来源的不作为帮助的义务范围。但本书无意进行更为深入的研究——毕竟非本书研究重点——而是借鉴上述理论素材来分析几种可能会涉及中立帮助问题的不作为帮助行为，进一步探讨相关主体是否具有值得刑法科处的义务要求和处罚必要。需要说明的是，具有实质的义务只是刑法中进行归责的必要条件之一，如不救助行为是否构成不作为犯罪，除了考察行为人是否具有救助义务外，还需要考察其有无救助能力及期待可能性等其他因素。因此，下文所探讨的几种情形，主要是针对有关主体是否具有作为义务而展开的。

1. 封闭空间管理者的作为义务

酒店、住宅、出租车内部等封闭场所与开放空间不同，管理者是否应对其控制空间内的人或事具有管理义务，特别是是否负有对发生在该空间内的犯罪行为具有阻止义务，涉及上述不作为犯罪义务来源问题。德国判例经历了从肯定到否定的变化："1966 年德国联邦法院在一起餐厅女老板不阻止四名顾客对被害女性施暴的案件中，判定该餐厅女老板作为封闭空间的管理者而应承担阻止犯罪的义务。"[2]此后，德国法院在一起发生在被告人家中，由同样前来被告人家中做客的两名犯罪嫌疑人对一名被害人进行的抢劫案件中，判定被

---

〔1〕 参见张明楷：《刑法学》，法律出版社 2016 年版，第 153~159 页。

〔2〕 该案的主要案情是：四个男性是某餐厅的老顾客，一日在该餐厅中，四人中的一人邀请某年轻女性跳第二次舞，遭到拒绝。于是四人共同对该女实施暴力，剪取其头发和阴毛。被告人是该餐厅的女老板，对四人的暴行默不作声，不予阻止，采取了容忍的态度。原审法院认定，被告人明知四人的侵害行为，也明知四人的行为是为了自身的娱乐，被告人与上述四人形成一体，所以认为被告人与四名男子之间成立共同正犯，按照强奸罪、侮辱罪及危险的伤害罪的想象竞合各判处 1 年的轻惩役。参见 〔日〕神山敏雄：《不作为共犯论》，成文堂 1994 年版，第 158 页。转引自陈家林：《共同正犯研究》，武汉大学出版社 2004 年版，第 252~253 页。

告人作为案发住宅的管理者因不履行犯罪阻止义务而构成犯罪。[1]可见，在这两则判决中，德国司法机关认可了密闭空间管理者对其管理的空间中发生的犯罪行为具有阻止义务。然而，这种裁判意旨并没有延续下去，在发生于1982 年的一起被告人对其丈夫在家中对被害女性实施强奸行为而未予制止或报警的案件中，法院最终否定了被告人的犯罪阻止义务而宣告无罪。[2]法院在该案中确立了新的规则，即住宅本身并非危险源，不能因此对管理者科以犯罪阻止义务。而后在 1985 年的一起被告人对同居者在自己住宅内种植大麻而未加以制止的案件中，法院继续采纳了 1982 年判决的结论，否定住宅或土地管理者对其控制的住宅内或土地上的犯罪行为具有犯罪阻止义务。

　　笔者认为，通常情况下封闭空间确实不应被认定为危险源，因此，管理者不应承担犯罪阻止义务，但也有例外情况。这主要是由于"封闭空间"在犯罪活动中存在两种作用：第一种作用是单纯的犯罪场所或者地点，在该意义上封闭空间并无与开放空间不同之处，如在酒吧内抢劫、盗窃、故意伤害与在公园里、马路上、商场中实施的同类犯罪没有显著的差别，因此，封闭空间的管理者并不会因犯罪发生在自己支配范围内就当然承担阻止犯罪的义务。第二种作用是特定犯罪得以实施的便利条件，在此种情况下封闭空间要么作为犯罪行为实施的必要场所条件，要么显著提高了犯罪得以实施的可能性。如聚众淫乱、容留吸毒、组织卖淫等犯罪的实施者往往会专门选择一定

---

　　〔1〕　该案的主要案情是：被告人在饭店结交了被害人后将其带到自己家里，当晚家里又来了两名客人。被害人与其他两名客人一起饮酒作乐，以致烂醉如泥。深夜，这两位客人抢劫了被害人的钱包和银行存折，并采取暴力手段强迫被害人说出存折的密码，被害人不从，遂被殴打窒息而死。被告人目睹了整个过程，而未予以阻止。原审法院认为，被告人没有阻止两位客人的强盗行为，以不作为的形式构成了伴随致死的强盗的恐吓未遂罪，作为正犯承担罪责任。参见〔日〕松尾诚纪："不作为にょゐ共犯の限定化"，载《北大法学论集》2003 年第 53 卷第 6 号，第 1784 页以下。转引自杜文俊、陈洪兵："不作为共犯与犯罪阻止义务"，载高铭暄、赵秉志主编：《刑法论丛》（第 3 卷），法律出版社 2009 年版，第 249 页。

　　〔2〕　该案的主要案情是：被告人的丈夫将被害女性带入家中进行持续殴打，并实施了强奸行为，而后继续捆绑。被告人在有可能报警解救被害女性的情况下而放任不管，直至 5 小时后被害人因他人的匿名报警才被救出。原审法院认为，被告人对正犯所利用的场所（自己家里）具有处分权限，基于此能够肯定保证人地位，因而被告人构成了不作为的强奸罪的帮助犯。但二审法院明确否定仅凭住宅居住者的身份就肯定作为义务，否定住宅本身是危险源，不承认住宅居住者具有基于危险源而产生的犯罪阻止义务。参见〔日〕松尾诚纪："不作为にょゐ共犯の限定化"，载《北大法学论集》2003 年第 53 卷第 6 号。转引自杜文俊、陈洪兵："不作为共犯与犯罪阻止义务"，载高铭暄、赵秉志主编：《刑法论丛》（第 3 卷），法律出版社 2009 年版，第 249 页。

的场所进行，一定的封闭空间是犯罪行为得以实施的前提。在此种情况下，封闭空间一定程度上具有了危险源性质，其管理者便具有对危险源进行监管的犯罪阻止义务。对此，从我国法律规定中也可以找到封闭空间管理者的义务来源，如我国《旅馆业治安管理办法》中就原则性地规定了经营者对发生在旅馆内的犯罪行为的举报义务和对旅馆内实施的违法犯罪活动的阻止义务。[1]同样，酒店、KTV、洗浴中心、电影院等场所也可以被认为具有上述义务。这种观点也得到了近年来德国司法实践的支持，虽然前文讲德国司法实践中对封闭空间管理者的不作为义务的认定经历了从肯定到否定的变化，但是近年来仍有在例外情况下认定封闭空间管理者构成不作为犯罪的判例，如《联邦最高法院刑事判例集》第27卷第10（12）页中有一则这样的案例：一个住宅所有者把一位退休的老人接到自己家里，这个退休老人在那里被另一位住客勒索性抢劫而死亡。对此，判例从信赖利益的角度阐释了归责的理由，认为在住宅所有人将他人接到自己家里并且向其提供"保护"时，就已经"创设了一种信任的基础"，即被邀请进入他人家中就可以相信主人在其控制范围内会为他人排除重大危险，但这种信赖原则在轻微案件中不应当适用，但在强奸、杀人、重伤害、抢劫、绑架等严重犯罪中应当适用。[2]可见该判例是从主体间保护性关系或者信任关系上来寻找处罚根据，并对这种保证人义务限制在严重犯罪上。这种限制处罚的思路并不限于一个案件，在《联邦最高法院刑事判例集》第30卷中，最高法院虽然没有将对丈夫在家中强奸一名年轻女孩而表现出冷漠的妻子认定为保证人，但是却指出：空间本身并不表现为危险源，所以对这些空间的所有人身份就不能产生出监护义务，除非这所住宅的特点本身具有引起犯罪行为的危险。当一所住宅由其特殊性质或

---

〔1〕《旅馆业治安管理办法》于1987年9月23日经国务院批准，1987年11月10日由公安部发布，自发布之日起施行；2011年1月8日经第588号国务院令公布，对《旅馆业治安管理办法》部分条款作出修改；2020年11月29日经第732号国务院令公布，对部分条款作出修改。《旅馆业治安管理办法》第9条规定："旅馆工作人员发现违法犯罪分子，行迹可疑的人员和被公安机关通缉的罪犯，应当立即向当地公安机关报告，不得知情不报或隐瞒包庇。"第12条同时规定："旅馆内，严禁卖淫、嫖宿、赌博、吸毒、传播淫秽物品等违法犯罪活动。"因此，旅馆经营者对发生在其旅店内的卖淫、嫖宿、赌博等违法犯罪行为具有阻止义务。

〔2〕参见［德］克劳斯·罗克辛：《德国刑法学总论》（第2卷），王世洲等译，法律出版社2013年版，第563页。

者状况而表现为一种危险源，而房主应当对此加以保障或者监护，从而使其不能成为实施犯罪的便利手段时，作为住宅所有者的身份才提供了保证人地位的根据。如在保持不活动案件（容留吸毒、窝藏、组织卖淫等——笔者注）中的房屋与地产的所有人，就被可以被认定为一种等同于实行行为的不作为。[1]

　　此外，根据机能二分说，封闭空间的管理者只有在基于自己意思而具有排他支配性时，才具有了保证人地位，从而具有了法益保护义务，因为管理者将危害结果发生的因果流程控制在了自己手里。这与英美刑法中空间管理者安全保障义务有些相似。在英美刑法中，"土地所有者有责任采取积极措施保障受邀来到该土地上的客人的安全，也就是负有刑法意义上的安全保障义务。例如，夜总会老板若因没有提供防火措施而导致顾客死亡，就应当承担不作为的刑事责任"[2]。西田典之教授认为，这种基于自己意思而事实上排他性地支配因果经过是很重要的，并不以存在法律、契约上的义务及由于故意或过失的先行行为的存在为必要。[3]确实，上述排他性支配完全可以基于封闭空间这种特殊的环境而产生，如交通肇事者拦截出租车后，将伤者抬上出租车，在前往医院途中肇事者借故逃离，虽然该伤者的危险状态并不是该司机导致，但是肇事者逃脱后，伤者便处于该司机独立支配之下，司机便具有救助义务，如果该司机担心送到医院后被人怀疑为肇事者而将乘客抛弃在荒郊野外，便构成不作为的犯罪。也许有人认为，此种观点对司机而言过于严苛，将导致刑事责任的不当扩大。笔者对此作两点限制说明：一是此种情形必须是基于自己意思，也就是说如果在当时情况下，危害结果的因果进程并非封闭空间管理者（出租车司机）支配，如在上述案例中肇事者还在出租车上，则不应肯定排他支配关系的现实存在；二是对履行义务的要求不应过高，不应以"有效"为前提，也就是说，此种义务的履行方式具有多样性，

---

〔1〕　参见［德］克劳斯·罗克辛：《德国刑法学总论》（第2卷），王世洲等译，法律出版社2013年版，第564页。

〔2〕　Wayne R Lafave, Criminal Law, West A Thomon Reuters business 2010, pp. 184-186. 转引自郭自力：《英美刑法》，北京大学出版社2018年版，第122页。

〔3〕　参见［日］西田典之：《共犯理论的展开》，江溯、李世阳译，中国法制出版社2017年版，第215页。

如劝说、阻拦、报警、求助于他人等，任何表明封闭空间管理者履行了义务的方式均包含在内。

2. 监管者的作为义务

本书中的监管者是一个广义概念，包括危险源管理者，如对危险动物或者精神病人负有监督和看管义务的人；也包括法定的监护人，如对未成年人负有监护职责的父母，还包括在某一行业或者某一事项上具有监督管理职责的机构和个人，如药品监督管理行业等，实际上前文论及的封闭空间管理者在某种程度上也可以认为属于监管者，但此处不再归为此类。此种分类方法虽然是笔者一己愚见，但在德国刑法理论上却存在类似的划分结论。德国刑法理论从自我责任原则出发认为，在原则上不存在防止他人犯罪的义务，但存在例外情况，即基于被监护者属于缺乏或者限制责任，或在法律关系上的上位关系而产生的控制关系，因此，德国联邦最高法院曾判决过两名没有阻止妻子终止怀孕的丈夫构成不作为犯罪。可以看出，在德国刑法理论上也存在监管者不作为义务问题，这种义务分为对被监护者缺乏的或者限制的责任和法律关系上的上位者对下位者的监护义务。前者如父母对未成年子女具有的保护性保证人地位，但同时认为要求父母对子女进行毫无漏洞的监护是不可能的，需要在维持公共法益的利益与父母教育子女时的自由发展的利益之间进行权衡，并且这种保证人地位也可以是临时具有的，如学校老师在学校范围内对学生的监护义务、精神病院等机构对精神病人的监护义务等。后者指基于领导人的命令权产生的一种保证人地位，如在国家机关中领导与下属之间、船长与船员之间，上级可以通过发号施令的方式实现安排和控制，相应地也应负有对下级的监护性义务。具有争议的是，在企业中上下级之间是否会产生保证人义务。在德国，虽然没有明确的判例支撑，但是主流观点还是认可这种义务的存在，理由是在企业中上级至少有义务也有可能通过具有约束力的指示或控制来防止各种有刑事可罚性的企业行为，在这个意义上，企业是处于上级的统治和控制之下的，企业的上级应当将企业来自物的方面及人的方面的"危险源"置于能够保障安全的监督之下。对此，德国学者贝尔纳特提出了区分说的观点，具有显著的合理性，他认为企业中的领导者只能对与企业有关的危险源负有义务，对于那些与企业无关的下级实施的盗窃、

贿赂等行为不负任何责任。〔1〕

　　根据机能二分说，监管者在共犯领域中的义务同样可以分为两类：一类是对监管对象的法益保护义务，如父母对未成年子女的抚养义务等，这种义务往往来源于法律规定，在监管者不履行义务时构成不作为犯罪一般不存在太大争议；另一类是监管者对于被监管对象实施的犯罪行为的犯罪阻止义务，对此能否认定监管者构成犯罪需要研究，因为这涉及他人的行为能否成为后行为人作为义务的来源问题，德国刑法学界将该种情形称为"后行不作为犯"，即监管对象实施犯罪行为后，犯罪结果尚未出现或者犯罪结果可能继续加重的情况下，监管者若采取有效措施就可以避免出现危害结果或者避免结果加重，如被监护的未成年人将他人打伤后，监护人不及时进行救助导致被害人失血性休克死亡的情况。

　　如何处理上述监管者不履行监管职责的行为，存在可罚和不可罚两种观点。认为不可罚的意见理由在于："其一，通常认为，刑法作为义务来源中的先行行为是针对同一行为主体而言的，即认为行为人因实施了先行行为从而产生了刑法上的作为义务，根据个人责任原则，行为人不能对他人的行为产生作为义务。其二，这种情况也不属于犯罪阻止义务范畴。所谓犯罪阻止义务，是指对危险源具有监督管理职责的人，在该危险源对他人产生法益侵害后果之时或之前，应当有效履行监管职责，防止危险源造成现实法益侵害的作为义务。因此，当在法益侵害结果已经实际发生时，犯罪阻止义务便没有存在的空间和必要了。"〔2〕本书持可罚观点，认为主张不可罚的意见不可取：第一，监管者作为义务的来源是其处于监管者的主体身份，实际上属于一种法定的义务，而不是先行行为引起的义务，不能因其不符合先行行为引起的作为义务就否定其具有特定义务，否则便是将先行行为引起的义务当作是作为义务的全部来源了。第二，这种义务来源某种程度上也可以理解为先行行为产生的义务，如网络服务提供者对于网络用户散布网络谣言行为应具有阻止义务，之所以苛责网络服务提供者是因为其为网络用户提供互联网接入或者提供网络平台等先行行为必然产生后续的防止网络用户利用该网络服务实

---

〔1〕　参见［德］克劳斯·罗克辛著：《德国刑法学总论》（第2卷），王世洲等译，法律出版社2013年版，第565~569页。

〔2〕　张伟：《帮助犯研究》，中国政法大学出版社2012年版，第154页。

施犯罪的义务。第三，监管者的犯罪阻止义务确实产生于被监管者实施犯罪行为之后，虽然监管者没有创设法不允许的危险，但是很多犯罪行为具有持续性，且犯罪行为实施完毕后犯罪结果并不一定当时出现，所以在监管者能够阻止犯罪行为继续实施或者能够减少危害后果的情况下，其不作为行为明显提高了被监管者创设的危险实现的可能性，无论是从法益保护的目的还是刑事政策上均具有处罚的必要。

至于监管者的不作为应成立正犯还是共犯同样存在不同意见。一种观点认为应成立正犯，理由是：在后行不作为的情况下正犯的实行行为已经结束，对行为不再支配，支配关系转移到后行为主体身上，因此，后行不作为者应被认定为正犯。另一种观点认为应构成帮助犯，理由是："正犯行为虽然在形式上结束了，但在实质结束之前，仍有可能成立帮助犯。"[1]本书认为，后行不作为行为既可能构成正犯也可能构成帮助犯，应按照前述的正犯与共犯区分标准进行实质判断。举例释之，甲作为父亲对其监护的未成年儿子乙实施加害行为造成他人伤害的，如果该未成年乙对加害行为具有规范意识，则甲的不作为行为成立帮助犯，如果乙不具有规范意识，则甲的不作为行为可能成立（间接）正犯。另外，我国刑法理论承认承继的共同犯罪，并根据犯罪支配状态来判断后加入者构成共同正犯还是帮助犯，[2]而刑法对后加入的行为并没有限定行为方式，当然不应排除不作为的方式，即在后行不作为的情况下既可以成立正犯也可以成立帮助犯。

上述关于两种特殊的帮助行为可罚性及处罚路径的探讨有利于我们深入研究中立帮助行为的可罚性问题，从中立帮助行为众多的行为类型看，很多可以归类于封闭空间管理者责任或者监管者责任范畴，如行驶中出租车司机对于发生在自己车内的犯罪行为是否具有阻止义务。又如，虽然没有明确犯罪意图的网络技术服务行为，其行为人先前实施的网络接入、网络平台提供等行为创设了某种信息网络被滥用的风险，在明知他人利用信息网络实施犯

---

〔1〕 杜文俊、陈洪兵："不作为共犯与犯罪阻止义务"，载高铭暄、赵秉志主编：《刑法论丛》（第3卷），法律出版社2009年版，第253页。

〔2〕 参见王光明：《共同实行犯研究》，法律出版社2012年版，第145页。

罪后能够避免此种风险扩大而未避免的行为，具有成立不作为的可能性。[1]

第三节 存在因果关系

对中立帮助行为进行实质性考察和限定，就是要回溯至共犯的本质和处罚根据上来，刑法学界在此存在很大争议，而争议的重点就是帮助行为是因自身行为需要受到刑法处罚还是因为介入了正犯行为和结果才需要受到处罚，简言之，帮助行为与正犯的实行行为或正犯结果之间是否需要具备因果关系。因此，接下来有必要对中立帮助行为的因果关系问题进行深入讨论。

所谓因果关系，"是指危害行为与危害结果之间的一种引起与被引起的关系"[2]。我国刑法理论对正犯因果关系的讨论较为充分，对于帮助犯等狭义共犯的因果关系问题探讨则不够充分，以至于有人认为可以将正犯的因果关系原理直接适用于帮助犯之上，殊不知忽视了帮助行为的因果性与正犯行为因果性的显著区别：

一是，正犯行为与帮助行为的本质区别决定帮助行为通常不会直接引起法益侵害结果，只能通过对正犯行为的参与间接地侵害法益或产生法益侵害危险，即帮助行为与危害结果之间必须通过正犯行为才能建立因果联系，从而具有"间接性"特点。

二是，在判断因果关系有无问题上，我国刑法理论通说采取的是"条件说"，在"无前者则无后者"的判断范式中，尽管会区分不同条件的差异性，但是这种"必要性考察"的理论范式是必不可少的。易言之，在以"条件说"为标准确认的因果关系中，作为原因的行为应是产生结果的必要条件。但是，帮助行为仅是加功、助力于正犯行为，使得正犯实施犯罪更为容易，但是这种加功、助力行为并不要求是必不可少的，即对于危害结果的产生而言不是必要的。因此，帮助行为的非必要性与"条件说"的因果范式之间就出现了矛盾。例如，甲为了盗窃单位保险柜中财物，通过对保险柜密码的算

---

〔1〕 参见阎二鹏："帮助信息网络犯罪活动罪：不作为视角下的教义学证成"，载《社会科学战线》2018 年第 6 期。

〔2〕 张明楷：《刑法学》，法律出版社 2016 年版，第 174 页。

法分析，计算出密码有 100 种可能性（真实密码包含在内）并逐一试验，照此下去甲必然可以打开保险柜。但是，当甲试验到第 50 种密码时，甲的朋友乙通过更为精确计算，将可能密码的范围缩小到 20 种，甲据此比预期提前一个小时打开了保险柜。在这个案例中，即使没有乙提供的密码范围，甲同样可以慢慢打开保险柜，那么乙的行为与危害结果之间是否存在因果关系呢？显然，采取"条件说"的标准将显得困难，因此帮助行为的因果性确实存在特殊性，应具体深入探讨。

一、关于帮助行为因果关系的理论争议

（一）因果关系不要说

对于帮助行为是否需要具备因果性，存在不同意见，其中因果关系不要说认为，成立帮助犯不需要以帮助行为与正犯行为之间及帮助行为与正犯结果之间具有因果关系为必要条件。该说认为，帮助行为是使正犯行为变得容易的助力行为，只要能够使法益侵害的危险增加即可，并不要求实际上使正犯行为变得更加容易。该说首先起源于德国的司法判例，由于考虑到将正犯的条件性因果关系适用于帮助犯就与坚持帮助行为在犯罪中并非不可替代的立场相矛盾。因此，为了惩罚帮助行为而放弃帮助中因果性的要件，转而认为如果能够肯定通过帮助行为，事前性地对正犯结果"增加了机会"，即使不具有因果性也能够肯定既遂的帮助。[1]可见，该说是在危险犯层面来认识帮助行为的，同时该说根据对危险程度的要求不同，在内部又进一步分为抽象危险说和具体危险说。前者认为，任何的帮助行为即便是没有实际帮助效果也会提高法益侵害的危险，都属于刑法禁止的行为，因而从抽象的危险上予以阐述帮助行为的可罚性。但是对于没有实际帮助效果的行为是否具有可罚性是值得研究的。因此，具体危险说进一步认为，帮助行为之所以可罚，是因为帮助行为提高了正犯行为成功的机会或者说增加了正犯行为侵害法益的危险，因而需要通过比较分析帮助者参与犯罪前后的情况来考察法所保护的利益受到的危险是否现实增加了。

---

〔1〕 参见［日］西田典之：《共犯理论的展开》，江溯、李世阳译，中国法制出版社 2017 年版，第 228 页。

值得注意的是，"因果关系不要说并不是对因果关系这一概念的否定，而是反对将因果关系作为帮助犯的成立条件之一加以规定"〔1〕。当前，因果关系不要说已经鲜有支持。对其主要批判在于：第一，将帮助行为视为危险犯，是共犯独立性说的代表主张，并且与该说支持者所主张的因果共犯论南辕北辙。对此，山中敬一教授批评指出："此说本来属于共犯独立性说的理论归结，而论者却在坚持因果共犯论的前提下加以提倡，在刑法理论体系上缺乏一致性"〔2〕。第二，该说是单一制正犯体系下的逻辑思路，与通行的区分制正犯体系格格不入。在限制正犯概念之下，共犯无法直接造成法益侵害的结果，必须通过正犯行为才能与法益侵害结果之间建立联系，更遑论对法益造成的抽象或者具体侵害危险；而认为帮助行为自身具有对法益的侵害危险的观点已从根本上与扩张的正犯概念高度契合，属于单一制正犯体系的理论归结。〔3〕第三，该说将得出不合理的结论。如在正犯为实害犯的情况下，在已经出现了法益侵害的现实危险但危害结果尚未出现时，帮助犯成立犯罪既遂，而正犯行为却处于未遂状态。又如，在共犯脱离的情况下，共犯在正犯既遂前脱离共同犯罪的，一般无须对既遂结果承担责任，但是如果按照因果关系不要说，则将不会存在共犯脱离的现实可能性。第四，具体危险也好、抽象危险也罢，危险判断的标准始终是不明确的，正所谓"危险犯具有危险"，而坚持因果关系必要说对帮助行为归责更为理性和合理。

笔者认为：德国判例之所以否定帮助行为的因果性，实际上是通过认可心理帮助具有堵截构成要件机能从而泛化和虚化物质帮助因果性的结果。易言之，在很多帮助行为不具有实际物质帮助性时转而认为具有心理上的帮助性，并进而肯定该行为的可罚性。如德国学者奥托认为："如果对被帮助人物理性帮助受挫（帮助者为正犯提供犯罪工具，即便正犯者未使用该工具，提供工具的行为也强化了正犯的实行决意，）同样可产生心理帮助。同样，德国帝国法院刑事判决中对要求恋爱对象必须将对方发妻杀死作为预期结婚先决

---

〔1〕 张亚军：《刑法中的客观归属论》，中国人民公安大学出版社 2008 年版，第 146 页。

〔2〕 ［日］山中敬一：《刑法总论》，成文堂 2008 年版，第 922 页。转引自张伟：《帮助犯研究》，中国政法大学出版社 2012 年第 1 版，第 93 页。

〔3〕 参见阎二鹏："帮助犯因果关系：反思性检讨与教义学重塑"，载《政治与法律》2019 年第 2 期。

条件的女情人认定为帮助犯。"[1]可见，正是这种对因果关系的泛化和虚化最终导致了不要求因果性的结论。同时，由于本书一贯坚持因果共犯论和违法性的本质主要是法益侵害的基本立场，从该立场出发必然得出共犯中因果关系消极和积极的双重功能，前者是指将不具有因果关系的行为从共犯中过滤掉，后者是指正确区分正犯与共犯的功能。对于前者而言，法益侵害结果或者侵害危险的共同惹起是追究帮助行为刑事责任的必要条件。[2]虽然相对于单独犯而言，共犯的因果关系有所扩张，在认定要求上更为缓和，但没有缓和到抛弃行为与法益侵害结果（危险）之间的因果关系，而是仍然要求具备因果关系，否则，就会违反个人责任原则[3]。对于后者而言，指直接引起还是间接引起法益侵害结果，这决定行为是构成正犯还是共犯，帮助犯是介入正犯行为并间接引起法益侵害结果或危险的行为，但同样应具备因果关系。因此，因果关系不要说与上述基本法理相违背，不值得采纳，对于帮助犯的成立而言，应坚持因果关系为必要条件。

（二）实行行为促进说

实行行为促进说认为，帮助行为的因果关系体现在对正犯行为而不是对正犯结果的促进，因此只要帮助行为与正犯行为之间具有因果关系即可，也就是通过加功、助力等方式对正犯行为起到促进作用，这种促进作用当然既包括物理上的也包括心理上的，只要能够促进正犯行为或者使正犯行为变得容易即可。此说的依据是德日刑法的规定，刑法理论界部分学者通过考察德日刑法对帮助行为的规定，认为二者均将帮助行为规定为"援助正犯使其变得容易"，所以得出了成立帮助行为仅要求与正犯行为具有因果关系即可的结论。

该说的问题在于：第一，该说是以共犯处罚根据中的违法共犯论为基础的，最大问题在于没有从帮助行为的法益侵害角度出发来分析其违法性和可

---

〔1〕 ［德］汉斯·海因里希·耶塞克、托马斯·魏根特：《德国刑法教科书》，徐久生译，中国法制出版社 2017 年版，第 938~939 页。

〔2〕 参见阎二鹏、吴飞飞："帮助犯因果关系检讨——以共犯处罚根据论为视角"，载《法治研究》2012 年第 8 期。

〔3〕 参见陈洪兵："'二人以上共同故意犯罪'的再解释——全面检讨关于共同犯罪成立条件之通说"，载《当代法学》2015 年第 4 期。

罚性，也就必然忽视了帮助行为与结果之间的因果关系。第二，该说背离了刑法中因果关系的基本内涵，也就是说这种帮助行为与实行行为之间的促进关系，已经不再是刑法理论中"行为与结果之间引起与被引起的联系"了，而用"促进关系"代替"引起关系"的合理性是什么？没有答案。第三，在实害犯中，帮助行为促进了正犯行为，也就是促进了正犯结果，这是自然而然的理论归结，在这个意义上，很难说该说与促进的因果关系之间存在本质性区别，不过是学说表现上的差异而已。[1]第四，这种促进公式将使得"对未遂的帮助"与"对既遂的帮助"在刑事可罚性上没有差别，如在德国的司法实践中，为孕妇提供堕胎工具但孕妇实际上并没有使用，而未得逞的情况下，按照该说仍应按照帮助堕胎而受到处罚，但这是不可取的，毕竟这种帮助行为对结果并没有发挥作用。[2]

（三）促进的因果关系说

德国帝国法院首先提倡促进的因果关系说，认为帮助行为并不是造成结果的原因，只要对结果的出现起到促进作用就足够了。易言之，帝国法院的司法实践立场是："认为帮助行为与正犯结果之间没有必要存在条件关系，只要帮助行为能促进正犯行为或使其变得容易，就可以成立帮助犯。"[3]根据该观点，德国联邦最高法院曾判决一辆汽车的女驾驶员按照两名坐在车内的抢劫者的要求，在他们抢劫一名女乘客时继续行驶（而不是停下来），从而使被害人的叫喊不会被人听到并且使外人没有机会进行干预，构成帮助犯。联邦最高法院认为，继续行驶使构成行为的实施"变得容易"，而这种容易对于引起结果的方式与方法来说，当然是一个明显的原因，没有该行为的介入构成行为就可能根本无法实施。[4]遗憾的是，德国司法实务的观点并未得到大多

---

〔1〕　参见［日〕大塚仁等编：《大注解刑法》（第5卷），青林书院1999年版，第576页。转引自陈家林：《外国刑法理论的思潮与流变》，中国人民公安大学出版社、群众出版社2017年版，第609页。

〔2〕　参见［德〕《帝国法院刑事判例集》第58卷，第113页。转引自［德〕克劳斯·罗克辛：《德国刑法学总论》（第2卷），王世洲等译，法律出版社2013年版，第147页。

〔3〕　陈家林：《外国刑法通论》，中国人民公安大学出版社2009年版，第602页。

〔4〕　参见1981年《德国汽车法杂志》，第226页。转引自［德〕克劳斯·罗克辛：《德国刑法学总论》（第2卷），王世洲等译，法律出版社2013年版，第147页。

数人的支持，反对观点主要在于：首先，该说可能扩大刑法的处罚范围，促进的因果关系理论是在等值理论意义上的因果关系论。等值理论认为，凡是对正犯行为的方式或方法产生影响的行为，对结果来说都是等价的原因，无疑会导致刑法处罚范围的不当扩张。其次，何为"促进"，显然是一个十分模糊的概念。该理论认为：所谓促进至少包括对犯罪行为及结果强化、援助、使其变得可能、使其变得容易等四个方面。其中：强化，是指诸如怂恿行为；援助，是指诸如望风行为；使犯罪变得可能，是指诸如向正犯提供其难以获得帮助使犯罪得以实施的情况；使犯罪变得容易，是指提供工具等帮助。可见，所谓促进不仅与教唆、心理帮助存在一定交叉，还可能涉及"望风"这样存在争议的帮助行为的认定，对其理解往往会莫衷一是。因此，该说用"促进"来解释帮助行为的因果性，不仅没有在根本上解决因果关系的复杂问题却又牵连出新的同样难以理解的"促进"概念，在理论上平添复杂，在实务中也无以适从。再次，持该说的学者为了限制其不当扩大的处罚范围，"强调共犯的特性在于以正犯行为为媒介的因果关系，对正犯行为的促进同时也必然促进正犯行为的结果"[1]。如此说来，此说便与正犯行为促进说之间没有实质区别了。最后，笔者认为，该说存在片面性，只考虑到帮助行为对正犯行为促进的有效性，但是没有对有效性持续的时间提出要求，如在甲为乙意图入室盗窃提供了被害人房门钥匙，但该钥匙在开锁过程中折断，随后乙从窗户翻越入室实施盗窃。按照促进的因果关系说，甲的行为对正犯行为起到促进作用，甲的行为对于既遂结果来说就是原因。但是，甲的行为只是促进了未遂的正犯行为，并没有促进既遂的正犯行为，换句话说，甲行为的促进效果并没有持续到犯罪既遂，却被认定为"原因"明显不当。而为了解决这个问题，似乎只能寻求于心理上的因果性，即认为甲提供钥匙的行为在心理上促进了乙的正犯行为，但这便又回到德国刑法中认为心理帮助具有"堵截构成要件机能"的老路上，其理论的不合理性，笔者在前文已经详细阐述，在此不赘。

---

[1]　[日] 山中敬一：《刑法中的因果关系和归属》，成文堂 1984 年版，第 188 页。转引自张伟：《帮助犯研究》，中国政法大学出版社 2012 年版，第 93 页。

（四）正犯结果引起说

正犯结果引起说认为，帮助行为与正犯结果之间应存在因果关系，且帮助犯的因果关系与正犯的因果关系相一致，都应采取"条件说"的因果范式。我国台湾地区刑法学者黄荣坚教授认为："既然成立帮助犯在客观不法上要求具有实害结果，那么帮助行为和实害结果之间的因果关系也当然是构成帮助犯不法的必要条件。"[1]根据条件说的理论范式，该说的核心内容可以归结为：构成帮助犯要求达到"没有帮助行为就不会有正犯结果"的程度。显然，这与本书前述的帮助行为与正犯行为相比的特殊性理论相抵牾，与帮助行为在犯罪参与体系中的现实定位不符。尽管如此，该说在对因果共犯论的基本原理的坚持以及对处罚帮助行为可能起到的限制作用方面还是值得肯定的，但毕竟这种因果关系认定与帮助行为在共同犯罪中的实际作用地位不符，从某种程度上也会不当地限制共犯的处罚范围，因而同样不值得推崇。

鉴于此，德国刑法理论界又试图对正犯结果引起说进行修正。如德国学者梅兹格认为，如果要坚持因果共犯论，同时维护条件说的因果性要件立场，就需要将"结果"进一步具体化，即扩张条件关系的存在范围。因此，在甲为乙盗窃提供打开被害人房门钥匙的案件中，即使乙没有利用该钥匙或者通过钥匙的交付并没有强化乙的犯意，甲对乙的盗窃既遂也具有因果性，因为通过使用钥匙的可能性，正犯行为的形象已经被"修正"了。可见，梅兹格将正犯行为的样态纳入到因果关系概念的"结果"范围内以维护条件说。但该说存在一定问题，最直接的就是怎么理解正犯行为的形象和样态被"修正"了？这是极为模糊的概念，梅兹格甚至将不具有构成要件重要性的附随情状也包含在"结果"之中，从而过分扩张了帮助行为的处罚范围。罗克辛教授正是看到了梅兹格观点的问题进而提出了自己的主张，核心内容可以概括为三部分：第一，所谓"修正"应限于使结果成为可能、变得容易、强化或者使其成功变得更为确实的行为，即以某种样态增加了正犯惹起犯罪结果的危险。第二，帮助行为与结果之间的因果性是中立的，不当然都具有可罚性，只有当帮助行为增加了正犯惹起犯罪结果之危险时才可罚。第三，应从事后、

---

[1] 黄荣坚：《基础刑法学》（下），中国人民大学出版社 2009 年版，第 559~560 页。

客观的角度观察帮助行为是否增加了正犯惹起犯罪结果的危险。罗克辛教授的观点被称为"事后的危险增加说"，即"对帮助行为而言，如果从事后看该行为不仅增加了既遂的危险，而且这种危险也实现为结果，就应肯定因果关系"[1]。罗克辛教授上述观点的积极意义在于：一是较为妥当地限定了"修正"正犯行为样态的范畴，提出了危险增加的明确标准；二是通过强调因果关系的中立性从而严格区分了"归因"与"归责"。但是，该说同样存在问题：第一，为坚持条件说而提出的"危险增加"理论将导致共犯因果性问题不可避免地向具体危险犯说转移，但是具体危险犯说作为认为条件关系不必要的归结，最后甚至否定了由帮助行为制造出的危险、手段的强化与正犯结果之间的物理性或心理性的连结之必要性。[2]第二，该说仍旧忽视了帮助行为与正犯结果之间的关联，在将帮助行为对正犯行为危险的提高也认为可罚的情况下，却同时否定帮助行为与正犯结果之间的关联，那么帮助行为的可罚性来源是什么，无法从法益危害中体现。因此，若想在提倡该说同时兼顾违法性本质和共犯处罚根据学说，只能通过心理性因果关系的补充来实现上述目标。

（五）拟制的因果关系说

拟制的因果关系说认为，共犯的因果关系是心理上的，表现为共犯与正犯之间的意思沟通，只要双方具有意思联络，就会产生促进正犯的效果，便具备了心理上的因果性，因此，该说也称为"心理上的因果关系说"。很显然，拟制的因果关系理论在认定帮助犯的成立范围上会过于宽泛，因此，学者们认为心理上的因果关系只是一种拟制的因果范式，反映的是共犯因果关系的特性，"但对于帮助犯的成立不能仅以意思沟通为全部内涵，而应从客观上通过具有物理意义的帮助行为来限定"[3]。笔者认为，该说将心理因果关

---

〔1〕 ［日］浅田和茂：《刑法总论》（补正版），成文堂 2007 年版，第 446 页。转引自陈家林：《外国刑法理论的思潮与流变》，中国人民公安大学出版社、群众出版社 2017 年版，第 608 页。

〔2〕 参见［日］西田典之：《共犯理论的展开》，江溯、李世阳译，中国法制出版社 2017 年版，第 231 页。

〔3〕 ［日］町野朔："引起说的整备·点检——共犯中的违法从属与因果性"，载《内藤谦先生古稀祝贺·刑事法学现代的状况》，有斐阁 1994 年版，第 142 页。转引自陈家林：《外国刑法理论的思潮与流变》，中国人民公安大学出版社、群众出版社 2017 年版，第 609 页。

系作为帮助行为因果性的全部内容，不符合概念的种属关系，应当说共犯的因果关系既体现为物理性又体现为心理性，但不能用心理性因果关系来界定物理上的引起与被引起关系，这是逻辑的错误之一。该说的逻辑错误之二在于：其认为在认定帮助犯成立范围时又应通过客观的"帮助行为"来加以限定，这使得因果关系表面是心理性的而实质是物理性的，出现"表里不一"的逻辑矛盾。

二、关于中立帮助行为因果性的思考

关于帮助行为因果性的各种学说实际上是论者在共犯处罚根据上理论分野的体现，如坚持责任共犯论的学者可能会倾向于心理上的因果关系说，采取违法共犯论的学者便会选择正犯结果引起说，而支持因果共犯论的学者往往会采取实行行为促进说或者促进的因果关系说。因此，从本书采纳的因果共犯论中的混合惹起说的立场出发，笔者认为在共犯的因果关系上应采取"正犯行为促进说为主，兼顾正犯结果引起说为辅"的标准，因为在"混合惹起说"看来，共犯的不法既来自共犯行为自身又来自其所带来的法益侵害。同时，从帮助行为促进作用的机理来看，帮助行为一旦介入正犯行为与结果之间的因果进程，在促进正犯行为的过程中便会与正犯行为有机结合，从而共同引起法益侵害结果，也就是在促进正犯实行的同时也引起了法益侵害的结果或危险。

之所以采取上述复合标准，也是为了克服单纯采取一种学说可能带来的弊端，特别是正犯行为促进说容易扩大因果关系的范围，这在中立帮助行为的因果判定上显得尤为明显。例如，五金店老板向神色慌张、形迹可疑的顾客销售了菜刀，结果该顾客用菜刀实施了杀人行为，那么从正犯行为促进的角度看，五金店老板销售菜刀的行为客观上当然促进了犯罪人正犯行为的实施，但从中立帮助行为处罚原则角度看，应否定行为人构成故意杀人罪的帮助犯，否则将导致共犯处罚范围的不当扩张。因此，需要在正犯行为促进说之外再引入其他标准来进一步限定帮助犯的成立范围。如何对帮助犯的成立范围进行有效限制，刑法理论上进而又提出了不同主张，如社会相当性说、利益衡量说等。

需要说明的是，"在正犯的因果关系上，以条件说为标准的判断同样会造成结果责任的不当扩张，这就需要再寻专门的理论来剔除那些与犯罪无关的因果关系，以使结果责任的范围合理，因果归责的理论由此而诞生，其中处于强有力说地位的理论是客观归责理论"〔1〕。如前所述，客观归责理论区分了归因与归责问题，在因果关系的判断上采取合法则的条件说，确定因果关系范围的同时也为归责划定了边界，其中只有当行为制造并实现了法所不允许的危险，且该结果在构成要件的保护范围时，最终才将该结果归属于行为人。〔2〕笔者认为，上述情况的存在和对解决方式的探索同样适用于共犯问题，仅仅根据正犯行为促进说确定的因果范围内的帮助行为，还应进行个别的、具体的责任判断，从而将不具有客观可归责的行为剔除，也就是结合客观归责的判断规则再一次进行判断，决定该行为是否可以被认为与正犯行为一样具有刑事可罚性，从而合理地解决"中立"帮助行为的特殊性问题。正如罗克辛教授指出："只有在一种原因性贡献对被害人提高了风险，对实行人提高了实现结果的机会时，这种原因性贡献才能是一种帮助"〔3〕。

第四节　帮助故意

在中立帮助行为的限制处罚观点中，主观说及折衷说都强调从行为人的主观方面来限制中立帮助行为的成立范围，以主观罪过形态作为区分中立帮助行为和可罚的帮助犯的标准，虽然本书主张应采取客观说来限制中立帮助行为的处罚范围，但对作为"裸的"事实层面的中立帮助行为和经规范评价后的帮助犯而言，行为人主观上都需要具有罪过，特别是帮助犯。无论是根据主客观相一致的刑法基本原理还是法律的规定，对于帮助犯成立的主观方面都应具备"帮助故意"或者称为"帮助意思"。如前所述，在德国和日本刑法典中均规定了帮助犯在主观上应是"故意"而不能是"过失"，以此相

---

〔1〕　庄劲著：《从客观到主观：刑法结果归责的路径研究》，中山大学出版社 2019 年版，第 1 页。

〔2〕　参见张明楷编著：《外国刑法纲要》，清华大学出版社 2007 年版，第 126 页。

〔3〕　［德］克劳斯·罗克辛：《德国刑法学总论》（第 2 卷），王世洲等译，法律出版社 2013 年版，第 153 页。

同，德日刑法理论界也普遍认为过失不能构成帮助犯，我国学者也持相同的观点。所谓"帮助故意"是指，帮助犯认识到正犯故意实施犯罪行为，并进行加功或提供助力使正犯者的实行行为更容易进行的一种主观心态。根据犯罪故意的结构机理，剖析帮助故意时需要对该故意的认识因素与意志因素的具体内涵，以及正犯与共犯之间意思联络形式进行分析研究。

一、帮助故意的认识因素

应该说，在承认帮助犯的主观方面必须是故意的前提下，要求其具有认识因素自不待言，否则，若帮助者对正犯行为的性质及自身行为的促进作用等事实缺乏认识的话，就会成为过失帮助。对于过失帮助，德国学者认为过失帮助不应罚，但可能构成过失正犯。[1]而日本学者同样认为，过失的帮助因为欠缺处罚规定从而不能成为处罚的对象。[2]对于帮助犯认识因素的内容及要求达到的程度，存在一定程度上的意见分歧，但一般认为帮助者对正犯实行行为具体的时间、地点、对象、方法等细节无需认识。

在德国，刑法理论认为帮助犯具有双重故意：一个是指向对实行人的故意提供帮助，另一个必须指向通过实行人损害由行为构成保护的法益。之所以要求具有双重故意，也是考虑到帮助行为的因果性要求帮助行为对正犯行为具有促进作用，并且意图从主观方面来重新限制通过"促进公式"使客观方面变得过于宽泛的行为构成。因此，帮助犯具有双重认识因素，即正犯行为及对正犯行为的促进，这里的正犯行为是指符合构成要件的不法行为。在这两层认识因素中，"第一层认识因素即认识到被帮助行为的犯罪类型是帮助犯主观方面存在的前提；第二层认识因素即认识到帮助行为对正犯行为的促进关系才是帮助犯认识因素的核心与关键，而帮助犯的意志因素则以此为基础"[3]。而在认识因素的程度上，只要对由正犯实现的行为构成具有认识以及帮助的实施提高了风险即可，不需要认识准确的构成行为的发生过程、地

---

〔1〕　参见［德］汉斯·海因里希·耶塞克、托马斯·魏根特：《德国刑法教科书》，徐久生译，中国法制出版社 2017 年版，第 944 页。

〔2〕　参见［日］山口厚：《刑法总论》，付立庆译，中国人民大学出版社 2018 年版，第 334 页。

〔3〕　张伟：《帮助犯研究》，中国政法大学出版社 2012 年版，第 98 页。

点、时间和被害人等具体细节。[1]德国之所以形成这样的认识主要来自司法实践中的判例。德国联邦最高法院在 1996 年的"宝石案"[2]中明确了上述规则。该判例认为帮助犯与正犯不同，大多数情况下帮助犯并不能支配犯罪发生发展的进程；帮助犯与教唆犯也不同，教唆犯能够预见到确定的罪行和犯罪结果。因此，只要故意地向正犯提供重要的援助行为，并能够认识到该行为增加了正犯罪行得以实施的风险，就可以构成帮助犯。在上述"宝石案"中，被告人虽然并没有准确预见到行为人是希望通过出售还是通过抵押宝石来实施犯罪行为，但他认识到诈骗罪行会对者宝石购买者或放贷者的经济利益造成损失，也知道他的估价行为对犯罪人起到促进作用，被作为重要的诈骗工具而利用，那么被告人的故意就已经充分地被确定了，这种指向"裸的"构成要件的帮助犯故意已经足够。[3]在日本，通说认为帮助者只要认识到帮助行为的结果是使正犯便于实行就够了，对于自己的帮助行为与构成要件结果之间的因果关系没有必要认识。[4]

与大陆法系国家刑法理论不同，英美刑法中采取相对不同的方法来要求帮助犯的主观故意。在美国刑法理论中，要求构成共同犯罪必须具有"共同犯罪意图"，这里的"共同犯罪意图"也并不是要求行为人对共同犯罪的一切具体行为都有相同认识，而只要求"能够预见"共同犯罪计划统摄下的犯罪行为及结果即可。易言之，"共同犯罪意图就是犯罪参与人对由共同计划决定的犯罪行为的基本性质和由该行为基本性质决定的发展趋向方面有大体一致

---

〔1〕 参见〔德〕克劳斯·罗克辛：《德国刑法学总论》（第 2 卷），王世洲等译，法律出版社 2013 年版，第 169 页。

〔2〕 本案的基本情况是：被告人是一位宣过誓的宝石、钻石和珍珠专家。受共同被告人 M 的委托，被告人为 M 的几百颗宝石进行了鉴定。尽管这些宝石实际上由于品质低下，根本没有销路，重置价值最多也就是 4 万左右德国马克，被告人却仍然违心地出具证明，说其总价值约为 30 万德国马克。其间双方默示地达成的一致是，该被称之为"估价"的鉴定报告证明的是过高的价值，后来它将用于诈骗行为。被告人认识到，在虚假的估价之帮助下，这些宝石要么会以一个过高的价值变卖，要么用于抵押借贷；两者都为被告人同意性地容忍了。后来共同被告人 M 在没有能力偿还的情况下，从其商业账户中透支了大约 27 万德国马克。正是因为 M 将他的那些宝石抵押给信贷银行，还出示了被告人的"估价"证明，信贷银行才同意该账户的基本信用额度，并容忍他继续透支至 27 万德国马克。银行后来没能将那些宝石卖出去。一审法院判决被告人成立诈骗罪的帮助犯，被告人上诉但没有获得支持。

〔3〕 参见〔德〕克劳斯·罗克辛：《德国最高法院判例：刑法总论》，何庆仁、蔡桂生译，中国人民大学出版社 2012 年版，第 228~230 页。

〔4〕 参见黎宏：《日本刑法精义》，法律出版社 2008 年版，第 299 页。

的认识，而不要求对犯罪进行过程中的一切具体情节都有相同的认识"[1]，即在共犯故意上采取"预见规则"。实际上，该规则最早来自英国上诉法院在Bryce一案的判决中，被认为代表了现行的英国法律。通过该判决进一步明确了需要帮助犯预见的内容，包括：第一，正犯的行为符合犯罪行为的要求；第二，预见到犯罪行为的相关情节，但不是所有细节；第三，预见到正犯有犯意。[2]可见，无论是大陆法系还是英美法系的刑法理论，对于帮助行为主观故意认识程度的要求上基本是一致的，即只要帮助者能够预见到正犯构成行为及促进效果的大体情况即可，无须对全部过程和细节存在具体认识，也就是通常所说的具有"概括认识"。

此外，对于正犯故意的认识因素一般分为事实性认识和规范性认识两个方面，在共犯中也不例外，规范性认识也是成立帮助犯在主观上必不可少的。在违法性认识的有关讨论中，一般认为要求犯罪人对自己行为触犯刑法具有认识不仅不太现实，也为司法证明带来极大困难，导致放纵犯罪。因此，理论上逐渐转向要求行为人具有违法认识的可能性。而对这种"可能性"的判断标准往往又回到实质违法性即社会危害性的标准上来，因此在对正犯主观故意中规范违反认识的判断上，应采取社会危害性认识标准或者以社会危害性认识为内容的违法性认识标准。进一步而言，对帮助犯的规范违反认识因素来说，同样应要求其能够认识到正犯行为及自己的帮助行为具有社会危害。

二、帮助故意的意志因素

帮助犯"双重故意"原则同样体现在帮助故意的意志因素方面。对于正犯而言，其意志因素就是对危害结果所持的希望或者放任的主观心态。但是，帮助行为由于通过正犯行为实现对法益的侵害，那么帮助故意中的意志因素与正犯故意中的意志因素是否一致呢？理论通说认为，帮助故意的意志因素包括两个方面：一是帮助者对自己行为会促进正犯行为的心理态度；二是帮助者对正犯实施的构成要件行为侵害法益结果的心理态度。笔者认为，将对正犯结果的心理态度作为帮助故意意志因素内容之一并不可取。理由在于：

---

[1]　储槐植：《美国刑法》，北京大学出版社2005年版，第120页。
[2]　参见郭自力：《英美刑法》，北京大学出版社2018年版，第263~264页。

第一，虽然上述通说的观点较好地维护了刑法中关于意志因素是行为人对危害结果所持有的心理态度这一通行观点，但是并没有顾及帮助行为与正犯行为之间的本质差别，即引发法益侵害结果的方式不同。因此，在帮助行为因果性问题上，以"正犯行为促进说"为核心的因果关系理论并不要求共犯行为与正犯结果之间具有必然的因果联系，只有在特殊情况下才考虑对正犯结果的引起。既然与正犯结果之间因果关系的有无都不是帮助犯因果关系的必然要求，那么便没有必要要求帮助犯对正犯结果具有一定心理态度。第二，如前所述，帮助故意的认识因素中并不要求对正犯结果的认识，那么作为其延伸的意志因素中为何一定要求帮助犯对正犯结果具有希望或者放任态度呢？第三，如此规定无法满足司法实践的需求，容易造成打击不力的效果。例如，在一些分工极其严密的犯罪集团中，外围或者底层的协助者不一定对正犯实施的具体犯罪行为具有认识，更不可能认识到正犯行为将会造成的具体危害结果，特别是在近年来黑恶势力犯罪、恐怖组织犯罪及非法集资、传销等犯罪活动尤为多发的情况之下。实际上，司法解释已经预见到一旦作出上述限制将难以实现有力打击，因此在有关司法解释规定中仅仅要求帮助者对正犯行为具有"明知"，而不再强调"共谋"，即是对帮助故意意志因素上持有的宽缓态度的体现。综上，笔者认为帮助故意的"双重"意志因素一方面是帮助者对帮助行为客观上会促进正犯行为的实施所持的心理态度，这是对"促进作用"这一客观事实的态度；另一方面是帮助者对正犯实现构成要件行为所持的心理态度，这是对"正犯该当构成要件"这一规范事实的态度。实际上，这与通说观点的最主要区别在于仅要求帮助者对正犯符合构成要件的行为具有一定认识和持有相关心理态度，起到释放处罚空间的实际效果。

众所周知，意志因素的主观心态包括希望和放任两种类型，那么帮助故意中两种情况都存在，还是仅包括希望这一主观心态呢？对此，我国存在认为帮助犯主观方面仅限于直接故意，即认为帮助故意中不存在放任的观点。[1]笔者不以为然，帮助犯的故意既包括直接故意又包括间接故意。第一，上述论者认为，如果允许帮助故意中存在放任的间接故意，那么必然会出现

_____

〔1〕 参见刘凌梅：《帮助犯研究》，武汉大学出版社 2003 年版，第 70~71 页。

帮助犯以间接故意的主观心态加功于正犯的直接故意犯罪行为，并对该帮助者按照直接故意犯罪的帮助犯处理的不合理结论。对此，笔者认为，这种情况所谓的间接故意帮助行为助力于直接故意的正犯行为的情形在司法实践中是客观存在的，也是符合前述帮助犯的因果性要求的，并且进一步体现出了帮助犯与正犯之间的区别。二者之间虽然具有密切联系，但是也存在显著差异性，帮助犯的主观故意并不具有从属于正犯的性质，被帮助者的意志因素不会影响帮助者的意志因素，二者在各自犯罪构成之内出现不同的意志因素并无不可。第二，将帮助犯仅限制在直接故意下的帮助会造成处罚漏洞，毕竟帮助者出于放任的心态在实践中确实存在，不应轻易否定其处罚的必要性。需要注意的是，我国刑法与一些国家具有不同性，如美国《模范刑法典》就曾针对共同犯罪的犯罪意图仅包括目的故意（直接故意——笔者注）还是也包括明知故意（间接故意——笔者注）问题进行过反复，《模范刑法典》的前几稿认为，明知故意可以构成共同犯罪，而且国际上也有这样的判例和立法例。在 1962 年《模范刑法典》定稿时，美国法学会否定了这种观点，认为同谋犯（帮助者）应当具有达到实行者所追求的目标的真实意图（目的），但认为对明知故意的同谋犯不予处理也不符合社会利益。因此，《纽约刑法典》创立了一个独立的新罪——犯罪促进罪，其他一些州也效仿纽约州刑法在法律中规定了这种罪。[1]可见，由于国外一些国家和地区刑法中存在"犯罪促进罪"这样的罪名，可以较好地弥补处罚漏洞，在这种情况下认为帮助故意的意志因素仅包括直接故意才更加适宜。第三，无论是针对帮助行为在客观上创设了不同于单独正犯的因果性，还是从主观上要求帮助故意具有双重性，都是对帮助犯的一种限制，可见帮助故意本来就比单独正犯的故意要严格得多，在此基础上对帮助故意再进行更为严格的限制难言合理，势必造成对帮助犯处罚的宽纵。[2]综上所述，帮助故意的意志因素形态应包括放任在内，帮助犯的主观故意类型既包括直接故意又包括间接故意。

从上述分析可以看出，中立帮助行为与一般的帮助犯之间在主观罪过上并没有显著的差别，无论是认识因素还是意志因素的基本法理在二者之间均

---

〔1〕　参见储槐植：《美国刑法》，北京大学出版社 2005 年版，第 120 页。

〔2〕　参见王鑫磊：《帮助犯研究——以大陆法系为视角的展开》，吉林人民出版社 2016 年版，第 159 页。

可以适用，即中立帮助行为在认识因素上限于"明知"，在意志因素上并不排除间接故意，因此试图从主观方面来限定中立帮助行为的可罚性的观点难以达到目的。具体而言，未必的故意否定说，实际上主张中立帮助行为中只有在认识因素上属于"明知"的部分才具有可罚性，但这与帮助犯理论不符。认定帮助犯既要考虑认识因素又要考虑意志因素，越来越多学者提出"明知未必是故犯"的主张，[1]也就是说，在坚持成立帮助犯主观上必须是故意的结论下，认识因素上仅是"明知"是不够的，二者不是充分必要关系；相反，无论从司法实践上还是从刑法规范构造上看，故意的主观认识因素也并非只有"明知"一种，司法解释中存在大量"应当知道"的情形，虽然无法证实行为人确实"明知"，但并不影响法规范将其拟制为"故意"。一言以蔽之，未必的故意否定说由于仅局限于行为人的认识层面甚至限于"明知"的程度上，忽视对意志因素的考察，难以成为限制中立帮助行为处罚的有效标准。同样，犯罪促进意思说以促进意识之有无为标准，要求不仅要认识到正犯行为，还要具有促进正犯行为的认识和意志，实际上就是主张只有直接故意的中立帮助行为才能成立帮助犯，这与本书认为成立帮助犯主观上可以是间接故意的观点相矛盾，事实上中立帮助行为中大多数的情形是行为人对他人实施犯罪漠不关心的放任态度这种情况。[2]实际上，若非要从帮助犯的行为构造上来区分中立帮助行为与可罚的帮助犯的话，关键点并不在认识与意志因素上，而是体现在与正犯之间的犯意联络上，中立帮助犯通常表现为片面帮助犯的形式。

三、对片面帮助犯的承认及意义

帮助犯对正犯的促进是否要介入正犯的心理呢？这涉及对片面帮助犯是否承认的问题。所谓片面帮助犯，系片面共犯的一种类型，是指单方面地故意对他人实施的正犯行为予以加功、助力，而正犯并不知情的一种情形。一般认为，对于知情的存在故意一方按照帮助犯论处，对于不知情一方按照单

---

[1] 参见邹兵建："'明知'未必是'故犯'——论刑法'明知'的罪过形式"，载《中外法学》2015年第5期。

[2] 参见张伟："中立帮助行为探微"，载《中国刑事法杂志》2010年第5期。

独正犯论处。[1]片面帮助犯是共犯理论体系中争议较大的问题之一，不同学者对共同犯罪本质的理解不同导致对片面共犯的态度不一：既有全面否定的观点，又有全面肯定的观点，还有部分承认的观点。我国刑法理论的多数观点认为，片面实行犯是不存在的，片面教唆犯和片面帮助犯是可以存在的，因此，我国刑法通说承认片面的帮助犯，但很明显这与认为共同犯罪人之间应具有意识联络的传统观点相矛盾。笔者赞同承认片面帮助犯的观点，理由如下：

第一，在司法实践中确实存在片面帮助的行为类型，如甲明知乙企图实施盗窃，并且目睹乙翻墙进入被害人丙的院落后，便主动站在墙外为乙望风。此时，恰巧被害人丙下班回家，甲为了使乙的盗窃行为得逞，便故意拉着丙与其长时间攀谈，一直拖延到乙窃得财物后离开丙的家中。在这种情形下，甲的行为在客观上为乙的犯罪行为提供了帮助，并且与犯罪结果之间具有因果关系，具有处罚的必要性，因此，完全存在客观上得到帮助但主观上并不知情的情形。

第二，我国刑法和司法解释中有片面帮助犯的大量规定。片面共犯的立法例体现为前文所述的"明知共犯"的规定，具有代表性的规定如《刑法》第350条第2款制造毒品罪共犯的规定[2]和单行刑法《全国人民代表大会常务委员会关于惩治骗购外汇、逃汇和非法买卖外汇犯罪的决定》[中华人民共和国主席令（第十四号）]规定的骗购外汇罪中第3款的共犯规定[3]。另外，前述帮助型正犯的规定中，很多条文并没有明确主观上须具备共犯意思联络，有些仅要求"明知"，有些仅规定了客观的帮助方式，这其中都隐含或包括了片面共犯的意旨，"如在辩护人、诉讼代理人毁灭证据罪中，被帮助者（被告人）现实中完全有可能意识不到帮助者（辩护人）实施的帮助毁灭证据的行为，这也从司法实践上印证了在刑法理论上承认片面帮助犯的态度是

---

[1]　参见赵秉志主编：《刑法总论》，中国人民大学出版社2016年版，第241页。

[2]　《刑法》第350条第2款规定："明知他人制造毒品而为其生产、买卖、运输前款规定的物品的，以制造毒品罪的共犯论处。"

[3]　《全国人民代表大会常务委员会关于惩治骗购外汇、逃汇和非法买卖外汇犯罪的决定》第1条第3款规定："明知用于骗购外汇而提供人民币资金的，以共犯论处。"

科学的、妥当的"[1]。近年来，随着网络犯罪等新型犯罪不断涌现，传统共同犯罪理论在打击犯罪上有所力不从心，若一味按照传统共同犯罪理论要求犯罪人之间必须具备"犯意联络"，会导致明显的处罚漏洞。[2]因此，部分有关网络犯罪的司法解释对于相关犯罪行为共犯的认定不再严格要求具有"事先通谋"，而转变为仅要求行为人主观"明知"即可。[3]司法解释是对刑法条文规范含义的阐明，从罪刑法定主义角度看，虽然上述司法解释存在突破刑法规定引发"合法性危机"的质疑，但从《刑法》第 25 条第 1 款规定来看也可以为司法解释留出合理阐释的空间，以往我们通说将该条中"共同故意犯罪"理解为"共同故意地犯罪"，进而要求成立共同犯罪必须具备"意思联络"，但该条也完全可以理解为"共同地故意犯罪"，即只要具有行为上的共同性即可。另外，前文所述司法解释中还扩充了大量"明知共犯"的适用规则，这些规定共同构成了我国刑法中关于片面共犯的规范基础，在这些规定中均不要求共犯与正犯之间具有通谋，而只要共犯认识到自己故意与他人共同犯罪即可。从中也可以得出结论，共犯正犯化与承认片面帮助犯具有价值同源性和机能共动性，前者为后者提供制度基石，后者为前者提供理论支撑。

第三，从共犯处罚根据上看，因果共犯论认为只要参与人的行为客观上对正犯行为及其惹起的结果具有因果性，就应当肯定共犯的成立，而犯罪参

---

〔1〕 张伟：《帮助犯研究》，中国政法大学出版社 2012 年版，第 184 页。

〔2〕 参见陈洪兵："'二人以上共同故意犯罪'的再解释——全面检讨关于共同犯罪成立条件之通说"，载《当代法学》2015 年第 4 期。

〔3〕 如 2010 年《最高人民法院、最高人民检察院、公安部关于办理网络赌博犯罪案件适用法律若干问题的意见》（公通字〔2010〕40 号）中"关于网上开设赌场共同犯罪的认定和处罚"中规定，明知是赌博网站，而为其提供互联网接入、服务器托管、网络存储空间、通讯传输通道、投放广告、发展会员、软件开发、技术支持及资金支付结算等服务，收取服务费明显异常的的，属于开设赌场罪的共同犯罪。与此类似关于"片面帮助犯"的规定，还有《最高人民法院、最高人民检察院关于办理利用互联网、移动通讯终端、声讯台制作、复制、出版、贩卖、传播淫秽电子信息刑事案件具体应用法律若干问题的解释（一）》（法释〔2004〕11 号）第 7 条的规定；《最高人民法院、最高人民检察院关于办理利用互联网、移动通讯终端、声讯台制作、复制、出版、贩卖、传播淫秽电子信息刑事案件具体应用法律若干问题的解释（二）》（法释〔2010〕3 号）第 7 条的规定；《最高人民法院、最高人民检察院关于办理赌博刑事案件具体应用法律若干问题的解释》（法释〔2005〕3 号）第 4 条的规定；《最高人民法院、最高人民检察院关于办理诈骗刑事案件具体应用法律若干问题的解释》（法释〔2011〕7 号）第 7 条的规定，等等。

与人之间有无彼此意思联络并不是必不可少的。[1]如前所述，帮助行为因果性包括物理的因果性和心理的因果性，而后者并非必需。易言之，片面帮助犯理论是为了解决对不知情的正犯暗中帮助者的刑事责任问题的，根据责任自负原则，帮助者的刑事责任承担对正犯者没有影响，所以二者之间的意思联络并不是成立帮助犯的必要要件。[2]

第四，承认片面帮助犯也是解决日益多发的新型疑难犯罪的需要，如网络共同犯罪的意思联络具有不同于传统共同犯罪的新特点，其复杂性要远远超过传统的共同犯罪。一些网络聚众性犯罪中犯意的发起者和犯意接收者之间经常性地表现为意思联络的单向性，即一名或者几名犯罪人首先提出计划或者行动发布于网络，其他有相同意图的人按照犯罪计划主动提供帮助。这种意思联络的单向性实际上就是刑法理论中的片面的意思联络，尽管与传统的共犯意思联络不同，但单项意思沟通同样可以制造因果关系，片面帮助行为与正犯行为之间存在物理层面的因果关系，肯定片面帮助犯有助于缓和以网络犯罪为代表的一些新型犯罪中共犯故意难以认定的难题，有助于对一些具有相当社会危害性的帮助行为进行处罚。[3]

可以说，确立上述理念和原则，对于妥善处理中立帮助行为具有积极意义：因为中立帮助行为实施者与被帮助的正犯之间并不存在典型的双向意思联络，否则中立帮助行为将丧失"中立性"，在帮助者与正犯之间具有事先通谋的情况下，帮助行为应认定为帮助犯，帮助行为所谓的"中立性"只是外观上的，而不是真正的中立性。因此，从构成共犯角度来看，中立帮助行为因中立性必然欠缺与正犯之间的犯意联络"互动性"，应属于片面共犯的一种。所以，若要对中立帮助行为进行刑法规制，则有必要承认片面帮助犯。

中立帮助行为中片面帮助性体现在主客观两个方面：在客观上，帮助者的行为单方起到促进作用，而正犯因未意识到缺少行为的共同性。这种单方的帮助既可以是事前帮助，如将对他人享有著作权的网络小说进行加框链接

---

[1]　参见钱叶六：《共犯论的基础及其展开》，中国政法大学出版社 2014 年版，第 151 页。

[2]　参见刘涛："片面共同正犯的成立及其范围"，载《政治与法律》2014 年第 11 期。

[3]　参见孙道萃："网络共同犯罪的多元挑战与有组织应对"，载《华南师范大学学报》（社会科学版）2016 年第 3 期。

并在网络平台上公开，供网民下载、阅读的行为；也可以是事中帮助，如驾驶出租车将盗窃团伙送至犯罪现场的行为。在主观上，中立属性就决定了帮助者与正犯之间缺少双向意思联络，往往是帮助者对正犯者的行为及结果具有认识而对方却无对应认识。在中立帮助行为中，对他人可能实施犯罪必须具有认识，如果缺乏认识因素，不仅不符合片面共犯的共犯属性的要求，在中立帮助行为限制处罚的要求下更无处罚的必要性。也就是说，原则上中立帮助行为的刑事责任以故意责任为限，但笔者认为在一些中立帮助行为在犯罪进程中起到支配作用的情况下，也可以考虑对严重过失责任的规制必要，后文中已对确立网络服务提供者监督过失责任进行了初步探讨。这种认识不要求达到具体认识的程度，只要对他人的犯罪行为及结果存在概括认识即可，但是在中立帮助行为入罪的选择上，应优先考虑对具有明确认知行为的处罚，对仅具有概括认知的中立帮助行为加以严格限制，不应轻易否定其中立属性。在意志因素方面，中立帮助行为主观上应仅限于放任而不包括希望。中立帮助行为之所以有其理论上的独立性，原因就在于即便是行为人对其帮助正犯的行为有认识，也不能就此一概认定为帮助犯原因就在于其主观上仅具有放任意志，犯罪故意上的弱可责性难以改变其行为客观上具有的日常性、业务性等中立属性，从而被排除在刑事责任之外。可见，片面共犯是中立帮助行为共犯责任的表现形式，但中立帮助行为并不是片面帮助行为中的全部类型，除了意志因素上仅为放任的中立帮助行为外，片面帮助行为中当然还存在大量希望或追求正犯结果发生的情形，可见片面帮助行为与中立帮助行为之间是交叉非包容关系。以前文提及的日本"Winny 软件案"为例，该案中二审法院之所以认为软件开发者的行为属于中立帮助行为并改判无罪，重要的裁判依据在于：一是被告人并不掌握 Winny 软件整体的使用状况，对其用户利用该软件传输、下载他人享有著作权文件的行为并不清楚了解；二是虽然被告人在他发表"开发宣言"的帖子中，有许多可以被认为是想利用该软件实施侵犯著作权行为的人员的留言，被告人对此有认识，但被告人自己也在留言中指出，随便传输别人享有著作权的东西是违法的，并希望参与测试的人不要逾越这个范围。[1]可见，对于客观上具有技术中立属性的帮助行为而言，当行为人主观上仅具有概括认识且无积极希望危害结果发生的意志因素时，应确认其中立帮助属性并限制刑罚处罚。

〔1〕　参见陈家林：《外国刑法理论的思潮与流变》，中国人民公安大学出版社、群众出版社 2017 年版，第 618 页。

第四章 中立帮助行为的类型研究

"当抽象——一般概念及其逻辑体系不足以掌握某生活现象或意义脉络的多样表现形态时，大家首先会想到的补助思考形式是'类型'。"[1]类型化研究作为刑法学一项重要的研究方法，最大意义在于能够为同一类问题找到一个统一的解决范式。因此，本书拟通过根据实践经验设定的分类标准对中立帮助行为各种相关的类似情形进行分类研究，来解释某一类中立帮助行为所具有的典型代表性，进而检验本书构建的限制处罚理论的实践妥适性和结论科学性，最终深化对中立帮助行为本质特征的学术认识和知识升华。但在此需要说明的是，类型化研究的分类标准难以做到绝对准确，划分类别也不可能绝对周延。因此，下文对中立帮助行为所划定的类别仅是社会生活和司法实践的不完全归纳与总结。

第一节 商品销售型中立帮助行为

由于现代社会的高度分工，人的衣食住行不可能都来自自身的生产、制造，商品的买卖成为社会生活不可缺少的组成部分，商品销售对日常生产、生活的正常运转而言起着重要作用。但同时，销售商品的行为也是日常生活中最常见、最容易被利用实施犯罪的行为，在某种意义上可以说，商品销售行为成为中立帮助行为最通常的表现形式。因此，采取合理的归责原则确定商品销售型中立帮助行为的责任类别和范围，不仅直接关系到市场经营主体的经营权利和自由，更深层次影响着国民社会活动领域自由的宽松抑或紧缩，无疑具有重要意义。通常而言，销售行为属于正常的业务行为，具有反复性、长期性、非针对性等特点，它本身是中性无害的，但它可能创设或增加法所

---

[1] ［德］卡尔·拉伦茨：《法学方法论》，陈爱娥译，商务印书馆 2003 年版，第337页。

不容许的危险，在一定条件下处以刑罚也是必要的。

在日本，山中敬一教授将物品提供的行为划分为四大类："第一类是犯罪构成物提供类型，如为逃税犯罪分子提供假发票、向非法侵入计算机信息系统犯罪分子提供病毒系统等；第二类是法禁物提供类型，如向电信诈骗犯罪分子出售信用卡、公民个人信息等；第三类是日常使用危险物提供类型，如出售菜刀、硫酸、绳子等；第四类是日常使用物提供类型，如出售衣服、食物等。"〔1〕笔者认为，此种分类方法确定的类别之间存在交叉，所谓犯罪构成物是从法律上进行评价或者说从销售行为的结果上进行的区分，从能否用于犯罪的角度看，法禁物提供型和日常使用危险物提供型均具有此种性质，可见，犯罪构成物提供型商品销售行为不应单独作为一类。因此，本书拟采取"三分法"，对商品销售行为划分为"违禁品销售型、日常使用危险物销售型和日常使用物销售型三类"〔2〕。同样，上述分类也并非绝对严谨周延，并非能够涵盖所有销售商品行为，仅结合司法实践作为本书研究的一种视角，方便本书对有关内容的分析讨论而已。

一、违禁品销售型

顾名思义，违禁品就是法律规定禁止或者限制私自制造、购买、使用、持有、储存、运输、进出口的物品。虽然我国法律中没有对违禁品的内涵和种类作出明确规定，但是《关于进一步加强违禁品网上非法交易活动整治工作的通知》等规范性文件中仍对违禁品作出了一定界定和列举，并明确规定对此类物品实行严格管制制度。〔3〕这是考虑到违禁品具有较高的危险性，容

---

〔1〕　［日］山中敬一："中立的行为的帮助可罚性"，载《关西大学刑法论集》2006 年第 56 卷 1 号。转引自陈洪兵：《中立行为的帮助》，法律出版社 2010 年版，第 176 页。

〔2〕　参见陈洪兵：《中立行为的帮助》，法律出版社 2010 年版，第 176~177 页。

〔3〕　《公安部、信息产业部、商务部等关于进一步加强违禁品网上非法交易活动整治工作的通知》（公通字〔2008〕14 号）（以下简称《通知》）由公安部、信息产业部、商务部、国家工商行政管理总局、国家食品药品监督管理局、中国银行业监督管理委员会、国家邮政局于 2008 年 2 月 26 日发布。该《通知》规定：违禁品是国家规定限制或禁止生产、购买、运输、持有的枪支弹药、爆炸物品、剧毒化学品、窃听窃照专用器材、毒品、迷药、管制刀具等物品。该《通知》进一步强调：违禁品网上非法交易活动严重干扰市场经济秩序，危害国家和社会安全，侵害人民群众合法权益，整治违禁品网上非法交易活动，既是保障互联网健康发展的必然要求，也是维护国家安全、社会和谐稳定的重要举措。

易被利用来实施犯罪，为了实现有效预防和打击犯罪的目的。可见，由于国家采取严格的管制措施，对此类物品的销售本身已经为法律法规所不允许，销售行为原则上不具有中立行为的本质，从而超越了中立帮助行为的范畴，不具有需要保护的业务自由价值。而销售行为的违法通常来自销售主体或者销售对象的不适格。因此，对于销售违禁品而言，要求销售主体具有合法资质或者要求销售者对购买者进行资质审查、履行注意义务也并不为过。也就是说，由于违禁品本身是禁止或者限制销售的，一旦非法销售必然会创设或增加禁止风险，从而满足"归因"和"归责"的条件，在纷繁复杂的现实社会中，对这种违禁品销售型中立帮助行为可罚性进行甄别判断，只能例外地审查其销售行为的相当性，结合司法实践，可以从销售和购买主体的资质条件上入手。实际上，在对违禁品的买卖活动中，"资质"体现的是法律对买卖行为合法性的推定和默认，不具有资质的出售行为意味着出售者难以胜任审查义务，进而无法防止禁止危险的发生；而不具有资质的购买行为意味着法律难以期待购买者不会利用违禁品来实施违法犯罪活动。概言之，不具有资质主体的买卖行为均难以符合关于违禁品有关法律规范的保护目的。也就是说，当买卖双方中至少有一方存在资质瑕疵时，该交易行为由于违反了法禁止规定，不再属于受法律保护的正常业务行为。

第一种情况，若卖方不具有合法资质，该出售行为本身便不具有合法性，也就是不具有社会相当性，但该行为本身并不必然构成犯罪，因为社会相当性的限制应在禁止风险评价之后进行，也就说在此之前还应看该出售行为是否创设或者增加了禁止风险。若购买者具有合法资质，通常认为其不会实施犯罪活动，此时不应认为出售行为增加了禁止性风险，如果出售行为自身违反了行政法规，可以按照行政违法来处理；但如果出售者明知购买者实施犯罪的计划还出售，此时由于存在特别认知，应肯定危险增加，从而构成帮助犯。如果买方不具有合法资质，在其实施了犯罪行为情况下，应认为出售行为增加了法所禁止的危险，出售者构成帮助犯。

第二种情况，若卖方具有合法资质，其出售行为通常情况下属于合法行为。但是，由于违禁品这一对象的特殊性，具体情况下还应判断卖方是否履行了必要的审查义务，以实现规范保护目的。具有资质的销售行为是符合法律要求的，原则上属于法所保护的业务自由行为，只要卖方在销售过程中勤勉履行了对买方资质的审查义务即可，这是保证其业务行为在合法限度内实施的条件，但不应赋予合法销售者过重的义务，仅以必要审查为限，如其不承担对买方购买目的和用途的审查义务。换句话说，只要有资质的销售者对买方资质进行了必要的审查，即便日后买方使用该违禁品实施了犯罪，也不应对卖方进行结果归责，因为立法已预先对这种情况下销售违禁品的法益侵害风险，与该行为对社会发展和日常运转所产生的利益进行衡量，认为是法律所接受的代价，属于法所容许的风险。也就是说，这种情况下卖方并没有制造法禁止危险，无须承担刑事责任，否则意味着出售者将被苛以极其沉重的审查购买者是否意图犯罪的义务，而在现实中这种义务的履行将是极其困难的，这也将严重影响市场交易行为的开展。若买方不具有合法资质，由于对交易方资质的审查较为容易。此种情况下，卖方对此通常是明知的，出售行为本身便违反了法律法规，因而不具有社会相当性。在此情况下，卖方如果明知买方意图实施犯罪仍向其出售相关违禁品，应当以帮助犯定罪处罚。卖方如果并不明知买方的犯罪意图，但可能认识到买方意图购买违禁品实施犯罪，却为了追求经济利益仍销售违禁品，在无法否定具有间接故意的情况下，符合帮助犯条件的，也应当构成帮助犯。

　　需要研究的是，即便买卖双方都具有相应资质，但是当卖家明知买家购买违禁品是为了实施犯罪，如已经知晓买家的犯罪计划等，仍向其出售的，是否构成相应犯罪的帮助犯呢？换句话说，具备合法资质是否具有阻却违法的作用呢？对此，德国学者舒曼持否定态度，他以出售武器为例，认为武器供应商在明确认识到顾客杀人意图的情况下，即便是向具有合法资质的顾客出售武器，也不影响帮助犯的成立。但这种结论的得出不是来源于考虑卖家主观认识的主观归责，"而是通过探究《德国武器销售法》第43条规定所蕴含的规范目的，对行为人进行的客观归责。因为该条明确规定，若是出于非正当的目的（杀人）购买枪支，即便买方具有武器持有许可证，销售枪支的行为也是违法的"[1]。这种情况下销售枪支的行为，由于违反规范保护目的，对于杀人这一正犯行为而言增加了法所不容许的危险，应进行客观归责。同样的情况也曾发生在日本，一名美国人向日本人出售枪支，虽然在美国加州

---

　　〔1〕　陈洪兵：《中立行为的帮助》，法律出版社 2010 年版，第 177 页。

销售枪支是合法行为，在日本却是违法行为，销售者和购买者对此均明知，并且销售者也认识到日本人会以走私的形式将枪支带到日本，对此日本东京地方法院认定销售者构成帮助犯。总体来看，德国和日本都对销售违禁品行为作出严格限制，至少要求销售者取得合法资质，且销售行为符合法律的规范目的，否则即便具有合法资质也不能阻却销售行为构成违法。实际上，我国也存在类似的规定，如《刑法》第 355 条第 1 款〔1〕规定的非法提供麻醉药品、精神药品罪中同样对具有资质主体的提供行为作出了约束。

综上，本书认为，在违禁品销售型的商品销售行为中，判断销售行为是否具有业务中立性，关键要结合案情考察销售行为是否违反了销售特定违禁品的规范保护目的。如果法律对某种违禁品予以禁止或者限制销售的目的就在于防止这种物品被用于犯罪，也就是规范保护目的在于预防犯罪，在此情况下，即便购买者具有合法资质，但其是出于犯罪的目的，向其出售这种违禁品仍然违反了规范保护目的，当购买者实施了犯罪行为时，对于正犯行为而言，应认为出售行为增加了法所不允许的危险。中立帮助行为的特殊性在于行为本身的业务中立性，因此对销售违禁品行为是否制造了法所不容许危险的判断，应从销售行为本身进行判断，如果销售行为违反了规范保护目的，便不属于应受保护的业务自由，销售行为便丧失了业务中立属性，在满足帮助犯主观方面要求时，应被认定为帮助犯。

二、日常使用危险物销售型

所谓日常使用危险物，是指从性质来说属于日常生活用品，但在社会生活中也可以用来实施犯罪活动，具有一定危害性的物品，如菜刀、麻绳、酒精、汽油等。这些物品的显著特征是既具有社会有用性，又具有犯罪工具属性，因此，日常使用危险物的销售行为通常具有中立性，但当销售者明知对方意图利用上述物品实施犯罪还进行出售的，是否应评价为犯罪呢？值得研究。

---

〔1〕《刑法》第 355 条第 1 款规定："依法从事生产、运输、管理、使用国家管制的麻醉药品、精神药品的人员，违反国家规定，向吸食、注射毒品的人提供国家规定管制的能够使人形成瘾癖的麻醉药品、精神药品的，处 3 年以下有期徒刑或者拘役，并处罚金……"

在德国，对于日常使用危险物销售行为的性质存在截然不同的两种意见：一种观点是以雅各布斯教授为代表的客观说，主要从溯责禁止的角度认为，由于法律并不禁止销售通常用于日常生活的危险物品，该行为具有独立于正犯行为的社会意义，正犯恣意利用该销售行为，强行建立的联系，并不阻断正犯者的自我答责，销售者不成立帮助犯。但该观点肯定特别认知的入罪意义，如向在店前吵架者出售菜刀的销售者，由于其对正犯购买菜刀的目的具有不同于一般人的认识程度，其出售菜刀行为显著提升了正犯行为危险，所以应当构成帮助犯。另一种是罗克辛教授极力主张的折衷说的观点，以销售者是否存在确切的认识为标准来区分责任，认为如果销售者能够确定地认识到顾客的犯罪意图，则承担帮助犯的刑事责任；若销售者只具有未必的故意，则需要考察其是否具有信赖利益；但如果顾客犯罪倾向已经非常明显（如店前斗殴买刀案）时，则不适用信赖原则，不影响帮助犯的成立。与德日刑法不同的是，英美刑法则侧重于从销售者的义务角度进行考量，但是关于义务的来源和范围也处于不断争论之中。"如有观点认为，如果没有实定法上的明文禁止规定，销售者不应当充当购买者的'看守人'，对可以自由买卖的商品的销售行为不构成犯罪，否则任何形式的归责都可能导致刑事责任扩大化。相反，也有观点认为，虽然这些物品属于通常的可自由买卖的商品，但它们可以用来实施犯罪，因此销售者不应免责。"[1]

本书认为，从客观归责理论来看，由于日常使用危险物并非限制销售的违禁品，销售行为具有有益于社会生活的积极意义，如出售菜刀、酒精、硫酸等行为本身并没有社会危害性，即使可能对犯罪行为起到促进作用，也在一般的生活危险范围内，属于法律预设的可以接受的危险范畴，不属于制造或增加了法所不容许的危险，否则将会影响经济社会的发展和公民的日常生活。从社会相当性上看，由于日常使用危险物不属于禁止或限制流通物，我国法律对此类物品的销售行为没有作出特殊限制性规定，销售者也不承担对购买者目的和用途的审核义务，即使销售者认识到购买者具有实施犯罪的目的，也不能改变销售行为的日常属性，即该行为仍旧具有社会相当性，法益侵害结果应由正犯自我答责，销售行为不构成帮助犯。在我国，对这种具有

---

〔1〕 陈洪兵：《中立行为的帮助》，法律出版社2010年版，第180页。

社会重要意义的行为，应重点从我国社会现实出发，认识到其他国家与我国在刑法制度和理念上的差异。如上述德国学者虽然所持观点不同，但是在诸如"店前吵架买刀案"这种销售者对他人犯罪具有明确认识的情况下的销售行为成立帮助犯却是一致赞成的，原因在于《德国刑法典》中规定有"知情不举罪"和"怠于救助罪"，从而将特别重大犯罪、重大事故和重大公共危险发生时不履行义务的行为规定为犯罪，更何况积极"帮助"的销售行为，更应该构成犯罪了。[1]

本书进一步认为，对于销售日常使用危险物的行为，应当在具体的时空条件下判断该行为对于危害结果而言是否具有客观的可归责性，并从社会一般人的视角进行相当性的衡量。一方面，在正犯者尚未着手实行正犯行为之前，销售者的销售行为不能成立帮助犯。原因主要有三：其一，现有法律并不禁止日常使用危险物的销售，法律不禁止的态度就表明了对该行为可能造成的危险的容忍和允许，赋予销售行为自由价值，因而销售行为即便创设或增加了危险也属于法所容许的危险；其二，在正犯行为尚未着手实行前，销售者无法认识到购买者最终是否会实行犯罪，甚至连未必故意可能都不构成，如果将此时的销售行为作为帮助犯进行处罚，无异于过分苛责销售者要对购买者是否意图犯罪负有实质审查的义务和不合理的事后保障义务，但这种结论并不具有作为义务来源上的依据，必将极其不当地限制商品交易自由；其三，由于日常使用危险物并非禁止流通物，销售此类物品的行为具有高度的可代替性，购买者可以十分容易地从多处购买，销售行为与正犯的犯罪行为之间关联性较低，应当否定客观上危险的增加。因此，应否定正犯实行之前向其出售日常使用危险物的行为的帮助犯性质。

另一方面，对于向正在实施犯罪行为的人出售日常使用危险物的销售者的可罚性存在较大争议。肯定说认为，此种情况下应重点考虑行为人的主观认知情况。如张明楷教授认为："在正犯的行为并不具有紧迫性，或者销售者对正犯的犯罪行为只具有大体上的认知的情况，都不应当认定为帮助犯。相反，向正在实施犯罪行为或者主观上明知他人即将实施犯罪行为仍出售工具

---

〔1〕 参见郭玮："中立的帮助行为司法犯罪化的标准探讨"，载《西部法学评论》2018年第1期。

的，就应当认定为帮助犯。"[1]而否定观点认为，此种情况下销售行为与正犯尚未实行时的销售行为并无本质区别，对顾客犯罪意图的"知"与"不知"都不能改变危险创出的判断，销售行为客观上没有制造法所不容许的危险，即便认识到正犯的犯罪意图，也不能认为销售行为制造或增加了危险，依然应否定成立帮助犯，否则，"就不是把商家看作一个不问交易对象的普通交易者，而是看成其同类市民的看守人"[2]。对此，该论者还以"店前吵架买刀案"为例，认为假如吵架双方分别到吵架现场旁两家不同的商店去买刀，而一家销售者看见吵架的过程，另一家销售者并没有看见，对于销售行为而言，两个销售行为之间并没有什么本质不同，但两个销售者却在构罪与否上存在显著差别，这是难以理解的。

笔者赞同肯定说的观点，但是与前述意见不同的是，认为中立帮助行为的"中立性"源自其客观方面而不是从帮助者主观方面体现的，正如否定观点所主张的，两名不同销售者仅因是否具有认识并不能区分两个行为的客观属性。但在销售者明知正犯正在实施犯罪行为的场合，销售者本人应当预见到其销售的危险物将被用于犯罪。如前文所述，由于销售者对他人实施犯罪具有"特别认知"，其引起的危险理应属于禁止危险，在此前提下对其进行归责并不过分。如在英国，有学者主张基于紧急性原则、生命优先原则以及机会和能力原则要求，特别是根据生命优先原则，意味着当牵涉可能导致生命危险的情形时，就产生了一定的应作为的义务，刑法可基于合理原因赋予公民进一步的义务。[3]在美国，此种行为也难逃罪责。以纽约州为代表的一些州在刑法典中规定了"犯罪促进罪"，对明知其行为会起到帮助他人实行严重犯罪的作用，但仍然实行该行为的人进行惩罚。[4]综上，对向正在实施犯罪的人销售日常使用危险物的行为，考虑到销售者具有特别认知，出于对危险中法益的周全保护，应认为该行为增加了正犯行为的禁止危险，不再具有日

---

[1]　张明楷：《刑法学》，法律出版社 2016 年版，第 425 页。

[2]　陈洪兵：《中立行为的帮助》，法律出版社 2010 年版，第 181 页。

[3]　参见［英］安德鲁·阿什沃斯：《刑法的积极义务》，姜敏译，中国法制出版社 2018 年版，第 113 页。

[4]　参见江溯："论美国刑法上的共犯——以《模范刑法典》为中心的考察"，载陈兴良主编：《刑事法评估》（第 21 卷），北京大学出版社 2007 年版，第 140 页。

常中立性，理当按照帮助犯定罪处罚。

三、日常使用物销售型

所谓日常使用物既不是国家禁止或者限制销售的物品，也不是像菜刀等具有一定危险的日常使用危险物，但是当其被用于犯罪或者对正犯行为的实施起到促进作用时，销售日常使用物的行为是否应构成帮助犯呢？德国刑法学界对此依然存在客观说和折衷说的理论分野，其结论与前述销售日常使用危险物如出一辙。本书认为，不管是向杀人犯出售用于投毒的面包，还是向恐怖犯罪分子出售衣服等日常使用物的销售行为都不应成立帮助犯。在这些法律并不限制的正常的社会交往行为中，有一些行为与正犯行为及结果之间根本就不存在因果关系，如向犯罪分子出售衣物，因为该衣物并非用于实施犯罪行为，对正犯行为实施没有实质促进作用，因此不存在归因的事实基础，更遑论进一步进行结果归责了。有一些行为是不应进行客观归责的，如向正准备实施杀人行为的正犯出售面包充饥的，尽管可以认为出售面包使得正犯有力气继续实施犯罪，但是这种援助行为不能认为对正犯行为具有直接的促进作用，而只是一种周边的援助行为，不具有犯罪意义的关联，不应认为增加了禁止风险。

通常来讲，销售日常使用物的行为属于社会生活的重要组成部分，是人们赖以正常生活的基础，这种行为并不为法律所禁止，即便产生了一定危险也属于一般的生活危险，乃是法律所允许的危险，对正犯行为也不会增加法禁止危险。在这种情况下，与其试图在肯定物质因果关系的基础上进行客观归责，倒不如考量是否对正犯具有心理上的促进作用。但例外情况是，假如正犯告知蛋糕店老板被害人只吃某种特殊口味的蛋糕，蛋糕店老板在明知购买者意图利用该蛋糕来投毒杀人的情况下，还按照购买者要求特制了符合被害人口味的蛋糕，那么该商品销售行为的可替代性就大大降低，将显著地提高正犯行为成功的概率，具有了犯罪意义的关联，可以认定该销售行为增加了正犯行为的禁止危险。也就是说，当正犯行为的实施依赖于特定销售者提供的特定商品，否则难以成功，而销售者对正犯故意又具有明知时，那么销售行为完全可以认定为帮助犯。

综上，商品销售行为的特殊性在于本身所具有的日常性、适法性、反复性而体现出来的中立性，这是因为商品销售行为是社会生产生活必不可少的重要环节，如果被禁止将会严重影响社会发展和公民生活。因此，只要没有突破中立性范围的销售行为，均没有制造或者增加禁止危险，不应被作为帮助行为进行结果归责，从而不构成帮助犯。进而言之，商品销售行为的中立性受销售物品类别影响，由于国家法律对不同类别商品的销售作出不同程度的限制和要求，对销售行为的中立性应从法规范的保护目的进行考量：对于销售违禁物品的行为，由于法律法规作出了禁止流通的限制规定，将预防犯罪作为法规范的保护目的，不管购买者有无相应的资质，销售行为因违反法律禁止性规定而不再具有中立属性，当销售者具有主观故意时，构成帮助犯。对于销售日常使用危险物和日常使用物品的行为，由于法律并不禁止这两类商品的销售，因此销售行为没有制造或增加不被允许的危险，通常不属于帮助行为。但是，在销售日常使用危险物品过程中，如果销售者对正犯的实行行为具有特别认知，则其行为已不再具有可代替性，应认为增加了正犯行为的禁止危险，构成帮助犯。对于销售日常使用物品过程中，如果销售者应正犯要求实施了特别适合正犯的行为，应肯定该销售行为与正犯行为之间的不法关联，其行为应评价为帮助行为而失去可代替性属性。

第二节　提供服务型中立帮助行为

提供服务行为与商品销售行为具有相同的本质属性，都是人们之间正常的交往行为，也是经济社会发展和人们生产生活必不可少的活动，二者的区别主要在于是否以实物形式来满足他人的需求。因此，与商品销售行为需要通过区分商品的法律属性来辨别其是否具有中立性相同，提供服务行为也需要根据具体服务行为的类别，来探讨其行为是否超越了中立性范畴，而应以帮助犯处罚。在司法实践中，提供服务行为客观上对他人的犯罪行为起到积极促进作用的例子比比皆是，如在近年来高发的"套路贷"案件中，为犯罪嫌疑人提供法律服务的律师被认定为帮助犯的案件显著增多。又如，金融机构工作人员明知他人实施逃税犯罪，还按照要求将资金转往境外账户的行为，以及出租车司机意识到他人前往目的地是为了犯罪还予以接送的行为等，是属于中立帮助行为还是成立可罚的帮助犯呢？本书将根据实践中常见的提供服务行为类型分别进行讨论。

一、律师服务

律师为委托人进行辩护等诉讼服务属于一种正当的业务行为，维护委托人的诉讼权利是律师服务行为的核心要义，而无论委托人是否实施了犯罪行为；但同时，律师服务行为由于具有法律专业性从而可能被部分委托人所利用，进而实施犯罪行为，因此律师服务行为具有中立帮助行为的特性。具体而言，一项正常的律师服务行为，往往面对社会大众而广泛适用，虽然在具体委托代理协议下，为某一具体当事人提供法律帮助，但是无论提供法律咨询建议、担任法律顾问还是代为诉讼等业务活动对任何当事人都可以实施，也就是说该行为具有可反复实施的普遍性，主观上不会出于参与他人犯罪的目的而实施，但客观上对当事人起到帮助和促进作用，当然也可能对当事人的违法犯罪行为起到促进作用。因此，律师服务行为原则上可以成立中立帮助行为，但不排除因主观上具有犯罪故意而加入他人犯罪成为可罚的帮助犯，这正是本书所要辨析的。

近来，随着我国扫黑除恶专项斗争不断深入，大量"套路贷"犯罪被查处，其中部分为"套路贷"犯罪集团（团伙）实施诈骗、敲诈勒索、虚假诉讼等犯罪活动提供法律咨询、法律顾问、代理诉讼等服务的律师被以相应犯罪的帮助犯立案追究。如广受社会关注的"林某青案"中，青海省西宁市城中区人民检察院起诉指控林某青律师在为某"套路贷恶势力犯罪集团"[1]提

---

〔1〕 关于套路贷犯罪集团的犯罪事实，青海省西宁市城中区人民检察院起诉书指控：2017 年 5 月青海合创汇中汽车服务有限公司成立以来，采取欺骗、恐吓、威胁、滋扰纠缠、诉讼等手段多次实施诈骗、敲诈勒索、寻衅滋事、强迫交易等违法犯罪活动。以"利息低、无抵押、放款快"为名招揽客户，在与被害人签订空白格式合同前只告知需收取利息、GPS 等少部分费用而向被害人隐瞒还需收取平台服务费、贷后管理费、业务办理费、放贷手续费等各种名义的费用，在贷款人不知情的情况下，以收取上述各种费用的名义扣减贷款，使被害人实际收到的贷款本金远低于合同约定的贷款数额，非法获利 180 万余元。参见青海省西宁市城中区人民检察院中检公诉刑诉〔2019〕34 号起诉书。

供法律顾问的过程中，作为该集团的重要成员，构成敲诈勒索罪和诈骗罪。[1]该案一经媒体曝光便引起了社会广泛关注和热烈讨论，后公诉机关申请撤回对林某青律师的起诉，法院裁定准许撤回该起诉。[2]虽然本案中林某青律师最终没有被追究刑事责任，但该案仍引发我们思考：律师作为对委托当事人提供法律帮助的法律工作者，如果其提供的法律服务行为，在客观上对正犯行为起到帮助作用，能否被认定为帮助犯？笔者经搜索后发现，类似于林某青案件的情形，律师、公证员等因提供法律服务而被查处的案件，在近期司法实践中还有几例。

在德国，就律师是否可以构成相关犯罪的帮助犯问题，司法实践中出现了多起判例，无论是在律师对他人诈骗提供帮助案、对他人脱逃提供帮助案还是伪证帮助案中，[3]上述判决均采取了主观说，即通过判断行为人是否具有促进犯罪的"意思"这种主观要素，或者说，通过判断律师是否对委托人的犯罪目的具有认识为标准来决定其是否构成帮助犯，这种实践观点与我国司法实务的立场是一致的。我国司法实务中通常认为：具有业务中立性的服务行为的提供者，如果主观上认识到委托人具有实施犯罪的目的还为其提供服务，客观上势必对正犯行为及其可能造成的结果起到促进作用，从而肯定该提供服务行为与危害结果之间的因果关系。正是由于因果关系的客观存在，所以该服务行为在客观上具有危害性，因此，只要服务提供者主观上能够认识到正犯意图实施犯罪，就应肯定其主观上至少具有间接故意，从而主客观相一致、应予认定为正犯的帮助犯。此种逻辑是我国司法实务中一种通行的

---

[1]　关于认定林某青构成敲诈勒索罪和诈骗罪的犯罪事实，起诉书指控：2017 年 7 月，林某青被青海合创公司聘为法律顾问，通过向法院提起诉讼方式对被害人实施敲诈勒索。林某青作为青海合创公司的法律顾问，应该认识到青海合创公司超范围经营放贷、利息在本金中扣除、高额索要利息等违法行为，在其与青海合创公司签订的《常年法律顾问合同》中约定"一年三次去派出所参与调解"，这表明林某青明知公司在催收中会有打架斗殴的违法行为，并参与调解。青海合创公司还将林某青作为法律顾问的铭牌摆放在该公司催收部，对内部员工和外部客户产生心理"强制作用"，这对青海合创公司这一"恶势力犯罪集团"起到了帮助作用。此外，林某青还协助其他被告人通过向法院提起诉讼方式勒索被害人罗某，数额较大。综上，起诉书认定林某青为该"套路贷"恶势力犯罪集团的重要成员，应以诈骗罪、敲诈勒索罪追究其刑事责任。参见青海省西宁市城中区人民检察院中检公诉刑诉〔2019〕34 号起诉书。

[2]　参见青海省西宁市城中区人民法院（2019）青 0103 刑初 59 号刑事裁定书。

[3]　参见陈洪兵：《中立行为的帮助》，法律出版社 2010 年版，第 192~194 页。

定罪思路，但是存在两大问题：一是客观上仅以因果关系代替客观归责，混淆归因与归责的关系；二是主观上以"明知"代替"通谋"，由于认为行为具有客观危害性是不争的事实，实际上将是否主观明知作为定罪与否的唯一标准。特别是，2019 年 4 月 9 日最高人民法院、最高人民检察院、公安部、司法部印发《关于办理"套路贷"刑事案件若干问题的意见》的通知（法发〔2019〕11 号）（以下简称《套路贷意见》）第 5 条第 2 款中规定，明知他人实施"套路贷"犯罪，具有 8 种情形之一的，以相关犯罪的共犯论处，其中就包含了律师、公证员等协助办理公证、以虚假事实提起诉讼或者仲裁等法律服务行为。可见，该司法解释同样是以行为人主观上是否具有对正犯行为的认知为入罪标准，进一步强化了实务的逻辑：既然提供律师服务行为的不法性客观存在，该律师对于自己提供法律帮助的行为对正犯行为的促进作用又具有主观认识，当然要以共犯处罚。

对此，本书认为，不能仅因律师对他人实施的犯罪行为明知而提供法律服务便按照犯罪处理，应按照前述的中立帮助行为处罚进路进行判断：分别从客观归责的规范判断、相当性的限定考察及特别认知的反向排除三个层面进行审视，决定该行为的罪与非罪。首先，林某青律师作为法律顾问并提起民事诉讼，客观上对犯罪的实施和危害后果的发生确实存在促进因果关系，但其仅仅是担任公司法律顾问及代为提起民事诉讼，其行为并不具有诈骗罪和敲诈勒索罪犯罪中典型的犯罪意义关联性，其为青海合创公司提供的法律服务与其他公司也不具有任何实质差异。需要注意的是，任何人都具有委托律师提供法律服务的权利，林某青律师接受委托担任常年法律顾问并不违法；其行为也没有违反《中华人民共和国律师法》（以下简称《律师法》）第 29 条〔1〕关于律师业务活动的规定。本案中，青海合创公司从诈骗方式设计到具体组织实施（比如让客户填写各种空白资料、和客户沟通收息、收费情况等）都没有与林某青有过任何沟通，林某青也不存在与套路贷犯罪集团成员事先通谋、为其出谋划策，或者实施虚构事实、伪造证据乃至于讨债等超出其职业相当性的行为，其行为没有超出社会相当性和其作为一名律师的社会角色

---

〔1〕《律师法》第 29 条规定："律师担任法律顾问的，应当按照约定为委托人就有关法律问题提供意见，草拟、审查法律文书，代理参加诉讼、调解或者仲裁活动，办理委托的其他法律事务，维护委托人的合法权益。"

期待，其行为并没有增加法所不容许的风险。

其次，从社会相当性或者职业相当性的角度出发，对于律师服务类型中立帮助行为是否具有可罚性，还需要回归到行为是否违反了律师职业规范的判断上。对此，需要考虑三个问题：第一，律师接受当事人委托是否违反法律规定？为了维护委托人利益，防止出现利益冲突，《律师法》第39条[1]规定在"双重代理"和"利益冲突"的情况外，我国任何公民都有权利获得律师辩护，而律师在接受委托上也没有限制，不存在违反法律规定的情况。第二，律师从事的法律服务行为是否超出法律允许范围？《律师法》对律师执业的权利与义务进行了明确规定，据此可以判断律师的执业行为是否违反了法律规定和执业规范，是否符合法律预设和社会公众的合理期待。如律师为"套路贷"犯罪集团直接从事暴力讨债行为而不是代理诉讼，就应认为超出了法律规范，其行为不再具有业务中立属性，可以认为增加了正犯的禁止风险，具有以帮助犯处罚的事实基础和规范构造。第三，当律师知道或者应当知道委托人实施犯罪行为时，是否具有检举揭发的义务或者拒绝代理的合理期待？这一问题从某种角度上来说，体现了律师所负有的忠实义务和真实义务之间的冲突与协调问题。律师具有忠实义务，即律师应以维护委托的诉讼当事人的合法利益和诉讼利益为宗旨，尽可能通过法律知识和业务本领来实现这一目标。忠诚义务有两个方面的含义，一是积极地维护委托人权益的义务，意味着律师要向委托人提供尽职尽责的法律帮助，争取做到有效的辩护；二是消极地维护委托人权益的义务，意味着律师要恪守辩护行为的底线，不实施任何损害委托人利益的活动。[2]这既是当前我国律师作为"为当事人提供法律服务的执业人员"[3]这一职业定位决定的，也是律师与当事人之间的诉讼代理关系及为了维护刑事诉讼活动中控辩平衡的诉讼构造所要求的。在忠实义务中，最有代表性的体现就是律师的保密义务，实际上也是律师依法享有

---

〔1〕《律师法》第39条规定："律师不得在同一案件中为双方当事人担任代理人，不得代理与本人或者其近亲属有利益冲突的法律事务。"

〔2〕 参见陈瑞华："论辩护律师的忠诚义务"，载《吉林大学社会科学学报》2016年第3期。

〔3〕 关于律师的法律定位，在有关律师的法律规定中先后经历了"国家法律工作者""为社会提供法律服务的执业人员""为当事人提供法律服务的执业人员"的变化，现行《律师法》中规定为"为当事人提供法律服务的执业人员"。

的一项权利。我国《律师法》对律师在执业活动中应遵守的保密义务的范围和例外均作出明确规定，也划定了律师在保密问题上的行为边界。[1]同时，律师还具有真实义务，即辩护律师在刑事诉讼中应坚持以事实为依据，真实合法地维护委托人的权益，而不得伪造证据、提供虚假事实或从事收买证人、指使串供、行贿等违法行为阻碍司法机关查明案件事实。[2]真实义务与忠实义务之间是一种辩证关系，真实义务具有对忠实义务的制约，一是要求律师禁止为了维护当事人利益而破坏司法廉洁性，如违规与司法工作人员接触、向司法工作人员行贿或利益输送，或者通过其他途径干预司法人员正常办案等；二是要求律师不能损害案件实体真实，如律师不得故意提供虚假证据，或者威胁、利诱证人提供虚假证据、作出虚假证言，禁止律师干扰对方当事人合法取得证据等。综上可见，律师只要在法律规定范围内不违反忠实义务和真实义务的执业行为都属于具有职业相当性的行为，在其正当履职过程中，即便法律服务行为被犯罪人所利用，起到了帮助作用，都不应认为该行为增加了正犯禁止风险，不应对其进行客观归责。

最后，林某青律师对于青海合创公司实施的套路贷犯罪行为不具有特别认知，无论是"套路贷""犯罪集团"还是"虚假诉讼"都具有规范评价特性，即便对于专业法律人士也不是显而易见的，以至于很多法院民事法官都被犯罪行为人所蒙骗作出错误裁判。因此，前述《套路贷意见》明确规定，应审慎认定"套路贷"犯罪活动参与人的主观"明知"情况，结合案件事实和犯罪嫌疑人自身情况综合认定。[3]本案中，作为法律顾问即便约定一年三次去派出所参与调解，也不能表明其对该犯罪集团的行为具有特别认知。综上，林某青律师的行为并没有增加正犯禁止危险，也没有违反律师的真实义

---

[1]《律师法》第38条规定："律师应当保守在执业活动中知悉的国家秘密、商业秘密，不得泄露当事人的隐私。律师对在执业活动中知悉的委托人和其他人不愿泄露的情况和信息，应当予以保密。但是，委托人或者其他人准备或者正在实施危害国家安全、公共安全以及其他严重危害他人人身安全的犯罪事实和信息除外。"

[2] 参见刘蕾："保密义务与真实义务之间的较量——兼论我国辩护律师保密特权制度的完善"，载《西北大学学报》（哲学与社会科学版）2014年第1期。

[3]《套路贷意见》第5条第3款规定：上述规定中的"明知他人实施'套路贷'犯罪"，应当结合行为人的认知能力、既往经历、行为次数和手段、与同案人、被害人的关系、获利情况、是否曾因"套路贷"受过处罚、是否故意规避查处等主观因素综合分析认定。

务，不应进行客观归责，系合法的律师服务中立行为。值得思考的是，随着我国法治国家建设进程不断推进，律师在法治建设中发挥的作用越来越大，但我国律师行业发展远未达到发达国家水平，为保障公民获得法律帮助的权利和保证律师行业的健康有序发展，国外在具有中立属性的律师服务行为是否构成帮助犯的问题处理上表现得十分谨慎，这值得我们借鉴。在我国，司法机关往往忽视了律师服务行为所具有的中立帮助性质，在对律师行业规范和职业操守正确认识的基础上，不应轻易认定律师业务制造了不被法所容许的危险，应充分考虑某一律师代理行为是否严重脱逸了社会相当性，客观考察律师是否具有特别认知及其程度，通常情况下应否定帮助犯的成立。

二、运输服务

所谓运输，是指通过交通工具将人或者物品从一个地点运到另一个地点，从而使其发生位移、改变位置的行为。实际上，运输的方式多种多样，不限于使用交通工具，还包括随身携带，既可以是在一国领域内运输，也可以跨越国境，因此走私实际上也是一种特殊的运输行为。[1]作为本书研究对象的运输服务行为，是社会深度分工后形成的一种经营方式，主要体现为采用交通工具运送人员或物品。近年来，现代物流产业高速发展，运输服务成为社会生产和生活的重要环节，发挥着不可替代的作用。因此，运输服务行为所具有的业务性、反复性决定了其具有中立帮助行为的特性，容易徘徊在罪与非罪司法认定的边缘。通常来说，为他人提供运输服务行为不具有社会危害性，体现出业务中立性，但在一定条件下运输行为也会具有社会危害性。因为，运输行为往往是处于制造与贩卖等行为的中间环节，与其他犯罪行为形成一条完整的犯罪链，在上下游犯罪行为之间起到中介纽带作用。从我国刑法规定来看，我国已有多种涉及运输领域的罪名规定，便足以说明问题。具体而言，运输行为的社会危害性通常来自两个方面：一是来自运输对象，如运输毒品、假币等违禁品的情形；二是来自运输行为本身，如运输的方式、

---

〔1〕　我国《刑法》中的"运输"行为，一般应从广义角度进行理解，如《最高人民检察院、公安部关于公安机关管辖的刑事案件立案追诉标准的规定（一）》（公通字〔2008〕36号）第65条第2款规定，"运输"，包括采用携带、邮寄、利用他人、使用交通工具等方法进行运送的行为。

范围等违反国家禁止性或限制性规定的情形，如运输毒品出入境、以运送方式为他人犯罪提供便利，等等。

需要注意的是，我国《刑法》分不同情形规定了运输行为入罪的方式，本书概括为三种类型：第一种，运输型正犯。主要是指运输行为是该罪客观构成要件中的实行行为的犯罪，如运输假币罪，运输毒品罪，运送他人偷越国（边）境罪，协助组织卖淫罪，非法运输珍贵、濒危野生动物罪等。第二种，运输型帮助犯。也就是刑法或法律解释规定，为正犯提供运输帮助行为的，按照共犯论处。如为生产、销售伪劣商品的犯罪人提供运输服务的行为，应构成生产、销售伪劣商品类犯罪的帮助犯。[1]第三种，运输型拟制正犯。这种类型是指，虽然该罪名的实行行为原本不包括运输行为，但根据刑法规定，为正犯提供运输服务的行为被拟制为实行行为的情形，如为实施强迫劳动犯罪的人运送人员的，依法构成强迫劳动罪正犯，而不是按照帮助犯定罪处罚。[2]可见，即便运输服务行为丧失中立性从而构成犯罪，也并非一律按照帮助犯定罪处罚，也可能因法律有特殊规定按照正犯处理。以下，笔者从运输对象角度对运输服务行为进行分类讨论分析。

（一）从事客运服务行为

出租车司机等从事客运服务人员明知他人具有到目的地实施抢劫、杀人的犯罪意图还应要求将乘客载到犯罪现场，是否构成帮助犯？在不同国家处理方法并不一致；如英美法系国家学者通常不从中立帮助行为视角探讨该现象，而是认为这种情况下应当肯定出租车司机具有帮助故意，但是可以援引紧急避险作为抗辩事由而出罪。德国刑法学界存在三种代表性的观点：一是假定的代替原因考虑说，认为应考察涉案车辆是否为唯一能达到现场的车辆，有无可代替的其他交通工具，如果存在则应否定危险增加，否定帮助犯的成立。二是罗克辛教授提倡的折衷说，认为应考察驾驶员对正犯犯罪故意的认

---

[1] 《最高人民法院、最高人民检察院关于办理生产、销售伪劣商品刑事案件具体应用法律若干问题的解释》（法释〔2001〕10 号）第 9 条规定：知道或者应当知道他人实施生产、销售伪劣商品犯罪，而为其提供贷款、资金、账号、发票、证明、许可证件，或者提供生产、经营场所或者运输、仓储、保管、邮寄等便利条件，或者提供制假生产技术的，以生产、销售伪劣商品犯罪的共犯论处。

[2] 《刑法》第 244 条第 2 款规定："明知他人实施前款（强迫劳动罪，笔者注）行为，为其招募、运送人员或者有其他协助强迫他人劳动行为的，依照前款的规定处罚。"

识情况，区分确定故意和未必故意，对于行为人明知正犯犯罪意图情况下的运送行为，应以帮助犯处罚。三是溯责禁止论，认为如果驾驶行为本身就具有不依附于正犯行为的独立的社会意义，则不允许将后来的正犯行为及结果回溯到之前的提供运输服务行为，而应由正犯者自我答责。我国的司法实务和刑法理论界通说还是采取了主观说，如有学者认为："只要出租车司机明知正犯的犯罪意图还将其运送至犯罪现场，就构成帮助犯。因为出租车司机对于其运送行为可能对正犯行为产生的物理性影响具有直接或间接故意，运送行为具有明显法益侵害性，或者使被害人法益面临的危险明显增加。"[1]

如前所述，上述观点均在一定程度上存在不足。特别是，笔者不赞成根据行为人主观方面来衡量中立帮助行为的可罚性问题。交通运输业是针对社会普遍公众而提供的服务行为，即便存在可能造成社会危害的风险，也属于法所允许的风险，并没有超出社会发展能够承受的范围。因此，从结果归责的角度看运输服务行为通常并不会制造禁止危险，应否定帮助行为的存在，否定帮助犯的成立。但在具体案件中客运服务行为确实对正犯行为及结果具有促进作用，即可以肯定事实上因果关系的存在，具有进行归责的事实基础。那么，衡量运输服务行为是否构成帮助犯的依据就应集中在该行为是否制造或增加并实现了法所不容许的危险。因此，应按照前文构建的以危险增加为标准的客观归责理论进行规范评价，同时考虑运输行为的社会相当性和行为人的特别认知情况。

首先，需要考察客运行为是否增加了法所不允许的危险。这其中，首要的是判断行为所产生的是否为禁止危险。判断某种行为是否被容许，第一，行为本身必须符合社会相当性的标准，这是行为无价值层面的评价；第二，行为所造成的一定法益侵害必须进行利益衡量，这是结果无价值层面的评价。[2]如在张某成非法经营案中：自2015年12月起，被告人张某成驾驶AMA405号五菱之光面包车运送农民工上下班，运营的基本区域为松北区和呼兰区，每趟拉客营运数额为70元，持续时间为15个月，其中在2017年5月至7月的拉客趟数月平均值约为13趟/月。公诉机关经计算认定的违法所得数额为人民

---

[1]　周光权：《刑法总论》，中国人民大学出版社2007年版，第326页。
[2]　参见张亚军：《刑法中的客观归属论》，中国人民公安大学出版社2008年版，第60页。

币 13 650 元。[1]被告人张某成在当地交通不便情况下利用自己的面包车运送农民工上下班并收取正常费用的行为，在全国很多地区是普遍存在的，并没有严重脱逸社会相当性，其行为本身不具有刑事违法性；我国《刑法》之所以规定非法经营罪，目的在于维护正常的市场经济秩序，对市场经营自由进行必要限制与干预，但是无论是立法还是司法解释均没有将利用自家车辆运送他人的行为作为非法经营行为加以限制，刑法理论也普遍认为公共交通领域的风险属于被容许的风险，而本案中的运输行为是否应认为属于公共交通领域的运输行为还值得商榷，径直认定为非法经营罪实属不当。同时，从法规范预设的价值衡量结果来看，对公共交通领域客运经营行为的限制并不能约束本案被告人利用自家车辆运送他人的行动自由，也就是说，从价值衡量角度审视，被告人的行为并没有侵害法益，没有造成结果无价值。

其次，如果客运行为在案件中已不具有独立社会意义，具有犯罪意义关联性，一般属于制造或增加禁止风险的行为。如在杨某盗窃案中：家住湘潭市的杨某在本地开出租车。一天，几个客人要求去一趟湘潭县中路铺镇，杨某送他们到了中路铺镇后，自己就回湘潭市了。接下来几次，这些人仍然叫他的车去株洲、湘潭县茶恩寺、白石等地，且送他们返程。一来二去，杨某知道他们每次是去偷鸡的，但他仍然开车送他们。经法院审理查明，杨某明知他人偷鸡还送他人去实施地点的次数达 76 次，涉案价值达 15 万元。最终，杨某被以盗窃罪的共犯定罪处罚。[2]在本案中，杨某明知他人实施盗窃行为仍然提供运输帮助，其在具备特殊认知情况下的运送行为不再属于允许风险的事实基础，其客运服务行为与正犯行为之间具有犯罪意义的关联，且增加了盗窃行为的禁止危险。更重要的是，杨某提供运输服务多达 76 次，已经突破了中立客运服务行为所应具有的经营性和非针对性，严重脱逸了社会相当性范围，丧失了能够适用信赖原则的期待可能性，理应按照帮助犯定罪处罚。

最后，需要指出的是，在司法实践中出现的出租车司机对乘客在其车内吸毒未予制止被认定为容留吸毒罪的案件，以及引言部分所提的"冷漠的哥"案，本书认为这类问题本质上属于不作为犯罪中保证人地位的判断问题，亦

---

〔1〕 参见黑龙江省哈尔滨市平房区人民法院（2017）黑 0108 刑初 160 号刑事判决书。

〔2〕 参见湖南省湘潭县人民法院（2015）潭刑初字第 20 号刑事判决书。

即司机是否属于密闭空间管理者从而负有对出租车内犯罪活动的阻止义务问题。如在"冷漠的哥"一案中，出租车司机李某凯面对被害人处于被强奸并向其呼救要求停车的情况，其拒绝停止提供服务的行为，使得被害人始终处于行驶中的出租车内，这形成了一个对被害人具有高度危险的封闭空间，进而使得犯罪嫌疑人能够利用该空间继续实施强奸行为。显然，李某凯应当承担由于其先前的运输及拒绝停车行为而导致的消极义务——停止运送服务的义务，由于李某凯能够履行而不履行该义务并导致危害结果发生，理应受到刑法处罚。至于此种情况下，李某凯承担刑事责任的形式，还要根据犯罪支配理论，来认定其属于共同正犯还是帮助犯，一般意义上应认定为帮助犯。

（二）货运服务行为

在货运服务中对承运人的行为是否具有刑事可罚性，主要取决于所运输的货物是否被列入禁止运输范围及行为人主观是否具有"明知"。《刑法》《中华人民共和国道路运输条例》《道路危险货物运输管理规定》等法律规定已对禁止和限制运输货物的范围和种类进行了明确列举，如果运输的货物不在法律规定明文禁止的范围内，意味着该运输行为属于合法运输活动，根据罪刑法定原则和"二次性违法"理论[1]，就意味该货运行为属于正当的服务行为，承运服务者享有从事运输服务的自由，根据货运合同也承担将货物及时、安全送达目的地的义务。在此种情况下，运输行为即便对正犯起到了促进作用或引起了法益侵害的结果及危险，也不能认为该货物运输行为制造或增加了法所不容许的危险，不应据此否定其中立帮助属性，承运服务者不构成帮助犯。

同时，即便运输的货物是刑法所禁止的，也需要考虑该运输行为是否制造或者增加了禁止危险，特别是要考虑该行为是否违反刑法有关条文的规范保护目的。在李某庆、李某生非法运输珍贵、濒危野生动物案中，一审判决认定：2016年5月末至2016年7月末，二被告人在明知其没有办理运输野生

---

〔1〕　所谓"二次违法性"理论，是指行为严重违反非刑法的前置法和刑法才能确定为犯罪的理论。刑法只能在行为人违反其他部门法又违反刑法，即存在二次违法的情况下才能介入，只有在其他法律的保护不充分时，才能允许刑法进行法益保护。参见郭华：《互联网金融犯罪概说》，法律出版社2015年版，第102页。

动物的相关手续的情况下，使用其经营的货车为某合法正规马戏团将老虎、狮子、熊、猴子等动物从安徽省宿州市途经多地运输至辽宁省沈阳市浑南区。经鉴定，两名被告人所运输的动物均在国家规定的一级、二级保护野生动物或濒危野生动物名目之中，属于珍贵、濒危野生动物。因此，一审判决以非法运输珍贵、濒危野生动物罪对二人定罪处罚。[1]后二人提出上诉，在二审审理期间全国人大常委会对《中华人民共和国野生动物保护法》（以下简称《野生动物保护法》）作出了修订，对于运输、携带国家重点保护的野生动物及其制品出县境的行为，取消了需要经政府行政主管部门的批准的规定。据此，二审法院经审理认为，根据修订后《野生动物保护法》的相关规定，两名上诉人运输具有合法驯养繁殖许可的野生动物的行为不再具有刑事违法性，并撤销原判改判无罪。[2]虽然本案二被告人最终被改判无罪，但笔者认为，根据《野生动物保护法》不再要求运输行为须经过批准，认定二被告人的行为不构成犯罪，只是从形式上进行考察，并没有探寻到应判决无罪的实质原因。对于运输法律禁止或限制运输货物行为，应从实质层面考察该行为是否制造或增加了禁止危险，是否具有客观归责的必要性。在该案中，涉案马戏团具有合法驯养资质，其雇佣他人运输上述野生动物的目的是表演而不是出卖，运输行为是马戏团演出的必要前提，该行为并没有制造或增加法所不容许的危险。又如在黄某非法运输珍贵、濒危野生动物案中：被告人罗某在广东省罗定市合法经营一个虎纹蛙养殖场。某日，罗某雇佣黄某驾车运输41 000只虎纹蛙到广西，后被广西岑溪市森林公安查扣。检察机关以运输珍贵、濒危野生动物罪对黄某向法院提起公诉。2010 年 4 月岑溪市人民法院判决被告人黄某无罪。理由是：按照法律规定[3]，虎纹蛙是可以商业利用的野生动物之一，黄某虽然没有办理相关运输手续，但其运输行为没有对野生动物资源和环境造成破坏，没有对刑法保护的法益造成实质性侵害，因此不构成运输珍贵、

---

〔1〕 该案例改编自真实案件，原案参见辽宁省沈阳市浑南区人民法院（2016）辽 0112 刑初 407 号刑事判决书。

〔2〕 参见辽宁省沈阳市中级人民法院（2017）辽 01 刑终 126 号刑事判决书。

〔3〕 这里的法律规定主要是 2000 年《最高人民法院关于审理破坏野生动物资源刑事案件具体应用法律若干问题的解释》（法释〔2000〕37 号）（现行有效）和 2003 年《关于发布商业性经营利用驯养繁殖技术成熟的梅花鹿等 54 种陆生野生动物名单的通知》（林护发〔2003〕21 号）（现已失效）。

濒危野生动物罪的帮助犯。[1]可见，在本案中，认定运输行为是否构成犯罪，主要需要衡量该行为是否违反了刑法的规范目的，即不得破坏野生动物资源和环境，如果没有违反规范保护目的，就不属于制造或增加了法所不容许的危险。笔者十分赞同该案判决的认定逻辑，同时需要指出，如果运输的物品是我国《刑法》第125条、第171条、第347条等诸条文规定的枪支、弹药、爆炸物、危险物质、假币、毒品等违禁物，那么承运服务者应按照上述刑法规定单独构成相关非法运输犯罪的正犯，而不是按帮助犯定罪处罚。

三、金融服务

近年来，随着经济社会的不断发展，金融服务已逐渐渗透到群众社会生活的方方面面，成为日常生活不可或缺的一部分。同时，金融领域犯罪活动日益猖獗，金融风险也随之不断增大，这其中不仅包括在从事金融活动过程中的犯罪、利用金融活动实施的犯罪，还包括在金融创新过程中的犯罪行为等。在众多的金融活动中，金融服务行为具有经营性、反复性等特点，具有一定的中立性，但其也会与一定的犯罪行为密切相连。本书认为，涉及金融服务行为的犯罪可以分为三类：一是金融服务主体实施的犯罪，如违规出具金融票证罪；二是以金融服务行为作为犯罪对象的犯罪，如妨害信用卡管理罪；三是利用金融服务行为实施的犯罪，或者说以金融服务行为作为工具的犯罪，如逃汇罪、洗钱罪。虽然我国《刑法》分则第3章第4节、第5节针对金融犯罪作出了专门规定，但多数属于前两类犯罪行为。而在第三类金融犯罪中，如果金融业服务者被人利用为他人犯罪提供了帮助，可能会构成帮助犯，但不可忽视的是，由于金融行业的专业性、便捷性和隐蔽性，提供相关金融服务则可能属于中立帮助行为。比较明确的是，《中华人民共和国商业银行法》（以下简称《商业银行法》）中规定了银行业从业人员负有反洗钱义务，同时《刑法》也规定了洗钱罪，因此，金融服务人员如果违反了上述规定，其行为便不再具有中立性，无疑构成犯罪。但除洗钱罪之外，什么样的行为属于合法的金融服务行为，什么样的金融服务行为属于可罚的帮助犯

---

　　[1]　该案例改编自真实案件，原案参见广西壮族自治区岑溪市人民法院（2010）岑刑初字第71号刑事判决书。

呢？这需要根据中立帮助行为的认定范式进行分析界定。

（一）传统金融服务行为

在德国曾经发生过一起金融机构工作人员协助匿名转账逃税案。被告人是一名银行工作人员，一名将税前资金存入该银行的客户，要求这名工作人员为其开设一个匿名账户，后该客户通过匿名账户将资金转存至国外的银行，这样做的目的是为了逃避纳税义务。这名银行工作人员在明知该客户具有逃税目的，也明知开设匿名转账会明显降低逃税犯罪风险的情况下，仍然按照客户的要求将资金取出并存入预先开设的匿名账户，然后通过匿名账户将资金转存入国外银行，从而帮助客户完成了偷逃税款的行为。德国法院经审理认为这名工作人员构成了逃税罪的帮助犯，理由是他对客户的犯罪意图主观上是明知的，为客户逃税行为提供了积极转账等帮助行为，对正犯行为的实施起到了积极的促进作用。[1]该案在德国刑法理论界引起了很大争议，存在截然相反的两种观点：罗克辛教授认为，本案中客户的这种匿名向国外转账的行为只具有偷逃税款的意义，不具有社会独立价值，被告人对此明知，应构成逃税罪的帮助犯；而德国学者 Ransiek 则并不认同，他认为不管客户办理业务的目的是否具有合法性，工作人员只要按照客户的要求办理就应当是被允许的，不应构成帮助犯。

德国学者上述截然对立的观点却共同关注于银行职员办理业务行为的正当性，只不过对正当性的判断依据存在不同看法，前者认为只有当行为符合金融业务通常之社会价值才具有正当性，而后者从银行职员与客户之间的委托关系出发，认为只要是没有超出委托范围就具有正当性，至于委托办理业务行为本身的社会意义不在考虑范围。笔者认为，在金融领域过于强调从业人员对客户的无条件服务与当今社会金融风险高发及各国均采取愈发严厉的金融监管制度的趋势相违背。因此，对金融服务行为性质的判断应侧重于从业务行为的相当性出发，判断过程应以有关业务规范为依据，关键考察所提供的金融服务行为本身是否合乎银行等金融机构通行的操作规范。

以银行服务为例：第一，在一般业务活动中，我国《商业银行法》等法

---

〔1〕参见陈洪兵："质疑经济犯罪司法解释共犯之规定——以中立行为的帮助理论为视角"，载《北京交通大学学报》（社会科学版）2010 年第 3 期。

律并未规定银行工作人员有权查阅客户的资金流向，也没有规定银行工作人员负有审查客户资金来源的义务，只要是按照银行业服务流程办理业务的行为，就具有业务相当性，即便该服务行为被他人利用实施犯罪，如为正犯开户办理信用卡后正犯用于实施诈骗犯罪，都不影响该金融服务行为的中立性，不具有刑事可罚性。

第二，在银行职员的业务行为违反银行业操作规范时，也不必然构成犯罪，因其业务性的考虑，不但要坚守罪刑法定原则，而且只有在危害性极其严重的情况下，才应予刑罚处罚，通常由于业务不精或者疏忽大意而出现过失行为被排除在外。笔者认为，应当处罚的情形包括两种情况：一是，当《刑法》作出特殊规定的情况下，违反业务规范的行为可能构成犯罪，但通常以分则规定的罪名定罪处罚，而不是构成帮助犯。如在王某刚违法发放贷款案中：2010 年以来，林州市横水镇杨家庄村杨某分别借用宋某、牛某、常某、申某、蔡某等人的名义，多次提供虚假手续，虚构贷款用途，向林州市农村信用合作联社横水信用社申请贷款，时任林州市农村信用合作联社横水信用社主任的被告人王某刚，未严格按照《商业银行法》《贷款通则》等法律法规规定，对杨某的借款申请、借款用途进行调查、审查等，违法向杨某发放贷款 43 笔，数额共计 1545 万元，至案发，共有 42 笔贷款逾期未能归还，给横水信用社造成特别重大经济损失。最终，被告人王某刚被以违法发放贷款罪定罪处罚。[1] 二是，当银行业务员对他人实施犯罪行为具有特别认知时，其行为显著增加了法所不容许的风险，构成特定犯罪的帮助犯。如银行职员明知他人意图实施骗取贷款犯罪，在办理审核放款业务过程中，对借款人的主体资格不进行审查，不按照对贷款资金的流向、用途等风险控制规定进行跟踪调查和检查，可以构成骗取贷款罪的帮助犯。

（二）互联网金融服务行为

近年来，随着我国互联网行业的快速发展，传统金融业务也步入了网络化时代，互联网金融产业发展得如火如荼。根据 2015 年国务院"十部委"《关于促进互联网金融健康发展的指导意见》（银发〔2015〕221 号）有关规

---

〔1〕　参见河南省林州市人民法院（2017）豫 0581 刑初 1239 号刑事判决书。

定，互联网金融是指"传统金融机构与互联网企业利用互联网技术和信息通信技术实现资金融通、支付、投资和信息中介服务的新型金融业务模式"。[1] 可以看出，互联网金融只是一种新型的金融行为或者金融业务模式，而不是一种新的金融业态，因此，仍然要遵守金融行业的法律规定和行业规则。笔者认为，广义的互联网金融既包括传统的金融机构经营的互联网业务，也包括非金融互联网机构经营的金融业务。狭义的互联网金融仅指后者。因此，我国的互联网金融大致可以分为六大模式：第三方支付、P2P 网贷、大数据金融（余额宝、零钱宝等）、众筹、信息化金融机构（金融市场数据提供商等）和互联网金融门户等。[2] 明确互联网金融的类别将有利于对涉及互联网金融的犯罪行为进行类型归纳，为其刑事责任认定提供实践基础。

与传统的金融服务相比，互联网金融突破了时间、空间和物理网点的限制，又带来众多金融创新实践活动，在不断改变群众理财方式、经济活动和社会生活的同时，也对金融监管秩序和金融安全带来一定冲击，更可能给群众财产带来巨大不确定风险。互联网金融最显著的外观就是金融平台的构建，几乎所有的金融活动都发生在互联网平台上。因此，其刑事风险也主要来自以网络技术为依托的互联网金融平台。从互联网金融发展的趋势来看，很多互联网金融平台都逐渐从单纯信息中介、资金中介的"纯平台模式"向投资者提供担保的"担保平台模式"和操作资金错配和期限错配的"债权转让平台模式"转变，从而触犯了国家对非金融机构进行金融活动所划定的红线；更有甚者，一些互联网金融平台是以网络平台为名，打着"普惠金融"的旗号，行资金自融、洗钱、集资诈骗等违法犯罪之实，根本不具有"中介平台"的中立属性。值得关注的是，互联网金融平台在具有正当经营目的且经营模式符合国家法律规定的情况下，虽然其为资金融通双方提供服务的行为具有典型的业务性、反复性、非针对性特征，但其在提供服务过程中客观上可能会对他人实施犯罪活动起到促进作用。如 P2P 平台明知筹资者用于经营的项目侵犯他人知识产权，而仍为其发布筹资信息、进行广告推广和中介撮合、资金支付等服务的，是否应按照犯罪处理，便牵涉中立帮助行为刑事责任问

---

　　〔1〕 互联网金融实质上是传统金融活动的互联网化，其本质仍是金融而不是互联网，因此，本书在此处对其进行探讨，而不将其置于后文的"网络平台刑事责任"部分。

　　〔2〕 参见郭华：《互联网金融犯罪概说》，法律出版社 2015 年版，第 26 页。

题。对此，笔者认为，应从互联网金融平台作用对象、法律规定即业务规范、特别认知等视角，考察其是否制造或增加了法所不容许的风险。

第一，当互联网金融平台的服务行为对融资方犯罪活动起到帮助作用时，应考察该平台的服务行为是否违反有关法律规定，从而超越了职业相当性，以及平台经营者是否具有特别认知，从而增加了禁止危险。虽然，目前我国尚未认可互联网金融平台为金融机构，对金融机构和非金融机构的电子支付等业务实行分别管理，导致对互联网金融的监管存在一定漏洞，但仍有法律规定对互联网金融活动进行规范和约束，这些规定体现在设立互联网金融平台的条件、经营业务范围、经营规范、法律义务和责任等方面，为当前互联网金融活动提供了初步的法律依据。[1]因此，当 P2P 平台在审核融资方存在诈骗行为，如存在融资用途不合法、改变承诺用途或者编造工程项目等情况时，仍为其提供平台服务的，其行为便不再具有业务正当性。但需要注意的是，由于《刑法》第 287 条之二规定了帮助信息网络犯罪活动罪，这种情况下通常不应以帮助犯处罚，而应认定为该罪。但成立帮助信息网络犯罪活动罪，行为人主观上须具有"明知"，在互联网金融平台主观明知的认定过程中，无论是"确知"还是"推定明知"都应充分考虑法律规定的审查义务及范围，实际上我国有关法律规定均要求互联网金融平台对相关金融活动的法律风险进行提示和明确警示，除非互联网金融平台出于故意制造危险的目的或概括地认识到风险却放任的心态，并不顾金融管理部门或风险控制机构的风险约束与规则的要求，而违法开展业务，就不应认定其主观上具有明知[2]。此外，在信息网络时代背景下，要充分认识到互联网金融平台的特点，其不同于传统经济主体，它无法直接接触交易对手方，互联网金融平台对交易方的犯罪意图、犯罪准备、犯罪征兆情况的判断能力相对不足，这些都会成倍地导致金融风险的出现。因此，也不应对其主观"应知"作门槛较低或过于宽松的

---

〔1〕　如银监会（已撤销）、工业和信息化部、公安部、国家互联网信息办公室等部门联合印发的《网络借贷信息中介机构业务活动管理暂行办法》（以下简称《网络借贷暂行办法》）第 9 条第（二）项规定："网络借贷信息中介机构应当履行下列义务：……（二）对出借人与借款人的资格条件、信息的真实性、融资项目的真实性、合法性进行必要审核。"

〔2〕　参见吴鸣："互联网金融创新背景下第三方支付中立帮助行为研究"，载《财会月刊》2019年第 4 期。

推定，[1]具体应结合互联网经营平台的审查能力、技术条件、从业经验及融资方的过往经营情况等综合来评判。

第二，互联网金融平台的服务行为对投资者犯罪活动起到帮助作用，主要体现在为他人犯罪所得及其产生的收益掩饰性质及来源、转移、藏匿等提供帮助方面。由于我国《刑法》第 191 条规定了洗钱罪，互联网金融平台的上述行为通常应按照洗钱罪来定罪处罚。但构成洗钱罪，须要求互联网金融平台对资金的性质和来源具有"明知"，但是其在经营过程中通常不会对投资者资金的来源和性质进行审查，实际上也不具有这方面的能力和操作可能性。根据《中华人民共和国反洗钱法》（以下简称《反洗钱法》）第 15 条至第 22 条的有关规定，金融机构的反洗钱义务主要包括：建立健全反洗钱内部控制制度、客户身份识别制度以及客户身份资料和交易记录保存制度、大额交易和可疑交易报告制度。从上述规定可以看出，金融机构并不负有对资金来源及性质的审查义务，而只是负有在发现可疑交易情况下的报告义务。同样，《网络借贷暂行办法》中也没有规定互联网金融平台负有对投资者资金来源及性质的审查义务，即便对互联网金融平台按照金融机构一样要求，也不能苛求其对投资者资金来源及性质承担查明义务。因此，只有当能够直接证明互联网金融平台对投资者资金来源于犯罪活动具有明知时，才能认为其服务行为不具有业务正当性，从而否定其行为的中立性，进而对其定罪处罚。

最后，需要强调的是，互联网金融无论是在经济金融领域还是在刑事司法实践中，都属于一种新生事物，要充分重视其为社会发展所带来的益处，同时正视目前存在的弊端和不足。从金融监管角度看，对互联网金融平台及其金融创新活动应当给予足够的宽松和自由空间，要秉持相对宽容态度。而从刑法规制方面看，对互联网金融活动应进行相对消极而不是积极规制，在刑法上将符合条件的互联网金融平台看作为金融机构，这既是对其创新的刑事保障，又是为其划定的法律底线。[2]特别是对其中本就属于刑罚扩张适用对象的中立帮助行为，应当进行限缩规制，这也是基于罪刑法定主义及"二

---

〔1〕 参见刘宪权：《金融犯罪刑法学原理》，上海人民出版社 2017 年版，第 579~580 页。

〔2〕 参见胡增瑞："互联网金融时代的刑法应对"，载刘宪权主编：《刑法学研究》（第 11 卷），上海人民出版社 2014 年版，第 115 页。

次违法性"理论的要求，从而体现刑法作为社会最后一道防线的地位。

四、广告服务

在当今社会生活和商业经营中，广告扮演着重要的作用，不仅传递着信息、促进交易、方便日常生活，还可能为犯罪行为提供帮助，比如传播虚假消息进行虚假宣传，特别是在一些诈骗案件、非法集资类案件中，广告宣传活动对犯罪实施起到重要推动作用。一些非法集资、组织传销等犯罪实施者利用虚假广告进行声势浩大的宣传，极力扩大影响范围，对非法集资活动实施起到"推波助澜"的作用；有的非法集资活动不断变换手法，以招商、投资、经营、众筹等形式为幌子，欺骗和诱导不明真相群众参与，以报刊杂志、广播电视、网络媒体以及户外广告、传单、手机短信等方式发布传播的非法集资广告、资讯和信息，具有极强的隐蔽性和欺骗性，给广告经营单位的审查、广告监管机关的管理以及公众识别造成很大困难。但广告活动本身属于正常的经济服务行为，其行为自身并不具有法定的违法性，并且具有一定中立行为性质，是否构成犯罪应具体来分析。

在我国司法实践中，对广告违法行为处以行政处罚的情况较多，虽然我国《刑法》规定了虚假广告罪，但是司法实践中以该罪定罪处罚的并不多。[1]笔者认为，主要原因在于：第一，针对虚假广告行为，存在以罚代刑问题，客观上消解了刑法的适用效力。第二，实践中多数是广告主实施虚假广告行为，而该行为往往只是其犯罪的手段，如为实施集资诈骗而发布虚假广告，虚假广告行为作为主犯罪行为一部分被吸收或者适用竞合原则，而未被单独认定。第三，根据《中华人民共和国广告法》（以下简称《广告法》）规定[2]，对广告内容真实性负责的义务主体仅为广告主，该法并未要求广告经营者、发布者对广告的真实性承担责任，而是只承担审查义务，而未尽必要审查义务，只能是过失责任。司法实践中，广告经营者、发布者往往以不

---

〔1〕《刑法》第222条规定："广告主、广告经营者、广告发布者违反国家规定，利用广告对商品或者服务作虚假宣传，情节严重的，处2年以下有期徒刑或者拘役，并处或者单处罚金。"笔者所在的直辖市，5年以来没有一起以虚假广告罪判决的案件。

〔2〕《广告法》第4条规定："广告不得含有虚假或者引人误解的内容，不得欺骗、误导消费者。广告主应当对广告内容的真实性负责。"

具有判断能力，受到广告主的蒙蔽为由进行抗辩，据此难以认定其主观罪过为故意，[1]更难以认定其构成虚假广告罪。

从广告发布行为的实施主体上看，广告主对其发布虚假广告是明知的，具有犯罪故意，其行为具有个别性、犯罪性，而不属于中性的业务行为；需要纳入中立帮助行为理论进行考察的主要是广告经营者和发布者的业务行为。从以上分析可以看出，区分是中立帮助行为还是可罚的犯罪行为主要应根据《广告法》等法律规定来判定广告发布等经营行为是否具有业务正当性，关键是考察广告经营者和发布者是否履行了必要的审查义务进而反映出是否具有主观故意或者共同犯意。可以说，从有关司法解释中可以看出，我国司法实践中仍是从主观说角度进行区分判断的，并依据广告经营者和发布者对广告主是否实施犯罪行为的认知程度及是否具有帮助目的决定其构成何种犯罪。[2]笔者认为，以主观说为区分标准存在一定障碍：一是认知程度与帮助目的等内容是纯主观的要素，司法实践中证明上存在较大难度；二是过于强调主观方面不可避免会忽视行为的法益侵害性，不当限缩刑法的打击范围，与法益保护立场相悖。基于本书的一贯主张，笔者认为应着眼于客观行为要件来分析问题，广告具有极强的传播性，在现实社会中虚假广告往往具有极为紧迫、具体的法益侵害危险，这就决定了广告经营者和发布者必须审慎履行对广告内容真实性的审查义务。上述主观认识及故意的考察也应着重从广告经营者、发布者的从业经历、执业范围、审查能力和虚假广告的违法程度等客观方面进行，以职业相当性和特别认知为双重标准进行判断。

从广告服务中立帮助行为入罪的方式上看，应根据其主观认知内容不同区分虚假广告罪正犯与特定犯罪的帮助犯。第一，如果广告经营者和发布者仅仅是明知广告是虚假的而未尽审查义务，则应仅构成虚假广告罪，也就是说，如果发布虚假广告的经营者并不明知对方具有实施犯罪的目的，一般不

---

[1]　参见杨曙光：“对虚假广告罪适用难的理论思考”，载《人民检察》2017年第13期。

[2]　例如，最高人民法院于2010年发布的《关于审理非法集资刑事案件具体应用法律若干问题的解释》第8条第1款中规定："广告经营者、广告发布者违反国家规定，利用广告为非法集资活动相关的商品或者服务作虚假宣传，具有下列情形之一的，依照刑法第222条的规定，以虚假广告罪定罪处罚……"该条第2款规定："明知他人从事欺诈发行股票、债券，非法吸收公众存款，擅自发行股票、债券，集资诈骗或者组织、领导传销活动等集资犯罪活动，为其提供广告宣传的，以相关犯罪的共犯论处。"

能构成帮助犯，但是其能够认识到广告内容系虚假的，或者未尽必要审查义务，可以构成虚假广告罪。如在李某某、王某某、陈某某等人虚假广告案中：被告人李某某、王某某夫妻二人自 2014 年 4 月份至 2016 年 11 月份，相继成立建平县博鑫生物科技有限公司等多家公司，采购了玛咖牡蛎、蚕蛹玛咖、牡蛎参草等产品类别均为压片糖果的 QS 食品，李某某、王某某在明知购进产品没有增强男性性功能、没有治疗男性性功能障碍功效的情况下，为非法牟利，指使公司员工栾某某制作玛咖牡蛎有增强男性诸多性功能的虚假广告页面并联系广告公司。被告人陈某某为互天国际广告（北京）有限公司的实际经营者，明知李某某广告宣传的是食品，没有壮阳功效，属于虚假宣传，仍然为李某某发布广告，并按点击率或者信息条数计算收取报酬。最终，陈某某等被告人均被以虚假广告罪判处刑罚。[1]

第二，如果广告经营者和发布者明知他人实施犯罪而以广告服务方式提供帮助的，应按照相应犯罪的帮助犯定罪处罚。在日本，曾出现过刊登广告而被判处有罪的案例：一个从事广告经营的被告人在明知对方是一所卖淫俱乐部、其委托发布的是宣传和引诱他人卖淫的广告，还在其出版的报纸上刊登该广告，最终被日本大阪高等法院判决认定构成引诱卖淫罪的帮助犯。对于是否应考虑广告经营者行为的日常中立性问题，无论是日本的审判机关还是学界均从主观说角度出发，认为被告人作为专业的广告业从业人员，通过对广告内容和题材等方面不难看出委托者意图发布广告的目的。同时，根据委托者曾被检举并受过警察的警告等情况也可以进一步得出所登载的广告意图用于引诱卖淫的明确结论，因此应否定广告经营者提供广告服务行为的中立性质。[2]综上，广告经营者和发布者明知广告主发布广告是用于实施犯罪还予以提供刊登服务的，其行为将增加法所不允许的危险，便丧失了业务中立的性质，在符合帮助犯的其他要件时，应按照相应犯罪的帮助犯定罪处罚。退一步讲，广告经营者和发布者即便不明知他人犯罪目的，但违反法律规定，未尽审查义务，明知是虚假广告仍发布的，还可以构成虚假广告罪。

值得关注的是，付费信息搜索服务也属于一种广告服务行为。随着网络

---

〔1〕　参见辽宁省建平县人民法院（2018）辽 1322 刑初 174 号刑事判决书。

〔2〕　日本大阪高等裁判所 1986 年 10 月 21 日判决，载《判例时报》第 630 号，第 230 页。转引自陈洪兵：《中立行为的帮助》，法律出版社 2010 年版，第 205~206 页。

信息技术的快速发展，网络广告已在各种广告服务中占据重要地位，而网络虚假广告也屡见不鲜。网络广告只是广告服务的一种新形式，虽然《广告法》没有对"虚假广告"的含义作出明确界定，但该法采取"列举＋概括"的方式规定了虚假广告的种类，并明确了以"内容上的虚假或引人误解性＋效果上的欺骗、误导性"为判断虚假广告行为的实质标准。[1]在魏则西事件中，国家有关部门组成的联合调查组经过进驻调查，认为百度公司的竞价排名机制存在排名结果不客观、不公正的情况，容易误导网民。[2]可见，搜索竞价排名也应被视为互联网广告的一种新形式。但对此一直存在争议，有人认为付费信息搜索本身是信息搜索技术服务，如果将其归入网络技术范畴，那么百度等互联网平台将不属于广告的经营者和发布者，不需要履行《广告法》所要求的审查义务，同时可以根据后文将阐述的"避风港原则"主张免责。[3]但此后国家网信办和国家工商总局分别制定、发布的《互联网信息搜索服务管理规定》和《互联网广告管理暂行办法》，均明确付费信息搜索的竞价排名属于互联网广告，纳入广告行业监管范畴。因此，包括付费信息搜索竞价排名活动在内的网络广告服务活动均应按照前文思路进行规制。

---

〔1〕 《广告法》第 28 条规定："广告以虚假或者引人误解的内容欺骗、误导消费者的，构成虚假广告。广告有下列情形之一的，为虚假广告：（一）商品或者服务不存在的；（二）商品的性能、功能、产地、用途、质量、规格、成分、价格、生产者、有效期限、销售状况、曾获荣誉等信息，或者服务的内容、提供者、形式、质量、价格、销售状况、曾获荣誉等信息，以及与商品或者服务有关的允诺等信息与实际情况不符，对购买行为有实质性影响的；（三）使用虚构、伪造或者无法验证的科研成果、统计资料、调查结果、文摘、引用语等信息作证明材料的；（四）虚构使用商品或者接受服务的效果的；（五）以虚假或者引人误解的内容欺骗、误导消费者的其他情形。"

〔2〕 魏则西，1994 年出生，西安电子科技大学 2012 级学生。2014 年 4 月，他被确诊为腹壁滑膜肉瘤三期，这是一种生存率极低的恶性软组织肿瘤。魏则西父亲和亲戚通过百度找到了一种名为 DK-CIK 的生物免疫疗法。2014 年 9 月~2015 年 7 月，魏则西在北京武警二院共接受了 4 次这一号称源自美国斯坦福大学、全球先进的疗法，但其就诊的诊室实为北京武警二院承包给莆田系医院的。专家指出，魏则西所用的 DK-CIK 免疫疗法，实质上是一种非特异性的抗肿瘤技术，对滑膜肉瘤效果有限甚至可以说是失败的。2016 年 4 月 12 日，魏则西在家中去世，终年 22 岁。之后，相关部门组成的联合调查组进驻百度和北京武警二院。2016 年 5 月 9 日，调查结果发布，认定百度搜索相关关键词竞价排名结果客观上对魏则西选择就医产生了影响，百度竞价排名机制存在付费竞价权重过高、商业推广标识不清等问题，必须立即整改，要求建立以信誉度为主要权重的排名算法，并建立完善先行赔付等网民权益保障机制。调查组同时认定，武警二院存在科室违规合作、发布虚假信息和医疗广告误导患者和公众等问题。

〔3〕 参见孙道萃："虚假广告犯罪的网络化演变与立法修正思路"，载《法治研究》2018 年第 2 期。

第三节　履行民事义务型中立帮助行为

归还之前借用的物品、偿还债务、支付工资报酬等这些都属于常见的履行民事义务的行为，但这些再正常不过的行为有时却可能对他人实施的犯罪起到促进作用。例如，在明知对方意图或正在实施犯罪，义务人是否有权拒绝履行还款义务而阻止他人犯罪呢？如果继续履行特定民事义务，确实对权利人实施犯罪起到帮助作用，则义务人是否成立帮助犯呢？根据前文关于中立帮助行为成立帮助犯的主客观要求，笔者认为，判断上述履行民事义务的行为能否构成帮助犯，关键要是从义务履行视角衡量其是否显著增加了法所不容许的风险。所谓义务履行视角，就是从义务人所承担的法定或者约定的义务中，通过义务内容、义务强制性、认知情况等综合判断该履行义务行为的社会相当性，从而决定是否应客观归责。

对这类行为相当性的判断，从某种程度来说取决于民事义务与阻止犯罪的刑事义务之间的协调，因为在中立帮助行为视域下行为人既承担民事义务，同时其行为又对犯罪行为起到促进作用。即便这里的刑事义务仅仅是通常意义上的，而不是足以构成不作为犯罪意义层面，但毕竟涉及对特定法益的保护，在具体案件中势必要予以考虑。到底是履行民事义务优先还是履行刑事义务优先，对此业务上所承担义务的来源和强制性具有重要意义。

一、履行民事义务的业务行为

所谓履行民事义务的业务行为，是指根据职业要求或者合同约定等应实施相关业务行为的情况。根据司法实践，可以进一步区分为按照合同约定履行义务的业务行为和根据法律规定（职业要求）履行义务的业务行为两类，这两类行为由于义务来源和强制性不同，其履行民事义务行为的性质将有所不同。由于通常情况下任何人都不负有法定的阻止犯罪的义务，对于按照合同约定应履行民事义务的人而言，阻止犯罪的刑事义务对其并无拘束力，相反其应受合同义务的约束，因此不具有法定阻止犯罪义务的人按照合同约定履行民事义务行为，即便客观上对他人犯罪起到帮助作用，其行为也不会因此丧失社会相当性，不应构成帮助犯。如在林某某等生产、销售伪劣产品案中：2018 年 8 月 12 日至 8 月 30 日期间，被告人林某某受陈某某雇佣，驾驶厢式货车在闽侯县青口镇多地接应运输制作假烟原材料的车辆，开车将制作假烟所需的烟丝及制烟辅料搬运至山上假烟窝点内进行生产。此后，被告人林某某再按照约定将假烟窝点内已经生产打包好的整箱伪劣卷烟运送至山下中转站。后案发，林某某被法院以生产、销售伪劣产品罪判处有期徒刑 7 年。本案中，辩护人认为被告人林某某没有实施组织生产等行为，仅是履行合同约定为他人生产、销售伪劣产品提供运送行为，只是货物的运输者。[1] 笔者认为，林某某的行为属于履行合同义务的业务行为，该行为虽然对张某某等人生产、销售伪劣产品犯罪活动起到帮助作用，但是并不能当然否定该行为的中立属性。根据有关司法解释规定，只有当林某某事实上"知道"或者"应当知道"他人实施生产、销售伪劣商品犯罪时，其因具有特别认知而脱离了社会相当性，才具有犯罪关联意义。总之，在根据合同约定负有履行民事义务的业务行为场合，由于不能够期待义务人具有阻止他人犯罪的刑事义务，这种义务只是倡导性而非强制性的，因此其按照合同约定履行义务的业务行为原则上不属于犯罪行为，应进一步考察其主观认知等情况，评判其是否因增加了禁止危险而可归责。

对于根据法律规定（职业要求）履行民事义务的业务行为而言，义务人往往具有法定的不实施某一行为进而防止犯罪的义务。在此情况下，从业人员仍实施某项民事业务从而对他人犯罪起到帮助作用，便因违反职业强制性义务规定，可能构成犯罪。仍以前文提及的德国判例为例：银行工作人员明知客户具有逃税的犯罪目的，还按照客户的要求开设了匿名账户，并将客户资金打入该匿名账户并汇往外国银行，从而构成逃税罪帮助犯。此种情况可以理解为为客户服务的民事义务与防止犯罪的刑事义务之间出现了"义务冲突"。在德国，开设匿名账户是不被允许的，这样要求就是为了防止实施逃税等犯罪行为，银行职员按照要求不得为他人开设匿名账户，而该案中的职员不仅了解上述职业禁令而且也能意识到客户要求开设匿名账户可能存在逃税的高度可能性，在此基础上，其能够意识到其行为对客户逃税犯罪行为起到

---

[1]　参见福建省福州市中级人民法院（2019）闽 01 刑终 1413 号刑事裁定书。

帮助作用，因而违背了银行职业相当性，与正犯行为具有"犯罪意义的关联"，显著增加了法所不容许的风险。

笔者认为，由于银行等金融机构与客户之间事先存在委托等法律关系，银行实施办理业务的民事行为通常具有中立性特征，原则上不应被评价为犯罪帮助行为，应由客户对自己的犯罪行为自我答责，否则就是科了银行从业人员不适当的义务。也就是说，银行从业人员履行民事义务的业务行为虽然在客观上对他人犯罪起到促进作用，但如果该行为并不违反职业相当性，本身就具有独立的社会意义，之所以造成危害后果是由于被正犯恶意利用，则禁止将后来的正犯行为及结果回溯到银行职员基于履行义务的业务行为，应由正犯独自承担责任。

对于是否具有独立的社会意义或者说是否具有职业相当性的判断，需要评价该业务行为是否超越了正常的业务规范的要求，因为银行等金融机构的业务行为要接受相关法律规范的约束，即使银行等金融机构的工作人员不负有审核防止他人犯罪的义务，但如果对于某一行为存在严格的约束性规定，违反这一规定的行为极有可能被认为超越了正常的业务规范，而被否定具有独立的社会意义。举例以释之，我国《反洗钱法》规定了商业银行的反洗钱义务，同时，我国《刑法》第 191 条明文规定了洗钱罪。也就是说，银行职员虽然不负有通常意义的阻止犯罪的义务，但是根据专门规定应承担反洗钱的审查义务，如果银行工作人员明知或者应当知道顾客具有洗钱犯罪目的还为其办理转账、取现业务的，其行为属于违反业务规定，超出了正常业务范围，应否定其独立社会意义而构成犯罪，当然此种情况属于事后帮助行为，刑法已明文规定构成独立的罪名——洗钱罪。

另外，需要注意的是，在判断业务行为是否具有职业相当性时，不应受正犯单方的犯罪故意影响。银行与客户之间基于存款、委托理财等业务存在合同关系，客户为实施犯罪行为进入刑事范畴，但是，其与银行之间的存款合同、贷款合同、委托理财合同等并不因此而无效，根据《中华人民共和国民法典》（以下简称《民法典》相关规定）[1]，只有在银行与客户双方存在

---

[1]　《民法典》第 146 条第 1 款规定："行为人与相对人以虚假的意思表示实施的民事法律行为无效。"

共同规避法律的合意，构成"签订意思表示不真实的合同"或者合同内容违反《民法典》《商业银行法》《中华人民共和国银行业监督管理法》等强制性法律规定时[1]，合同才据此无效，否则银行工作人员按照合同要求履行相关义务的行为，通常具有职业相当性，不属于制造或增加了法所不容许危险的行为[2]综上，对于履行民事义务的业务型中立帮助行为可罚性，应重点考察该业务行为是否处于正当业务范围之内，必须依据案件客观事实和通常社会观念，充分考虑相关行业的知识以及职业技术与经验，依照相关法律规定，对具体业务性质、目的与执行业务的方法等进行综合判断。

二、履行民事义务的日常行为

所谓履行民事义务的日常行为，是指与前述业务行为相区分的，仅是偶发的、个别的向犯罪人归还物品、偿还债务等日常行为，这类行为客观上也会对正犯起到帮助作用，但由于属于极其常见的日常行为，且双方事前存在债权债务等关系，这种义务履行是否能够抗辩帮助犯的成立呢？值得探讨。笔者通过检索，发现我国司法实践中确实存在以下类似案例：

第一，偿还债务型日常行为。刘某杀人后逃至其朋友李某家中，向李某讲述了实情，并因没有资金逃跑便向李某索要之前的借款。于是，李某向刘某偿还欠款，刘某利用该款潜逃，后被抓获归案。[3]又如，王某和张某系表兄弟，2009年2月王某在酒吧将他人打成重伤后逃匿，后其给张某打电话告知其正在被追捕，急需用钱，要求张某偿还之前向其所借的钱款，后张某将欠款汇入王某指定银行账号。第二，支付工资型日常行为。2014年5月4日晚，被告人肖某在天津市西青区王稳庄镇王稳庄村菜市场附近将被害人李某砍成重伤，后肖某逃至被告人徐某家中，表示自己钱包丢失，要求徐某支付已

---

〔1〕《民法典》第153条第1款规定："违反法律、行政法规的强制性规定的民事法律行为无效。但是，该强制性规定不导致该民事行为无效的除外。"

〔2〕参见杨达："经济纠纷中民刑交叉的冲突与弥合——兼谈银行业理财合同的涉刑审理"，载《社会科学家》2019年第8期。

〔3〕参见金首峰："向犯罪分子归还欠款助其逃匿的行为如何定性?"，载《江苏法制报》2006年12月13日，第3版。

到期工资，后徐某在明知肖某意图逃跑的情况下向其支付工资 3000 元钱。[1] 对于上述三起案件，司法实务中虽存在不同意见，但多数意见倾向于认定为窝藏罪，即肯定归还欠款和支付工资行为属于可罚的帮助行为，只不过由于上述案件均属于事后帮助，不能构成正犯的帮助犯，应根据《刑法》第 310 条的规定认定为窝藏罪。

笔者认为，上述案件均属于履行民事义务的日常行为，没有增加法所不容许的危险，且具有社会相当性，不应肯定对犯罪行为的帮助性，不构成窝藏罪。首先，行为人负有履行借贷合同或劳务合同约定的民事义务。对于合法有效的民事合同，合同当事人自然承担着履约义务，如果用刑法上不得帮助犯罪人逃跑的禁止规范来否定民事义务的履行，不仅简单刻板地破坏了民事法与刑事法的协调性，还科以民事债务人负有确保所还钱款不被用于非法用途的审查和防止义务，这显然是不合理的。正如，德国学者卡尔·拉伦茨所指出："从法律秩序的整体层面，时常难以对行为做出一致的价值评判，必须区分不同体系的事实、将行为放置于所属法律领域，根据该领域的立法旨趣进行判断。"[2] 其次，基于民事义务的存在，与销售商品货物相比，归还欠款或支付工资等行为具有更为典型的适法性。从规范违反上看，销售商品可以认为是一种积极的行为，出售与否均不违反法律规定，行为人可以自主选择；而归还欠款或支付工资完全是民事义务所要求的行为，不履行将承担法律上的不利后果，也就是说此类行为法律意义上的可谴责性要比销售商品行为低一些。那么，对于日常销售商品行为都视为中立帮助行为，归还债务或支付工资的行为便自不待言了。再次，从所有权上看，这些钱款或者物品本应归正犯本人所有，归还欠款或者支付工资并没有增加法所不允许的危险，况且在上述案件中，均属于事后帮助而不是对正在实行中正犯行为的重要助力行为。最后，由于事后帮助行为与事中帮助行为在侵犯法益上存在显著差别，这在与维护民事法律所保护的利益之间进行权衡时，结论可能会有所不同。如果归还欠款是对正在实施犯罪行为的帮助，其侵犯的是被害人的生命

---

〔1〕 改编自真实判例，原案案情参见：天津市西青区人民法院（2015）青刑初字第 0047 号刑事判决书。

〔2〕 ［德］卡尔·拉伦茨：《法学方法论》，陈爱娥译，商务印书馆 2003 年版，第 46 页。

权、健康权或财产权等法益，而事后帮助行为侵犯的只是司法秩序，在分别与民法所维护的财产秩序相权衡后，将前者作为犯罪处理具有更充分的理由，而后者便应慎之又慎。

相反，确认履行民事义务的日常行为的中立属性也应具有一定条件限制：第一，必须以存在现实合法的民事权利义务关系为前提，且义务履行方式没有违背通常样态。对于民事义务的履行一定程度上起到犯罪阻却事由的效果，但应以合理方式履行义务，否则可能会超越社会相当性。如虽然存在劳务合同关系，但是在还未到发放工资日期时提前发放的，并不是常见的履行支付义务的方式，易言之，此时行为人完全可以拒绝履行义务，由于其改变了义务履行的通常方式，显著增加了禁止风险，可以被认定为帮助行为。第二，类似于前文探讨的"店前吵架买刀案"，如果履行民事义务的归还或支付行为对正在实施的正犯行为起到促进作用，显著提升了法益侵害的紧迫危险，在利益衡量时，应侧重于考虑对被害人法益的保护。第三，还应考虑一国法律对公民规定犯罪阻止义务的实际情况。如前所述，《德国刑法典》第138条和第323条c分别规定了知情不举罪和怠于救助罪，也就是说，在德国不作为的行为可能也会构成犯罪，世界上也存在很多将见危不救规定为犯罪的立法例[1]，那么向犯罪人交付用于犯罪的物品更应该构成犯罪，德国很多学者确实也持有这种观点[2]。但我国情况却大不相同，在我国刑法没有将公民阻止他人犯罪作为一项义务规定的情况下，因对正犯行为具有帮助性就处罚日常的履行民事义务行为，可能会产生不当道德风险。

第四节　网络服务型中立帮助行为

近年来，随着互联网逐渐成为人们日常生活中不可或缺的一部分，信息网络犯罪也随之悄然滋生，这不仅严重威胁着社会管理秩序，更关系到群众的切身利益和国家的政治经济安全。网络犯罪这种新型犯罪得以实施，很大程度上需要依靠网络服务提供者搭建的渠道，但网络服务提供者的行为具有

---

〔1〕　关于见危不救罪国外立法规定，可参见吴浩："域外刑法的见危不救罪及其对中国刑事立法的启示"，载《大连海事大学学报》（社会科学版）2018年第4期。

〔2〕　参见陈洪兵：《中立行为的帮助》，法律出版社2010年版，第218页。

中立帮助的属性，既具有为他人实施犯罪提供便利从而危害社会的行为面相，又有方便社会公众生产生活的积极有益的行为面相。诚然，加重网络服务提供者的法律责任确实是有效打击网络犯罪的重要手段之一，但是对网络服务提供者过分苛责，会严重阻碍网络信息技术创新和互联网产业迅速发展[1]，因此有必要对互联网行业和网络服务提供者进行针对性研究，了解其行业特性和业务属性，充分重视其中立帮助行为性质，才能保证处罚政策的科学适度。

一、网络服务提供者的刑事责任原则

网络服务提供者（internet service provider），"指通过信息网络为获取信息等目的提供服务或者为公众提供信息的单位或个人"[2]。网络服务既是一种新兴服务行为又是一种技术含量极高的科技行为，因此提供网络服务行为具有"中立性"，也就是说其技术属性并没有任何违法犯罪之目的，往往是针对不特定人实施的具有日常性、反复性的业务行为；同时，提供网络服务行为还具有"帮助性"，即往往对他人实施的违法犯罪行为起到促进作用，如在博客上发布谣言诽谤他人、利用深度链接行为侵犯他人著作权，或者通过即时通讯软件传播淫秽视频等，在这些犯罪中，网络服务行为起到了重要的"推波助澜"作用。我国《刑法》第 287 条之一关于非法利用信息网络罪的规定，就是网络服务行为帮助性特征的客观反映。因此，提供网络服务具有典型的中立帮助行为的属性，对网络服务提供者刑事责任的探讨应始终置于中立帮助行为理论和视角下进行。

（一）刑事责任非难之必要性

网络服务行为以互联网技术为核心，技术固然具有中立性，但这并不能直接推导出无罪的结论，因为技术具有中立性并不能得出使用技术的行为也自然具有中立性的结论。对于网络服务提供者法律责任问题，虽然民事法领域已有较多规定，如《民法典》第 1194 条至 1197 条中对网络服务提供者的

---

［1］　参见朱玲凤："避风港原则在电子商务侵犯商标权中适用的根据"，载张平、黄坤嘉主编：《网络法律评论》，北京大学出版社 2012 年版，第 92~93 页。

［2］　张新宝主编：《互联网上的侵权问题研究》，中国人民大学出版社 2003 年版，第 32 页。

侵权责任作出三个层次的划分，分别是：第一，直接侵权责任；第二，未履行"避风港原则"要求的"通知—删除"义务和对损失扩大部分承担的连带责任；第三，"知道"侵权事实情况下却未采取必要措施的连带责任。[1]但是，在刑事犯罪领域的研究则处于起步阶段，且刑法理论上一直存在争议：既有人主张网络服务提供者不应负有事先审查义务，其只是负责提供技术支持，这种行为属于正常的业务中立行为，不应处罚[2]；也有人认为借鉴国外的立法和司法实践，应对网络服务提供者按照帮助犯定罪处罚；另外，还有学者从在网络犯罪中网络服务提供者的作用、行为危害性以及克服传统共同犯罪理论对网络犯罪共犯异化问题适用的困境角度出发，认为应将网络空间中网络服务提供者所实施的表象上属于帮助犯但实质上已然具有独立性的行为视为正犯，通过刑法分则的基本犯罪构成进行定罪处罚。这种观点近年来逐渐成为重要影响学说。

本书认为：第一，网络社会已经逐渐走向风险社会，国家安全、金融风险、社会公共秩序等越来越多地受到网络安全和网络秩序的影响，而因网络犯罪引发的系统性风险将越来越大。因此，如何发挥网络服务提供者对网络安全风险防范的社会责任，成为当前的时代话题和刑事司法领域的重要课题，这也意味着对网络服务提供者有必要进行一定程度的责任非难。第二，网络服务提供者在一些网络活动中起到主导作用，如搭建金融交易平台、提供索引链接服务等，其所具有的风险支配地位也决定了应承担必要的阻止网络犯罪风险的责任，"对于充满安全风险的网络空间，网络服务提供者应当承担起与其经营范围、经营领域相对应的安全责任"[3]。第三，根据域外"守门人"制度原理[4]，网络服务提供者具有信息和技术等方面的优势，刑法科以

---

〔1〕 参见杨立新："网络平台提供者的附条件不真正连带责任与部分连带责任"，载《法律科学》（西北政法大学学报）2015年第1期。

〔2〕 参见吕英杰："论知识产权犯罪中网络服务商的刑事责任"，载《现代法治研究》2018年第4期。

〔3〕 于冲："网络平台刑事合规的基础、功能与路径"，载《中国刑事法杂志》2019年第6期。

〔4〕 所谓"守门人"制度，是网络平台责任制度中一种间接网络执法的机制，是实现互联网治理的中枢制度。具体来讲，就是通过法律给各种网络服务平台施加一定的法律责任，激励网络平台利用其自身的技术和商业模式所产生的规制能力阻断不良信息和识别违规用户，从而间接规制用户行为。凯阿克曼总结了衡量强制"守门人"制度合理性的四个标准：第一，严重的违法行为无法通过直接的法律处罚来制止；第二，"守门人"行为的市场激励的缺失或不足；第三，"守门人"能够有效可靠地

其相应的作为义务和刑事责任，不仅有利于实现犯罪惩处的及时性、便利性、高效性，也有利于从源头上预防网络犯罪，实现一般预防和特殊预防的综合效果。网络服务提供者在网络犯罪中享有技术优势、处于技术支配地位，其完全具备从技术层面去判断网络用户是否具有犯罪意图的能力和可能性。如网络贷款平台完全可以监控网络借贷主体的交易行为、资金往来、信息公开等环节是否存在异常情况，从而审查和识别网络用户的行为是否合法、是否具有犯罪意图。因此，对于网络服务提供者而言，发挥技术优势来履行审查义务并非难事。第四，刑事政策应发挥因时而动的立法先导作用。进入 21 世纪以来，互联网行业获得了空前的发展，但相伴而来的是网络犯罪日益严重，网络安全、网络秩序与网络行业自由发展之间的动态平衡也应有所调整，由积极鼓励网络创新和减少干预向积极引导和必要干预转向，体现在更加微观的刑事责任领域就是要由事后处罚、被动干预向事前预防、主动监管转向，这是维护互联网的信息安全与管理秩序的迫切需要[1]。实际上，虽然当前许多国家和地区对网络服务提供者的刑事责任采取相对宽松的有限责任政策，但几乎没有免除其刑事责任的规定。随着近年来网络安全事件和网络犯罪多发的形势变化，网络服务提供者的刑事责任范围也在不断加大，特别是在某些特定情形下其被赋予了较为严格的义务。如美国 1998 年颁布的《性侵儿童保护法》第 604 条明确规定对于有关儿童色情方面的内容，网络服务提供者应履行主动报告义务，否则将受到罚款的处罚。[2]

从我国法律规定上看，我国刑法对网络服务提供者刑事责任的态度经历了从没有规定、不处罚到按照帮助犯处罚再到可以认定为实行犯的变化过程。

（接上页）阻断违法行为，无论该违法行为人的个人偏好和市场激励如何；第四，"守门人"能够通过付出合理的成本来阻断违法行为。参见魏露露："网络平台责任的理论与实践——兼议与我国电子商务平台责任制度的对接"，载《北京航空航天大学学报》（社会科学版）2018 年第 6 期。

〔1〕 参见孙道萃："网络直播刑事风险的制裁逻辑"，载《暨南学报》（哲学社会科学版）2017 年第 11 期。

〔2〕 《性侵儿童保护法》第 604 条规定，向公众提供电子通讯服务或远程计算机服务的网络服务提供者在知道相关儿童色情内容的情况后，应当尽快向主管检察机关报告。否则，第一次故意不报告将会被处以最高 5 万美元的罚款，第二次不报告将会被处以最高 10 万美元的罚款。参见王华伟："网络服务提供者刑事责任的认定路径——兼评快播案的相关争议"，载《国家检察官学院学报》2017 年第 5 期。

如 2004 年《最高人民法院、最高人民检察院关于办理侵犯知识产权刑事案件具体应用法律若干问题的解释》（法释〔2004〕19 号）（以下简称《知识产权刑事案件解释》）中仅就互联网用户在网络上发布他人享有知识产权作品的行为规定构成侵犯著作权罪，并没有对网络服务提供者的行为性质作出规定。[1]此后多部法律解释对网络服务提供行为的刑事责任作出规定，如 2005 年《最高人民法院、最高人民检察院关于办理赌博刑事案件具体应用法律若干问题的解释》（以下简称《办理赌博案件解释》）中明确规定了网络服务提供者的共犯责任；[2]2010 年《最高人民法院、最高人民检察院关于办理利用互联网、移动通讯终端、声讯台制作、复制、出版、贩卖、传播淫秽电子信息刑事案件具体应用法律若干问题的解释（二）》（法释〔2010〕3 号）（以下简称《淫秽电子信息案件解释（二）》）中明确规定了网络服务提供者的正犯责任；[3]而《刑法修正案（九）》在刑法中增设了帮助信息网络犯罪活动罪和拒不履行信息网络安全管理义务罪，又对网络服务提供者作出共犯正犯化的拟制规定。

笔者认为，对于网络服务提供者刑事责任的探讨应注重把握以下原则：一是坚持平衡原则，即兼顾积极保护与必要打击相结合的刑事政策。互联网行业作为一项新兴的重要领域，对世界经济、政治、社会、文化等各方面发展都具有不可替代的作用。因此，即便对其中严重犯罪行为进行处罚也要保持必要、合理限度，防止因刑事法律的不当介入导致出现寒蝉效应，使互联网技术创新噤若寒蝉，这样就因过度打击而严重制约其健康发展。中立帮助

---

　　〔1〕《知识产权刑事案件解释》第 11 条第 3 款规定："通过信息网络向公众传播他人文字作品、音乐、电影、电视、录像作品、计算机软件及其他作品的行为，应当视为刑法第 217 条规定的'复制发行'。"

　　〔2〕《办理赌博案件解释》第 4 条规定："明知他人实施赌博犯罪活动，而为其提供资金、计算机网络、通讯、费用结算等直接帮助的，以赌博罪的共犯论处"。又如，2004 年《最高人民法院、最高人民检察院关于办理利用互联网、移动通讯终端、声讯台制作、复制、出版、贩卖、传播淫秽电子信息刑事案件具体应用法律若干问题的解释（一）》第 7 条规定："明知他人实施制作、复制、出版、贩卖、传播淫秽电子信息犯罪，为其提供互联网接入、服务器托管、网络存储空间、通讯传输通道、费用结算等帮助的，对直接负责的主管人员和其他直接责任人员，以共同犯罪论处。"

　　〔3〕《淫秽电子信息案件解释（二）》第 6 条第 1 款规定："电信业务经营者、互联网信息服务提供者明知是淫秽网站，为其提供互联网接入、服务器托管、网络存储空间、通讯传输通道、代收费等服务，并收取服务费……以传播淫秽物品牟利罪定罪处罚……"

行为理论在平衡法律保护和刑事打击方面显得较为恰当，该理论对网络服务提供者一般性经营活动的主体地位进行了客观评价，并充分重视这种中立性技术行为在社会发展和经济运行过程中的作用，也着重对各种利益与风险进行了权衡和比较[1]，可以提供合理的标准尺度。第二，坚持区分原则，即合理区分类型化业务行为与个人犯罪行为的界限，不能因提供网络服务行为具有业务中立性，而忽视对那些与他人具有事先通谋进而提供网络帮助者的处罚，这类行为已经严重偏离了中立帮助行为属性，与常见的共同犯罪没有差别，适用共同犯罪理论处理即可。因此，本书对网络服务提供者刑事责任的讨论均是针对排除了此种"事先通谋事中帮助"情形以外的提供服务行为。三是坚持谦抑原则，要求网络服务提供者承担刑法作为义务，原则上以必要为限，不应过分要求其承担主动的检查、审查义务，要严格区分刑法上的义务与其他非刑事法上的义务，即使在民事上其可能承担一定积极作为义务，但是不能轻易上升为刑法义务，要对网络服务提供者是否具有保证人地位进行实质判断，不然犯罪圈的无限扩大带来的可能是对互联网行业的毁灭性打击，这也是"避风港原则"的核心要求。近年来，随着网络犯罪高发，从规制难度、效果与成本角度考虑，国家更倾向于将管控的重心由网络用户转向网络服务提供者，从而导致网络违法犯罪管控模式由"打击前端"向"约束后台"的转变，但在此过程中更要避免一味地加重网络服务提供者的刑事责任，导致其难担重负。例如，对于网络服务提供者是否负有预先审查的义务，国外的通行做法大多持否定态度，因为这将涉及对公民网络行为自由的限制，如果要求网络服务提供者对公民任何网络行为都进行预先审查，可能将导致很多人难以获得正常的网络服务，网络行为自由将受到极大限制，这其中难免包括很多正当的权利。因此，欧盟法院认为公民个人基本权利和网络服务提供者经营自由是在设定网络服务提供者的义务时必须予以兼顾和平衡的两大利益，要求网络服务提供者对内容的预先审查和过滤会严重侵害上述两大利益，也会给网络服务提供者带来昂贵的成本。[2]但在我国司法实践中，司

---

〔1〕 参见王华伟："网络服务提供者刑事责任的认定路径——兼评快播案的相关争议"，载《国家检察官学院学报》2017年第5期。

〔2〕 See JUDGMENT OF THE COURT（Third Chamber），24 November 2011. 转引自刘艳红："无罪的快播与有罪的思维——'快播案'有罪论之反思与批判"，载《政治与法律》2016年第12期。

法机关在处理刑事案件中会潜意识地认为网络服务提供者应承担预先审查义务，并以此作为裁判的依据，如在快播案中，审判机关法官撰文认为快播公司的网络平台使"站长"可以自由发布链接、上传淫秽视频，是帮助传播，并以此认为快播公司的该先行行为产生了作为义务。[1]这实际上就是认为作为网络服务提供者的快播公司应当对网络用户的行为进行预先审查，防止淫秽视频进入网络空间。

（二）刑事责任承担的范围及限制

在美国及德国等欧盟国家，"避风港原则"被作为追究网络服务提供者侵权责任的指导性原则。该原则首次被规定在1998年美国制定的《数字千年版权法案》，其核心内容是网络服务提供者在收到权利人通知后及时删除侵权内容的，可以免除侵权责任，也就是明确免除网络服务提供者的主动审查义务，不承担对其服务对象（网络用户）网络行为的主动审查义务，因此"避风港原则"也被称为"通知—删除"原则。虽然该原则最早出现在著作权领域，但随后扩展到网络链接、搜索引擎、网络平台、网络存储等网络服务的方方面面。《中华人民共和国著作权法》（以下简称《著作权法》）《民法典》《互联网著作权行政保护办法》等法律规定中虽然没有原文规定"避风港原则"，但对该原则的核心内容均有具体体现。值得关注的是，"避风港原则"虽然最初是民事法领域的重要原则，但近年来在刑事法领域也被引进和借鉴，德国司法实践中将其直接运用于刑事责任认定过程。我国有学者提炼了"避风港原则"中对网络服务提供者刑事责任的教义学规则，笔者概括起来，大致包括以下三个方面：第一，"避风港原则"只适用于网络服务提供者间接责任，不适用于直接利用网络服务实施犯罪的情况，并且网络服务提供者的间接刑事责任也以其对他人违法犯罪具有"明知"为前提。第二，应对网络服务提供者进行分类，并结合不同主体类型及其技术控制能力来判定其刑事作为义务，这也是确定网络服务提供者刑事责任的前提。第三，不应要求网络服务提供者承担主动监督和审查违法内容或行为的义务，其义务范围和追责

---

[1] 参见范君："快播案犯罪构成及相关审判问题——从技术判断行为的进路"，载《中外法学》2017年第1期。

程序启动要受"通知—删除"规则和程序的限制。[1]

"避风港原则"设立的初衷在于鼓励互联网行业的发展，避免因过度监管出现削足适履的不良后果，从某种程度上来说，也符合互联网行业的特点，如网络信息传播迅速、复杂，网络服务提供者很难像现实中的经营场所管理者一样对经营场所、经营活动实施事前、事中审查。但是网络发展到今天，情形发生了很大变化，网络技术的成熟和网络行业的发展以及网络违法犯罪的高发，都与当初的情况大为不同，"重保护轻打击"的政策应有所调整。不可否认，对网络服务提供者科以审查义务必然会增加其运营成本，不过《刑法》通过对拒不履行信息网络安全管理义务罪的构成要件规定"经责令改正"的前置性程序，以及通过司法解释对帮助信息网络犯罪活动罪中的"明知"要件进行解释，有意识地减轻了网络服务商的审查义务，有效地控制了其运营成本增加的幅度，将其维持在网络服务商可以承担的范围之内。[2]然而，由于在互联网领域对"避风港原则"的过分依赖，一些非刑事法律中对网络服务提供者审查义务的规定却相对过于宽松，如根据《中华人民共和国食品安全法》（以下简称《食品安全法》）第61条、第62条[3]规定可知，"网络食品交易第三方平台提供者仅需要对食品实际经营者进行身份登记和许可证验收，不但明确食品安全管理责任在经营者，并且无须像集中交易市场的开办者、柜台出租者那样定期对经营环境和条件进行检查"[4]。因此，在当前网络传播效率更加快速、传播方式更加多元、传播范围更加广泛的情况下，一味采用"避风港原则"有时难以满足打击网络犯罪的需求，其对网络服务

---

[1]　参见王华伟："避风港原则的刑法教义学理论建构"，载《中外法学》2019年第6期。

[2]　参见邹兵建："网络中立帮助行为的可罚性证成——一个法律经济学视角的尝试"，载《中国法律评论》2020年第1期。

[3]　《食品安全法》第61条规定："集中交易市场的开办者、柜台出租者和展销会举办者，应当依法审查入场食品经营者的许可证，明确其食品安全管理责任，定期对其经营环境和条件进行检查，发现其有违反本法规定行为的，应当及时制止并立即报告所在地县级人民政府食品安全监督管理部门。"第62条规定："网络食品交易第三方平台提供者应当对入网食品经营者进行实名登记，明确其食品安全管理责任；依法应当取得许可证的，还应当审查其许可证。网络食品交易第三方平台提供者发现入网食品经营者有违反本法规定行为的，应当及时制止并立即报告所在地县级人民政府食品安全监督管理部门；发现严重违法行为的，应当立即停止提供网络交易平台服务。"

[4]　徐可："互联网平台的责任结构与规制路径——以审查义务和经营者责任为基础"，载《北方法学》2019年第3期。

提供者信息审查义务标准设定偏低，有必要进行改进。特别是根据刑法规定，相关监管部门的责令改正通知成为一种处罚前置程序，很可能因行政机关不作为而影响对违法网络服务提供者的处罚，从而使被害人的权利得不到平等保护。因此，为了对"避风港原则"加以限制，美国司法实践逐渐形成了一套新的认定规则——"红旗原则"，即当侵权行为已经十分显而易见，像红旗一样明显的时候，若网络服务提供者再不采取有效限制措施，便不再享受"避风港原则"给予的责任限制方面的优越待遇。[1]在美国《数字千年版权法案》和我国《信息网络传播权保护条例》中"避风港原则"和"红旗原则"均被同时加以规定，形成了一种"原则+例外"的责任认定模式。

笔者认为，在刑事责任领域也应借鉴此种做法，即原则上网络服务提供者根据"避风港原则"不承担主动审查、删除义务，但在网络用户具有明显的违法犯罪行为时，应承担"红旗原则"要求的主动删除义务。这样，"红旗原则"将在以下两个方面发挥限制作用：一是，明确了网络服务提供者主观明知的推定标准，将评价视角由行为人转换到一般人，即使无法证明网络服务提供者对他人违法犯罪事实存在实际明知，但只要违法犯罪事实达到像"红旗"般高高飘扬的明显程度，就认为网络服务提供者"应当知道"，据此推定主观上存在"明知"。二是，对网络服务提供者科以主动删除义务，而不是一味遵循"通知—删除"程序限制。在该原则下，当网络服务提供者应当知道违法犯罪行为如红旗般显而易见时，仍视而不见的，就失去了"避风港原则"的庇护，将被认定为承担相应的刑事责任。综上，在原则上采取"避风港原则"，并以"红旗原则"加以例外限制的认定思路下，对网络服务提供者刑事责任的认定，应侧重于从事实上判断其主观是否存在对违法犯罪行为的"知道"或"应当知道"，客观上根据职业相当性标准判断其提供网络服务行为是否履行了相应法律义务，据此判断某一网络服务行为是否具有业务中立属性，进而判断其是否制造或增加了法所不容许的危险。

（三）现有刑事责任体系的不足

纵观我国刑事法律及相关法律解释中对网络服务提供者刑事责任的规定，

---

〔1〕 参见涂龙科：《网络交易视阈下的经济刑法新论》，法律出版社 2017 年版，第 153 页。

笔者认为存在以下问题：一是没有对信息网络安全管理义务的范围作出明确界定。信息网络安全管理义务的涵义的抽象性和范围的不明确性，将会严重影响该罪在司法实务中的适用，基于在当前严厉打击网络违法犯罪行为、维护信息网络安全的形势背景，司法机关往往会有意无意地将"信息网络安全管理义务"进行扩大化的理解，进而不当地扩张刑罚的处罚范围。[1]因此，应进一步明确化和精细化，在义务设定上既要考虑刑事政策所决定的处罚范围，又要关注网络服务提供者的技术能力和可控范围，不应对其苛以明显不合理或不现实的义务，否则既可能因网络服务提供者确实无法履行而失去刑法规范的指引作用，又不利于互联网行业的积极发展。

二是对网络服务提供者刑事责任的规定与民事责任方面的规定衔接不畅、协调性不足。在我国民事侵权责任领域，法律对网络服务提供者责任的规定相对较为完善，但与刑事责任的归责方向有所不同，前者多侧重于限制侵权责任适用，而我国近年来刑法则在不断扩张网络服务提供者的刑事责任范围，二者在立法价值上存在一定抵牾，也一定程度上消减了刑法规定的具体适用效果。因此，今后应充分考虑和尊重与民事法律规范的内在逻辑，要注重从整体法秩序的高度来审视和权衡网络服务提供者的刑事责任问题[2]。

三是没有对网络服务提供者的类别作出明确划分。在我国司法实务中，无论是行为评价还是责任认定的落脚点都仍是提供网络服务的具体个人，缺少从业务类别乃至整个行业的整体思考，因而才会忽视网络服务行为的业务中立性；同时，也缺乏对不同网络服务业务类别的差异化考察，缺乏类型化思维，因而得出的结论有时难免片面。实际上，正是由于我国目前尚未对网络服务提供者的类别作出科学区分，才导致对其义务规定过于笼统，这两个问题是密切联系的。

四是缺少网络过失行为责任的规定。目前，在我国刑事立法和司法实践中，对网络服务提供者刑事责任的规定均为故意责任，后文将具体分解为三种责任模式，但现有网络犯罪制裁体系中对网络过失行为的罚则基本处于空白。在当前互联网领域高速发展的背景下，一些网络技术过失行为的危害后

---

〔1〕 参见刘仁文、张慧："刑罚修正案（九）草案有关网络犯罪规定的完善建议"，载《人民法院报》2015年8月12日，第6版。

〔2〕 参见王华伟："避风港原则的刑法教义学理论建构"，载《中外法学》2019年第6期。

果从具体的财产损失和计算机信息系统损坏逐步扩展到公共安全甚至国家安全，因此应当增加涉网络过失犯罪的规定，如破坏计算机信息系统犯罪的过失形态、信息网络安全监管过失类犯罪。[1]网络服务提供者具有网络安全监管义务，其不履行法律义务的行为既可能出于故意也可能出于过失。笔者认为，在提供网络服务行为这一领域，应当引入监督过失责任，以严密刑事法网。所谓监督过失，是指组织管理、业务操作等领域对他人行为的适当性承担监督责任的人，因为没有做到适当地指导、指挥、监督而导致被监督者的行为造成了重大损害结果，其因监督不当而构成的一种刑法上的过失责任。这里的"监督"，具体内容包括对他人行动前的指示或提示、行动中的监督及事后的检查。[2]广义的监督过失概念中还包括因怠于确立安全管理体制所构成的管理过失。[3]鉴于对网络服务提供行为限制处罚的总体原则考量，本书认为网络犯罪制裁体系中的监督过失应仅限于狭义的监督过失责任，要求网络服务提供者对网络用户滥用网络服务行为进行必要的监督管理，在其没有履行必要监督义务时承担一定刑事责任。同时，还要对网络服务提供者监督过失责任的范围进行严格限制，只有在发生极其严重后果的情况下才应启动监督过失责任的追究程序。一方面，网络服务提供者对该监督过失责任的承担须以其具有法定义务和具备监督能力为前提，为此应全面审慎考察网络服务提供者的预见能力和技术水平；另一方面，由于监督过失责任是一种严格责任（推定过失责任），[4]为避免其严重阻碍互联网行业的发展，应允许网络服务提供者援引信赖原则主张免除刑事责任。

综上所述，对网络服务提供者刑事责任的认定，应按照本书构建的认定逻辑，在确定网络服务行为与危害结果之间具有因果关系的基础上，重点判断是否增加了法所不容许的风险，以此为核心确立其刑事责任评价的客观基础，再结合有关网络服务业务规范和经营归责方面的法律规定及网络技术能力、社会常识等因素来衡量服务行为的职业相当性，进而综合认定网络服务

---

〔1〕 参见李怀胜："网络空间中的技术过失行为初论"，载《政法论坛》2011年第3期。

〔2〕 参见谭淦："监督过失的一般形态研究"，载《政法论坛》2012年第1期。

〔3〕 参见曹菲：《管理监督过失研究——多角度的审视与重构》，法律出版社2013年版，第9页。

〔4〕 参见刘宪权："人工智能时代的刑事风险与刑法应对"，载《法商研究》2018年第1期。

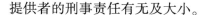

提供者的刑事责任有无及大小。

二、网络服务提供者刑事责任的具体分析

我国的法律规定和刑法理论对网络服务提供者存在不同的分类方法：在法律规定上，我国已有多部法律、法规和部门规章对网络服务提供者作出分类，但是这些法律规范基本都是从电信业务角度进行区分的，不仅没有涉及网络服务在技术上的实质差异，而且分类结论也不尽相同。而德国和欧盟法律中以技术作为分类依据，将网络服务提供者划分为内容提供者、接入服务提供者、缓存服务提供者、存储服务提供者等四类[1]。在刑法理论上，多数观点认为，可以将网络服务提供者（ISP）分为接入服务提供者（IAP）、网络内容提供者（ICP）和网络平台提供者（IPP）三种。[2]2019年《最高人民法院、最高人民检察院关于办理非法利用信息网络、帮助信息网络犯罪活动等刑事案件适用法律若干问题的解释》（法释〔2019〕15号）（以下简称《关于办理非法利用信息网络、帮助信息网络犯罪等刑事案件适用诉讼若干问题的解释》）第1条中将网络服务提供者划分为信息网络基础服务提供者、信息网络应用服务提供者和信息网络公共服务提供者等三大类，但每个类别中又包括很多具有差异的子类别。[3]可以说，不同类别的网络服务提供者，其技术能力、义务范围等都存在一定差异，所以承担的刑法义务和刑事责任大小也相应有所不同。本书结合我国理论通说和国外相关规定，将网络服务提供者分为连接服务提供者、内容服务提供者、平台服务提供者和存储服务提供者四类，这也是目前最主要的网络服务提供者主体。随着互联网业务不

---

〔1〕 参见王华伟："网络服务提供者的刑法责任比较研究"，载《环球法律评论》2016年第4期。

〔2〕 参见皮勇："网络服务提供者的刑事责任问题"，载《光明日报》2005年6月28日，第B4版。

〔3〕 《关于办理非法利用信息网络、帮助信息网络犯罪活动等刑事案件适用法律若干问题的解释》第1条规定："提供下列服务的单位和个人，应当认定为刑法第286条之一第1款规定的'网络服务提供者'：（一）网络接入、域名注册解析等信息网络接入、计算、存储、传输服务；（二）信息发布、搜索引擎、即时通讯、网络支付、网络预约、网络购物、网络游戏、网络直播、网站建设、安全防护、广告推广、应用商店等信息网络应用服务；（三）利用信息网络提供的电子政务、通信、能源、交通、水利、金融、教育、医疗等公共服务。"

断扩增，还出现了一些新兴网络服务主体，同时上述主体可能会出现重合，如网络平台服务提供者为了扩展业务，将一些音视频等信息上传到自己设立的网络服务平台上，即在为他人提供网络平台服务的同时也向用户提供网络内容，像新浪网站、搜狐网站等都是既具有网络平台身份又具有网络内容提供者身份。

（一）网络连接服务提供者的刑事责任

网络连接服务，是指提供路由器、交换机等硬件基础设施，使网络用户能够访问互联网的行为。对于网络连接服务者而言，其提供的互联网接入、服务器托管、通讯传输等服务行为，具有业务中立性，原则上不应受到刑事处罚。第一，从互联网行业分工角度看，网络连接服务者提供的是网络活动最基础的帮助行为，并不涉及网络活动的具体内容，因此没有事先审查的义务。第二，通常情况下，认定网络连接行为与危害结果之间存在因果关系并进而追责，是未对"条件说"因果关系进行规范评价的错误结论。虽然网络接入是与网络犯罪行为之间"多因一果"联系中的一环，但是其行为是针对所有网络用户实施的，没有互联网接入就无法开展任何网络活动，整个网络世界将面临瘫痪，所以网络连接行为具有独立于犯罪行为之外的社会意义，具有典型的业务中立性，其行为并没有创设或增加法所不容许的风险。第三，网络连接服务者也无法对网络空间中海量信息进行辨别审查，要求其履行此种义务将会使现代社会的网络运营处于瘫痪状态。[1]也就是说，通常情况下的网络连接行为虽然可能造成一定的社会危害，但系立法进行价值衡量后为促进互联网行业发展所要容忍的必要代价，网络连接行为并没有制造法所不容许的危险。上述观点得到国外立法与司法实践的肯定，世界其他国家的普遍做法是，只有当网络连接服务提供者与犯罪人事先具有通谋，主观上具有共同犯罪故意时，才需要承担刑事责任，其他情况下均不承担民事或刑事责任。如德国的《电信媒体法》、欧盟的《电子商务指令》等法律规定中均没有对网络连接服务提供者的审查义务和"通知—删除"义务作出要求，德国刑法

---

〔1〕 参见周光权："网络服务商的刑事责任范围"，载《中国法律评论》2015年第2期。

理论界也认为连接服务者明知他人意图犯罪情况下而提供服务应当被免责。[1]需要注意的是，我国《刑法》第 286 条、第 287 条所规定的网络服务提供者的刑事责任并没有具体细分网络服务提供者主体类别，也就是并没有将网络连接服务提供者予以排除。对此，笔者认为应通过法律解释方式对网络连接服务提供者的刑事责任加以明确，同时，在司法上应严格限制上述罪名对网络连接行为的适用，即便根据 2011 年最高人民法院、最高人民检察院、公安部印发的《最高人民法院、最高人民检察院、公安部关于办理侵犯知识产权刑事案件适用法律若干问题的意见的通知》（法发〔2011〕3 号）（以下简称《知识产权刑事案件解释》）等规定构成共同犯罪的，也应以网络连接服务提供者对他人犯罪行为具有"特别认知"为前提，即如接到有关监管部门通知或者网络用户的投诉，仍然继续为犯罪人提供网络接入服务的，则可按共同犯罪处理。

（二）网络内容服务提供者的刑事责任

对于网络内容提供者而言，"避风港原则"几乎没有可适用空间，不能据以主张免责。网络内容往往是体现违法犯罪行为的载体，内容服务提供者与一般的刑法主体之间并没有显著差别，本就应对信息的合法来源和内容的真实性等具有明确认识，该义务的履行不应依赖于"通知—删除"行为。网络内容服务提供者当然负有对其所提供的内容事先审查等全部义务并承担完全的刑事责任，这也是传统刑法责任原则中"个人责任"的要求。如新浪网对于自己发布的新闻报道，自然应承担保证信息真实与合法等审查义务和相应的刑事责任。如在大麻交流网站案中，"园丁丁"论坛是一个从事大麻种植经验交流、大麻种子、种植设备、肥料、吸食用具及大麻成品买卖等非法活动的网络论坛。该论坛须通过邀请码加入，共有会员 1585 人，成员结构自上而下为站长、超级管理员（超级版主）、版主、会员，其中超级管理员、版主负责维持秩序，具有禁言、删帖等权限。该论坛共有园丁论坛、大麻品种/大麻种子、种植论坛、种植用具/农具、收成论坛、飞行用具/装备、科普/教育等 10 个分区共 38 个版块。通过成员在论坛中发帖、回帖、站内信交流等，已形

---

〔1〕　参见王华伟："网络服务提供者刑事责任的认定路径——兼评快播案的相关争议"，载《国家检察官学院学报》2017 年第 5 期。

成交流大麻种植知识、大麻种子买卖、大麻种植设备及肥料买卖、大麻吸食用具买卖、成品大麻买卖的一条龙黑色产业链，该网站还传授站内人员反侦查手段以逃避法律责任。其中，被告人王某、刘某骧、郑某系论坛超级版主，被告人曹某、黑某、莫某涛系论坛版主，管理该论坛社区，多次发布、回复有关种植大麻技术知识的主题帖。在该案中，上述被告人作为大麻交流网站的管理人员对该网站的内容理应负有审查和监管义务，并承担相应刑事责任。最终，上述被告人均被以非法利用信息网络罪定罪处罚。[1]

（三）网络平台服务提供者的刑事责任

提供各类网络平台是最常见的网络服务行为，为社会公众工作和生活带来极大方便的同时也逐渐成为滋生违法犯罪行为的温床。例如，平台经营者不作为，导致第三方通过网络平台发布高息、互联网金融、互助、慈善等为噱头的虚假宣传广告，实施扰乱金融市场秩序的行为，也造成群众巨额经济损失。对于作为互联网平台管理方的网络服务提供者而言，为充分保护和促进信息网络技术的健康发展、积极应对和惩治网络违法犯罪行为的现实危害，理应承担其相应的法律责任，[2]但由于网络平台服务所具有的业务中立性，导致对其刑事责任的认定成为司法实践中颇为疑难的问题。

对于网络平台服务提供者的刑事责任，依然应按照本书构建的中立帮助行为认定思路判定其刑事责任。其中，关键在于判断其平台服务行为与正犯行为之间的关系，是否具有犯罪意义的关联。实践中需要注意的问题是，网络平台往往存在异化行为，如果在设立初期作为普通中介信息平台具有中立性，虽然不具有可罚性，但在经营发展过程中出现了犯罪化表现，如 P2P 网贷平台本来应属于信贷服务中介性质，本身不参与融资、投资行为，其地位具有中立性，但很多 P2P 网贷平台后期都通过自融或者变相自融、债权转让、设立资金池等方式，具备了应专属于银行等金融机构的吸储、放贷及理财等诸多金融功能，相当于具有民间融资功能的"特殊金融机构"，[3]违背了职

---

〔1〕 参见浙江省绍兴市中级人民法院（2019）浙 06 刑终 633 号刑事裁定书。

〔2〕 参见吴舟："论我国网络犯罪刑法规制体系的立法完善"，载张平、黄绅嘉主编：《网络法律评论》，北京大学出版社 2012 年版，第 150 页。

〔3〕 参见俞小海："P2P 网络借贷平台的刑事责任问题研究"，载《汕头大学学报》（人文社会科学版）2015 年第 5 期。

业相当性，可能构成擅自设立金融机构、非法经营、非法吸收公众存款等犯罪；甚至有一些 P2P 网贷平台设立的目的就是实施犯罪或者明知他人意图实施犯罪而提供服务行为，除了用于犯罪外，不具有其他社会意义，具有典型的犯罪关联性，其平台经营者可能会构成洗钱罪、集资诈骗罪等犯罪的帮助犯。在上述情况下，一般便可以认为网络平台服务行为制造或增加了法禁止危险。

进一步，还应考虑平台经营者行为的职业相当性。网络平台是为网络用户提供各种网络服务的，其行为应具有日常经营属性，只要按照被广泛接受的职业准则进行经营，行为就具有中立性，便能够否定与正犯之间的不法关联，这也是"避风港原则"的当然意旨。如美国最高法院在 1984 年通过著名的索尼案，确立了"实质性非侵权用途原则"，即如果产品主要是被应用于合法的、不受争议的用途，具有非专门用于侵权的实质性用途，即使经营者知道其产品可能被用于侵权，也不能认定其具有帮助他人侵权的故意，应否定构成帮助犯。[1]相反，若某一网络平台的经营行为主要或只能用于违法犯罪用途，其行为便属于严重脱离职业相当性的违法犯罪行为，具有刑事归责的客观基础。如在雷某、林某破坏计算机信息系统案中，2017 年 10 月起被告人雷某通过互联网推广具有手机语音骚扰功能的"云呼"APP，并以出售软件授权码的方式获利。后被告人林某根据雷某提出的要求制作和"云呼"平台配套使用的专门针对手机用户进行短信和语音骚扰的"呕死他"软件并进行后期维护。二被告人通过"云呼"平台，制作、传播具有拨打骚扰电话、发送骚扰短信功能的"呕死他"软件。"呕死他"软件具有呼叫手机的功能，影响被呼叫手机的通讯功能与其他功能的正常使用。"云呼"平台为实施打击报复、敲诈勒索、强买强卖、非法追债等违法犯罪行为提供了便利，严重侵害他人的隐私甚至生命健康。2018 年 12 月，深圳市南山区人民法院对"云呼"平台破坏计算机信息系统案件进行了判决，以破坏计算机信息系统罪分别判处两名被告人有期徒刑 5 年和 7 个月。[2]

需要强调的是，职业相当性的判断应当以网络平台服务提供者的技术能

---

〔1〕　参见王华伟："避风港原则的刑法教义学理论建构"，载《中外法学》2019 年第 6 期。
〔2〕　参见广东省深圳市南山区人民法院（2018）粤 0305 刑初 1673 号刑事判决书。

力为事实依据，以法律规定（包括行业惯例）为规范依据。也就是说，我们是否要求网络平台应承担相应的监管义务应考察其技术上的能力，如果从网络技术上看，平台经营者根本无法对网络信息内容进行审查、删除、屏蔽，或者即便可以进行技术管控但是成本过高、严重影响企业正常经营时，应认为该平台对第三方的违法犯罪行为不具有技术上的可控性。在规范依据上，应适用我国现有法律规定对网络平台经营者的行为进行评价，若其行为违反法律的强制性规定，便存在背离职业相当性之处。当然，我国关于网络服务提供者义务范围的规定还存在一些亟须完善之处，这对认定网络平台服务提供者刑事责任带来一定影响，对此后文详述。

（四）网络存储服务提供者的刑事责任

无论提供长期存储服务还是缓存服务，实际上都是网络服务提供者将自己所有的部分存储空间让渡出去为第三方提供帮助，但是存储空间被占的事实并没有改变该部分空间的所有权性质和支配关系。从行为类型上看，这与本书前述的密闭空间管理者的作为义务问题具有共通性，相关结论完全可以借鉴引用。虽然网络存储空间具有一定的封闭性和排他性，但是存储空间并不能当然产生作为义务，仅就提供存储空间而言，并不能使提供服务者产生保证人义务，这是因为网络存储服务往往针对不计其数的网络用户和浩如烟海的数据文件，要求空间管理者对所存储的文件进行事先审查，显然超出了其技术可控性，如果对其提出过高义务要求，势必将使网络存储业务难以为继。在此有一个典型的例子就是 360 云盘系统，这个曾经具有较大知名度且拥有大量个人用户的网络云盘于 2016 年 10 月 20 日对外发布公告称将停止个人云盘业务并于 2017 年 2 月 1 日关闭所有云盘账号并清空数据。与之命运相同的还有新浪、华为、腾讯等多家网络运营商旗下的存储平台，这些平台选择终止服务的原因均是认为难以对存储内容进行审核、难以对网络用户的违法行为进行监管，因法律风险过大而选择退出。[1]

但是，当网络存储服务提供者明知委托存储的是淫秽视频等违法内容时，

---

[1] 360 云盘服务转型公告称：由于云盘存储的私密性，管理的复杂性，部分不法分子利用 360 云盘存储传播盗版、淫秽色情信息等非法文件从事违法犯罪活动，严重侵犯版权人的合法权益，更给社会带来了巨大的危害，在未找到安全解决这些问题的方案之前，决定停止云盘个人版服务。

其履行管理人的义务便随之产生，也就是说，"避风港原则"和"红旗原则"的约束仍然存在。这不仅是考虑到其针对特定违法信息文件在技术上具有的支配性可控能力，也是兼顾网络安全和秩序与网络服务提供者自由经营之间相协调的妥当结论。因此，应当合理配置网络存储服务提供者的刑事责任，既维护其经营自由又能够在合理范围内有力预防和打击犯罪。这里的刑事责任大体可以分为两类：一类是对于存储用户犯罪行为监管义务产生的刑事责任；另一类是存储平台自身实施犯罪行为而承担的刑事责任。对于前者而言，存储平台提供服务的行为没有违反法律的规定，其行为具有业务中立性，原则上无须对用户的犯罪行为承担刑事责任，这犹如出租房的房主将房屋出租后，对于租户在房屋内实施的贩卖毒品行为不应承担刑事责任。但在一些特殊情况下，如房主对他人利用自己房屋实施犯罪活动事先明知或者对承租人应具有相应监管责任情况下，房主也不必然被排除在刑事责任之外，后文对此有详尽分析。同样道理，若网络存储服务提供者明知用户存储违法信息文件，或者利用存储平台实施犯罪，当然也应受到刑事责任的评价，但评价的对象主要是其对于监督管理责任的履行情况，而不是与用户相同的传播淫秽物品或者侵犯知识产权的刑事责任。具体而言，第一，当网络存储服务提供者查明存储平台内的违法犯罪行为，并采取一切必要技术措施防止这种情形发生的，就无须承担刑事责任；第二，当其根据有关主管部门的要求采取了相应措施，也无须承担刑事责任；第三，当其明知用户利用其平台违法犯罪并在有能力履行监管义务的情况下，经有关主管机关责令而拒不改正的，应承担拒不履行信息网络安全管理义务的刑事责任。对于后一类存储平台因自身犯罪行为而承担的刑事责任而言，主要是指网络存储服务行为违背了业务中立性，由单纯的平台服务演变为具有主观故意的犯罪行为。如在快播案件中，快播公司的技术行为和监管行为与淫秽视频被大量传播之间具有因果联系，虽然这其中还有网络用户上传、下载及传播的行为，使得因果关系呈现出"多因一果"的复杂状态，但是在整个淫秽视频传播链条中，快播公司所采用的 QVOD 资源服务器程序供网络用户上传淫秽文件，采用播放器对各种格式的文件进行解码，并且采取缓存服务器保存、碎片化存储及根据点播量缓存加速等先进的技术行为所发挥的关键作用是毋庸置疑的，且其通过配置缓存服务器以及开发文件碎片化存储的方式来逃避监管，表明其对快播播放器被大量用户用来传播淫秽物品具有特别认知，上述行为与传播淫秽物品行为具有犯罪意义关联，行为制造了法所不容许的危险。特别是，在被多次告知或行政处罚后仍然拒不履行监管义务，其行为已经严重偏离业务正当性，不具有中立性，已具有刑事可罚性。

综上，对于网络存储服务提供者而言，其承担责任主要有以下几种：一是警告义务，以各种方式提示用户禁止存储、传播淫秽、色情、侵犯知识产权等非法信息或文件，否则将承担相应法律责任。二是检查义务，建立非法信息核查制度，组织专门人员定期对存储平台内容合法性进行检查。这种义务仅限于初步排查，如工作人员利用关键词检索、截屏审查、哈希值搜索等技术进行排查，对于发现异常的文件可交技术人员进行进一步查验处理。三是采取必要技术措施义务，作为网络服务提供者均具有专业的网络技术和专业的技术团队，在不断探索改进核心业务的同时，也应同步跟进对于非法内容的报警、过滤、屏蔽等系统程序，为非法利用网络存储的行为设置技术屏障。四是审核限制义务，对于海量存储信息进行全面审查确实存在技术难度，但对于信息传输等用户操作行为应进行必要的审核，如在用户向不特定对象群发文件或者设置共享链接时，存储平台应进行审核，对于非法行为或者存在一定危险的行为加以限制。五是整改清理义务，对于事后发现的非法信息应进行清理，因监管不力被有关主管部门责令整改的，应及时有效整改。

需要特别关注的是，缓存服务行为与一般的网络存储行为还存在一定技术性的差别：缓存除了具有存储信息功能和目的外，还具有提高信息数据传输、交换效率、效果的目的。因此，所谓缓存，"就是在设备中设置一个运行速度极高的区域作为数据交换的缓冲区，用于存储被频繁访问的数据，在某一硬件要读取数据时，优先从缓存中查找需要的数据，如果找到了则直接执行，找不到的话再从内存中找的一种数据存储、交换模式"[1]。可见，缓存不单单是存储，还是一种数据交换的优化模式，其作用的发挥与调度规则（也称算法）密切相关。因此，在判断网络缓存服务提供者刑事责任时，还要特别注意缓存服务过程中数据的调度行为是否具有职业相当性，从而是否制

---

[1] 吴沈括、何露婷："网络缓存的法律认定及其规制——以快播案为分析视角"，载《财经法学》2019 年第 5 期。

造或增加了法所不容许的危险。如在快播案件中，快播公司为了让网络用户下载视频速度更快，便在全国设置了千余台缓存服务器，并且设计了一套特殊的调度规则，即当网络用户通过快播播放器软件播放某一视频次数达到设置的标准后，缓存调度服务器便指令上述缓存服务器抓取、储存该视频文件，并且该视频文件是以碎片化方式被储存于多处缓存服务器中；此后，若该视频文件再次被人播放时，缓存调度服务器便会从分别保存该视频片段的多个缓存服务器调取该视频，为网络用户提供最佳的播放路径，进而提高视频播放的速度和效果。正是由于上述缓存调度算法，部分淫秽视频由于被网络用户大量播放而被缓存服务器抓取、储存，从而使得网络用户更加流畅地下载和播放，实际上达到了传播的效果，造成淫秽视频被大量播放、传播。[1]一审法院正是考虑到快播公司上述特殊的缓存调度规则，才认定该公司通过缓存服务器抓取、存储、再提供播放和下载的一系列行为构成专门针对淫秽视频的有意识的主动行为，进而认定快播公司构成传播淫秽物品牟利罪的正犯而不是帮助犯。

三、网络服务提供者的刑事责任模式

网络服务提供者的刑事责任模式既取决于其实施犯罪行为的方式，又与我国法律规定具有密切联系。从网络服务提供者的犯罪方式上来看，主要分为以下四类：一是直接实施的危害行为，如视频网站——哔哩哔哩运营商通过深度链接的方式侵犯他人信息网络传播权的情形。二是明知他人实施犯罪为其提供帮助的危害行为，如为淫秽网站经营者提供服务器托管帮助的情形。三是网络服务提供者未履行"避风港原则"所要求的义务或者未尽信息网络安全管理义务而实施的危害行为，如网络侮辱、诽谤和网络谣言行为。四是网络服务提供者明知他人利用信息网络实施犯罪情况下的提供帮助行为，如付费竞价搜索排名行为。从法律规定上看，我国《刑法》中新增了拒不履行信息网络安全管理义务罪和帮助信息网络犯罪活动罪两个罪名，同时，前文所述的《知识产权刑事案件意见》等司法解释中也对网络服务提供者的共犯责任作出规定。综上，我国网络服务提供者承担刑事责任的模式可以分为以

---

〔1〕　参见北京市海淀区人民法院（2015）海刑初字第512号刑事判决书。

下四类：

第一，直接正犯模式。网络服务提供者承担直接正犯责任并不是其最常见的入罪模式，因为在正常情况下，网络服务提供者是通过他人违法犯罪行为而侵犯法益，即只需承担间接违法犯罪责任。直接责任往往由于其提供的网络服务行为异化而引起，如互联网金融平台从中立的服务提供者变为直接经营者，以高额回报为诱饵发布高息揽储广告进而吸引投资者投资揽储的，可以构成非法吸收公众存款罪，属于直接正犯模式。在直接正犯模式下，网络服务提供者徒具业务中立之外观，其服务行为已经严重脱离业务正当性，具有犯罪支配性。因此，不再适用中立帮助行为理论对其处罚进行限制，可直接依照《刑法》分则具体罪名定罪处罚即可。需要注意的是，由于各种网络因素的介入，在直接适用分则罪名时可能会出现不妥适现象，因此往往需要对刑法规定作扩张解释或目的解释。如在"快播案"中，一审法院将快播公司的行为认定为传播的实行行为而不是帮助传播行为，实际上是对《刑法》第363条规定的传播淫秽物品牟利罪中客观要件"传播"的扩张适用。

第二，共同犯罪模式。在《刑法修正案（九）》出台之前，共犯模式是我国司法解释中对提供网络服务行为采取最多的处罚方式。网络服务提供者提供网络服务的行为使网络用户得以利用网络实施犯罪，从客观上看，网络服务提供者的行为为正犯提供了便利或者条件，若主观上与正犯具有事先通谋形成共同故意，根据传统共犯理论，可以成立他人犯罪的帮助犯。如前文所述，此种共犯责任的规定散见于多部司法解释之中，但是这种模式并没有充分考虑网络服务行为的业务中立属性，也忽视了网络服务提供者法律义务上的限制，只是从参与犯罪角度针对网络服务行为对正犯活动的作用予以刑法评价而已。另外，在网络犯罪的背景下，前述规定共犯责任的司法解释为了解决犯意联络上不可回避的难题，只好弱化意思联络方面的要求，即只要对他人实施犯罪具有"明知"即可。

第三，帮助行为正犯化模式。《刑法修正案（九）》新增的帮助信息网络犯罪活动罪和拒不履行信息网络安全义务罪两个罪名，是在考虑网络服务业务中立性的前提下，分别从作为与不作为角度对网络服务提供者的刑事责任进行了堵截性规定[1]，也是对网络犯罪中共同犯罪异化现象的直接回应。有学者指出，网络帮助行为正犯化实际是一种介于共犯与正犯之间的混合模式，之所以说是正犯是因为其独立成罪，摆脱了传统的共同犯罪的归责模式；而之所以说是共犯则在于本罪的构成要件行为类型是帮助行为，正犯利用信息网络实施犯罪内含在本罪客观构成要件之中。[2]虽然《刑法》已经对罪名进行独立化，但是也改变不了该行为所具有的帮助行为性质，这种网络中立性帮助分为两种情况：一种是存在正犯的情况，即对犯罪实行行为的帮助；另一种是不存在正犯的情况，即对违法行为的帮助。[3]对于后者，是长期以来制约网络犯罪刑事制裁的难题，即网络空间中大量的违法行为尚未上升为犯罪，因为它们在具体个案中的危害性还不够大，但是对这些违法行为提供网络服务的帮助行为却因为业务的长期性、行为的反复性和对象的非针对性，行为人可能同时或者先后帮助过无数的不特定人员实施某一类违法行为，但却无法按照帮助犯进行处罚。因此，以帮助行为正犯化的方式予以归责，可以摆脱对网络服务提供者刑事制裁上的正犯过度依赖性，也就是说，在司法实践中，可以避免因所帮助的违法犯罪分子分散或者尚未达到犯罪程度时，对网络服务行为无法打击的困境，也可以避免正犯不到案等刑事诉讼程序上的障碍，以实现及时、有力的刑事打击。[4]可以看出，帮助行为正犯化是网络背景下弥补刑法分则犯罪构成要件与传统共犯原理在司法实务中所形成的处罚漏洞，对进一步严密刑事法网立法需求的积极回应，以及有效解决网络共同犯罪中意思联络片面单向、被帮助者众多分散、被帮助行为入罪障碍等难题，所作出的立法变革，体现了"严而不厉"的刑事立法理念。[5]因此，需要注意的是，《刑法》第287条之二规定的"明知他人利用信息网络实施犯罪，为其犯罪提供……等帮助"，这里的"犯罪"应在共犯限制从属性层面来把握，只要正犯实施了符合构成要件的违法行为即可，不需要具备有责性，

---

〔1〕　参见刘艳红："网络犯罪帮助行为正犯化之批判"，载《法商研究》2016年第3期。

〔2〕　参见王莹："网络信息犯罪归责模式研究"，载《中外法学》2018年第5期。

〔3〕　参见刘艳红："网络中立帮助行为可罚性的流变及批判——以德日的理论和实务为比较基准"，载《法学评论》2016年第5期。

〔4〕　参见罗世龙："网络帮助行为的刑事归责路径选择"，载《甘肃政法学院学报》2018年第4期。

〔5〕　参见王华伟："网络语境中帮助行为正犯化的批判解读"，载《法学评论》2019年第4期。

这是为了充分发挥本罪的规制机能，并使其与第 287 条之一中"违法犯罪活动"的规定保持一致性的体系要求。

第四，义务犯模式。《刑法修正案（九）》对网络服务提供者拒不履行信息网络安全管理义务的行为单独规定了正犯罪刑条款，开启了对网络服务提供者刑事归责的新路径。该罪作为典型的不作为犯罪模式，适用的前提是能够认定网络服务提供者对信息网络安全具有法定的作为义务，问题的关键便在于该义务的来源。如前所述，在不作为义务判断上，我国传统刑法理论采取形式法律义务理论，也就是从我国现行法律规定中寻找作为义务的依据，这其实并不困难。[1]但形式法律义务说并没有揭示不作为的本质，且容易将非刑事法律义务上升为刑事责任从而不当扩大刑事责任范围。因此，在德日刑法理论中，不作为的义务来源逐渐从形式说向实质说转向，机能二分说占据了主导地位。

根据机能二分理论，不作为的义务来源于保护保证人地位的作为义务和监管保证人地位的作为义务。通常情况下，保护义务的存在是以被害人对保证人具有信赖关系为前提的，而这种信赖关系通常是以二者之间具有特殊关系为事实基础的，如父母与未成年之女之间。显然网络服务提供者与被害人之间不存在此种特殊关系，因此，网络服务提供者并不属于保护保证人。而监管保证人义务是指对危险源的监管产生的义务，这种义务通常来自先行行为制造了法所不允许的危险或者对危险源的现实支配。然而，网络服务提供者的日常经营行为，无论是提供网络接入、网络存储还是提供各类平台服务，都属于具有职业相当性的业务中立行为，通常不能认为制造或增加了法所不容许的危险，换句话说，提供网络服务行为并不属于先行行为范畴。但如前文所述，无论是根据"守门人"的理论要求，还是现实生活中各种网络技术均存在被滥用的大量事实，将互联网视为不法信息等违法犯罪行为的危险源，

---

[1] 如 2009 年 8 月修正的《全国人民代表大会常务委员会关于维护互联网安全的决定》第 7 条规定："……从事互联网业务的单位要依法开展活动，发现互联网上出现违法犯罪行为和有害信息时，要采取措施，停止传输有害信息，并及时向有关机关报告……"2012 年全国人大常委会《关于加强网络信息保护的决定》第 5 条规定："网络服务提供者应当加强对其用户发布的信息的管理，发现法律、法规禁止发布或者传输的信息的，应当立即停止传输该信息，采取消除等处置措施，保存有关记录，并向有关主管部门报告。"

网络服务提供者具有监管地位进而产生作为义务，却并无不妥之处。如在何某勤、李某巧拒不履行信息网络安全管理义务案中，被告人何某勤、李某巧二人经营、管理辰龙游戏平台。马某、陈某、胡某等"玩家"利用该平台的"捕鱼""五子棋"游戏进行赌博活动。"玩家"（参赌人员）在"捕鱼"游戏中，通过以炮打鱼的方式消耗虚拟游戏币，每炮消耗10游戏币~9900游戏币不等，捕鱼成功则获取2倍~100倍不等的游戏币返还，然后在"五子棋"游戏中，通过"银商"（从事游戏币的网上销售、回购的人员）将游戏币兑换为人民币。从2015年10月至2016年10月，上述参赌人员实施赌博行为案值达130万余元。2015年10月9日，金华市公安局网络警察支队、金华市文化行政综合执法支队、金华市市场监督管理局网络经营监管处（支队）下发《责令限期改正通知书》，责令被告人何某勤、李某巧在2015年11月9日前将辰龙游戏中心网站在规范管理方面存在的未禁止注册用户账号使用暗含银商交易的个性签名、提供不同用户账号间虚拟币变相转账的服务等问题改正完毕，但直至案发二人仍未按照《责令限期改正通知书》进行整改。经法院审理，认为二名被告人的行为构成拒不履行信息网络安全管理义务罪。[1]综上，网络服务提供者具有信息网络安全管理义务，其拒不履行该义务，应按照不作为正犯模式定罪处罚。

需要说明的是，网络服务提供者刑事责任的上述实现模式与中立帮助行为理论并不矛盾，前者只是将具有一定业务中立性的可罚的帮助行为入罪，并不妨害对真正的中立帮助行为进行出罪；而中立帮助行为理论也并不意味着凡是具有业务中立性的行为均应免责，这类行为性质常常出现异化而脱离中立属性。

四、网络服务提供者刑事责任的认定困境

（一）有关网络服务提供者刑事责任的法律规范供给不足

在恪守罪刑法定主义的今天，法律规定是追究法律责任的前提和必要条件，刑事法律中的义务性规定划定了网络服务提供者刑事责任的界域。但不

---

〔1〕 改编自真实案件，原案件参见江西省南昌市东湖区人民法院（2018）赣0102刑初585号刑事判决书。

可否认的是，我国存在规制网络服务提供者行为的法律规范供给严重失衡的问题，网络立法严重滞后于各种新型网络服务行为的发展速度及频率，时常出现"无法可依"的尴尬局面[1]：一是，有关安全管理义务多数被规定在法规和规章中，法律规范位阶较低，难以保障法律确定的义务落实到位；二是，相关义务性规定被分散在不同法律规范之中，法律规定繁杂，缺乏体系性，刑事责任规定尤为不足[2]；三是，具体内容不够充实、过于宽泛，对于一些必要的义务没有作出规定，无法有效使网络平台经营者履行全部义务，更可能导致《刑法》中规定的拒不履行信息网络安全管理义务罪刑事责任落空。以互联网金融平台为例，对其涉及网络金融服务交易安全保障、金融消费者权益保护、不良信息处理等方面的管理制度仍有明显的空白和缺漏[3]。

（二）拒不履行信息网络安全管理义务罪的构成要件存在"合理性危机"

"经责令而拒不改正"规定的性质需要进一步研究，因为：第一，如果将该规定作为本罪的构成要件，将导致本罪在入罪上过于依赖行政程序，由于我国目前行政执法水平参差不齐，难以保证行政程序的正确性，如由于行政执法人员工作疏忽、滥用职权或行政决定存在瑕疵甚至错误，将对网络服务提供者在罪与非罪的认定上带来巨大影响，影响刑法适用的权威性。第二，在现实社会中，难以保证行政执法的全面性和及时性，当行政执法部门监管不到位，对于已经符合本罪其他构成要件的行为，却无法按照本罪定罪处罚，难免有放纵犯罪之嫌。特别需要注意的是，对于以信息网络技术为核心的服务行为，行政机关的监管水平是一大难题，面对更具技术优势的网络服务提供者，所作出的行政决定的科学性和可行性要经得起质疑，这与《刑法》中规定的逃税罪、拒不支付劳动报酬罪等罪名中所要求的行政程序前置规定不

---

〔1〕 参见孙道萃："网络平台犯罪的刑事制裁思维与路径"，载《东方法学》2017年第3期。

〔2〕 涉及互联网平台等网络服务提供者法律责任的规定，在法律层面，全国人大常委会先后颁布了《关于加强网络信息保护的决定》《刑法修正案（九）》以及《中华人民共和国网络安全法》；在行政法规层面，国务院也先后颁布了《互联网信息服务管理办法》《信息网络传播权保护条例》等。此外，公安部、国家广电总局、信息产业部、文化部等部委在相关部门规章中也有对网络服务提供者的义务和责任的规定，最高人民法院也通过了一系列的司法解释，在事实上也提供了大量关于网络服务提供者法律责任的规定。

〔3〕 参见皮勇、汪恭政："网络金融平台不作为犯的刑事责任及其边界——以信息网络安全管理义务为切入点"，载《学术论坛》2018年第4期。

同，毕竟在这两个罪名中行政机关不会面临如此巨大的"专业挑战"。第三，该规定之所以存在主要是借鉴了"避风港原则"中"通知—删除"义务的做法，但如前所述，特殊情况下"红旗原则"更加适当，也应要求网络服务提供者承担一定范围内主动审查的义务，如此一来，毫无例外地规定构成本罪必须先经过行政程序似乎过于绝对而有失妥当。因此，有学者主张应当取消"经责令而拒不改正"的要件，并强调本罪应以风险回避义务的履行以及危害后果为中心评价信息网络安全的监管责任。[1]笔者不以为然，"经责令而拒不改正"的规定虽然存在上述困境，但也具有很大积极意义，除了具有"明知"和"不作为"的证明作用外，更大的价值在于体现网络服务的中立帮助属性进而发挥入罪限制机能。换句话说，"经责令而拒不改正"要件起到过滤网作用，将那些接受行政监管部门整改决定、没有造成严重后果的网络服务提供者排除在刑事责任之外，以避免对互联网行业的"矫枉过正"，保障其依法健康发展。综上，本书建议，今后以修正案方式对拒不履行信息网络安全管理义务罪再次进行完善，增加一款例外规定，即网络服务提供者对于网络用户实施的涉及国家安全、涉众金融秩序、危及他人生命和重大财产利益的违法犯罪行为应主动履行信息网络安全管理职责，只要其主观"明知"且不积极履行监管义务，并造成严重后果的，即可成立犯罪，而不再受"经有关主管机关责令改正"程序的限制。

（三）不同刑事责任模式之间难以区分适用

网络服务提供者的上述刑事责任模式之间并不是泾渭分明的，由于法条的特别规定、规制理论基础的同一、扩大解释方法的普遍运用以及可能存在的对相关罪名法条的误读等原因，导致司法实践中对各种刑事责任模式选择上出现交错混乱的情况。[2]具体表现如下：第一，共犯责任模式与共犯正犯化责任模式之间的区别适用问题。虽然帮助信息网络犯罪活动罪是以分则罪名方式存在，但是其客观行为对正犯存在事实上的从属性，仍难以摆脱帮助

---

〔1〕　参见李本灿："拒不履行信息网络安全管理义务罪的两面性解读"，载《法学论坛》2017年第3期。

〔2〕　参见杨彩霞："多元化网络共犯行为的刑法规制路径体系之重构"，载《法学家》2019年第2期。

犯的本质属性，且从构成要件规定上看，无论是从主观"明知"要素还是客观帮助行为样态上看，二者之间都难以区分，徒增司法适用上的困惑。虽然《刑法》第 287 条之二第 3 款规定"有前两款行为，同时构成其他犯罪的，依照处罚较重的规定定罪处罚"，但由于通常情况下以共同犯罪认定的刑罚要高于帮助信息网络犯罪活动罪，这极容易造成该罪被虚置的情况。司法实践中，甚至出现了在同一个案件中，基本相似的帮助行为却以帮助犯和帮助信息网络犯罪活动罪分别定罪处罚的情况。[1]笔者认为，造成上述困境的原因可能是，《刑法修正案（九）》出台前，最高司法机关为了解决惩处网络帮助行为中意思联络单向性的障碍，而突破传统共同犯罪理论，将成立共同犯罪的主观要件从"通谋"降格为"明知"，但这两种主观心态实际上恰恰反映的是共犯帮助行为与中立帮助行为之间的区别，这一点似乎被司法解释的制定者所忽视。根据原来司法解释规定，为他人实施犯罪提供网络接入、服务器托管、存储缓存等网络帮助的，无论其性质是通谋后的帮助还是中立帮助都可以统统构成共同犯罪，但这一点与帮助网络犯罪活动罪的规定存在明显抵牾。从刑法理论与实践来看：通谋必定明知，但明知不一定通谋，明知的情况也可能成立片面共犯，明知的主观恶性明显比通谋要轻。因此，通常的刑法原理应该是：如果提供的是超出日常性质的帮助，一般要求明知即可，如果提供的只是社会生活中非常普通、大量存在的日常行为，必须要求事先通谋。[2]如《刑法》第 350 条第 2 款规定，明知他人制造毒品而为其提供生产、买卖、运输前款规定的物品的（笔者注：用于制造毒品的原料、配剂等），以

---

〔1〕 参见江苏省常州市武进区人民法院（2016）苏 0412 刑初 1196 号刑事判决书。该判决显示：在被告人曾某某等人诈骗案中，法院认为被告人陈某主观上存在明知被告人曾某某等人实施电信网络诈骗犯罪的故意，却仍提供改号软件、通话线路等技术帮助，其行为符合诈骗罪的构成要件，构成诈骗罪的共同犯罪；而被告人张某某系违法售卖改号软件，且主观上已明知他人利用改号软件用于电信诈骗，仍提供改号软件及服务器存储等技术支持，造成多人被骗，经济损失未能追回，属情节严重，其行为构成帮助信息网络犯罪活动罪。从判决上看，陈某和张某某均是明知他人实施犯罪而为其提供改号软件等技术帮助，主观上没有达到对曾某某等人具体犯罪事实确切知道的程度，均是认识到改号软件会被用于实施诈骗犯罪，因此，二人无论是主观明知还是客观行为上都没有显著的、实质性区别，却分别被认定为诈骗罪的共同犯罪和帮助信息网络犯罪活动罪，足以反映出司法实践中对网络服务提供者共犯责任模式与共犯正犯化模式认识上的模糊和困惑。

〔2〕 参见车浩："刑事立法的法教义学反思——基于《刑法修正案（九）》的分析"，载《法学》2015 年第 10 期。

制造毒品罪的共犯论处。社会公众对于制造毒品行为性质的认知是根深蒂固的，为制造毒品提供上述帮助的行为显然不属于日常行为，只要具备"明知"即可定罪是恰当的。因此，通谋与明知的区分也决定了网络服务提供者刑事责任上的区别，如果是事先通谋就应按照正犯行为的帮助犯定罪处罚，如果仅是明知而提供帮助，就应按照帮助信息网络犯罪活动罪处罚。前述司法解释作为应急性规定，虽然起到了及时有力打击网络犯罪的作用，但关于共谋与明知之间刻意、精细的区分被司法解释制定者们有意无意地抹杀了[1]，从而出现了共犯帮助与中立帮助之间的混淆。因此，在已有新立法的情况下，上述司法解释是否还有继续适用的必要值得研究。

　　笔者认为，帮助信息网络犯罪活动罪的立法目的就在于克服网络犯罪中共犯异化障碍的同时严密刑事法网，其与上述司法解释的功能一致，但路径不同，无论从法律位阶关系还是从中立帮助行为理论上来看，这些司法解释均应不再适用。这并不影响对网络帮助行为的刑事规制，相反规制的路径更加清晰，即凡与正犯具有事先通谋的网络帮助行为一律认定为共同犯罪，而仅仅对他人犯罪"明知"的可罚中立帮助行为一律按照帮助信息网络犯罪活动罪处罚。同时，为了限缩两种路径之间的间隙，防止出现处罚真空，应进一步明确"明知"的认定标准和方法。对于是否具有"明知"，可以采取推定的方法，考虑到网络服务行为的业务中立帮助属性，"明知"的认定标准须达到高度盖然性程度，而不能是仅仅一般可能性的认知。同时，可以通过以下事实来证明是否具有明知：一是根据"避风港原则"下的通知来认定。这里的通知应是有效通知，有关监管机关以合理方式作出通知并被接收后，网络服务提供者就产生了相应的删除义务，其对自己网络平台被他人利用实施违法犯罪行为便具有了明知。二是达到"红旗原则"下的显而易见程度。三是网络服务提供者对内容进行编辑、选择等加工行为，实施这些行为的前提是对内容的充分了解，因此可以据此推定其具有主观明知。

　　第二，共犯正犯化责任模式与不作为正犯责任模式之间重合适用问题。虽然立法意图通过"作为"和"不作为"并行方式堵截网络服务提供者的刑事责任，但是这两种方式都可以成为帮助行为，如网络平台经营者明知他人

---

〔1〕　参见涂龙科：《网络交易视阈下的经济刑法新论》，法律出版社 2017 年版，第 197 页。

利用该平台发布淫秽视频链接传播淫秽视频，仍为其提供网络空间用于设链视频的存储，致使淫秽视频被大量播放、传播，且经有关主管部门责令采取改正措施后拒不改正的，应认定构成帮助信息网络犯罪活动罪，还是按照拒不履行信息网络安全管理义务罪定罪处罚？这确实成为司法实践中的困难问题，虽然有上述"从一重罪"的规定，但是这两个罪名的法定刑基本一致，区别仅在于拒不履行信息网络安全管理义务罪还可以被判处管制刑，因此在法定最高刑相同的情况下，由于该罪法定最低刑更低，上述情况应认定为帮助信息网络犯罪活动罪。但笔者认为，此种区分依据过于形式化而没有体现出两罪的本质区别。

五、其他网络中立帮助行为的刑事责任

（一）"深度链接"服务提供者的刑事责任

深度链接，是指网络服务提供者将原本已经发布在网络上的文字、图片、视频等信息嵌入自己的平台上进行展示，使网络用户在无"跳转感知"的情况下获得所需要的内容。[1]关于深度链接行为是否具有刑事可罚性、是按照正犯处罚还是共犯处罚的问题上始终存在较大争议：在司法实务界，被称为我国深度链接侵犯著作权刑事第一案的张某雄侵犯著作权案中，虽然法院判决被告人张某雄构成侵犯著作权罪，但是关于该案的争议却从未消弭。[2]在刑法理论界，有学者认为深度链接行为属于中立帮助行为，并没有制造或增

---

〔1〕 参见徐明："避风港原则前沿问题研究——以'通知-删除'作为诉讼前置程序为展开"，载《东方法学》2016年第5期。

〔2〕 本案的主要案情为：2009年年底，被告人张某雄申请注册网站域名后设立 www.1000ys.cc 网站（网站名称为"1000影视"），并在浙江绍兴租用服务器，通过安装相关软件，完成网站和服务器的连接。嗣后，被告人张某雄未经著作权人许可，通过 www.1000ys.cc 网站管理后台，链接至哈酷资源网获取影视作品的种子文件索引地址，通过向用户提供并强制使用 QVOD 播放软件的方式，为 www.1000ys.cc 网站用户提供浏览观看影视作品的网络服务。为提高网站的知名度和所链接影视作品的点击量，被告人张某雄在 www.1000ys.cc 网站以设置目录、索引、内容简介、排行榜等方式向用户推荐影视作品。2010年2月，被告人张某雄加入"百度广告联盟"，由"百度广告联盟"在其设立的 www.1000ys.cc 网站上发布各类广告，从而获取广告收益。经鉴定，www.1000ys.cc 网站链接的影视作品中，有941部与中国、美国、韩国、日本等相关版权机构认证的具有著作权的影视作品内容相同。参见上海市普陀区人民法院（2013）普刑（知）初字第11号刑事判决书。

加法所不容许的危险，不应对其定罪处罚。[1]有观点认为，深度链接并未直接侵犯现有知识产权的作品本身，是对侵权行为的一种帮助，但是由于网络空间中设链者与直接侵权者在意思联络上的特殊性，难以根据我国刑法认定为共同犯罪，但可以认定为片面共犯[2]。有观点认为，不应将所有深度链接行为认定为犯罪，只有突破技术措施的深度链接才属于网络传播行为，构成侵犯著作权罪[3]。还有人认为，深度链接行为已经具有了独立于共犯的属性，无论是运用共犯理论还是片面共犯理论都不能解决恶意链接行为所带来的司法困境，而深度链接行为已经具有了独立的属性，可以对其加以正犯化，共犯正犯化将成为今后的优先选择。

提供网络服务行为本身是以信息网络技术为核心的中性业务行为，互联网时代也确实应鼓励技术创新和发展，但新技术不应被用来实施违法犯罪行为。网络链接行为[4]本身属于正常的网络服务行为，但社会生活中经常被用来实施侵犯知识产权等犯罪活动，既具有有益性又具有有害性，属于中立帮助行为。但深度链接行为却偏离了网络链接行为的业务相当性，以侵犯知识产权犯罪为例，深度链接虽不是直接对知识产权内容的复制，但也是一种传播信息的方式。在网络技术支持下，深度链接行为可以将大量分散的侵权作品积聚在一个网络平台上，由于网络平台与网络用户之间是"一对多"的关系，通过大量网络用户在该平台上的点击、浏览、下载等行为，深度链接行为的社会危害性产生了叠加、聚拢和倍增效应，其所造成的社会危害性显然要比单纯的直接复制或传播行为更为严重。同时，这个过程也生动地反映了网络服务提供者在整个违法犯罪过程中发挥作用之大，实际上已经处于整个违法传播链条的核心位置，显然具有了刑事归责的必要性。[5]另一方面，近年来的民事诉讼案件表明，法院判处侵权方承担的赔偿数额对其因深度链接

---

〔1〕 持该种观点的学者主要是陈洪兵教授，参见陈洪兵："网络中立行为的可罚性探究——以P2P服务提供商的行为评价为中心"，载《东北大学学报》（社会科学版）2009年第3期。

〔2〕 参见林清红、周舟："深度链接行为入罪应保持克制"，载《法学》2013年第9期。

〔3〕 参见欧阳本祺："论网络时代刑法解释的限度"，载《中国法学》2017年第3期。

〔4〕 网络链接可以分为普通链接和深度链接，前者直接跳转至被链接网站的首页，完整显示被链接网站的内容，属于合法行为；后者则回避了被链接网站的首页，直接链接到媒体文件的所在地址。

〔5〕 参见刘宪权："论信息网络技术滥用行为的刑事责任——《刑法修正案（九）》相关条款的理解与适用"，载《政法论坛》2015年第6期。

而获得的非法收入而言简直"不值一提"，根本不足以削弱其再实施侵权行为的经济基础，也不足以抑制其再实施侵权行为的动机。这种尴尬结果的出现足以表明，民事、行政等非刑事制裁措施已经不足以有力打击深度链接侵权行为，确有必要动用刑事制裁措施。[1]但问题的关键在于，按照什么罪名来处罚深度链接行为，对此法律和司法解释并没有作出明确规定。我国《刑法》第 217 条规定了侵犯著作权罪，但当犯罪对象为文字作品、音乐、电影、电视、录像作品、计算机软件等作品时，本罪的实行行为必须是"复制发行"，深度链接行为显然与通常意义上的"复制发行"不同。但最高人民法院、最高人民检察院于 2004 年制定的《关于办理侵犯知识产权刑事案件具体应用法律若干问题的解释》（法释〔2004〕19 号）第 11 条第 3 款规定："通过信息网络向公众传播他人文字作品、音乐、电影、电视、录像作品、计算机软件及其他作品的行为，应当视为刑法第 217 条规定的'复制发行'。"可见，网络传播行为属于侵犯著作权罪中的"复制发行"行为。接下来的问题就是，深度链接行为是否属于网络传播行为？

目前刑法学界对"传播"行为内涵存在不同理解，很多观点是在一开始便以链接行为根本不属于传播行为为理论论证出发点的，所以才会得出深度链接行为不构成犯罪或者仅成立帮助犯的结论。而深度链接是否属于诸如传播淫秽物品罪中的"传播"这一实行行为呢？争议的焦点实际上主要是两个方面：一是是否只有上传、共享等直接提供行为才属于"传播"？肯定的观点主要因袭于民事法律规范，在民事法律语境下，传播就是一种向外界提供作品的行为，而在《最高人民法院关于审理侵害信息网络传播权民事纠纷案件适用法律若干问题的规定》（2020 年修正）（法释〔2020〕19 号）第 3 条第 2 款中明确规定，上传、设置共享文件或者利用文件分享软件等方式均属于提供行为，这其中并不包括链接行为。提供行为与链接行为的显著区别之一在于是否上传作品，链接只是像索引一样指引网络用户找到文件，客观上起到帮助提供文件者扩散的效果而已。否定观点认为，最高人民法院上述规定只能说明提供行为属于一种传播行为，但不能认为是唯一的传播方式，也不能否认其他行为也可以构成传播。提供行为是传播的最初阶段，而后续传播环

---

[1] 参见徐松林："视频搜索网站深度链接行为的刑法规制"，载《知识产权》2014 年第 11 期。

节可能涉及多种不同类型的行为。传播行为的本质是扩大信息的被知悉范围，只要能够使公众直接获知该信息的任何方法、手段都属于传播行为，深度链接、P2P 等网络服务提供行为，也具有导致公众与信息接触的功能，本质上属于一种网间的传播行为，这种行为使得信息被公众捕获并扩散，本身就是一种信息传播行为。[1] 二是传播行为是否要求对文件具有控制性？肯定的观点认为，传播行为中文件提供者对文件内容具有控制性，可以对文件进行增减、删改，而链接行为者无法对链接内容进行控制，一旦提供者将文件删除或者进行加密、收费，链接者便无法进行所谓的传播。而否定的观点则认为，传播并不以控制为前提和基础，是否能够实际控制所传播的文件并不能影响传播行为性质的认定。

　　实际上，上述肯定观点深刻地受到了民事法领域处理原则的影响，如在利用深度链接技术侵犯他人著作权的侵权案件中，司法实践中通常采取"服务器标准"，即认为"只有将作品上传或者以其他具有同样效果的方式将作品置于向社会公众开放的服务器上的行为，才属于传播行为，同样，侵权人也只有以上述方式才可能构成对他人享有知识产权作品的非法传播，才属于侵犯他人网络传播权的行为"[2]。可见，该标准相对比较严格，强调侵权人须具备对作品存储的实际支配。但近年来随着网络侵犯知识产权行为多发，司法实践中对该原则的运用出现了一定的动摇，如有的案件[3] 中采纳了"用户感知标准"，即以网络用户在点播、浏览、下载网络信息文件时的认知为标准，由于网络用户点击深度链接地址时，并不会出现页面跳转、网络地址变更或显示被链接地址等情况，所以网络用户仍会认为其点播、浏览、下载的信息文件来自于设链网址，因此只要网络用户对于内容的来源产生了误认，就可以认定为属于"提供"内容行为，构成传播行为。同时，在有的案件[4] 中还采用了"实质替代标准"，即如果设链网站使网络用户产生误认、减少了被设链网站的访问量、广告收益等及造成其他损害后果，便认为深度链接实质改

---

〔1〕　参见孙万怀："慎终如始的民刑推演——网络服务提供行为的传播性质"，载《政法论坛》2015 年第 1 期。

〔2〕　王迁：《网络环境中的著作权保护研究》，法律出版社 2011 年版，第 338～339 页。

〔3〕　参见北京市朝阳区人民法院（2013）朝民初字第 6662 号民事判决书。

〔4〕　参见北京市海淀区人民法院 2015 海民（知）初字第 40920 号民事判决书。

变了被设链作品的呈现方式，被设链网站被实质替代了，从而可以认为深度链接行为构成"提供"行为，符合"传播"所要求的本质要件。可以看出，在民事领域关于深度链接是否构成传播行为的认识正在发生变化，这对刑事法领域对深度链接行为的定性具有重要指引意义。对比三个标准，笔者倾向于在刑事司法中采纳"实质替代标准"，该标准通过对传播本质的实质考察并通过危害后果来加以限制，一方面克服了"服务器标准说"比较机械、会导致处罚范围相对过窄的弊端；另一方面又防止了"用户感知标准"过于模糊、可能造成处罚范围过大的弊端，从而有利于维护著作权人合法权利与网络服务经营自由之间的平衡。[1]

笔者认为，深度链接行为属于传播行为，理由在于：第一，深度链接行为是否属于"提供行为"，也可以从受众对象角度考虑，"提供"的对向行为是"获取"，网络用户仅仅通过深度链接就可以点播、浏览、下载被链的信息文件，实现了直接获取的效果，即便该网络用户不知道也未进入被链的网址和文件的原始存储位置，这原本是不可能的，但由于深度链接行为的存在变为现实，所以认为深度链接行为向网络用户事实上"提供"了文件信息，将其认定为提供行为并不难以令人接受，从罪刑法定主义审视，也符合社会公众的预测可能性。[2]第二，深度链接行为通过指引获取文件路径的方式，使得被上传、共享的文件被大量浏览、下载，实际上起到了扩散作用，从本质上具有了传播的实质属性。传播的本质就是扩散，无论是人人之间的点对点扩散，还是群体之间、平台之间的点面扩散、面面扩散，只要同样实现了信息的广阔范围内流动可能性和可知性，就都属于传播行为。[3]如前述张某雄侵犯著作权案中，判决书认为被告人张某雄提供的深度链接网络服务行为，可以使公众随时选定时间和地点通过点击设链网站获得被侵权作品，符合信息网络传播行为的实质性要件，属信息网络传播行为。第三，传播不应以实际控制为必要，传播只是扩散行为，对于他人控制之下的信息也可以进行传

〔1〕 参见欧阳本祺、罗玮："深度链接应属侵犯著作权罪中的发行"，载《检察日报》2018年10月21日，第3版。
〔2〕 参见余秀宝："视频聚合APP'深度链接'行为性质的司法认定——以司法实践中的热点案例为分析素材"，载《社会科学动态》2018年第3期。
〔3〕 参见李源粒："网络安全与平台服务商的刑事责任"，载《法学论坛》2014年第6期。

播。从我国《刑法》中对具有传播性质的一些罪名[1]规定来看，如在编造并传播证券、期货交易虚假信息罪，编造、故意传播虚假恐怖信息罪及编造故意传播虚假信息罪等规定中，传播行为均不要求对信息的实际控制，作为刑法用语的"传播"行为理应保持统一性。第四，从深度链接的工作原理上看，设链者是绕过被链接网站的首页而直接链接到分页的内容，网络用户在浏览、下载时候并没有脱离设链网页，浏览器地址栏也不跳转第三方网站，用户通常误认为显示的是设链网页内容。可见，设链者深度链接行为相当于在未被允许情况下，将第三方网站存储的文件复制到自己网站进而提供给网络用户，实际上就是一种非法传播行为。[2]

在深度链接行为的入罪方式上，主要会以帮助犯和直接正犯两种模式入罪。对于帮助犯模式，由于正犯行为是必不可少的，所以被链接者同样应实施了侵犯著作权等犯罪活动，即 A 明知道 B 上传至网络上的影视作品未经著作权人授权，仍向 B 的网站设置深度链接，进一步扩大了 B 犯罪行为的损害后果，A 以片面共犯的途径构成侵犯著作权的帮助犯。对帮助犯共同犯意可以采取推定方式，在设链者与被设链者之间存在商业合作或利益分配协议，设链者与被设链者网络平台存在经营上的参股、隶属、管理、控制关系等情况均可以推定双方之间具有共同犯罪的故意。对于直接正犯模式，要求被设链者为权利人，是设链者深度链接行为的直接受害者，在这种模式下，体现了深度链接行为具有的独立性特征。对于设链者主观故意的推定可以从是否通过技术手段破坏被设链者的技术保护措施，设链者对被链网站的作品主动进行设置目录、索引、推介、排行打榜等主动编辑行为等方面来进行推定。[3]此外，根据"避风港原则"，被权利人通知、举报和有关主管机关

---

[1]　有学者将我国《刑法》中的传播行为作出如下分类：（1）煽动、惑众类，如第 103 条、第 105 条、第 249 条、第 373 条、第 378 条、第 433 条。分则条文用语为"煽动""造谣惑众""动摇军心"。（2）造谣并加以散布类，如第 181 条、第 221 条、第 222 条、第 246 条、第 291 条之一。分则条文用语为"编造并传播""捏造并散布""故意传播"等。（3）出版、复制、发行、传播类，如第 217 条、第 250 条、第 363 条、第 364 条。分则条文用语为"复制发行""出版""制作""出售""传播"等。（4）泄露类，如第 398 条。（5）非法获取类，如第 111 条、第 282 条。参见李源粒："网络安全与平台服务商的刑事责任"，载《法学论坛》2014 年第 6 期。

[2]　参见曾莉、陈晴："搜索引擎服务商著作权侵权问题探析"，载《重庆理工大学学报》（社会科学版）2018 年第 5 期。

[3]　参见徐松林："视频搜索网站深度链接行为的刑法规制"，载《知识产权》2014 年第 11 期。

责令改正等也都可以证明设链者主观的"明知"状况。对于共犯正犯化模式，由于司法实践中往往是设链者先设置深度链接而后才会有大量网络用户利用该链接进行违法点播、浏览、下载等行为，而帮助信息网络犯罪活动罪中，要求行为时即具有对他人实施网络犯罪行为的主观"明知"，这势必要求先有犯罪的正犯行为后有提供网络帮助行为。另一方面，帮助信息网络犯罪活动罪要求被帮助者实施犯罪行为，但网络用户即便存在侵权行为也不一定符合犯罪构成。如在著作权人将自己创作的作品上传到本人网站上后，设链者通过深度链接行为导致大量网络用户未经授权许可情况下下载、阅览该作品，但是这些分散的网络用户因不具有谋利的目的，尚不符合刑法规定的侵犯著作权的犯罪构成，如此一来，深度链接行为便不符合帮助网络犯罪活动罪的构成要件。

(二) 提供 VPN "翻墙" 技术行为的刑事责任

"翻墙"一词并非法律术语，是一个因广泛流传而被赋予特定含义的网络用语，是指通过特殊的互联网技术突破中国大陆对互联网的监管限制进而访问被禁止或限制访问的国外网站的行为。在网络上流传一种说法，即我国对国内互联网访问采取了一系列监管措施，被称为"长城防火墙"（GreatFire Wall——国际互联网网络隔离系统，又称"国家防火墙"，以下简称 GFW），"翻墙"的名字因此而得来。国家之所以对国内网络访问进行监管限制，是因为互联网本身就是一个"鱼龙混杂"的空间，在方便社会生产生活的同时，也会夹杂着危害国家政治安全和稳定、扰乱社会秩序、侵犯公民权利等各种各样的信息，如网络暴恐、色情、谣言、民族歧视、宗教歧视等信息。因此，有必要对网络内容进行审查，有效控制不良违法信息的滋生、蔓延。可以说，世界上任何一个国家都会对本国网络进行监管，只不过监管的力度、范围、标准和方法有所不同而已。对于"翻墙"行为，网络用户的目的有所不同，有人是为了实施散布反动言论危害国家安全，有人是为了发表侮辱、诽谤他人信息，有人是为了散布谣言引起社会秩序混乱，有人是为了从国外网站浏览、下载学习资料，还有的人仅仅是为了阅览新闻、玩游戏等。因此，网络用户通过"翻墙"不一定都是为了实施违法犯罪行为。

"翻墙"的核心是能够突破或者绕开网络监管系统的过滤、屏蔽和删除，从而能访问被限制的国外网站内容的技术措施，所以其本质上是一种互联网应用技术。从目前被用于实施"翻墙"行为的技术措施来看，大体上分为：网页代理、"翻墙"软件、VPN 代理等几种。[1]网页代理是最原始的"翻墙"方式，是指在网络用户与其所要访问的国外网站之间介入代理服务器网站，该网站是不受 GFW 监管的，网络用户在该代理服务器网站输入想要访问的地址，代理服务器就会向目标网站发送请求，并将获取的信息传送给国内网络用户。"翻墙"软件是指专门开发的计算机程序，该程序由境内外的网络服务器支持，网络用户通过该软件向代理服务器提交访问需求，代理服务器将访问需求数据发送至国外的网站并进行访问，而后获取相应的网页上的数据信息，并回传给国内网络用户。VPN（Virtual Private Network 的简称，指虚拟专用网络），是指通过各种加密、解密和身份认证技术手段，利用现有公共网络搭建一个专门用于与国外网站建立连接的临时的、虚拟的私有网络，网络用户可以通过该虚拟网络直接访问国外网页，[2]是目前最为流行的"翻墙"技术。由于网页代理和"翻墙"软件主要是为网络用户逃避监管访问境外网站而设计研发，除此之外不具有独立的社会意义，所以一般认为不具有业务或技术中立属性。然而，VPN 技术在近年来发展得如火如荼，在企业网络中具有广泛应用，特别是用于远程办公、远程访问等，如一些高校图书馆为本校师生开通远程访问账号，以方便他们寒暑假访问学校网站获取学习资料，利用的就是 VPN 技术。因此，VPN 技术并不是专门为"翻墙"而设计，不能认为其主要用途就是用于访问国外网站，除此之外它还具有独立的社会意义，不具有典型的犯罪意义关联，具有技术中立属性。在此，需要严格区分 VPN 技术与利用该技术开发的计算机软件等网络工具及利用该技术实施的网络行为。易言之，网络技术具有中立性并不等同于利用技术的行为同样具有中立性，因此 VPN 技术或提供 VPN 技术的服务行为可能被用于违法犯罪，对违法犯罪行为起到帮助作用，这便涉及刑事责任问题，值得进一步研究。

开发研制 VPN 技术并不具有可罚性，不然会严重阻碍网络技术的创新，使互联网行业停滞不前。提供 VPN 技术服务行为的可罚性受到技术使用者的

---

〔1〕 参见张巍：《涉网络犯罪相关行为刑法规制研究》，法律出版社 2015 年版，第 211 页。

〔2〕 参见张巍：《涉网络犯罪相关行为刑法规制研究》，法律出版社 2015 年版，第 212~213 页。

行为性质影响，由于该技术具有独立的社会意义，不具有典型的犯罪意义关联，并没有制造或增加法所不容许的风险，其行为也不违背职业相当性。因此，销售、提供 VPN 技术的行为属于中立的网络技术服务行为，原则上无须进行刑法评价。有人认为"翻墙"行为本身就是违法行为，违反了我国对互联网的监管制度，因此提供 VPN 技术行为已经丧失了业务中立属性。笔者认为，我国现有法律中尚无对单纯使用 VPN 技术"翻墙"行为的禁止性规定，所谓的网络监管法律法规主要针对的是网络服务提供者等网络运营商或通过网络发布信息从而成为网络信息内容提供者的网络用户。针对网络违法信息而言，现有法律规定[1]只是要求网络服务提供者履行信息安全管理义务，防止该违法信息在国内网络空间扩散；同时禁止网络用户制作、复制、发布和传播该违法信息。也就是说，法律禁止的是违法信息向国内非法传播，但并没有禁止网络用户进行浏览，虽然从价值导向上对这种行为持否定态度，但并没有上升到法律禁止行为之列。因此，从法律的规范保护目的角度来看，网络用户单纯使用 VPN 技术进行"翻墙"的行为并不违法，关键是其后续是否通过"翻墙"进一步实施了违法犯罪行为，如将国外网站上的违法信息传播至国内，或在国外网站发布颠覆国家政权反动言论，等等。

但在以下两种例外情况下，提供 VPN 技术的行为具有刑罚处罚的必要：第一，明知他人实施犯罪而提供 VPN 技术支持的，可以成立《刑法》第 287 条之二的帮助信息网络犯罪活动罪。但对提供者主观"明知"，应加以严格限制，因为使用 VPN "翻墙"技术本身就游走于合法与违法边缘，所以如果仅要求该技术服务提供者具有概括认识就可以构成犯罪，无疑处罚范围过宽，没有充分关注该技术服务的中立属性。因此，只有当技术提供者对他人实施犯罪行为达到高度盖然性的"明知"程度时才应认为构成犯罪。另外，根据共同犯罪原理，若 VPN 技术提供者与他人事前或事中通谋，为他人实施犯罪行为提供"翻墙"网络技术支持、帮助的，应按照正犯所实施犯罪的共犯处理。

---

[1] 如《互联网信息服务管理办法》第 16 条规定："互联网信息服务提供者发现其网站传输的信息明显属于本办法第 15 条所列内容之一的，应当立即停止传输，保存有关记录，并向国家有关机关报告。"同时，该办法第 20 条还规定："制作、复制、发布、传播本办法第 15 条所列内容之一的信息，构成犯罪的，依法追究刑事责任；尚不构成犯罪的，……"

　　第二，若 VPN 技术提供者对他人实施犯罪不具有明知，但长期利用该技术为他人提供"翻墙"服务，牟取经济利益的，可以按照非法经营罪定罪处罚。对于提供 VPN "翻墙"服务行为的性质，在司法实务界存在一定争议，笔者通过裁判文书网和威科先行法律数据库，输入"VPN"选择"刑事案件"，再对筛选结果进行逐一浏览排除，最终挑选出案件事实为出售 VPN "翻墙"软件或提供 VPN "翻墙"服务、提供 VPN 虚拟专用网服务的案件，在所查询的案件中，大多数案件被认定为《刑法》第 285 条第 3 款规定的提供侵入、非法控制计算机信息系统程序、工具罪[1]，也有少部分案件被认定为《刑法》第 225 条规定的非法经营罪[2]。

　　笔者认为，对于出售 VPN 翻墙软件或者提供"翻墙"服务的行为，认定为提供侵入、非法控制计算机信息系统程序、工具罪存在一定司法障碍，主要体现在客观罪状的把握上：第一，用途不匹配，即 VPN 技术或者利用该技术研发的软件、程序不属于该罪要求的专门性程序、工具及其他程序、工具。根据《刑法》第 285 条第 3 款规定，本罪中行为人提供的程序、工具包括两种类型。第一种是专门用于侵入、非法控制计算机信息系统的程序、工具，这里的"专门性"是指行为人所提供的程序、工具只能用于实施非法侵入、控制计算机信息系统的用途，[3]意味着用途的唯一性，别无其他用处。第二类程序、工具是指虽然不具有专门性，但同样具有可对计算机信息系统进行

　　〔1〕　具体可参见上海市宝山区人民法院（2018）沪 0113 刑初 1606 号刑事判决书、广东省东莞市第一人民法院（2017）粤 1971 刑初 250 号刑事判决书、河南省光山县人民法院（2018）豫 1522 刑初 220 号刑事判决书、广西壮族自治区南宁市江南区人民法院（2019）桂 0105 刑初 633 号刑事判决书、河南省永城市人民法院（2019）豫 1481 刑初 498 号刑事判决书、河南省新野县人民法院（2017）豫 1329 刑初 556 号刑事判决书、河南省三门峡市中级人民法院（2018）豫 12 刑终 271 号刑事裁定书、云南省昆明市西山区人民法院（2018）云 0112 刑初 541 号刑事判决书、四川省绵阳市安州区人民法院（2019）川 0724 刑初 161 号刑事判决书、河南省永城市人民法院（2019）豫 1481 刑初 663 号刑事判决书、广东省湛江市霞山区人民法院（2019）粤 0803 刑初 266 号刑事判决书，等等。

　　〔2〕　具体可参见四川省自贡县人民法院（2015）荣刑初字第 54 号刑事判决书、浙江省泰顺县人民法院（2018）浙 0329 刑初 46 号刑事判决书、广西壮族自治区梧州市长洲区人民法院（2018）桂 0405 刑初 38 号刑事判决书、安徽省合肥高新技术产业开发区人民法院（2018）皖 0191 刑初 142 号刑事判决书、安徽省合肥市包河区人民法院（2018）皖 0111 刑初 885 号刑事判决书、湖南省郴州市湖北区人民法院（2018）湘 1002 刑初 268 号刑事判决书。

　　〔3〕　参见全国人大常委会法工委刑法室编：《中华人民共和国刑法条文说明、立法理由及相关规定》，北京大学出版社 2009 年版，第 592 页。

侵入和非法控制的功能，也就是说这类程序、工具除了可以被用于违法犯罪外，还可以被用于其他正当用途，具有技术中立属性。但提供此类程序、工具只有在被现实使用于实施非法侵入计算机信息系统罪、非法获取计算机信息系统数据、非法控制计算机信息系统罪时才属于犯罪工具。[1]如前所述，VPN 技术应用广泛，并不是专门用于"翻墙"行为，且网络用户"翻墙"后多数并不是实施非法侵入计算机信息系统、非法获取计算机信息系统数据、非法控制计算机信息系统犯罪，因此提供 VPN "翻墙"技术的用途并不符合提供侵入、非法控制计算机信息系统程序、工具罪的要求。第二，工作原理不匹配。根据《最高人民法院、最高人民检察院关于办理危害计算机信息系统安全刑事案件应用法律若干问题的解释》（法释〔2011〕19 号）第 2 条[2]的规定，程序、工具的专门性技术原理体现在其本身通过避开或者突破计算机信息系统安全保护措施来实现侵入或非法控制。但是 VPN "翻墙"技术的核心无外乎利用加密技术在公网上封装出一个安全的数据通讯隧道供网络用户访问国外网站，根本无法避开或突破计算机信息系统安全保护措施，不会对任何计算机信息系统安全保护措施造成影响。同时，从文义解释来看，司法解释中规定的计算机信息系统安全保护措施显然是被侵入或被非法控制的计算机信息系统一方所采用的技术保护措施，即我国国内的技术保护措施。退一步讲，即便认为 VPN "翻墙"软件具有上述避开或者突破的技术原理，但其针对的也是国外被访问的网络系统的技术保护措施，也不是我国国内计算机系统的技术保护措施。第三，功能不匹配。根据刑法及司法解释规定，本罪所规制的程序、工具应具有侵入或非法控制计算机信息系统的功能。那么，何为"侵入"和"非法控制"呢？侵入，是指未经管理者允许的情况下对计算机信息系统进行非法访问的行为，比如通过盗取密码、破解保护性技

---

〔1〕 参见孙中梅、赵康："试论提供用于侵入、非法控制计算机信息系统的程序、工具罪的实然适用与应然展望"，载《中国检察官》2012 年第 1 期。

〔2〕《最高人民法院、最高人民检察院关于办理危害计算机信息系统安全刑事案件应用法律若干问题的解释》第 2 条规定："具有下列情形之一的程序、工具，应当认定为刑法第 285 条第 3 款规定的'专门用于侵入、非法控制计算机信息系统的程序、工具'：（一）具有避开或者突破计算机信息系统安全保护措施，未经授权或者超越授权获取计算机信息系统数据的功能的；（二）具有避开或者突破计算机信息系统安全保护措施，未经授权或者超越授权对计算机信息系统实施控制的功能的；（三）其他专门设计用于侵入、非法控制计算机信息系统、非法获取计算机信息系统数据的程序、工具。"

术措施等方式非法访问。非法控制，指通过各种技术手段实现让他人计算机信息系统接受其所发的指令，进而可以任意地修改计算机的参数设置、更改配置、复制删除文件等内容的行为。[1]显然，这与通常情况下 VPN "翻墙"软件仅是对外国网站进行访问、浏览的功能不同。另外，在犯罪对象上，VPN "翻墙"软件是对国外网站进行访问，并非作用于我国国内的计算机信息系统。综上，不应对提供 VPN "翻墙"技术或软件的行为认定为提供侵入、非法控制计算机信息系统程序、工具罪。

笔者认为，提供 VPN "翻墙"服务是为了使国内网络用户突破我国网络监管限制访问国外网站，实际上是向国内网络用户提供了跨境网络接入服务，属于增值电信业务。根据国务院颁布的《中华人民共和国电信条例》第7~9条规定，我国对电信业务实行许可制度，并根据基础电信和增值电信不同类别分别颁发许可证。而国务院颁布的《互联网信息服务管理办法》第4条第1款进一步规定，国家对经营性互联网信息服务实行许可制度；对非经营性互联网信息服务实行备案制度。也就是说，经营互联网信息服务业务属于国家专营事项，经营 VPN 业务属于国家限制经营范围[2]，必须进行事先审批获得行政许可[3]。根据《最高人民法院关于审理扰乱电信市场管理秩序案件具体应用法律若干问题的解释》第1条规定，任何单位、个人不得违背国家规定，扰乱电信市场管理秩序，采取租用国际专线或其他方法，擅自经营国际电信业务进行营利活动，情节严重的，应当按照非法经营罪定罪处罚。那么，VPN "翻墙"服务的提供者在从事这项跨境网络服务时，若未取得国家许可，属于擅自经营国家限制经营的国际电信业务，并牟取经济利益，符合《刑法》第225条规定的，应构成非法经营罪。需要注意的是，在提供 VPN "翻墙"服务的案件中，按照帮助信息网络犯罪活动罪或非法经营罪的"二元处罚模式"定罪处罚时，可能会出现处罚上的漏洞，即如果行为人长期在明知他人

[1] 参见周道鸾等主编：《刑法罪名精释》，人民法院出版社2013年版，第705页。
[2] 参见郭树正："非法经营 VPN 类业务定性问题研究"，载《中国检察官》2019年第2期。
[3] 参见梅礼匀："提供 VPN '翻墙'服务的行为如何定性"，载《人民检察》2019年第6期。此外，2017年1月17日发布的《工业和信息化部关于清理规范互联网网络接入服务市场的通知》规定："未经电信主管部门批准，不得自行建立或租用专线（含虚拟专用网络 VPN）等其他信道开展跨境经营活动。"

意图实施犯罪的情况下，还提供 VPN "翻墙" 服务，牟取经济利益的情形，同时符合了上述两个罪名，但任何一个罪名都无法对该行为全面评价。笔者认为，此时应根据《刑法》第 287 条之二的规定，依照处罚较重的规定定罪处罚，一般认定为非法经营罪。这种情况的出现也契合了前文提出对帮助信息网络犯罪活动罪增加 "情节特别严重" 的规定以提高法定刑的建议，反映出司法实践中解决该问题的迫切性。

（三）"快播案" 的刑事责任认定

研究网络服务提供者的刑事责任，"快播案" 是无法回避的话题之一，也是重要的研究课题之一。"快播案" 对于我国网络服务提供者刑事责任认定具有标杆意义，深刻揭示了互联网技术与法律碰撞后所带来问题的复杂性，也反映出我国对互联网管控重心由网络用户向网络服务提供者转移的动向。[1] 大体观之，该案主要涉及网络刑事政策的选择、快播公司经营行为的刑法评价、是否属于中立帮助行为、入罪模式选择等方面问题，前文已经作了一定阐述，在此仅就快播公司行为是否属于中立帮助行为，其行为是构成不作为还是作为、是正犯还是共犯等几个具体问题进行探讨。

1. 快播案不适用中立帮助行为理论

在快播案中，被告人及辩护律师反复主张快播公司的行为属于技术中立行为，但一审判决指出："快播公司将自己的缓存服务器介入传播，在技术使用过程中明显存在恶意"[2]，也就是认为快播公司由于主观上具有恶意而不属于中立帮助行为。是否为中立帮助行为的争议贯穿快播案件始终，所谓"技术中立" 通常是针对单纯提供技术的行为而言，而不是针对使用技术成果的行为。有学者认为快播公司是技术的提供者而不是使用者，因为 "快播用户、站长使用了快播服务器这一平台和工具、使用了快播公司所研究、提供的先进技术"。[3] 但本书观点却恰恰相反，上述论者的观点没有正确区分网络技术与网络产品，快播视频播放器、调度服务器及缓存服务器均是利用网络

---

〔1〕 参见刘艳红："无罪的快播与有罪的思维——'快播案'有罪论之反思与批判"，载《政治与法律》2016 年第 12 期。

〔2〕 北京市海淀区人民法院（2015）海刑初字第 512 号刑事判决书。

〔3〕 周详、覃业坤："快播案一审判决的刑法教义学分析——与几位方家的商榷"，载《北京理工大学学报》（社会科学版）2018 年第 3 期。

技术开发的产品，属于技术的成果而非技术本身，提供上述产品的实质是快播公司利用 P2P 视频技术、缓存技术等现代网络科技为公众提供网络服务。因此，快播公司属于技术的使用者而非提供者，而对于使用技术的行为当然应考察其使用技术的方式、用途和目的是否符合法律规定，绝不能简单地以"技术中立""技术无罪"为由笼统评价。由此来看，一审判决就技术中立问题的切入点是正确的，只不过其得出结论的落脚点存在错误。一审法院准确地锁定了关键问题所在，即快播软件不同于一般视频播放软件的特殊之处就在于其通过设立缓存服务器对视频起到分散存储和定向选择加速的作用，从而扩大了淫秽视频的传播，但一审判决没有就此从快播公司行为的客观方面分析此种网络服务行为是否具有中立性，而是据此推定快播公司主观上具有"恶意"，且不说"恶意"的具体内涵及其与主观罪过的关系，单就其抛弃客观视角而仅从主观上来论证行为是否具有中立性就存在问题。

从客观上看，快播公司为了逃避监管在全国多地设置千余台缓存服务器，将视频进行片段化存储，并设置了根据视频热度进行缓存加速的算法规则，放任了软件用户对淫秽视频大量点播而造成淫秽视频被大量传播的结果。在整个过程中，快播公司将缓存服务器运用于视频传播，并设置算法规则实现对存储视频的实质选择，已构成对传播行为的"实质性技术介入"，该行为已经严重违背了视频播放软件正常的技术行为规范，并且在事实上快播公司被查获的四台缓存服务器更偏好"不法"的视频资源，除了淫秽视频和侵权视频外，其他视频屈指可数[1]。其行为本身不具有技术中立性，这是决定其不属于中立帮助行为的最根本原因。另外，快播公司曾接到行政主管机关的整改通知，但是其却采取将原本完整的视频文件碎片化存储于设在全国的多台服务器上的方式逃避监管，该行为已经超出法律规范对其业务活动的合理预期。再从主观上看，快播公司明知自己开发的软件被他人用来播放、传播淫秽视频，且缓存存储器中存有大量淫秽视频，在具备技术能力且被责令改正的情况下仍拒不采取有效技术监管措施，放任并造成淫秽视频大量传播，表明其主观上具有放任的意志因素，且根据其通过向视频中嵌入广告进行营利

---

[1] 参见范君："快播案犯罪构成及相关审判问题——从技术判断行为的进路"，载《中外法学》2017 年第 1 期。

的方式，完全可以推定其主观上具有犯罪故意，更勿论主观上的"中立性"所在。综上，"快播案"中快播公司的行为并不具有中立性，不属于中立帮助行为。

2. 快播公司的犯罪行为属于作为

刑法理论界曾提出了不作为犯、中立帮助犯、间接正犯、片面帮助犯等多种观点试图来合理解释本案的定罪逻辑和实践困境，其中就有观点认为快播公司是以不作为方式实施的片面帮助行为。[1]这种观点面临的挑战首先就是，快播公司的犯罪行为到底是作为还是不作为，也就是其是否具有保证人地位以及保证人地位的来源等问题。"快播案"的一审判决书用大篇幅论证了快播公司未履行信息网络安全管理义务的行为，却没有从始至终地紧紧围绕快播公司利用缓存技术介入视频播放行为的规范性质这一关键问题进行分析论证，让人误认为快播案中被告人拒不履行信息网络安全管理义务的不作为就等同于传播淫秽物品牟利罪的作为[2]，很显然这种逻辑是令人难以接受的，这也是刑法学界对该判决提出批评意见的重要原因。实际上，法院认为快播公司的行为构成不纯正不作为犯，即以不作为方式成立了通常由作为方式实施的传播淫秽物品牟利罪，并进一步从义务违反说角度来阐述快播公司的保证人地位。[3]可以说，法院一旦采取不作为犯的论证逻辑，在参与形态确定上就只能选择规范违反说来作为依据，因为如果采取犯罪支配理论，由于判决对后续提供缓存服务行为的忽视及上传淫秽视频的是广大网络用户

---

〔1〕 参见孙道萃："网络片面共同犯罪的制裁边界：兼议'快播案'"，载《浙江工商大学学报》2016 年第 4 期。

〔2〕 参见高艳东："不纯正不作为犯的中国命运：从快播案说起"，载《中外法学》2017 年第 1 期。

〔3〕 一审判决在"判决理由"部分列举了七点认定快播公司及王某等被告人构成传播淫秽物品牟利罪的理由，其中论证构成不作为犯的理由包括三点，分别如下：第一，快播公司负有网络视频信息服务提供者应当承担的网络安全管理义务。作为互联网信息服务的提供者，作为视听节目的提供者，快播公司必须遵守相关法律法规的规定，对其网络信息服务内容履行网络安全管理义务。第二，……第三，……第四，快播公司具备承担网络安全管理义务的能力。证据表明，快播公司连行业内普遍能够实施的关键词屏蔽、截图审查等最基本的措施都没有认真落实。快播公司对于信息网络安全管理义务不是没有履行的现实能力，而是没有切实履行的意愿。第五，……第六，本案不适用"技术中立"的责任豁免。快播公司出于牟利目的，不履行安全管理义务，且自己的缓存服务器也介入传播，在技术使用过程中明显存在恶意，应当承担相应的法律责任。第七，……参见北京市海淀区人民法院（2015）海刑初字第 512 号刑事判决书。

（站长〔1〕）的客观事实，判决所认定的不履行监管义务所涵盖的行为主要就是提供播放器的行为，而该行为对整个犯罪过程的影响程度尚未达到支配程度，快播公司就只能被认定为传播淫秽物品牟利罪的共犯而不可能是正犯。只有从违反网络安全管理义务的角度，才能得出快播公司违反法律义务的行为构成正犯的结论。〔2〕

　　但法院判决远没有对本案"盖棺定论"，时至今日争议仍然很大，首要的问题是：快播公司的行为到底是作为还是不作为？很多人认为快播公司提供视频播放器的网络服务行为产生了管理义务，其对网络用户使用快播软件从事的违法行为能够从技术上加以干预却不履行管理义务，违反了法律上的义务，构成不作为犯。笔者认为该观点存在以下问题：第一，将本案的实行行为理解为一个举动而不是一个过程，在本案中，快播公司不仅实施了提供视频播放软件一个行为，后续还实施了一系列行为，这些行为均具有刑法意义，应整体评价为作为而不是不作为。第二，没有准确评价快播公司利用缓存技术介入视频播放行为的危害性，从整个犯罪过程来看，该行为对淫秽视频的传播起到关键作用，而判决中对其重视不够，并没有将其作为规范评价的重心，这是造成判决结论与论证过程南辕北辙的重要原因。实际上，快播公司是以作为的方式传播淫秽物品牟利，而不是以义务违反的不作为方式。具体理由如下：一是，快播公司因提供视频播放服务的行为所产生的义务是非常有限的，因为上传、下载、播放淫秽视频的都是用户而不是快播公司，其只是起到了中间技术支持的作用。因此，作为网络服务商一般不承担事先审查义务，对于事后发现淫秽视频所产生的删除、屏蔽等管理义务，即便在《刑法修正案（九）》规定了拒不履行信息网络安全管理义务罪的情况下，也只能在"经责令而拒不改正"的情况下，才会触犯刑事责任。虽然该规定不具有溯及力，但从构成要件释放的精神来看，快播公司当时应承担的刑事义务是非常有限的，是否能够达到应受刑罚处罚的程度值得思考，毕竟快播公司只是提供了信息交换的平台和机会，而不提供信息的内容本身。二是，真正

〔1〕　站长是指通过快播公司研发的建站发布视频工具软件 QSI 上传视频的网络用户。
〔2〕　参见周光权："犯罪支配还是义务违反——快播案定罪理由之探究"，载《中外法学》2017年第 1 期。

使快播公司行为进入刑事责任视野的应该是其实施的拽取、缓存淫秽视频的行为。根据法庭审理查明的事实可知，快播公司设立了多台缓存服务器，并设置了服务器根据用户播放量自动缓存热点视频的算法规则。也就是说，用户通过快播播放器播放视频文件时，如果该视频一定时间内点击播放次数达到了设置的热点视频标准就会自动缓存，如果后续再有用户想播放该视频，为了使用户能够快速下载、流畅观看，缓存服务器就会从之前缓存的视频片段中调取该视频并向用户提供最佳路径。在此过程中提供热点视频的是快播公司而不再是网络用户，快播公司已经跻身于传播淫秽物品的核心地位，其缓存、拖拽、提供淫秽视频的一系列行为违反的是刑法的禁止规范而不是命令规范，且对犯罪过程起到支配作用，应认定为作为而不是不作为。三是，缓存服务器实际上起到了对淫秽视频的下载、存储和分发的扩散作用，快播公司设置并可以修改缓存技术规则，通过缓存服务器实现了对多数受众的分享，其行为性质符合"传播"的本义，在此过程中相当于快播公司将自己手中握有的淫秽视频直接传给有需求的用户，其行为具有以作为方式陈列、传播淫秽物品的性质。[1]当然，对于快播公司的行为是否属于《刑法》第363条第1款规定的传播淫秽物品牟利罪中的"传播"行为，刑法学界存在较大争议，后文将具体展开。

还有观点认为，快播公司的行为是作为与不作为结合，但进一步从"不作为"在本案中所指的具体行为来看，又可以分为两种意见：陈兴良教授认为快播公司提供网络信息服务的行为产生管理义务，不履行管理义务构成不作为。该意见将不作为的评价涵盖快播公司的全部行为，或者说主要涵盖快播公司提供缓存服务之前的行为，并认为提供缓存服务的行为虽然已经超越了对其履行管理义务的期待范围，无法被传播淫秽物品的不作为行为所涵盖，应另行评价为作为，但该行为属于对传播淫秽物品行为的帮助，且是片面帮助，由于上传淫秽文件的网络用户（站长）不具有牟利目的，不构成传播淫秽物品牟利罪，所以提供缓存服务的行为在整个案件中不是主要行为，没必要另行定罪[2]。张明楷教授则是将不作为性的评价重点置于快播公司提供缓

---

[1] 参见周光权："犯罪支配还是义务违反——快播案定罪理由之探究"，载《中外法学》2017年第1期。

[2] 参见陈兴良："快播案一审判决的刑法教义学评判"，载《中外法学》2017年第1期。

存服务行为之后，并认为快播公司拉拽淫秽视频文件存储在缓存器之后，就产生了防止用户观看该视频的义务，但快播公司非但不履行该义务却向用户提供缓存服务器中的淫秽视频文件，所以其行为方式属于以作为和不作为相结合的方法传播淫秽物品〔1〕。可见，陈兴良教授认可快播公司后续提供缓存服务行为是不同于之前不履行管理义务的作为行为，但属于作为形式的片面帮助，认为没有单独评价的必要；而张明楷教授恰恰相反，认为快播公司提供缓存服务的行为既属于传播淫秽物品牟利罪的作为行为，也属于不履行管理义务的"陈列式"的传播淫秽物品行为，既具有作为性质又具有不作为性质，且是刑法评价的重点所在。

对二位教授的观点，笔者不揣冒昧提出以下不同意见：陈兴良教授的观点仍是以不纯正不作为方式构成传播淫秽物品牟利罪的思路，对此需要解决的问题有两个：一个是该不作为行为与作为方式的传播淫秽物品行为是否具有等置性。陈兴良教授认为，如果行为人以牟利为目的拒不履行信息网络安全管理义务的同时又放任了淫秽物品的传播，就构成两罪的想象竞合，认定为处罚较重的传播淫秽物品牟利罪。但笔者认为，如果不履行管理义务就可以构成传播淫秽物品牟利罪，那么拒不履行信息网络安全管理义务罪似乎失去了独立存在的意义，因为该罪的构成行为均可以同时构成刑法中的其他犯罪。

另一个问题是如何论证快播公司处于保证人的地位。对此，陈兴良教授并没有进行实质性的分析，而是以2010年《最高人民法院、最高人民检察院淫秽电子信息案件解释（二）》第4条〔2〕已对该种行为作出明确规定为由，认为法律已经规定了快播公司应承担网络管理义务，并且将不履行这种管理义务的行为规定在传播淫秽物品牟利罪的犯罪构成之中。快播公司不履行网络安全管理义务、放任淫秽物品传播的行为完全可以构成正犯而不是帮助犯，也不需要通过间接正犯的迂回方式来得出正犯的结论。〔3〕可见，陈兴良教授

---

〔1〕　参见张明楷："快播案定罪量刑的简要分析"，载《人民法院报》2016年9月14日，第3版。

〔2〕　2010年《淫秽电子信息案件解释（二）》第4条规定："以牟利为目的，网站建立者、直接负责的管理者明知他人制作、复制、出版、贩卖、传播的是淫秽电子信息，允许或者放任他人在自己所有、管理的网站或者网页上发布，具有下列情形之一的，依照刑法第363条第1款的规定，以传播淫秽物品牟利罪定罪处罚：……"

〔3〕　参见陈兴良："快播案一审判决的刑法教义学评判"，载《中外法学》2017年第1期。

是从规范违反说的角度来论证不作为正犯的认定的。但这种思路存在一定问题：一是，陈兴良教授观点前后矛盾，其在分析提供缓存服务行为时指出，由于上传淫秽文件的是"站长"，缓存服务行为即便是作为也是作为的帮助犯，即传播的帮助行为；而在淫秽文件上传主体不变的情况下，为何不履行管理义务的行为却反倒可以构成正犯而不是帮助犯呢？似乎理由只有一个，即前述司法解释已作出了规定，但仅从如此表象的层面分析，难免说服力较弱，特别是，2017 年《中华人民共和国网络安全法》的生效实施为《刑法》提供了明确的前置规范，按照刑法谦抑性原则，补充性的《刑法》应进一步退居幕后。二是，陈兴良教授认为快播公司的行为本质上是正犯而不是帮助犯，也不是间接正犯，根据本书在"正犯行为与帮助行为界分"部分所提出的标准，正犯应对犯罪事实具有支配地位，也就是行为人可以基于自己的意志操控犯罪进程。但综观快播公司的行为，对于其提供播放器的行为而言，上传淫秽视频的是"站长"，按照陈兴良教授的观点快播公司只是在上传者和下载者、播放者之间提供了平台，不应认为支配了犯罪进程；而快播公司后续提供缓存服务的行为，陈兴良教授又认为只是传播的帮助行为，不是案件的核心行为，那么这样来看，结论只能是快播公司并没有对传播淫秽物品的犯罪过程起到支配作用，但这又与其认为快播公司实施的是正犯行为的结论自相矛盾了。三是，该观点没有准确界分 P2P 共享技术与 P2P 缓存技术，赋予网络服务提供者过重的刑事义务。快播公司提供视频播放软件的行为属于应用 P2P 共享技术的行为，完全由网络用户（站长）上传与下载视频，这种行为具有分散性与被动性。而快播公司提供缓存服务的行为属于应用 P2P 缓存技术的行为，其自身通过抓取并存储热点视频以供网络用户下载，从而将缓存服务器变成一个中央服务器，这种行为具有集中性与主动性。[1] 一审判决没有对这两种不同的网络技术进行区分，而是将二者进行了整体评价。根据前文所述的"避风港原则"，虽然网络服务提供者具有技术控制的能力，但也要考虑不同技术之间的差异，进而考虑其实施技术控制的成本，特别是在诸如 P2P 这种"去中心化"的技术模式中，网络服务提供者的技术控制能力

---

〔1〕 参见高磊："论 P2P 共享服务提供者的刑事责任——以快播案为视角"，载《环球法律评论》2017 年第 5 期。

会大大削弱，需要从平衡的角度来考察该技术是否主要被用于非法用途，如考量该软件被用于合法用途和非法用途的数量或比例，发布者是否存在鼓励用户非法使用的情况，以及发布者是否具有阻止非法用途的能力及采取相应措施的成本等因素。[1]因此，综合快播软件的性质、开发和发布目的、实际使用情况等因素，特别是，考虑到本案中没有证据证实用户使用该软件下载、播放淫秽视频的具体数量，不宜认为快播公司提供视频播放软件的行为产生了防止淫秽视频传播的保证人义务。

对于张明楷教授的观点，笔者认为，某一行为很难集作为与不作为于一身，这是由作为与不作为的本质差别决定的。作为违反的是禁止规范，而不作为违反的是命令规范，二者在成立条件和法律后果上都存在显著差别。一方面，在成立条件上，不作为要求行为人须具有保证人地位，并且不作为行为要与通常的作为行为具有相当性（等置性），这实际上也是刑法理论为限制作为例外模式的不作为犯的成立范围而设定的条件。另一方面，在刑罚适用上，由于刑法中认为不作为犯的期待可能性更低一些（要求人不作恶容易，但要求行善更难），因此不作为犯相较于作为犯刑罚通常更轻。[2]如《德国刑法典》在第13条规定了通过不作为方式实施犯罪的可罚性后，又专门规定这种情况下可以依照第49条规定的"特别的法定减刑理由"减轻处罚。[3]甚至在有的情形下，可以通过否定保证人地位来否定不作为犯的成立，如我国没有规定见危不救罪，在某一行为到底是见危不救还是积极的故意杀人难以辨别时，二者之间就存在罪与非罪一般的"天壤之别"。可见，在刑法教义学上对同一犯罪行为类型而言应作出唯一的、确定的评价，而不应进行模糊的、复合的评价，否则将与罪刑相适应基本原则相背离。[4]

现实社会中确实存在作为与不作为难以区分的情况，但这并不意味着行为便同时属于二者的竞合。根据一定标准完全可以区分确定行为的性质，只

---

〔1〕 See Harvard Law Review Association, Secondary Liability, Harvard Law Review, vol. 119, 2005, p. 375. 转引自高磊："论 P2P 共享服务提供者的刑事责任——以快播案为视角"，载《环球法律评论》2017 年第 5 期。

〔2〕 参见［韩］金日秀、徐辅鹤：《韩国刑法总论》，郑军男译，武汉大学出版社 2008 年版，第489 页。

〔3〕 参见徐久生译：《德国刑法典》，北京大学出版社 2019 年版，第 10、21 页。

〔4〕 参见王肃之：《网络犯罪原理》，人民法院出版社 2019 年版，第 333 页。

不过是这种复杂的社会现象导致规范评价的困难而已。认为作为与不作为成立竞合的观点容易造成不作为犯罪认定的泛化，因为从社会生活意义看，作为与不作为是可以互换的，如甲在红灯时没有停车导致正在穿过人行道的行人被撞死，既可以说死亡结果由甲的不当驾驶行为导致，也可以说由甲不遵守交通规则的行为导致。但是，如果将此种情况认定为不作为犯罪的话，就是将生活中的义务人为地提升至刑法义务层面，导致不作为犯中"义务来源"的不当泛化，使在不作为犯中通过保证人地位来限制处罚的机能消失殆尽。因此，对于正确解决上述作为与不作为区分的问题，始终应从区分的目的理性即通过保证人地位这一条件限制不作为处罚范围角度来思考。刑法学界对作为与不作为区分形成了诸如规范说、能量说、因果关系说、社会意义说、非难重点说等多种学说。[1]整体来讲，可以分为事实层面的区分标准和规范层面的区分标准两大类，这里限于本书篇幅体例和研究主题，无法就该问题进行更为详尽的阐述。这些标准均兼具合理性与缺陷，因此对于具体的作为与不作为区分的疑难问题而言，需要结合不同标准进行综合判断。

在快播案中，前述两种认为属于不作为与作为竞合的观点实际上分属"多义举止方式"的两种情形。所谓多义举止方式，是指包含作为与不作为两方面意义的举止类型，具体可分为真正多义举止和不真正多义举止两类，前者指在同一时空条件下的行为既有作为成分又有不作为成分，而对行为不作为的评价需要依附于作为行为，只有存在作为行为的情况下不作为的评价才有意义；后者是指在前后连续实施的行为中存在一个作为一个不作为的情况，且前一个行为的效果会一直持续到后行为之中，这种情况又存在先不作为后作为和先作为后不作为两种情况。[2]具体到快播案之中，张明楷教授的观点对应的是真正的多义举止方式，而陈兴良教授的观点对应的是不真正的多义举止方式。对于真正的多义举止方式，笔者认可采取作为优先说，这是因为刑法中处罚作为是"原则"，处罚不作为是"例外"，不作为是作为的补充

---

〔1〕 参见陈洪兵："作为犯与不作为犯的区分——以交通肇事逃逸为例"，载《法治研究》2017年第1期。

〔2〕 参见吕翰岳："作为与不作为之区分的目的理性思考——以德国判例与学说为借镜"，载《环球法律评论》2017年第4期。

方式。有观点更直接鲜明地认为作为与不作为之间是"反对关系"[1]。这也是作为与不作为二者刑法评价的基础差异决定的。作为犯对犯罪因果关系的支配是现实的、物理上的，对其评价的依据是案件客观事实，是从存在论层面得出的结论；而不作为犯未实施的结果防止行为与法益侵害之间的因果进程是假设和推论出来的，无法进行现实的、物理上的检验，是从价值论和规范论上得出的结论。[2]并且对于同一行为而言，不作为产生法律意义总是依附于作为行为，如快播公司不履行监管义务的基础是其提供了视频播放器等网络服务行为，因此从认识规律和结论的可靠性上来说，应优先进行事实判断，即作为具有刑法判断上的优先性。对此，张明楷教授也赞同作为优先说，认为作为判断与不作为判断是先后进行的原则与例外关系。但他也指出，当法益侵害结果同时由作为与不作为共同造成时，则不能仅判断作为。[3]而所谓作为与不作为共同造成法益侵害的情形就是指不真正的多义举止方式，笔者认为这种情况下应考虑行为与危害结果的密切程度、行为的社会意义、法益侵害危险等因素，综合评价、确定性质上较重的举止作为刑法非难的重点行为，也就是这种情况下行为的竞合不是一个行为形态的区分问题，而是根据竞合理论决定主行为何在的问题。[4]

　　综上所述，对于认为快播公司的犯罪行为方式系不履行信息网络安全管理义务的不作为与通过提供缓存服务介入淫秽视频传播的作为相竞合的观点而言，构建的是不真正的多义举止方式。鉴于作为网络服务提供者其所具有的有限审查义务及提供缓存行为在本案造成淫秽物品大量传播中的支配性作用，应将快播公司后续提供缓存服务并拖拽、上传淫秽视频的行为作为刑法否定评价的重点，因此，快播公司的行为应认定为传播淫秽物品牟利罪的作为犯。对于认为快播公司提供缓存服务行为属于作为与不作为竞合的观点而言，这种观点构建的是真正的多义举止方式，根据作为优先判断原则，缓存行为属于陈列式传播淫秽视频的行为方式，符合《刑法》第 363 条第 1 款传

---

〔1〕　参见陈兴良：《本体刑法学》，中国人民大学出版社 2011 年版，第 210~211 页。

〔2〕　参见许玉秀：《当代刑法思潮》，中国民主法制出版社 2005 年版，第 582 页。

〔3〕　参见张明楷：《刑法学》，法律出版社 2016 年版，第 148 页。

〔4〕　参见吕翰岳："作为与不作为区分的目的理性思考——以德国判例与学说为借镜"，载《环球法律评论》2017 年第 4 期。

播淫秽物品牟利罪的构成要件，在行为已经构成作为的情况下，不作为的评价自当退而居之。但本案仍需关注两个问题，虽然不属于刑法教义学上的问题，但对本案的处理具有重要影响：第一，从法律依据和案件证据上，认为快播公司因提供视频播放器而具有信息网络安全管理义务存在一定异议，因为直到本案案发后，《刑法修正案（九）》增设了拒不履行信息网络安全管理义务罪，才将该义务提升为刑法义务，至于之前各个行政法规、规章的规定能否作为不作为义务的来源确实有待商榷，对于那些行政管理型法律规范而言，要成为刑法上保证人地位的认定依据应当受到严格限制。第二，从一审判决书中可以看出，在案并没有证据能够证实快播公司提供的播放器被网络用户用来播放淫秽视频的具体数量，也就是说认为提供播放器这一服务行为与淫秽物品大量传播的危害结果之间的因果关系缺乏事实和证据支撑，相反，在案却有充足证据证明快播公司利用缓存服务器存储的淫秽视频数量，这奠定了该行为与危害结果之间因果关系认定的事实与证据基础。总而言之，无论是从刑法基本原理还是从案件事实证据上看，认定快播公司因提供缓存服务介入淫秽视频的传播行为，从而构成传播淫秽物品牟利罪的作为犯更为适宜。

3. 快播公司的行为符合传播淫秽物品牟利罪的构成要件

关于快播公司是否实施了淫秽物品的"传播行为"，理论上争议很大，争议的焦点实际上是对快播公司提供缓存服务行为性质的认识问题。如果认为快播公司通过调度服务器拉拽视频并碎片化缓存在缓存服务器中，并根据用户指令向其提供最优化的播放路径的行为使得快播公司实质上已经变为网络信息内容的提供者，其以自身的存储向用户提供视频文件，那么其行为自然应认定为传播行为；而如果认为快播公司缓存行为仅是为了提高视频播放的速度和流畅度，缓存只是中间的数据交换过程，并不是实质的存储和提供行为，那么其行为当然不属于传播行为。笔者认为，对于传播行为的认定应分别从两个层面着手：第一，法律规范评价层面，即需要结合法律和司法解释分析快播软件缓存行为是否起到了对淫秽物品的扩散效果，是否在法规范意义上与传播淫秽物品行为具有相当性。对此，前文已在"深度链接的刑事责任"部分对相关问题进行了阐述，有关传播行为实质认定的观点在此处完全可以适用，故不再赘述。值得再次强调的是，刑法中的传播行为绝不是纯事实概念，而应进行规范理解，随着社会发展特别是网络发达，对传播进行规范层面上的扩张解释是必然趋势。第二，信息网络技术层面，即从网络技术上看缓存技术是否会起到对淫秽物品的存储作用，快播公司缓存服务器在淫秽物品传播过程中只是起到信息通道作用还是存在实质的下载、存储和上传行为。以下笔者主要从技术层面进行探讨。

　　快播公司搭建的缓存服务器既有根据预先设置的规则主动存储热门视频的功能，又有应网络用户点播而提供该视频的功能，对缓存服务器这种技术和应用模式的性质认定存在不同意见："传播实质论"的观点认为，"根据缓存服务器的工作原理，调度服务器主动拉拽淫秽视频存储于缓存服务器中再向用户提供该淫秽视频，实质上是一种陈列式的传播行为"〔1〕。"储存提供说"的观点认为，快播公司的缓存服务器起到了对淫秽视频的仓储作用，快播公司与站长、网络用户三者之间形成了三角关系，缓存服务器实际上拥有了下载、存储及提供视频的功能。〔2〕而"暂存加速说"则认为，缓存服务器的有限存储量与海量网络热门视频之间的差距决定了缓存服务器必须及时更新缓存的视频，因此缓存服务器内部是动态的，淫秽视频在缓存服务器内的存储具有暂时性，其目的只是通过碎片化缓存来提高用户播放视频的速度和流畅度，而不是原始意义上的存储，在此过程中必然会介入视频的点播、传输和上载，但不能认为快播公司成为视频资源的提供者，不然也会对云盘等存储服务器造成极大的消极影响。〔3〕分析上述观点，实际上分歧主要体现在：第一，缓存是否属于实质的存储行为，这决定了缓存服务器提供者是否应对存储内容具有审查等监督管理义务。第二，能否因缓存行为认定快播公司属于网络内容服务提供者？第三，缓存文件后应用户点播指令再提供的行为是否属于传播，是否超出了缓存的工作机理具有独立刑法意义？

　　缓存技术确实是为了改善传输速度和效果而产生，但是缓存的效果却并

---

　　〔1〕　参见张明楷："快播案定罪量刑的简要分析"，载《人民法院报》2016 年 9 月 14 日，第 3版。

　　〔2〕　参见范君："快播案犯罪构成及相关审判问题——从技术判断行为的进路"，载《中外法学》2017 年第 1 期。

　　〔3〕　参见周详、覃业坤："快播案一审判决的刑法教义学分析——与几位方家的商榷"，载《北京理工大学学报》（社会科学版）2018 年第 3 期。

不仅限于此，欧洲共同体的《关于内部市场中与电子商务有关的若干法律问题的指令》第13条对缓存服务做了特殊规定，认为缓存行为从技术角度来看属于存储，从功能角度来看属于传输[1]。第一，虽然只是缓存而不是存储本地文件，但一旦缓存服务器对某一文件进行缓存后，即便上传者自己删除了本地文件，缓存文件也并不会自动清除。也就是说，现有技术可以实现缓存文件与原始文件的独立存在和分别运用。特别是，现有技术也可以轻松地将缓存文件转换为本地文件，达到通常意义上存储的效果。因此，一味主张缓存仅是传输的辅助行为，不具有现实、独立的存储意义的观点并不全面。至于有观点认为缓存服务器内的文件是动态的，只是暂时性存储的意见，这与实际情况并不相符，由于一些淫秽视频被大量点击后成为快播播放器的热门视频，实际上被快播公司向用户进行了推介，而大量用户还会继续点播、播放该热门视频，即形成了淫秽视频传播的"恶性循环"，所以大量视频在缓存服务器中的存储并不是瞬间的、短暂的、暂时的，而可能是长期的。第二，快播公司对缓存文件进行了实质性控制。快播公司的缓存功能由调度服务器和缓存服务器共同完成，二者都是必要技术组成部分，调度服务器根据预先设定的调度算法决定哪些文件需要缓存服务器介入，而这个过程恰恰体现了快播公司对缓存文件的实质操控。一是，调度算法具有主动性，快播公司可以根据自身需要来设定和修改缓存文件保存的规则，从而筛选出热门视频并保存。二是，调度算法具有目的性。有观点认为调度算法是针对所有的数据进行自动化运算，调度服务器并不会区分视频资源哪些是合法的哪些是非法的，所以不宜理解为专门针对不法视频的有意识的主动行为。[2]但笔者认为，"行为是内在意志的外部表现"，技术只是行为表象，而真正的行为意义需要结合技术使用主体的主观意志，即便可以承认算法的普遍适用性和非区分性，但当通过某一算法筛选的热门视频存在大量淫秽视频时，行为主体是否应重新检视算法的妥当性？事实上，快播公司及各被告人完全了解所谓的"热门视频"的性质及缓存服务器中淫秽视频的存储情况，在能够修改调整调度算法的情况下却无所作为，足以表明其主观目的性，所谓算法的普适性只不过

---

[1] 参见陈兴良："快播案一审判决的刑法教义学评判"，载《中外法学》2017年第1期。

[2] 参见吴沈括、何露婷："网络缓存的法律认定及其规制——以快播案为分析视角"，载《财经法学》2019年第5期。

是掩盖快播公司非法目的的技术假象。三是缓存服务器改变了文件的原始状态。快播公司在全国设置了1000余台缓存服务器，将热门视频以碎片化方式存储，这与网络云盘等典型存储行为具有本质不同，该行为改变了原始视频的存在样态，主观上也反映出其逃避监管的故意。综上可见，快播公司的缓存服务行为并不是单纯为提高播放速度和流畅度而设置，其效果和实际作用也并不限于此，在实际运行过程中缓存服务器起到了存储效果，其通过调度服务器的拉拽行为和通过缓存服务器的存储行为均具有刑法意义，而不是仅限于技术层面。

确认了快播公司缓存行为的存储属性便意味着其向用户提供淫秽视频时是从自身缓存服务器中提供而不是直接来源于站长，那么快播公司便由单纯的中介平台演变为提供网络内容的网络服务提供者，其向网络用户提供淫秽视频的行为在技术层面应构成独立的"传播"行为。一方面，从视频提供的来源看，快播公司从缓存服务器中调取的是经过其碎片化处理后的淫秽视频，分散在全国各地多个缓存服务器中，这些缓存碎片脱离原始文件而独立存在，因此，淫秽视频的来源具有独立性。另一方面，从视频传输过程来看，快播公司起到决定性作用，支配着淫秽视频传播过程。一是快播公司决定视频提供的方式，根据其设置的调度算法规则和网络用户的请求指令，选择最优的路径提供视频，整个过程中即使站长已删除其上传的原始视频，快播软件依然可以从技术上调取该视频并传输。二是在快播服务器中，已经实现了资源搜索、推荐引用的综合效果，从而实现对用户播放热门视频的引导效果，对此，在一定程度上很难说用户播放淫秽视频属于一种"自觉"行为。三是快播公司故意不履行管理义务。如前文所述，缓存行为的实施使快播在实质上演变为网络信息内容提供者，其在明知缓存服务器中存在大量淫秽视频的情况下，自然应履行屏蔽、删除等管理义务，但案件证据表明，快播公司在完全具备管理能力的情况下，并未真正履行管理义务，而是虚置所谓的"110监管系统"，证言证明该系统在2013年就形同虚设了。正是由于其故意不进行拦截、屏蔽、删除的行为放任了淫秽视频传播的结果。

第五节 日常行为型中立帮助行为

日常行为构成了公民社会生活的基本内容，我们无时无刻不在从事日常行为，而这些行为在特定情形下起到了对犯罪行为的帮助作用。但如果日常行为被列入刑法禁止范围，不仅会使人们的社会生活受阻，也会让人难以理解和接受，人们绝对不会希望"寸步难行、步履维艰"的日常行为模式。因此，无论从刑法的谦抑性还是从日常行为所体现的中立性来看，对此类行为进行合理规制，特别是有效抑制刑法的处罚冲动，最大限度兼顾行为自由与社会秩序，实现刑罚人权保障与社会保护功能的平衡，显得尤为重要。对此，本书选取几个日常生活中的典型情形进行讨论。

一、善意的生活帮助行为

所谓善意的生活帮助，是指行为人在没有任何合同义务或职责要求的情况下，出于自愿向他人提供食宿、赠与财物等给予日常性帮助的行为。这类行为是日常生活中再平常不过的行为，但是当其帮助的对象为犯罪分子时，便会涉及刑事责任问题，帮助者明知他人意图或者正在实施犯罪，仍为其提供上述帮助的是否构成帮助犯呢？在司法实践中，处理的结论不尽相同：既有将受雇佣为电信诈骗团伙做饭提供饮食帮助的人认定为共同犯罪予以处罚的判例[1]，也有未对同样受雇佣为组织卖淫犯罪团伙提供饮食帮助的人追究刑事责任的判例[2]。在刑法学界也存在不同认识：有学者以为赌场送饭的行为为例，认为送饭这种行为是社会观念上能够容忍的行为，不具有法益侵害性，该行为不成立帮助。[3]有学者同样认为送饭行为不构成帮助犯，但理由是认为这种行为仅仅是不重要的非实质性的犯罪参与行为，[4]也就是不具有犯罪意义的关联性。但也有学者以"银行抢劫案"为例提出不同意见，认

---

[1] 参见河南省平顶山市中级人民法院（2019）豫04刑终308号刑事判决书。
[2] 参见湖南省衡阳市中级人民法院（2019）湘04刑终438号刑事裁定书。
[3] 参见周光权：《刑法总论》，中国人民大学出版社2007年版，第326页。
[4] 参见［日］松生光正："由中立的行为所进行的帮助（一）（二）"，载《姬路法学》1999年第27、28合并号。转引自陈洪兵："中立的帮助行为论"，载《中外法学》2008年第6期。

为：当正在实施抢劫银行的犯罪分子因长时间与警察对峙而处于饥饿状态，甚至在其已经饿得奄奄一息之时，帮助者为其提供了面包使其恢复体力得以继续实施犯罪行为，在这种情况下帮助者应当构成帮助犯。[1]

本书持否定态度，理由在于：第一，上述善意的生活帮助行为满足的都是人基本生活需要的行为，甚至像提供饮食行为是满足人最基本生存条件，即便是实施犯罪的人也有吃饭、睡觉和生存的权利，这种行为并没有制造法所不容许的危险，不宜被认定为帮助犯。第二，刑法中窝藏罪的规范保护目的并不是禁止人们提供食宿、财物从而使得犯罪人冻死、饿死，也就是说即便刑法规定了窝藏罪也并不禁止为犯罪的人提供必要生活帮助的行为。第三，从帮助行为与正犯行为的性质上看，对于抢劫罪而言，提供食宿和钱财的行为并非正犯行为的核心构成，不具有犯罪意义上的关联。第四，当犯罪人实施正犯行为时便制造了禁止危险，这种危险贯穿其行为始终，为其提供饮食的行为只是使该行为得以继续维持，客观上并没有增加该禁止危险。因此，根据客观归责中"风险升高"理论，该行为仅起到"风险维持"之作用，并不符合结果归责的条件。第五，刑罚的目的是预防犯罪而不是"简单粗暴"地消灭犯罪人，在犯罪人即将饿死的情况下向其提供食物符合人性的价值理念，因为在人的生命与财物之间进行价值权衡，轻重显而易见，若将此种行为作为犯罪处罚，不仅违背了刑罚目的，也将为刑法打上不人道的烙印。

但还需要注意两个问题。第一，上述仅从客观层面对善意的生活帮助行为进行分析，但是这些行为不排除在特定情况下起到精神帮助的效果，也就是与危害结果之间产生了心理因果关系，此时，不排除有成立帮助犯的可能。第二，"在特殊情况下，提供食宿、赠与钱财等善意的生活帮助行为，也可能单独构成窝藏罪"[2]，判断的标准是提供帮助行为是否超出了日常生活帮助行为所具有的中立属性，客观上是否增加了禁止危险，以及是否已经背离了社会相当性。如在曹某凯、方某年窝藏案中，二人明知其子曹某与他人共同实施了杀人犯罪行为并长期外逃已被依法通缉，但在犯罪嫌疑人曹某 4 年后

---

〔1〕　See Vgl. Knut Amelung, Die Neutralisierung geschäftsmässiger Beitrage zu fremden Straftaten im Rahmen des Beihilfetatbestands, Festschrift für Gerald Grünwald, 1999, S. 21. 转引自陈洪兵：《中立行为的帮助》，法律出版社 2010 年版，第 183 页。

〔2〕　[日] 大塚仁：《刑法概说（各论）》，冯军译，中国人民大学出版社 2003 年版，第 557 页。

返回家中后，仍为其提供食宿。审判机关以窝藏罪对曹某凯、方某年二人定罪处罚。[1] 笔者认为，父母在自己实施了犯罪行为的儿子投奔时，用自己的住处提供食宿是再正常不过的事情，在我国公民法律意识比较淡薄及我国传统的亲情社会的背景下，根本不可能期待父母将儿子赶出家门，且父母只是被动地提供属于日常生活范围内的帮助，这种行为客观上并没有制造法所不允许的危险，被评价为窝藏罪实在不妥当。但如果提供帮助的行为已经明显超出了日常生活范围、严重脱逸社会相当性之时便有归责的可能：如在高某霞窝藏案中，被告人高某霞明知其子王某龙遇查酒驾闯卡正在被公安机关抓捕的情况下，联系车辆将王某龙接到其位于东辽县的家中藏匿。高某霞被法院以窝藏罪判处刑罚。[2] 本案中高某霞虽然以自己住处为其子提供食宿，但其雇佣车辆将其子从外地接回，行为具有主动性，与前述案例明显不同，具有协助逃匿的行为本质，其提供住宿行为已经超出日常生活性帮助的范围，客观上增加了公安机关抓捕犯罪嫌疑人的难度，增加了法禁止危险，理应构成窝藏罪。又如，在刘某云、倪某窝藏、包庇案中，二人明知自己的儿子倪甲因参与"恶势力"集团犯罪后逃匿被公安机关网上通缉，后二人为其子倪甲租赁木兰县信合小区 5 单元 302 室住宅楼，供倪甲藏匿居住，并多次为倪甲交付房租、有线电视费、水电费等。[3] 该案中，刘某云、倪某二人无论是为其子租房还是代为交付房租等费用都已经不属于日常生活性帮助，严重扰乱了司法秩序，其行为不具有社会相当性，应当承担窝藏罪的刑事责任。

二、租赁行为

本书中的租赁行为，主要是指租赁房屋的行为，其作为十分常见的日常生活行为，往往对他人实施犯罪起到促进作用，因而也属于中立帮助行为范畴。我国有关民事法律从租赁合同角度对该行为进行规范调整，住房和城乡建设部也于 2010 年颁布《商品房屋租赁管理办法》，从行政管理角度对房屋租赁行为进行管理。但上述法律规定均侧重于调整房屋租赁合同效力、规范

---

[1] 参见安徽省高级人民法院（2004）皖刑终字第 215 号刑事裁定书。
[2] 参见吉林省辽源市中级人民法院（2019）吉 04 刑终字 100 号刑事判决书。
[3] 参见黑龙江省木兰县人民法院（2019）黑 0127 刑初 102 号刑事判决书。

市场经营等方面，并不涉及刑事责任问题。而我国刑法及司法解释中零散地分布着涉及房屋租赁行为的刑事责任规定，如在容留他人吸毒罪、容留卖淫罪及《最高人民法院、最高人民检察院关于办理生产、销售伪劣商品刑事案件具体应用法律若干问题的解释》第 9 条中均包含了对提供场地行为的刑事规制。[1]但除了上述法律规定外，对于明知他人将要实施犯罪还向其出租房屋的行为是否构成犯罪，在各国的刑法理论与实务中同样存在不同意见：在美国，曾经将一名明知他人将用其出租的房屋进行赌博仍予以出租房屋的房东，判决为帮助和教唆赌博罪。但在德国，学者们却认为："为卖淫人员所提供食物、供应水电气、提供交通工具、提供房屋租赁，或者提供其他生活保障，因为属于基本生活的物质供应，不构成可罚的帮助犯。"[2]而我国司法实践中，除上述罪名外，还经常出现将向实施电信诈骗、开设赌场、利用邪教破坏法律实施等犯罪的犯罪嫌疑人出租房屋的人认定为帮助犯的情况，如在朱某某污染环境案中，被告人张某某在明知加工金属挂件脱漆工艺无法通过环保部门审批的情况下，将其所有的位于上海市青浦区赵巷镇的一车间租赁给被告人朱某某从事金属挂钩脱漆工艺，被告人朱某某将脱漆产生的废水未经处理通过渗坑排放，造成环境污染。经环保部门对上述废水采样检测后显示污染因子 PH 值<1，属危险废物。张某某被认定为污染环境罪的共同犯罪。[3]可见，在我国司法实践中，出租房屋构成帮助犯并没有犯罪类型的限制。

实际上，关于租赁房屋的中立行为存在两种情形：一是在出租时即明知或者可能知道所出租的房屋将被用于犯罪还出租的；二是在出租后才发现所出租的房屋被用于违法犯罪而继续出租的情况。这两种情况下的刑事责任认定与行为的义务存在密切的对应关系，第一种情形下刑事责任的存在以行为人具有对承租人是否实施犯罪的事先审查义务为前提，第二种情形下刑事责

---

〔1〕《最高人民法院、最高人民检察院关于办理生产、销售伪劣商品刑事案件具体应用法律若干问题的解释》第 9 条规定："知道或者应当知道他人实施生产、销售伪劣商品犯罪，而为其提供贷款、资金、账号、发票、证明、许可证件，或者提供生产、经营场所或者运输、仓储、保管、邮寄等便利条件，或者提供制假生产技术的，以生产、销售伪劣商品犯罪的共犯论处。"

〔2〕　陈洪兵：《中立行为的帮助》，法律出版社 2010 年版，第 250 页。

〔3〕　参见上海市青浦区人民法院（2014）青刑初字第 609 号刑事判决书。

任的存在以行为人具有对承租人犯罪阻止义务为前提。在第一种情形下，有人认为，此时房屋所有人对他人犯罪意图具有明知，其完全可以选择不出租房屋却继续出租，在主观上具有明显的故意，在客观上必然增加正犯制造的禁止危险，因此构成帮助犯。笔者不以为然，房屋出租者是出租时就认识到承租者意图实施犯罪，还是出租后发现房屋实际被用于犯罪，均不影响对出租者刑事责任的认定。如前所述，房屋并不是产生危险的来源，作为房屋的所有人在对外出租房屋时并不会因此而产生危险源的监管义务，且我国法律也没有赋予公民在经济往来过程中负有对犯罪人事先审查的义务。同时，承租房屋一般也不属于犯罪的核心事实，只不过为犯罪人提供遮风避雨的休息场所而已。因此，原则上房东出租房屋的行为不具有犯罪意义的关联，应否认制造或增加了法所不允许的危险，不应评价为帮助行为。但是，并不是在任何情况下的房屋租赁行为都一律不构成犯罪。对此，我们应从客观归责角度来判断房屋租赁行为是否制造或增加了法所不容许的危险，如出租者明知房子将被承租者用于实施卖淫活动的场所或者用于供多人吸食毒品等，存在科以刑罚处罚的必要，因为在这种情况下房屋的出租明显使得上述犯罪实施更加容易，且特定的场所是上述犯罪实施的必要条件，租赁房屋作为犯罪的重要组成部分，与正犯行为具有犯罪意义上的关联，属于制造了法所不容许的危险，对其应进行结果归责。另外，如果出租者在租房过程中实施了特别适合承租人犯罪的行为，如为了他人组织卖淫更加方便，将房屋改造成隔断式，由于具有了十分明显的犯罪意义关联，也应按照犯罪处理。但是，在归责的方式上，由于我国《刑法》明文规定了容留卖淫罪、容留吸毒罪，因此上述出租行为凡是符合刑法分则规定的，均应按照分则有关罪名处罚；而《刑法》中没有明文规定的，可以考虑按照帮助犯处理。综上所述，上述朱某某污染环境案中，被告人张某某仅是为实施污染环境犯罪的人提供了房屋，出租房屋行为与污染环境的正犯行为之间不具有直接关联，没有增加正犯行为的禁止危险，法院认定其构成污染环境罪的帮助犯值得商榷。

关于第二种情形，司法实践中存在这样的判例：2018 年 4 月初，被告人曾某将自己位于鹤山市鹤城镇鹤城工业三区的房屋出租给被告人陈某某，约定每月租金 2000 元。5 月份开始，被告人陈某某在该出租屋内摆放麻将台供他人打麻将方式赌博，从中抽水获利。同年 8 月初开始，陈某某又组织他人在该出租屋内利用扑克牌以赌"三公"的形式进行赌博，从中抽水渔利，并雇佣他人看风。后曾某在收取租金时得知陈某利用其房屋开设赌局，但为了多获得经济利益，继续将房屋租给陈某某，并要求增加租金，以每晚 200 元的标准收取租金。同年 9 月份，鹤山市公安局民警查处该场所，当场抓获各被告人，缴获巨额赌资。法院认为，被告人曾某明知他人开设赌场还为其提供场所，构成开设赌场罪的帮助犯。[1]本案中，由于被告人曾某在签订租赁合同时并不知道他人意图实施犯罪，根据"罪过与行为同时存在"理论，出租行为本身不构成犯罪。关键在于当曾某后来得知陈某某开设赌场后不但不停止租赁反而继续出租的行为，是否具有刑事可罚性。本书认为，陈某某开设赌场已经创设了法所禁止的危险，曾某虽然不具有阻止犯罪的义务，但是其完全可以终止出租房屋，他却在明知情况下继续出租，该行为对于陈某某得以继续实施犯罪而言具有重要作用，且提供场地与开设赌场的正犯行为之间又具有犯罪意义的重要关联。因此，曾某的行为在客观上增加了法所不容许的危险。同时，曾某要求提高租金的行为，明显超出了社会相当性，也表明其对他人利用自己房屋实施犯罪行为的默许与放任，其行为丧失了日常中立性。因此，曾某的行为构成开设赌场罪的帮助犯。

---

〔1〕 本案改编自真实案例，原案参见广东省鹤山市人民法院（2019）粤 0784 刑初 62 号刑事判决书。

结 论
Conclusion

对中立帮助行为的研究可先从帮助行为这一概念开始，在单一制与区分制两种不同的犯罪参与体系中，帮助行为的内涵是不同的。我国《刑法》采取了区分制犯罪参与体系，除了以实行犯为基本犯罪构成在分则中规定具体个罪外，还隐含着对共犯人分工的划分。我国刑法在共犯参与人分类上进行了双层次的划分，第一层次是根据分工类型将参与行为分为正犯、教唆犯、帮助犯等；第二层次是根据作用程度解决量刑问题，比较客观地反映参与人在共同犯罪中所起的作用和所处的地位。在限制正犯概念之下，应兼采实质与形式双重区分标准来界分实行行为与帮助行为，从形式上看，实行行为具有法定的规范性和明确的类型性；从实质上看，实行行为具有法益侵害的直接性、紧迫性和高危险性。

帮助行为在各国刑法中的规范形式存在一定差别，既有在从犯、共犯等概念下间接规定的，也有直接作出规定的；既有作为犯罪形态规定在"共同犯罪"章节中，也有在"犯罪人类型"部分加以规定的。但在我国刑法中，只能通过《刑法》总则关于从犯中"起辅助作用"这一规定隐约瞥见帮助行为的影子，在分则中虽然近年增加了越来越多的帮助型正犯的规定，特别是新近刑法修正显著增加了"帮助行为正犯化"的立法实践，却存在肯否两种截然对立的观点。本书赞同在必要情况下的帮助行为正犯化，这种方式是对一定时期社会现实的直观反映，并没有破坏构成要件的定型化机能，相反是对构成要件的坚守，在以二元行为无价值论为违法性本质的视域下具有正当性。但不可否认，帮助行为在我国刑法中上述"若隐若现"的体现，直接反映出对帮助行为规定的不足：在总则中缺乏对帮助行为明确的处罚原则，注意到帮助行为共犯性的同时忽略了其具有的独立性。因此，应在刑法中赋予帮助行为独立之地位，不仅要纳入构成要件之中规定还应对现有的帮助型正犯的类型化进一步完善，这将有助于司法实践中对部分帮助行为入罪和处罚上的疑难问题的解决，特别是对中立帮助行为性质认定、罪与非罪及具体案件的正确处理起到重要指导作用。

起源于德国、流传至日本的中立帮助行为理论，随着一些影响性案件的发生在我国引起了越来越多的关注。一般认为，中立帮助行为就是指从外表看通常属于无害的、与犯罪无关的、不追求非法目的的，但客观上却又对他人的犯罪行为起到促进作用的行为，中立性、帮助性和被帮助行为的违法犯罪性是其核心特征。当前对其探讨的焦点主要在于其能否构成犯罪及处罚的依据等问题上。本书认为，正确确定帮助行为的处罚根据将对上述问题的解决具有积极意义。在帮助犯的处罚根据上，责任共犯论和违法共犯论由于承认责任或者不法的连带性，在说明中立帮助行为的可罚性问题上存在障碍。而因果共犯论中的纯粹惹起说，强调共犯固有的不法，虽然在正犯违法的前提下，排除中立帮助行为的可罚性不存在理论上的障碍，但由于纯粹惹起说完全否定共犯不法的从属性，而被多数学者所反对，所以也不能奢求纯粹惹起说能为确定中立帮助行为的可罚性提供理论支撑。修正惹起说，由于承认绝对的违法的连带性，否定违法的相对性，在中立帮助行为的场合，由于以正犯不法的存在为前提，因而适用修正惹起说确定中立帮助行为的可罚性存在难以克服的理论障碍。相对于前两者而言，混合惹起说既肯定共犯违法从属性一面，又承认共犯不法独立性一面，因而在中立帮助行为的问题上，即便存在正犯的不法这一前提，仍有否定共犯独立不法的余地。由此，混合惹起说能够为确定中立帮助行为的可罚性提供有力的理论支撑。

而从具体司法现实来考虑，中立帮助行为是否入罪与各个国家社会治理政策、犯罪形势、刑事立法及司法实践等诸多因素具有密切关系。限制处罚说是当前的通说，该说既关注到中立帮助行为之"中立性"又特别考虑"帮助性"，认为应谨慎具体分析处罚范围，划定合理的界限。当前我国对中立帮助行为采取限制处罚的做法并没有僭越罪刑法定主义。罪刑法定主义不是要求刑法一成不变，刑事立法也要紧跟时代的发展和社会的变迁，从而实现刑法社会保护机能与人权保障机能的协调，将具有刑事处罚性的中立帮助行为纳入刑法规制范围更是对罪刑法定主义的坚守，更是保持罪刑法定主义下维护社会秩序与保障个人自由、扩张刑法处罚范围与限制刑罚权之间动态平衡的必然选择。同时，对中立帮助行为限制处罚也是充分考虑我国已经全面进入风险社会的大背景和近年来犯罪高发态势的现实之举。

在德日刑法理论界，存在单纯从主观方面进行限制中立帮助行为处罚范围转向通过客观层面的考察进行限制的发展趋势，还存在认为应兼顾主客观双重视角来限制的观点。由于从主观上进行限制，重点考察对正犯行为是否存在确定的故意及是否具有犯罪促进意思，存在诸多弊端，无法产生实际效果，因此当前主流观点主张要从帮助犯的客观构成要件出发来限制对中立帮助行为的处罚。在客观说内部又存在若干不同的观点主张，但主要包括两种逻辑路径：一是侧重于从帮助行为要件进行可罚性限制，如社会相当性说、职业相当性说、利益平衡说、正犯不法连带说等；二是侧重于从中立帮助行为与正犯行为及其结果之间的客观归责层面进行限制，如溯责禁止论、犯罪意义关联说、假定的代替原因考虑说、狭义客观归责论等。第二种路径逐渐形成强有力说的趋势，其中最受推崇的当属狭义客观归责理论。本书认为，"中立性"是对某一类帮助行为客观属性的描述，与行为人的主观方面无涉。中立帮助行为在客观上"独立无害""具有社会有用性"，但与正犯行为及结果结合起来看，其提升了正犯不法并促进了正犯结果实现，具有客观违法性。中立帮助行为可罚性问题并不是通过主观故意等因素决定行为人的主观归责问题，而是通过客观行为等因素决定行为人的客观归责问题。因此，试图通过主观说和折衷说的途径来探寻中立帮助行为处罚的合理边界存在方法论上的错误，将会造成"南辕北辙"的结论。探讨中立帮助行为的可罚性范围，应当坚持二元的行为无价值立场，以共犯处罚根据中"混合惹起说"为根基，采用实质解释的方法，对中立帮助行为通过正犯的实行行为间接地侵害或者威胁法益及自身所具有的不法性进行说明。据此，本书认为应从能够判断帮助行为因果关系的客观归责理论出发来限制中立帮助行为的处罚范围。"中立性"和"帮助性"的双重属性决定了应对中立帮助行为的处罚进行双重限制，应当坚持二元的行为无价值立场，以共犯处罚根据中"混合惹起说"为根据，一是有必要采取限制从属性说，二是在成立条件上既需要存在不法的正犯行为又需要与法益侵害结果之间存在因果关系。具体体现在限制处罚的路径和范式上，本书主张应首先分别进行"归因"与"归责"的递进式审查，在归责层面应采取"风险增加"的客观归责标准；然后再以社会相当性标准进行第二重限制，判断是否存在违法阻却事由；接下来根据行为人有无"特别认知"再进行反向排除，即第三重限制。综上，本书构建的对中立帮助行为进行限制处罚的逻辑进路为："事实归因——危险增加归责——相当性归责限制——特别认知反向排除"的递进式评价体系。具体而言，需要注意以下问题：第一，在客观归责理论的应用上，要充分认识到帮助行为与正犯行为存在论基础上的差异，将"风险创设"转化为"风险增加"。所谓风险增加包括"质"与"量"两个层面：前者要求从整体法秩序角度考虑规范保护目的，以利益衡量的方式判断所增加的风险是否为"法所不容许之风险"；后者要求通过"与正犯行为的不法关联"的标准来评价禁止风险是否"增加"，并要排除制造被允许风险、风险降低和未制造风险等情况。第二，社会相当性判断应采取行为人标准，以案件事实为依据进行事后评价。第三，客观归责并非完全不考虑行为人的主观方面，特别认知便是行为人对禁止风险情况的认知，是据以判断是否存在禁止风险增加、脱逸社会相当性等事实的重要考量因素，其与主观故意不同，仅是一种心理认知事实，而不是对心理认知的规范评价，故通过特别认知进行反向排除的过程并非主观归责。

确定中立帮助行为的处罚范围有助于对其进行规范研究，入罪后的中立帮助行为处罚的主要途径是通过刑法中帮助犯模式实现，因此，可罚的中立帮助行为应满足四个条件：第一，违法的正犯行为，这是中立帮助犯成立的前提条件，在此应坚持共犯的限制从属性说，至于责任有无并不影响共犯的成立，这是从坚持罪刑法定主义保障构成要件的限制机能的要求，也是从保持违法性本质及共犯处罚根据等理论体系一致性的考虑。第二，现实的帮助行为，这是中立帮助犯成立的客观条件，是从犯罪的本质在于法益侵害和规范违反的二元行为无价值论角度出发，认为帮助犯有其不同于正犯的独立的评价基础的必然结论。与物质性帮助相比，精神帮助同样具有可罚性，应从帮助行为的实质进行认定，也就是要坚持从事后评价的机理上看帮助行为的促进作用是否具有实质性且达到必要程度。对于不作为类型的帮助行为，行为人必须具有保证人地位，兼采实质和形式双重义务标准对不作为义务范围进行合理限定。第三，与法益侵害之间存在因果关系也是构成帮助犯的必然要求，中立帮助行为的因果关系具有特殊性，本书认为应采取"正犯行为促进说为主，兼顾正犯结果引起说为辅"的标准，以避免不当扩大因果关系的范围。第四，具有帮助故意，中立帮助行为应具有"双重故意"，由于中立帮助犯在形式上表现为片面帮助的情况。因此，应对片面帮助犯采取承认的态度。需要特别注意的是，成立帮助犯，帮助的故意不用说也是必要的。但是，故意的问题是不同于客观归责的主观归责问题。也就是说，帮助犯的违法性有无，与行为人的认识和意志等主观要素没有关系。虽然行为人认识的有无和所认识的内容是认定帮助行为可罚性不可缺少的因素，但这些因素应置于主观归责要件中作为故意的要素加以解决，应和帮助行为的违法性判断明确加以区别。

中立帮助行为的可罚性、处罚依据和处罚范围的正确选择将影响司法实践中对大量的中立帮助行为的正确处理。也就是说，应考虑行为本身是否制造了不被法所允许的危险，是否具有一定的社会相当性或职业相当性，从而认定某一行为能否被评价为帮助行为；若得出肯定结论，构成帮助犯或者帮助型正犯；若得出否定结论，则属于不可罚的中立行为。中立帮助行为的种类各异，对于商品销售型中立帮助行为，应根据商品属于违禁品、日常使用危险物还是日常使用物的不同类型，结合规范保护目的来评价销售行为是否制造、增加了不被允许的危险。对于提供服务型中立帮助行为，要充分考虑律师服务、金融服务、运输服务、广告服务等行为的职业特点和行业规范，考虑犯罪意义的关联性，从规范保护目的出发，从客观归责上看，考察该行为是否具有归责的必要。对于无论是具有业务中立性还是具有日常中立性的履行民事义务行为能否成立帮助犯，应先从这类行为是否使刑法保护的法益面临的侵害风险明显升高的角度进行判断，通常不应认为这类行为制造了不被法所容许的危险。对于日常中立行为而言，提供饮食、住宿等行为，除个别情形外，原则上应认为没有制造不被法所允许的危险；对于存在债权债务关系或者租赁关系等契约关系的行为，原则上不成立可罚的帮助，但是例外情况下应考虑犯罪意义的关联性，具有构成帮助犯的可能。

在风险社会的宏观背景下，在网络犯罪活动中网络服务提供者的行为愈发起到支配作用。基于维护网络信息安全与管理秩序的迫切需要，刑事责任领域对网络犯罪出现了由事后处罚、被动干预向事前预防、主动监管转向的新趋势，我国新近刑事立法已经表明了对有关行为予以处罚的态度，司法实践中也存在按照直接正犯模式、共犯模式、帮助行为正犯化模式以及不作为正犯模式进行处罚的情况，这些都充分说明对网络中立帮助行为进行一定程度的刑事责任非难的必要性所在，但刑事立法与司法要时刻保持平衡、区分、谦抑的基本原则，避免因过分处罚而导致互联网行业发展受阻。因此，要合理划定网络服务提供者刑事责任范围，美国"避风港原则"提供了有益的借鉴，其精神意旨和法律理念已在我国多部法律中具体体现。但随着网络发展环境的变化和网络犯罪日益高发的态势，过分依赖"避风港原则"难以满足打击网络犯罪的现实之需，为此，有必要引入"红旗原则"，形成一种"原则+例外"的责任认定模式。在常见的网络服务提供行为中，原则上网络连接服务提供者只有在不履行信息网络安全管理义务情况下才可能构成犯罪；而网络内容提供者由于自己组织信息向公众发布，其刑事责任的确定通常也不困难，只有对网络平台提供者和网络存储服务提供者的刑事责任认定稍显困难，对此应在确定网络服务行为与危害结果之间具有因果关系的基础上，重点判断是否增加了法所不容许的风险，以此为核心确立其刑事责任评价的客观基础，再结合有关网络服务业务规范和经营规则方面的法律规定及网络技术能力、社会常识等因素来衡量服务行为的职业相当性，进而综合认定网络服务提供者的刑事责任有无及大小。此外，还应关注几类常见的网络技术提供行为，对于深度链接行为的刑事责任认定应采取"实质替代标准"，可以将深度链接认定为网络传播行为，进而构成侵犯著作权的正犯；对于提供 VPN "翻墙"技术行为而言，单纯的使用行为并不构成犯罪，关键是看后续是否利用该技术实施犯罪。因此，明知他人实施犯罪而提供 VPN 技术支持的，可以成立帮助信息网络犯罪活动罪；或者虽不明知但长期利用该技术为他人提供"翻墙"服务，牟取经济利益的，可以构成非法经营罪；同时构成两罪的，按照处罚较重的规定定罪处罚。在著名的"快播案"中，该案不适用中立帮助行为理论，案件的评价重点是快播公司利用缓存技术介入淫秽物品传播的行为，实质上已经符合了刑法中对传播淫秽物品牟利罪的构成要件，因此，快播公司及各被告人的行为构成作为的传播淫秽物品牟利罪的正犯。

参考文献

Reference

一、著作

（一）中文著作

1. 曲新久：《刑法学原理》，高等教育出版社 2014 年版。

2. 阮齐林：《刑法学》，中国政法大学出版社 2008 年版。

3. 陈洪兵：《共犯论思考》，人民法院出版社 2009 年版。

4. 陈兴良：《教义刑法学》，中国人民大学出版社 2010 年版。

5. 陈家林：《共同正犯研究》，武汉大学出版社 2004 年版。

6. 叶良芳：《实行犯研究》，浙江大学出版社 2008 年版。

7. 任海涛：《共同犯罪立法模式比较研究》，吉林大学出版社 2011 年版。

8. 张明楷编著：《外国刑法纲要》，清华大学出版社 2007 年版。

9. 张伟：《帮助犯研究》，中国政法大学出版社 2012 年版。

10. 江澍：《刑法中的帮助行为》，中国社会科学出版社 2013 年版。

11. 郭自力：《英美刑法》，北京大学出版社 2018 年版。

12. 王光明：《共同实行犯研究》，法律出版社 2012 年版。

13. 柯耀程：《变动中的刑法思想》，中国政法大学出版社 2003 年版。

14. 江溯：《犯罪参与体系研究——以单一正犯体系为视角》，中国人民公安大学出版社 2010 年版。

15. 陈兴良：《共同犯罪论》，中国人民大学出版社 2017 年版。

16. 张明楷：《刑法学》，法律出版社 2016 年版。

17. 陈兴良主编：《刑法总论精释》，人民法院出版社 2016 年版。

18. 黎宏：《日本刑法精义》，法律出版社 2008 年版。

19. 马克昌主编：《近代西方刑法学说史略》，中国检察出版社 2004 年版。

20. 陈家林：《外国刑法理论的思潮与流变》，中国人民公安大学出版社、群众出版社 2017 年版。

21. 马克昌主编：《犯罪通论》，武汉大学出版社 1999 年版。

22. 陈家林：《外国刑法：基础理论与研究动向》，华中科技大学出版社 2013 年版。

23. 王鑫磊：《帮助犯研究——以大陆法系为视角的展开》，吉林人民出版社 2016 年版。

24. 赵秉志、袁彬：《刑法最新立法争议问题研究》，江苏人民出版社 2016 年版。

25. 李晓龙：《刑法保护前置化研究：现象观察与教义分析》，厦门大学出版社 2018 年版。

26. 刘宪权主编：《刑法学》，上海人民出版社 2016 年版。

27. 陈洪兵：《中立行为的帮助》，法律出版社 2010 年版。

28. 林钰雄：《新刑法总则》，中国人民大学出版社 2009 年版。

29. 钱叶六：《共犯论的基础及其展开》，中国政法大学出版社 2014 年版。

30. 杨金彪：《共犯的处罚根据》，中国人民公安大学出版社 2008 年版。

31. 张明楷：《法益初论》，中国政法大学出版社 2003 年版。

32. 刘凌梅：《帮助犯研究》，武汉大学出版社 2003 年版。

33. 马克昌：《比较刑法原理：外国刑法学总论》，武汉大学出版社 2002 年版。

34. 刘雪梅：《共犯中止研究》，中国人民公安大学出版社 2011 年版。

35. 周光权：《刑法总论》，中国人民大学出版社 2011 年版。

36. 林山田：《刑法通论》（下册），北京大学出版社 2012 年版。

37. 张开骏：《共犯从属性研究》，法律出版社 2015 年版。

38. 张明楷：《刑法的基本立场》，中国法制出版社 2002 年版。

39. 吴振兴：《论教唆犯》，吉林人民出版社 1986 年版。

40. 黎宏：《刑法总论问题思考》，中国人民大学出版社 2007 年版。

41. 张明楷：《犯罪构成体系与构成要件要素》，北京大学出版社 2010 年版。

42. 周光权：《刑法公开课》（第 1 卷），北京大学出版社 2019 年版。

43. 张亚军：《刑法中的客观归属论》，中国人民公安大学出版社 2008 年版。

44. 黄荣坚：《基础刑法学》（下），中国人民大学出版社 2009 年版。

45. 庄劲：《从客观到主观：刑法结果归责的路径研究》，中山大学出版社 2019 年版。

46. 储槐植：《美国刑法》，北京大学出版社 2005 年版。

47. 赵秉志主编：《刑法总论》，中国人民大学出版社 2016 年版。

48. 陈兴良：《罪刑法定主义》，中国法制出版社 2010 年版。

49. 张道许：《风险社会的刑法危机及其应对》，知识产权出版社 2016 年版。

50. 郝艳兵：《风险刑法：以危险犯为中心的展开》，中国政法大学出版社 2012 年版。

51. 喻海松：《刑法的扩张——<刑法修正案（九）>及新近刑事立法解释司法适用解读》，人民法院出版社 2015 年版。

52. 马克昌主编：《外国刑法学总论（大陆法系）》，中国人民大学出版社 2009 年版。

53. 周光权：《刑法总论》，中国人民大学出版社 2016 年版。

54. 劳东燕：《风险社会中的刑法——社会转型与刑法理论的变迁》，北京大学出版社 2015 年版。

55. 许玉秀：《当代刑法思潮》，中国民主法制出版社 2005 年版。

56. 王俊：《客观归责体系中允许风险的教义学重构》，法律出版社 2018 年版。

57. 林东茂：《刑法综览》，中国人民大学出版社 2009 年版。

58. 郭华：《互联网金融犯罪概说》，法律出版社 2015 年版。

59. 张新宝主编：《互联网上的侵权问题研究》，中国人民大学出版社 2003 年版。

60. 曹菲：《管理监督过失研究——多角度的审视与重构》，法律出版社 2013 年版。

61. 张巍：《涉网络犯罪相关行为刑法规制研究》，法律出版社 2015 年版。

62. 周道鸾等主编：《刑法罪名精释》，人民法院出版社 2013 年版。

63. 王肃之：《网络犯罪原理》，人民法院出版社 2019 年版。

64. 陈兴良：《本体刑法学》，中国人民大学出版社 2011 年版。

65. 刘宪权：《金融犯罪刑法学原理》，上海人民出版社 2017 年版。

66. 涂龙科：《网络交易视阈下的经济刑法新论》，法律出版社 2017 年版。

67. 王迁：《网络环境中的著作权保护研究》，法律出版社 2011 年版。

68. 焦旭鹏：《风险刑法的基本立场》，法律出版社 2014 年版。

69. 张继钢：《风险社会下环境犯罪研究》，中国检察出版社 2019 年版。

70. 刘然：《互联网金融监管法律制度研究》，中国检察出版社 2017 年版。

71. 李琳：《风险刑法的反思与批判》，法律出版社 2018 年版。

72. 敬力嘉：《信息网络犯罪规制的预防转向与限度》，社会科学文献出版社 2019 年版。

73. 刘艳红：《实质刑法观》，中国人民大学出版社 2019 年版。

74. 李邦友主编：《经济社会视域下犯罪参与行为的刑法边界研究》，人民法院出版社 2017 年版。

75. 孙万怀：《重申罪刑法定主义》，法律出版社 2017 年版。

76. 周光权：《刑法客观主义与方法论》，法律出版社 2013 年版。

77. 陈子平：《刑法总论》，中国人民大学出版社 2009 年版。

（二）译文著作

1. ［日］大谷实：《刑法总论》，黎宏译，法律出版社 2003 年版。

2. 〔日〕小野清一郎：《犯罪构成要件理论》，王泰译，中国人民公安大学出版社 2004 年版。

3. 〔德〕克劳斯·罗克辛：《德国刑法学总论》（第 2 卷），王世洲等译，法律出版社 2013 年版。

4. 〔日〕大塚仁：《刑法概说（总论）》，冯军译，中国人民大学出版社 2003 年版。

5. 〔德〕汉斯·海因里希·耶塞克、托马斯·魏根特：《德国刑法教科书》，徐久生译，中国法制出版社 2017 年版。

6. 〔日〕松宫孝明：《刑法总论讲义》，钱叶六译，中国人民大学出版社 2013 年版。

7. 〔日〕西田典之：《共犯理论的展开》，江溯、李世阳译，中国法制出版社 2017 年版。

8. 〔日〕西田典之：《日本刑法总论》，王昭武、刘明祥译，法律出版社 2013 年版。

9. 陈志军译：《巴西刑法典》，中国人民公安大学出版社 2009 年版。

10. 徐久生、庄敬华译：《德国刑法典》，中国方正出版社 2004 年版。

11. 陈志军译：《匈牙利刑法典》，中国人民公安大学出版社 2008 年版。

12. 徐久生译：《奥地利联邦共和国刑法典》，中国方正出版社 2004 年版。

13. 黄风译：《最新意大利刑法典》，法律出版社 2007 年版。

14. 王秀梅、邱陵译：《罗马尼亚刑法典》，中国人民公安大学出版社 2007 年版。

15. 徐久生、庄敬华译：《瑞士联邦刑法典》，中国方正出版社 2004 年版。

16. 〔德〕乌尔斯·金德霍伊泽尔：《刑法总论教科书》，蔡桂生译，北京大学出版社 2015 年版。

17. 〔日〕山口厚：《刑法总论》，付立庆译，中国人民大学出版社 2018 年版。

18. 〔日〕高桥则夫：《共犯体系和共犯理论》，冯军、毛乃纯译，中国人民大学出版社 2010 年版。

19. 〔日〕野村稔：《刑法总论》，全理其、何力译，法律出版社 2001 年版。

20. 〔日〕高桥则夫：《规范论和刑法解释论》，戴波、李世阳译，中国人民大学出版社 2011 年版。

21. 〔日〕大谷实：《刑法讲义总论》，黎宏译，中国人民大学出版社 2008 年版。

22. 〔意〕杜里奥·帕多瓦尼：《意大利刑法学原理》（注评版），陈忠林译，中国人民大学出版社 2004 年版。

23. 〔德〕约翰内斯·韦塞尔斯：《德国刑法总论》，李昌珂译，法律出版社 2008 年版。

24. 〔德〕克劳斯·罗克辛：《德国最高法院判例：刑法总论》，何庆仁、蔡桂生译，中国人民大学出版社 2012 年版。

25. ［美］戈尔丁：《法律哲学》，齐海滨译，生活·读书·新知三联书店 1987 年版。

26. ［德］格吕思特·雅科布斯：《行为 责任 刑法——机能性描述》，冯军译，中国政法大学出版社 1997 年版。

27. ［美］E. 博登海默：《法理学：法律哲学与法律方法》，邓正来译，中国政法大学出版社 2004 年版。

28. ［德］卡尔·拉伦茨：《法学方法论》，陈爱娥译，商务印书馆 2003 年版。

29. ［英］安德鲁·阿什沃斯：《刑法的积极义务》，姜敏译，中国法制出版社 2018 年版。

30. ［韩］金日秀、徐辅鹤：《韩国刑法总论》，郑军男译，武汉大学出版社 2008 年版。

31. 徐久生译：《德国刑法典》，北京大学出版社 2019 年版。

32. ［日］大塚仁：《刑法概说（各论）》，冯军译，中国人民大学出版社 2003 年版。

33. ［日］西原春夫：《犯罪实行行为论》，戴波、江溯译，北京大学出版社 2006 年版。

34. ［日］前田雅英：《刑法总论讲义》，曾文科译，北京大学出版社 2017 年版。

35. ［日］山口厚：《从新判例看刑法》，付立庆、刘隽译，中国人民大学出版社 2019 年版。

36. ［德］埃里克·希尔根多夫：《德国刑法学：从传统到现代》，江溯等译，北京大学出版社 2015 年版。

37. ［德］乌尔里希·贝克：《风险社会》，何博闻译，译林出版社 2004 年版。

38. ［日］大塚仁：《犯罪论的基本问题》，冯军译，中国政法大学出版社 1993 年版。

39. ［日］西原春夫：《刑法的根基与哲学（增补版）》，顾肖荣等译，中国法制出版社 2017 年版。

40. ［英］H. L. A. 哈特、托尼·奥诺尔：《法律中的因果关系》，张绍谦、孙战国译，中国政法大学出版社 2005 年版。

41. ［美］约书亚·德雷斯勒：《美国刑法精解》，王秀梅等译，北京大学出版社 2009 年版。

二、论文

（一）中文论文

1. 钱叶六："中国犯罪参与体系的性质及其特色——一个比较法的分析"，载《法律科学》（西北政法大学学报）2013 年第 6 期。

　　2. 江溯："单一正犯体系的类型化考察"，载《内蒙古大学学报》（哲学社会科学版）2012 年第 1 期。

　　3. 阎二鹏："扩张正犯概念体系的建构——兼评对限制正犯概念的反思性检讨"，载《中国法学》2009 年第 3 期。

　　4. 张开骏："区分制犯罪参与体系与'规范的形式客观说'正犯标准"，载《法学家》2013 年第 4 期。

　　5. 刘洪："我国刑法共犯参与体系性质探讨——从统一正犯视野"，载《政法学刊》2007 年第 4 期。

　　6. 刘明祥："论中国特色的犯罪参与体系"，载《中国法学》2013 年第 6 期。

　　7. 张伟："我国犯罪参与体系与双层次共犯评价理论"，载赵秉志主编：《刑法论丛》（第 4 卷），法律出版社 2013 年版。

　　8. 阎二鹏："犯罪参与类型再思考——兼议分工分类与作用分类的反思"，载《环球法律评论》2011 年第 5 期。

　　9. 兰迪："犯罪参与体系：中国图景下的比较与选择"，载《西北大学学报》（哲学社会科学版）2015 年第 2 期。

　　10. 马聪："论正犯与共犯区分之中国选择"，载《山东社会科学》2018 年第 3 期。

　　11. 刘明祥："再释'被教唆的人没有犯被教唆的罪'——与周光权教授商榷"，载《法学》2014 年第 12 期。

　　12. 阎二鹏："共犯行为正犯化及其反思"，载《国家检察官学院学报》2013 年第 3 期。

　　13. 白洁："拟制正犯范围之限制"，载《法学杂志》2013 年第 7 期。

　　14. 詹红星："帮助行为正犯化的法理基础和立法界限"，载《经济与社会发展》2017 年第 6 期。

　　15. 童德华、陆敏："帮助型正犯的立法实践及其合理性检视"，载《湖南师范大学社会科学学报》2018 年第 1 期。

　　16. 于冲："帮助行为正犯化的类型研究与入罪化思路"，载《政法论坛》2016 年第 4 期。

　　17. 张明楷："网络时代的刑法理念——以刑法的谦抑性为中心"，载《人民检察》2014 年第 9 期。

　　18. 黎宏："行为无价值论与结果无价值论：现状和展望"，载《法学评论》2005 年第 6 期。

19. 陈璇："德国刑法学中结果无价值与行为无价值的流变、现状与趋势"，载《中外法学》2011 年第 2 期。

20. 陈毅坚、孟莉莉："'共犯正犯化'立法模式正当性评析"，载《中山大学法律评论》2010 年第 2 期。

21. 付玉明："论刑法中的中立帮助行为"，载《法学杂志》2017 年第 10 期。

22. 朱勇："帮助行为的处罚根据与中立帮助行为的处罚控制"，载《中国政法大学学报》2019 年第 3 期。

23. 曹波："中立帮助行为的刑事可罚性研究"，载《国家检察官学院学报》2016 年第 6 期。

24. 张明楷："论帮助信息网络犯罪活动罪"，载《政治与法律》2016 年第 2 期。

25. 刘宪权："论信息网络技术滥用行为的刑事责任——《刑法修正案（九）》相关条款的理解与适用"，载《政法论坛》2015 年第 6 期。

26. 刘艳红："网络中立帮助行为可罚性的流变及批判——以德日的理论和实务为比较基准"，载《法学评论》2016 年第 5 期。

27. 劳东燕："公共政策与风险社会的刑法"，载《中国社会科学》2007 年第 3 期。

28. 钱叶六："共犯的实行从属性说之提倡"，载《法学》2012 年第 11 期。

29. 周光权："造意不为首"，载《人民检察》2010 年第 23 期。

30. 冀洋："刑法主观主义：方法论与价值观的双重清理"，载《法制与社会发展》2016 年第 3 期。

31. 王华伟："网络语境中的共同犯罪与罪量要素"，载《中国刑事法杂志》2019 年第 2 期。

32. 邓毅丞："共犯正犯化背景下的从属性困境及理论应对"，载《中外法学》2019 年第 3 期。

33. 谭堃："共犯的限制从属性说之坚持——以共犯违法相对性的扩张为视角"，载《法律科学》（西北政法大学学报）2019 年第 5 期。

34. 陈洪兵："最小从属性说与极端从属性说批判——兼质疑王昭武先生倡导的最小从属性说"，载《南京农业大学学报》（社会科学版）2008 年第 2 期。

35. 付立庆："阶层体系下间接正犯与教唆犯的区分标准：理论展开与实践检验"，载《华东政法大学学报》2018 年第 6 期。

36. 周啸天："最小从属性说的提倡：以对合法行为的利用为中心"，载《法律科学》（西北政法大学学报）2015 年第 6 期。

37. 王霖："网络犯罪参与行为刑事责任模式的教义学塑造——共犯归责模式的回

归"，载《政治与法律》2016 年第 9 期。

38. 王昭武："论共犯的最小从属性说——日本共犯从属性理论的发展与借鉴"，载《法学杂志》2007 年第 11 期。

39. 赵天水："连累犯相关问题探微"，载《科学经济社会》2016 年第 1 期。

40. 伍柳村："试论教唆犯的二重性"，载《法学研究》1982 年第 1 期。

41. 杜文俊、陈洪兵："不作为共犯与犯罪阻止义务"，载赵秉志主编：《刑法论丛》（第 3 卷），法律出版社 2009 年版。

42. 刘士心："不纯正不作为犯的共犯"，载《国家检察官学院学报》2009 年第 4 期。

43. 毛玲玲："不作为犯义务的限制实质论"，载《东方法学》2014 年第 3 期。

44. 阎二鹏："帮助信息网络犯罪活动罪：不作为视角下的教义学证成"，载《社会科学战线》2018 年第 6 期。

45. 阎二鹏："帮助犯因果关系：反思性检讨与教义学重塑"，载《政治与法律》2019 年第 2 期。

46. 阎二鹏、吴飞飞："帮助犯因果关系检讨——以共犯处罚根据论为视角"，载《法治研究》2012 年第 8 期。

47. 陈洪兵："'二人以上共同故意犯罪'的再解释——全面检讨关于共同犯罪成立条件之通说"，载《当代法学》2015 年第 4 期。

48. 刘涛："片面共同正犯的成立及其范围"，载《政治与法律》2014 年第 11 期。

49. 孙道萃："网络共同犯罪的多元挑战与有组织应对"，载《华南师范大学学报》（社会科学版）2016 年第 3 期。

50. 车浩："谁应为互联网时代的中立行为买单?"，载《中国法律评论》2015 年第 1 期。

51. 陈洪兵："中立的帮助行为论"，载《中外法学》2008 年第 6 期。

52. 车浩："刑事立法的法教义学反思——基于《刑法修正案（九）》的分析"，载《法学》2015 年第 10 期。

53. 梁根林："刑法修正：维度、策略、评价与反思"，载《法学研究》2017 第 1 期。

54. 侯帅："论罪刑法定原则下网络犯罪的刑法规制"，载《河南科技大学学报》（社会科学版）2015 年第 1 期。

55. 靳高风等："中国犯罪形势分析与预测（2018—2019）"，载《中国人民公安大学学报》（社会科学版）2019 年第 3 期。

56. 李永升、张楚："网络中立帮助行为的刑法规制"，载赵秉志主编：《刑法论丛》（第 1 卷），法律出版社 2018 年版。

57. 于改之："社会相当性理论的体系地位及其在我国的适用"，载《比较法研究》2007 年第 5 期。

58. 于改之："我国当前刑事立法中的犯罪化与非犯罪化——严重脱逸社会相当性理论之提倡"，载《法学家》2007 年第 4 期。

59. 郭玮："中立的帮助行为司法犯罪化的标准探讨"，载《西部法学评论》2018 年第 1 期。

60. 陈洪兵："论技术中立行为的犯罪边界"，载《南通大学学报》（社会科学版）2019 年第 1 期。

61. 徐成："防卫限度判断中的利益衡量"，载《法学研究》2019 年第 3 期。

62. 于改之、吕小红："比例原则的刑法适用及其展开"，载《现代法学》2018 年第 4 期。

63. 邹兵建："论刑法归因与归责关系的嬗变"，载陈兴良主编：《刑事法评论》（第 3 卷），北京大学出版社 2011 年版。

64. 周光权："客观归责理论的方法论意义——兼与刘艳红教授商榷"，载《中外法学》2012 年第 2 期。

65. 黎宏："论中立的诈骗帮助行为之定性"，载《法律科学》（西北政法大学学报）2012 年第 6 期。

66. 方鹏："论出租车载乘行为成立不作为犯和帮助犯的条件——‘冷漠的哥案’中的法与理"，载陈兴良主编：《刑事法判解》（第 13 卷），人民法院出版社 2013 年版。

67. 陈兴良："快播案一审判决的刑法教义学评判"，载《中外法学》2017 年第 1 期。

68. 高磊："论 P2P 共享服务提供者的刑事责任——以快播为视角"，载《环球法律评论》2017 年第 5 期。

69. 曹波："中立帮助行为刑事可罚性研究"，载《国家检察官学院学报》2016 年第 6 期。

70. 陈伟、谢可君："网络中立帮助行为处罚范围的限定"，载《上海政法学院学报》（法治论丛）2018 年第 1 期。

71. 周光权："中性业务活动与帮助犯的限定——以林小青被控诈骗、敲诈勒索案为切入点"，载《比较法研究》2019 年第 5 期。

72. 马骏："网络中立帮助行为探究——兼谈对刑法第 287 条之二第 1 款的理解"，载《时代法学》2018 年第 4 期。

73. 符天祺："帮助犯的结果归责"，载江溯主编：《刑事法评论》（第 41 卷），北京大学出版社 2018 年版。

74. 陈洪兵："论中立帮助行为的处罚边界"，载《中国法学》2017 年第 1 期。

75. 姚万勤："中立的帮助行为与客观归责理论"，载《法学家》2017 年第 6 期。

76. 劳东燕："法益衡量原理的教义学检讨"，载《中外法学》2016 年第 2 期。

77. 何庆仁："特别认知者的刑法归责"，载《中外法学》2015 年第 4 期。

78. 陈璇："论客观归责中危险的判断方法——'以行为时全体客观事实为基础的一般人预测'之提倡"，载《中国法学》2011 年第 3 期。

79. 欧阳本祺："论特别认知的刑法意义"，载《法律科学》（西北政法大学学报）2016 年第 6 期。

80. 邹兵建："网络中立帮助行为的可罚性证成——一个法律经济学视角的尝试"，载《中国法律评论》2020 年第 1 期。

81. 张伟："中立帮助行为探微"，载《中国刑事法杂志》2010 年第 5 期。

82. 江溯："论美国刑法上的共犯——以《模范刑法典》为中心的考察"，载陈兴良主编：《刑事法评论》（第 21 卷），北京大学出版社 2007 年版。

83. 陈瑞华："论辩护律师的忠诚义务"，载《吉林大学社会科学学报》2016 年第 3 期。

84. 刘蕾："保密义务与真实义务之间的较量——兼论我国辩护律师保密特权制度的完善"，载《西北大学学报》（哲学与社会科学版）2014 年第 1 期。

85. 陈洪兵："质疑经济犯罪司法解释共犯之规定——以中立行为的帮助理论为视角"，载《北京交通大学学报》（社会科学版）2010 年第 3 期。

86. 吴鸣："互联网金融创新背景下第三方支付中立帮助行为研究"，载《财会月刊》2019 年第 4 期。

87. 胡增瑞："互联网金融时代的刑法应对"，载刘宪权主编：《刑法学研究》（第 11 卷），上海人民出版社 2014 年版。

88. 杨曙光："对虚假广告罪适用难的理论思考"，载《人民检察》2017 年第 13 期。

89. 孙道萃："虚假广告犯罪的网络化演变与立法修正思路"，载《法治研究》2018 年第 2 期。

90. 杨达："经济纠纷中民刑交叉的冲突与弥合——兼谈银行业理财合同的涉刑审理"，载《社会科学家》2019 年第 8 期。

91. 吴浩："域外刑法的见危不救罪及其对中国刑事立法的启示"，载《大连海事大学学报》（社会科学版）2018 年第 4 期。

92. 杨立新："网络平台提供者的附条件不真正连带责任与部分连带责任"，载《法律科学》（西北政法大学学报）2015 年第 1 期。

93. 吕英杰："论知识产权犯罪中网络服务商的刑事责任"，载《现代法治研究》2018年第4期。

94. 于冲："网络平台刑事合规的基础、功能与路径"，载《中国刑事法杂志》2019年第6期。

95. 魏露露："网络平台责任的理论与实践——兼议与我国电子商务平台责任制度的对接"，载《北京航空航天大学学报》（社会科学版）2018年第6期。

96. 孙道萃："网络直播刑事风险的制裁逻辑"，载《暨南学报》（哲学社会科学版）2017年第11期。

97. 王华伟："网络服务提供者刑事责任的认定路径——兼评快播案的相关争议"，载《国家检察官学院学报》2017年第5期。

98. 刘艳红："无罪的快播与有罪的思维——'快播案'有罪论之反思与批判"，载《政治与法律》2016年第12期。

99. 范君："快播案犯罪构成及相关审判问题——从技术判断行为的进路"，载《中外法学》2017年第1期。

100. 王华伟："避风港原则的刑法教义学理论建构"，载《中外法学》2019年第6期。

101. 徐可："互联网平台的责任结构与规制路径——以审查义务和经营者责任为基础"，载《北方法学》2019年第3期。

102. 李怀胜："网络空间中的技术过失行为初论"，载《政法论坛》2011年第3期。

103. 谭淦："监督过失的一般形态研究"，载《政法论坛》2012年第1期。

104. 刘宪权："人工智能时代的刑事风险与刑法应对"，载《法商研究》2018年第1期。

105. 王华伟："网络服务提供者的刑法责任比较研究"，载《环球法律评论》2016年第4期。

106. 周光权："网络服务商的刑事责任范围"，载《中国法律评论》2015年第2期。

107. 吴舟："论我国网络犯罪刑法规制体系的立法完善"，载张平、黄绅嘉主编：《网络法律评论》，北京大学出版社2012年版。

108. 俞小海："P2P网络借贷平台的刑事责任问题研究"，载《汕头大学学报》（人文社会科学版）2015年第5期。

109. 王莹："网络信息犯罪归责模式研究"，载《中外法学》2018年第5期。

110. 罗世龙："网络帮助行为的刑事归责路径选择"，载《甘肃政法学院学报》2018年第4期。

111. 王华伟："网络语境中帮助行为正犯化的批判解读"，载《法学评论》2019年第

4 期。

112. 孙道萃："网络平台犯罪的刑事制裁思维与路径"，载《东方法学》2017 年第 3 期。

113. 皮勇、汪恭政："网络金融平台不作为犯的刑事责任及其边界——以信息网络安全管理义务为切入点"，载《学术论坛》2018 年第 4 期。

114. 李本灿："拒不履行信息网络安全管理义务罪的两面性解读"，载《法学论坛》2017 年第 3 期。

115. 杨彩霞："多元化网络共犯行为的刑法规制路径体系之重构"，载《法学家》2019 年第 2 期。

116. 徐明："避风港原则前沿问题研究——以'通知－删除'作为诉讼前置程序为展开"，载《东方法学》2016 年第 5 期。

117. 陈洪兵："网络中立行为的可罚性探究——以 P2P 服务提供商的行为评价为中心"，载《东北大学学报》（社会科学版）2009 年第 3 期。

118. 林清红、周舟："深度链接行为入罪应保持克制"，载《法学》2013 年第 9 期。

119. 欧阳本祺："论网络时代刑法解释的限度"，载《中国法学》2017 年第 3 期。

120. 刘宪权："论信息网络技术滥用行为的刑事责任——《刑法修正案（九）》相关条款的理解与适用"，载《政法论坛》2015 年第 6 期。

121. 徐松林："视频搜索网站深度链接行为的刑法规制"，载《知识产权》2014 年第 11 期。

122. 孙万怀："慎终如始的民刑推演——网络服务提供行为的传播性质"，载《政法论坛》2015 年第 1 期。

123. 余秀宝："视频聚合 APP '深度链接'行为性质的司法认定——以司法实践中的热点案例为分析素材"，载《社会科学动态》2018 年第 3 期。

124. 李源粒："网络安全与平台服务商的刑事责任"，载《法学论坛》2014 年第 6 期。

125. 曾莉、陈晴："搜索引擎服务商著作权侵权问题探析"，载《重庆理工大学学报》（社会科学版）2018 年第 5 期。

126. 孙中梅、赵康："试论提供用于侵入、非法控制计算机信息系统的程序、工具罪的实然适用与应然展望"，载《中国检察官》2012 年第 1 期。

127. 郭树正："非法经营 VPN 类业务定性问题研究"，载《中国检察官》2019 年第 2 期。

128. 梅礼匀："提供 VPN '翻墙'服务的行为如何定性"，载《人民检察》2019 年第 6 期。

129. 周详、覃业坤："快播案一审判决的刑法教义学分析——与几位方家的商榷"，载《北京理工大学学报》（社会科学版）2018 年第 3 期。

130. 孙道萃："网络片面共同犯罪的制裁边界：兼议'快播案'"，载《浙江工商大学学报》2016 年第 4 期。

131. 高艳东："不纯正不作为犯的中国命运：从快播案说起"，载《中外法学》2017 年第 1 期。

132. 周光权："犯罪支配还是义务违反——快播案定罪理由之探究"，载《中外法学》2017 年第 1 期。

133. 陈洪兵："作为犯与不作为犯的区分——以交通肇事逃逸为例"，载《法治研究》2017 年第 1 期。

134. 吕翰岳："作为与不作为之区分的目的理性思考——以德国判例与学说为借镜"，载《环球法律评论》2017 年第 4 期。

135. 吴沈括、何露婷："网络缓存的法律认定及其规制——以快播案为分析视角"，载《财经法学》2019 年第 5 期。

136. 王俊："允许风险的刑法教义学研究"，载江溯主编：《刑事法评论》（第 41 卷），北京大学出版社 2017 年版。

（二）译文论文

1. ［德］布莱恩·瓦利留斯："因果关系与客观归责——对中方报告的评论"，黄笑岩译，载梁根林、［德］埃里克·希尔根多夫主编：《刑法体系与客观归责：中德刑法学者的对话（二）》，北京大学出版社 2015 年版。

2. ［德］约阿希姆·福格尔："纳粹主义对刑法的影响"，喻海松译，载陈兴良主编：《刑事法评论》（第 26 卷），北京大学出版社 2010 年版。

3. ［德］克劳斯·罗克辛："德国刑法中的共犯理论"，劳东燕、王钢译，载陈兴良主编：《刑事法评论》（第 27 卷），北京大学出版社 2010 年版。

4. ［德］沃尔夫冈·弗里希："客观之结果归责——结果归责理论的发展、基本路线与未决之问题"，蔡圣伟译，载陈兴良主编：《刑事法评论》（第 30 卷），北京大学出版社 2012 年版。

5. ［德］英格伯格·普珀："客观归责的体系"，徐凌波、曹斐译，载陈兴良主编：《刑事法评论》（第 39 卷），北京大学出版社 2016 年版。

6. ［美］马库斯·德克·达博："积极的一般预防与法益理论：一个美国人眼里的德国刑法学的两个重要成就"，杨萌译，载陈兴良主编：《刑事法评论》（第 21 卷），北京大学出版社 2007 年版。

7. ［德］乌尔里希·贝克："风险社会与中国——与德国社会学家乌干里希·贝克的对话"，邓正来、沈国麟译，载《社会学研究》2010 年第 5 期。

三、其他类

（一）报纸

1. 金首峰："向犯罪分子归还欠款助其逃匿的行为如何定性"，载《江苏法制报》2006 年 12 月 13 日，第 3 版。

2. 刘仁文、张慧："刑罚修正案（九）草案有关网络犯罪规定的完善建议"，载《人民法院报》2015 年 8 月 12 日，第 6 版。

3. 欧阳本祺、罗玮："深度链接应属侵犯著作权罪中的发行"，载《检察日报》2018 年 10 月 21 日，第 3 版。

4. 张明楷："快播案定罪量刑的简要分析"，载《人民法院报》2016 年 9 月 14 日，第 3 版。

5. 皮勇："网络服务提供者的刑事责任问题"，载《光明日报》2005 年 6 月 28 日，第 B4 版。

6. 刘仁文、黄云波："介绍贿赂罪没必要独立存在"，载《人民法院报》2016 年 7 月 13 日，第 6 版。

（二）法律文书

1. 黑龙江省哈尔滨市平房区人民法院（2017）黑 0108 刑初 160 号刑事判决书。

2. 湖南省湘潭县人民法院（2015）潭刑初字第 20 号刑事判决书。

3. 辽宁省沈阳市浑南区人民法院（2016）辽 0112 刑初 407 号刑事判决书。

4. 辽宁省沈阳市中级人民法院（2017）辽 01 刑终 126 号刑事判决书。

5. 广西壮族自治区岑溪市人民法院（2010）岑刑初字第 71 号刑事判决书。

6. 河南省林州市人民法院（2017）豫 0581 刑初 1239 号刑事判决书。

7. 辽宁省建平县人民法院（2018）辽 1322 刑初 174 号刑事判决书。

8. 福建省福州市中级人民法院（2019）闽 01 刑终 1413 号刑事裁定书。

9. 天津市西青区人民法院（2015）青刑初字第 0047 号刑事判决书。

10. 广东省深圳市南山区人民法院（2018）粤 0305 刑初 1673 号刑事判决书。

11. 北京市海淀区人民法院（2015）海刑初字第 512 号刑事判决书。

12. 江西省南昌市东湖区人民法院（2018）赣 0102 刑初 585 号刑事判决书。

13. 江苏省常州市武进区人民法院（2016）苏 0412 刑初 1196 号刑事判决书。

14. 上海市普陀区人民法院（2013）普刑（知）初字第 11 号刑事判决书。

15. 北京市朝阳区人民法院（2013）朝民初字第 6662 号民事判决书。

16. 北京市海淀区人民法院 2015 海民（知）初字第 40920 号民事判决书。

17. 上海市宝山区人民法院（2018）沪 0113 刑初 1606 号刑事判决书。

18. 广东省东莞市第一人民法院（2017）粤 1971 刑初 250 号刑事判决书。

19. 河南省光山县人民法院（2018）豫 1522 刑初 220 号刑事判决书。

20. 广西壮族自治区南宁市江南区人民法院（2019）桂 0105 刑初 633 号刑事判决书。

21. 河南省永城市人民法院（2019）豫 1481 刑初 498 号刑事判决书。

22. 河南省新野县人民法院（2017）豫 1329 刑初 556 号刑事判决书。

23. 河南省三门峡市中级人民法院（2018）豫 12 刑终 271 号刑事裁定书。

24. 云南省昆明市西山区人民法院（2018）云 0112 刑初 541 号刑事判决书。

25. 四川省绵阳市安州区人民法院（2019）川 0724 刑初 161 号刑事判决书。

26. 河南省永城市人民法院（2019）豫 1481 刑初 663 号刑事判决书。

27. 广东省湛江市霞山区人民法院（2019）粤 0803 刑初 266 号刑事判决书。

28. 四川省自贡县人民法院（2015）荣刑初字第 54 号刑事判决书。

29. 浙江省泰顺县人民法院（2018）浙 0329 刑初 46 号刑事判决书。

30. 广西壮族自治区梧州市长洲区人民法院（2018）桂 0405 刑初 38 号刑事判决书。

31. 安徽省合肥高新技术产业开发区人民法院（2018）皖 0191 刑初 142 号刑事判决书。

32. 安徽省合肥市包河区人民法院（2018）皖 0111 刑初 885 号刑事判决书。

33. 湖南省郴州市湖北区人民法院（2018）湘 1002 刑初 268 号刑事判决书。

34. 河南省平顶山市中级人民法院（2019）豫 04 刑终 308 号刑事判决书。

35. 湖南省衡阳市中级人民法院（2019）湘 04 刑终 438 号刑事裁定书。

36. 安徽省高级人民法院（2004）皖刑终字第 215 号刑事裁定书。

37. 吉林省辽源市中级人民法院（2019）吉 04 刑终字 100 号刑事判决书。

38. 黑龙江省木兰县人民法院（2019）黑 0127 刑初 102 号刑事判决书。

39. 上海市青浦区人民法院（2014）青刑初字第 609 号刑事判决书。

40. 广东省鹤山市人民法院（2019）粤 0784 刑初 62 号刑事判决书。

后　记
Postscript

　　本书是在笔者博士学位论文的基础上修改而成，由于工作的原因，只能下班后修改书稿确实辛苦，但看着即将付印的书稿内心确有小小欢喜，同时又想到本书还有诸多不足，又难免一些惶恐与不安，对于一名在检察机关工作的人来讲，完成博士论文似乎意味着离刑法的学术殿堂越来越远，想来也觉得遗憾，就像我的博士学习经历一样，总是计划得很好、希望很大、决心很大，但往往事与愿违，很多事情都不得不打了折扣。博士被录取时的兴奋仍然记忆犹新，当时立志要做好学术，却发现在后来读博过程中难以坚持，从博士第二学期开始，工作变得十分繁忙，连续几年参与专案办理，生活、家庭已自顾不暇，学业便被一拖再拖，三年学制变成延期三年，直至第六年才完成学位论文并答辩通过，这个非正常的过程也让我深深感到自责，在这个过程中凝聚了导师、家人、领导和朋友们的莫大关心和支持，使我继续坚持得以完成学业。

　　承蒙导师曲新久教授不弃，收我作为博士研究生。从 2009 年初识曲老师，就深深地感受到他高尚的人格魅力、精深的学术造诣、严谨的治学精神和洒脱的处事风格，这些都在潜移默化地影响着像我一样的学生们，使我们懂得很多学习以外的人生道理，即使在毕业后也能够遵循导师的教诲走好人生的道路。自从 2009 年跟随曲老师学习刑法以来，至今已有十余年，在这十多年中，曲老师始终对我的学习予以指导和鼓励。曲老师很少批评学生，即便像我这样"不学无术"的学生，也都耐心劝导，在我一再延期时，曲老师总是耐心鼓励我"要坚持、早些动笔，困难远没有想象得可怕……"，尤其在博士论文写作过程中，老师从选题到谋篇布局，再到观点阐释甚至是遣词造句、文字疏漏都对我进行悉心指导。可以说，没有老师的包容、关怀、鼓励和指导，我不可能如此顺利地完成博士论文的写作。我们作为师生，除了学习和论文写作外，更多的还是老师在司法实务上的提点，有时候遇到一个刑法问题，或百思而不得其解，或纠结而摇摆不定，但每每与曲老师交流上几句，他总是在一两句话之间，就让人茅塞顿开、受益匪浅，这也是毕业同门都喜欢找老师交流业务的原因，也是每次与老师的聚会最终都演变为"学术研讨会"的原因，更有甚者，每次都有人提前带着几个问题来赴宴。所以，在即将完成博士学业之际，衷心感谢我的导师曲新久教授，感谢老师多年来对我的教导与付出！

感谢中国政法大学！这个曾经在我上大学时候就觉得梦寐以求的学府，不仅给了我保送读研的机会，更让我在其中学习、锻炼和成长。中国政法大学作为政法类院校，不同于很多学校，学校的开放、包容是我入学前未曾想到的，此前我从未见过学生可以在校园网 BBS 上公开对学校进行批评、提出意见和建议的，而且学校的领导和老师也都及时关注、回复和解决，我想这可能是由于深受公平、公开、公正等法律理念的影响吧！所以，在中国政法大学读书的几年里，我得到了很多师长的无私帮助，感谢为我授课的阮齐林教授、张凌教授、王平教授等老师将知识毫无保留地传授给我们，同时，还要感谢我的硕士辅导员王红晓老师、博士辅导员刘冰老师，以及学院研究生工作办公室的于波老师，三位老师对我特别关照，给予我很多帮助，对于我带来的各种"麻烦"，总是想办法帮我解决，给予我莫大的支持！

感谢我的家人！工作之路艰辛，求学之路坎坷，我的父母、岳父母、姐姐、姐夫等给予我理解和支持，使我免除很多家庭责任，能够心无旁骛地专注于论文写作。特别感谢我的妻子宋佳宁博士，在我写博士论文期间，默默地承担起家庭重担，悉心照顾我的生活，并从专业角度给予我很多帮助，为我分忧解难。

此外，还要感谢天津市人民检察院的领导们对我的大力支持，以及我的同事朱勇博士、天津师范大学张晶副教授、南开大学邹兵建副教授在我博士论文写作过程中提出诸多宝贵意见。感谢答辩组专家阮齐林教授、徐久生教授、王志远教授、刘志伟教授、周振杰教授在博士论文答辩中提出的意见和建议。

本书得以出版，特别感谢中国政法大学刑事司法学院设立的中国政法大学"刑事法学优秀博士论文文库"项目的全额资助，感谢文库的负责老师和评审专家对笔者博士学位论文的认可，为青年学人搭建成长成才的宝贵平台，同时也感谢中国政法大学刑事司法学院赵天红教授、王红晓老师以及中国政法大学出版社刘畅编辑等每一位为本书出版付出巨大心血的老师们，在此深表敬意。

由于知识水平和学术能力有限，本书难免存在诸多疏漏与错误，权当是本人博士学习阶段的总结与记录，恳请学界专家批评指正。虽然今后我主要精力仍将是本职工作。

但我希望自己能够兼顾刑法学学术研究，以弥补我读博期间的遗憾，更不枉费导师和亲友多年来的关心和鼓励。我想，本书的出版虽然意味着我学生生涯的结束，但并不意味着我学习生活的结束，我愿将其作为一个标志性顿号，努力续写好人生的大文章。

初写于 2020 年 6 月 18 日
修改于 2021 年 6 月 6 日